ロシア中世教会史

J.フェンネル◉著　宮野 裕◉訳

教文館

カバー表紙（表１）
　左：イコン「聖ボリスと聖グレブの生涯絵巻」14 世紀後半
　右：イコン「祖国と選ばれた聖人たち」ノヴゴロド，14 世紀
　　　　（トレチャコフ美術館収蔵）

タイトル頁（総扉）
「ウラジーミルの洗礼」（「原初年代記ラジヴィウ写本」より）

カバー裏表紙（表４）
　ポクロフ教会（ウラジーミル近郊，ネルリ河畔）（訳者撮影）

A History of the Russian Church to 1448
by **John L. Fennell**
London: Longman, 1995

Authorised translation from the English language edition published
by **Routledge, a member of the Taylor & Francis Group**

序

　ジョン〔・フェンネル。著者のこと〕が亡くなって三週間が過ぎた頃、彼の未完の書について、アンドリュー・マクレナンさんから問い合わせがありました。もちろん、私は『ロシア〔中世〕教会史』を刊行せねばならないことは分かっていたのですが、どういった段取りが必要なのかは分かっていませんでした。そのような時、二人の人物が助けてくれました。まずは息子のニコラスです。私が望む時、彼は愛と全面的な支援を与えてくれました。次にミハウ・ギエドロイチさんです。彼は即座に助言と指導を提供してくれました。彼への感謝の気持ちは言葉に言い尽くせないほどです、と言っておかねばなりません。至るところで彼が示してくれた気遣い、尽力、そして友情は非常に有益でした。〔刊行は〕重大でありながらも個人的な事業に過ぎなかったにも拘わらず、彼は進んで原稿を読み、助言をして下さいました。また引き続き、彼は編者への助言者の一人となって下さいました。

　同じく、パリ高等研究実習院のウラディミル・ヴォドフ教授にも本当にお世話になりました。ヴォドフ教授は文献一覧の作成を引き受けて下さいました。これは途方もなく骨の折れる作業で、まさに友愛のなせる業でした。また索引作成をお申し出下さった、テイラー会館のスラヴ語専門図書館司書のデイヴィッド・ハウェルズさんにも感謝いたします。またジョンと私の長きにわたる親友であり、親切にも校正刷りを読んで下さったポール・フットさんにも厚く御礼申し上げます。

『ロシア〔中世〕教会史』は、私たちの友人の無欲の献身と努力なしには刊行されえませんでした。

二人の編者、かつてのジョンの教え子であったヴァージニア・レウェリン・スミスさん、そしてドロシー・マッカーシーさんは繊細かつ有能で、また思いやりと理解を示してくれました。最後に、アンドリューにも感謝せねばなりません。彼には気配りと忍耐力があり、ジョンの本が最終的な刊行に至るまで私を助けて下さいました。

マリーナ・フェンネル

ロシア中世教会史　目次

序　3
凡　例　8
編者による前書き　9

第Ⅰ部

第一章　一二四〇年までのキエフ国家史の概観　16
第二章　キエフのキリスト教の始まり　39
第三章　ウラジーミルとその臣下の受洗　60
第四章　ロシア教会の組織　73
府主教たち　73　主教と主教区　80
財政と裁判権　83　聖者の創出　87
第五章　宗教活動と修道制　95
第六章　キリスト教化の過程　109
信徒の監督　キリクの質問状　109
異教の遺物　妖術と邪術　114　「二重信仰」　123
第七章　正教とラテン　133
一〇五四年のシスマ　133　ロシア人とラテン教会　139
第八章　キエフ時代のロシアにおけるキリスト教の著述　151

目　次

第九章　教会の政治介入　162

第II部

第一〇章　モンゴル治下のロシア――政治的概観　170
第一一章　ロシアの府主教たち――キリル二世からアレクシーまで　187
第一二章　府主教キプリアン　211
第一三章　府主教フォーチー　231
第一四章　府主教ヨナとイシドール、フィレンツェ公会議　242
第一五章　一二三八―一四四八年のロシア教会とモンゴル　269
第一六章　教会と修道院の土地所有　291
第一七章　政治と教会　307
訳者あとがき　337
索　引　xv
キエフと全ルーシの府主教一覧　xiv
日本語で読める文献一覧　xiii
参考文献　i

凡例

・本文中、原書における書名以外のイタリックには傍点を付し、強調の引用符には「 」を付した。

・本文中の（ ）及び引用文中の［ ］は著者による補足、〔 〕は訳者による補足である。

・本書の著者は脱稿前の最終段階において死去した。そのためか、本文中及び史料引用の際に「ルーシ」について若干の表記揺れがあった。この点については、全て著者のテクスト通りに訳すべきという意見もあろうが、それでは訳書としては読みにくくなることになる。そうした状況に鑑み、本文及び史料引用中でRussianとされている箇所について、①本文中で、同一段落内、或いは前後の段落から判断して「ルーシ」と訳すべき箇所で、或いは②史料引用中で、元の史料を参照した上でそれが本来「ルーシ」であった場合に、「ルーシ」と訳した箇所が存在する。尚、そうした変更を加えた箇所についてはやや不格好ながら＊を付した。この変更についてのご批判は甘んじて受けたい。

・本書で登場する人名、地名、専門用語については、基本的には原著の表記に従った。但し、例外に関してはその箇所に訳者註を付けてある。

・教会用語については、可能な箇所では正教会用語を使用したものの、読みやすさを考慮すると、多くの場合にカトリックなどの用語を使用せざるを得なかった。

・原初年代記からの引用註については、その引用箇所を示す頁部分に邦訳（訳者代表 國本哲男・中条直樹・山口巌『ロシア原初年代記』名古屋大学出版会、一九八七年）の対応する頁を付けた。また原初年代記の訳文については『ロシア原初年代記』のそれを利用したが、場合によってはそれに大きく手を加えた。またその他にも、三浦清美氏の一連の訳を利用したが、それらについても同じである。

編者による前書き

一九八五年にオクスフォード大学のロシア学講座を退職した時、今は亡きジョン・フェンネル教授には、ロシア教会史を書くという次の大仕事の計画が既に出来上がっていた。彼はこれを一六世紀の末まで書くつもりだった。ロシア史に関するフェンネルの著述になじんだ者は、ロシアという国のルーツを見出そうとする彼の努力の中で、彼がイヴァン雷帝からモンゴル襲来以前のルーシにまで時代を遡って来たことを思い起こすだろう。本書では、彼は、この旅を逆向き〔九世紀頃のキリスト教の浸透に始まり、一五世紀のロシア教会の成立を最後に〕に行うことになった。

この出版計画を知る者は、再度ジョン・フェンネルがその読者に対し、彼の主題に関する十全で、客観的で、独自の、そして一次史料の研究に厳格に基礎づけられた説明を提供するであろうことを少しも疑わなかった。しかし、彼に近い者は、今回、もっと大きな何かが見据えられているかも知れないことを感じ取っていた。フェンネルの履歴書が仮に存在するならば、そこには、歴史家としての輝かしい経歴を別にすれば、彼個人の深い正教信仰が含まれるからである。もちろん、本書は、公平な視点と精密な学識の産物であるだろう。但し、その学識については、彼が自分の教会について持っていた深い理解によって高められ、又、鋭いものとなっている。

一九九二年の初め、この計画が大きく前進したことが分かった。ルーシにおけるキリスト教の始まりから一四四八年までの時期を扱う形で独立した一冊が見えてきた。この一四四八年という年は、ロシアの聖職者がコンスタンティノープルの総主教に構うことなく新府主教を一方的に選出した重大な年であった。またそれ以降の一世紀半を扱う第二巻が書かれる計画も現れつつあった。

ところが一九九二年の八月、ジョン・フェンネルは急逝した。この時、発行人であるロングマン社のアンドリュー・マクレナンは、フェンネルの遺著が出来る限り遅れることなく刊行されるようあらゆる努力が行われるべきである、という意見を述べた。ロシア学の彼の同僚たち、また著者の家族も同意見だった。遺されたのは、この類い希な歴史家に相応しい著述であった。また更に、キリスト教の二つの大潮流である正教とラテン〔・カトリック〕との対話に寄与する著述であった。ただ、フェンネルのテクストを彼が目指した最終形態にどのように近づけるか、という課題がまだ残っていた。これについては、彼を最もよく知る人々や、また彼自身の著述からうまく判断することが求められた。そこでアンドリュー・マクレナンはフェンネルの二人の同僚を招いた。一人は高い評価を有する研究協力者にして旧友であり、もう一人はかつての弟子だった。両者にタイプ原稿を読んでもらい、また意見の提供を求めた。両者、すなわちワルシャワ大学のアンジェイ・ポッペ教授、ケンブリッジ大学のジョナサン・シェパード博士のメッセージは、この計画が進められねばならないとするものであったばかりか、フェンネルのテクストは事実上、既に刊行の準備が出来ている、というものだった。

ただ、幾つかの仕事が残っていた。参照部分の確認、脚注と本文におけるキリル文字のラテン文字への変換、参考文献一覧の準備である。これらはそれ自体重要であったが、〔この段階では〕フェンネルの本文には手を加えなかった。ソルボンヌ大学のウラディミル・ヴォドフ教授は参照部をチェックし、文献一覧表を用意した。かつてのジョン・フェンネルの弟子であるヴァージニア・レウェリン・スミスはキリル文字からの変換を含む、ロシア語に関わる問題を扱った。ヴォドフ教授は親切なことに、編集作業を通じて、主題に関するあらゆる質問を解決し、また更に明快な説明ができるように備えて下さった。

　そしてドロシー・マッカーシーが、原稿整理の責任者としてロングマン社に招かれた。原稿整理は細心の注意を要する仕事であり、著者が望んだであろう完成品を作り上げるために、最低限の必要な部分だけに手を加える作業であった。彼女はこの難しい作業に挑戦し、その結果が最後に検討され、本書は納得のいくものに仕上がった。フェンネルの元々のテクストへの修正は、修正が明確さを保つ上で必要と判断された時にのみ行われた。またマッカーシー嬢は、著者のスタイルと著者自身による示唆に基づき、叙述における区分に合致する簡明な章タイトルを考案した。そして書物製作のための唯一の変更は、最後の二章の順番を逆転させたことである。これはマッカーシー嬢が私と相談の上で行ったことではあるが、原則的に、本書の第一部、第二部とを同じ配列にするためであった。またフェンネルがリトアニア大公国の支配者に使用した大公《グランド・プリンス》という称号（通常は大公《グランド・デューク》が使われる）については、著者の以前の書籍との整合性に配慮して、発行人はこれを保持した。

　この様にして、皆の好意によって進められた、そして同時に必要最低限の編集を施された仕事の成果が、本書である。ジョン・フェンネルの著述に慣れ親しんだ読者は、優れた学術的な説明、文体、時々出てくるさりげないユーモアに直ぐに気がつくだろう。全てそのままにしてある。そして、フェンネルが中世ルーシの本質について探求する際のパターンに慣れた者は、同様に、この彼の遺著が、そうした探求と彼個人の魂の遍歴とが密接不可分であったということの、当然かつもっともな結果であったことにも気づくことだろう。

一九九四年四月二〇日　オクスフォードにて

ミハウ・ギエドロイチ

第Ⅰ部

聖ソフィア大聖堂（キエフ）（訳者撮影）

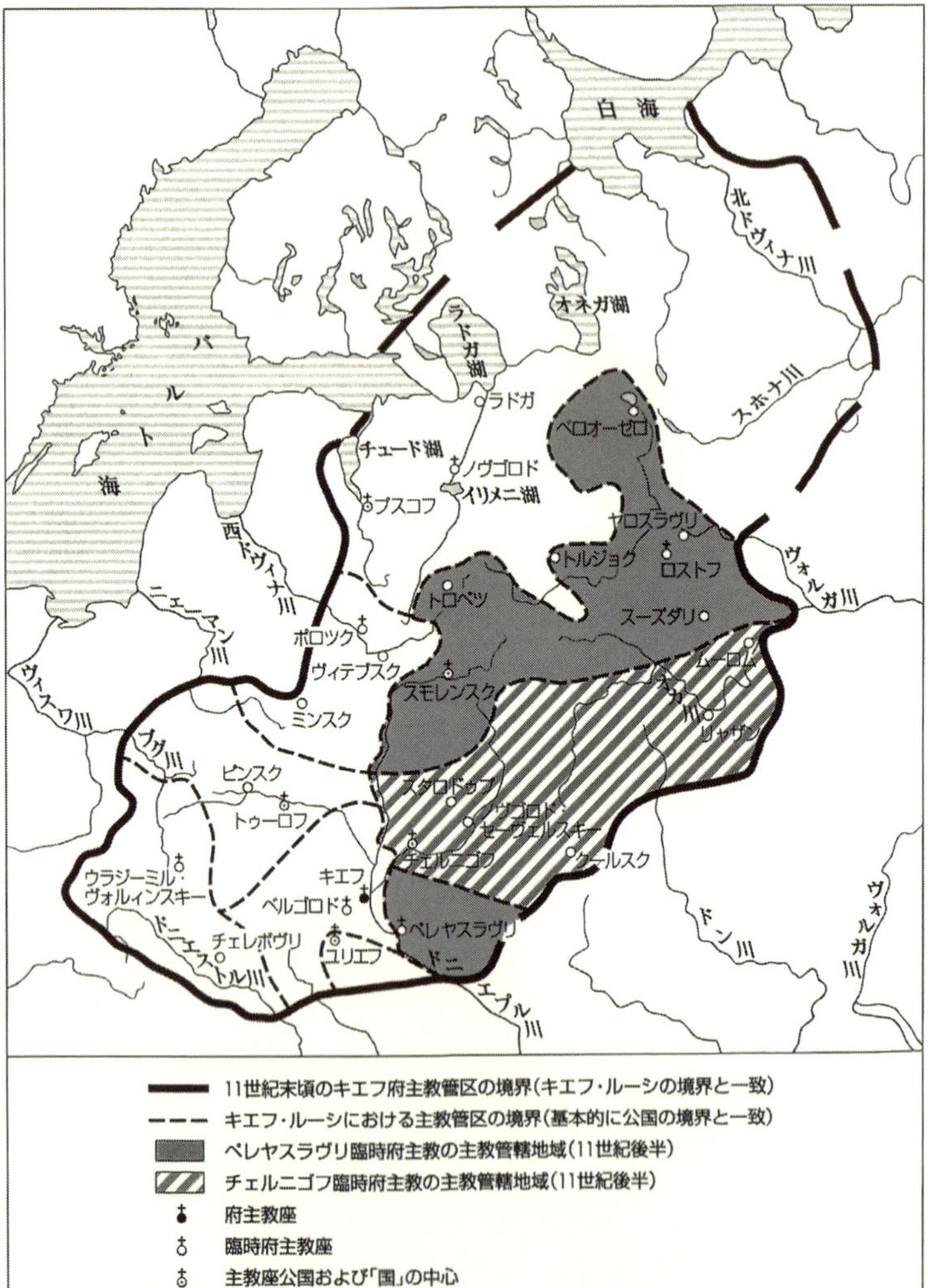

11 世紀キエフ・ルーシの教会組織

（和田春樹編『新版　世界各国史 22　ロシア史』山川出版社，2002 年，49 頁）

系図１（リューリク家系図１）

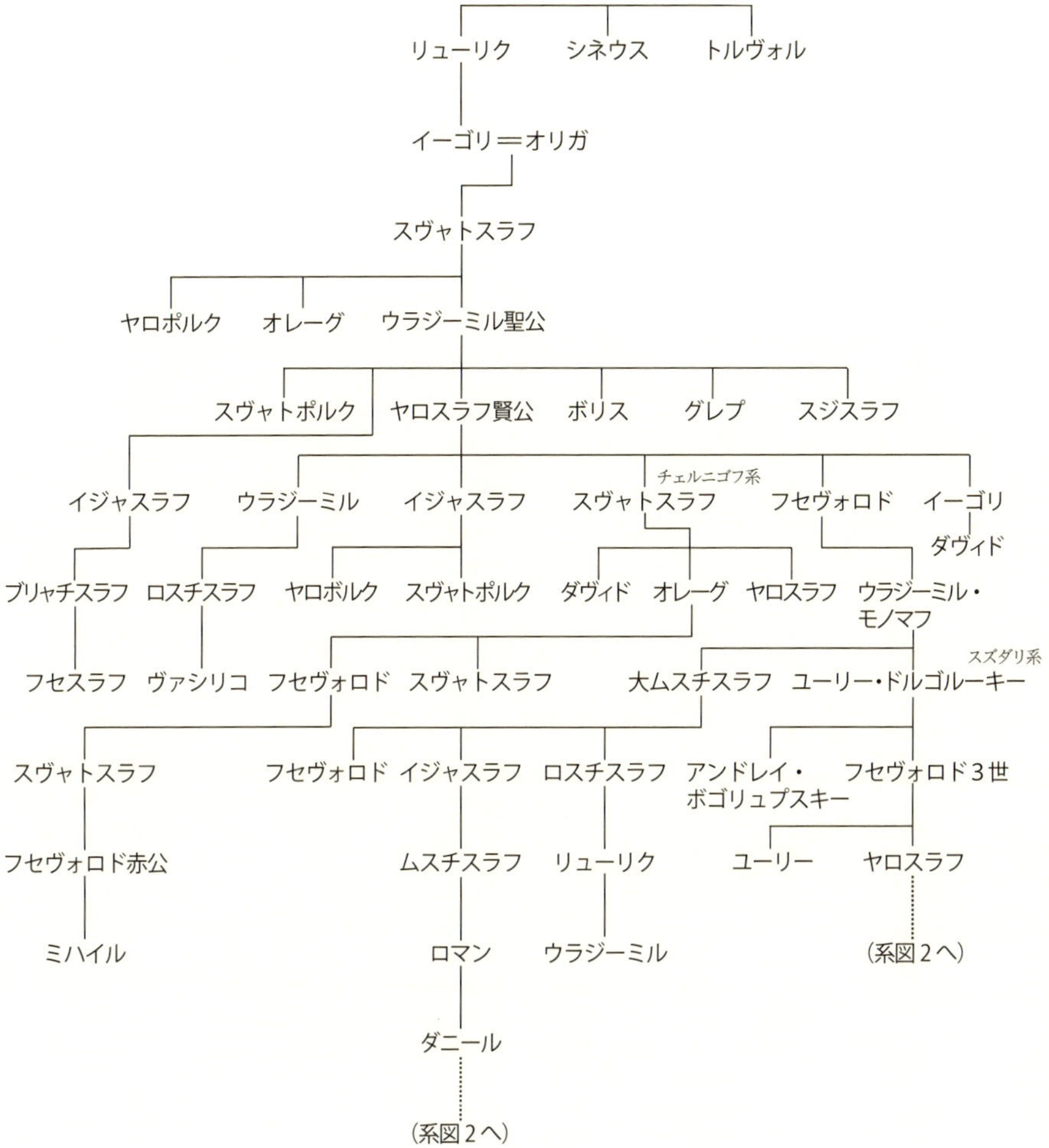

第一章　一二四〇年までのキエフ国家史の概観

一

ロシア教会の歴史を理解するには、最低限の背景知識として、本書が扱う各々の時期のロシア国家について、その政治史や社会史の素描を知っておく必要がある。但し、いつの時期から話を始めればよいのだろうか。

恐らく、我々が考えるべき最初の問題は、ロシア人とは何者であるのか、どこから来たのか、というものだろう。しかし、〔ロシア人の祖である〕東スラヴ人の先史は複雑で、また大部分は推測によるものである。それ故にここでは、起源に関する学者たちの頻繁に対立する意見を要約して読者にお話しするのでなく、九世紀半ばから始めてしまおう。九世紀半ばとは、スラヴ諸族や幾つかのフィン・ウゴル諸族、そしてバルト諸族からなる大集団が定着していたドニエプル川、ヴォルガ川、西ドヴィナ川、西ブク川の上流域、またドニエストル川の東岸、そして北はフィンランド湾とカレリヤから、南西はカルパチア山脈にまで広がる地域を、北方のスカンディナヴィアから到来したヴァリャーグ人、或いはヴァイキングが〔南へと〕貫き始めた時期である。彼らの目標はビザンツであり、また彼らが使ったルートは、黒海へ下り出るドニエプル川であった。

さて、最初のロシア年代記（いわゆる『過ぎし年月の物語』、今日では一般に原初年代記と呼ばれているもの。一二世紀一〇年代に最後の編集が行われた）の八五九年の記事中で、スカンディナヴィアのヴァリャーグ人がバルト海を越えて到来し、〔ロシアの〕北方部族に貢税を課した経緯が述べられている。そして三年後、これらの部族はヴァリャーグ人を追放した。ところが彼らは自らを統べる能力に欠けていたので、以前の主人たち〔ヴァリャーグ人〕を求めて使者を送った。「彼らは［バルト］海を越えて、ヴァリャーグの、ルーシのもとに行った。というのも、これらのヴァリャーグ人はルーシと呼ばれていたからである。他のヴァリャーグ人はスウェーデン人、また別の者はノルウェー人、アングル人と呼ばれた。またある者はゴトランド人と呼ばれた。同様に、彼らも［ルーシと呼ばれた］のである」。彼らの要求は単純で民間伝承じみているが、ヴァリャーグ人の「ルーシ」側の反応も同様である。

「私たちの国は大きく豊かですが、そこには秩序がありません。来て、私たちを支配して下さい」。そして三兄弟がその氏族と共に選ばれ、彼らと共にルーシ全員を率いてやって来た。そして年長のリューリクがノヴゴロドに住んだ。次兄のシネウスはベロオーゼロ［ノヴゴロド北西の白い湖の地区］に、三男トルヴォルはイズボルスク［ノヴゴロド南西］に居を定めた。そしてこのヴァリャーグ人からルーシの地はその名を得たのである[1]。

ロシア国家の起源に関するあどけなく響くこの話は、ロシアの歴史学におけるあらゆる学問的論争のうちで最も大きく長期にわたる大論争を生み出した――いわゆる「ノルマン論争」である。この論争は一八世紀中葉からこの方、歴史家たちと言語学者たちの悩みの種となり、彼ら［の意見］を分裂させてきたのである。スカンディナヴィアから来たヴァリャーグ人・ヴァイキング・ノルマン人・北方人がいかなる役目を果たしたのか。年代記作者が我々に説くように、彼らは「招致された」のか。年代記作者が言うように、彼らがルーシなのか。或いはスラヴ人がルーシなのか。リューリクや彼の二人の「弟」は実在したのか。年代記の中の「リューリク」に始まる、公が統治する王朝は、主にスカンディナヴィア人のものなのか、それともスラヴ人のものなのか。年代記の概略を信じる「ノルマニスト〔ノルマン説支持者〕」と、ルーシとはスラヴ人を意味するのであり、年代記の話は退けうる神話に過ぎず、更に公の「招致」は国の統治王朝の起源を外国に求める中世的歴史観の反映にすぎないと考える（主にソヴィエトにいる）「反ノルマニスト〔ノルマン説反対者〕」との間で争われている今や古くさい議論の概略を描こうとするのは、この上なく退屈なことだろう。（なお、こうした中世的歴史観の例として、ピクト人と戦うためにヘンギストとホルサを招致したというベーダ・ヴェネラビリス〔尊者ベーダ〕による〔『アングル人の教会史』の〕挿話や、それらが〔原初年代記と類似の表現で、イングランドが〕広く豊かな土地(terra lata et spasiosa) と呼ばれていたことが挙げられる(2)。

「ノルマニスト」の観点から、本書の著者は、この問題を次のように解決することが最も腑に落ち、またもっともらしいと考える。すなわち、九世紀前半に、ルーシ――ロシアという地名や、若干の近代の歴史家が考えるような、醜悪な「ルシ・シア」はここに由来する――は、ロシア原初年代記の執筆者や編者にとっても、また同時代或いは近い時代のギリシア人、アラブ人、ラテン人にとっても、明らかにスカンディナヴィアのヴァリャーグ人を意味した(3)。ただ、これらのヴァリャーグ・ルーシ人が到着して国家を「建設した」（若干の「ノルマニスト」がこう主張する）とは言えそうにない。また彼らが既に出来上がったスラヴ人国家を見出した（幾人かの「反ノルマニスト」がそう考える）というのもなかろう。最終的に九世紀後半、ゆるやかな諸族連合がヴァリャーグ人の全体支配のもとで生じた。これ以上のことは言えまい。しかし、これらのヴァリャーグ・ルーシ人はそもそも「招致」されたのか。或いは単に侵略してきたのか。年代記の招致の話には神話的な要素が含まれているとする反ノルマニストの見方は恐らく正しい。しかし、彼らが招かれたのか、或いは侵略したのかどうかには殆ど意味はない。重要なのは、彼らがロシアの土地に滞在したこと、彼らの指導者が統治王朝を形成したこと、彼らのスカンディナヴィアの名前がスラヴ化したこと（ヘルギがオレーグに、イングヴァルがイーゴリに、ヘルガがオリガに、恐らくヴァルディマルがウラジーミルになったなど）、また極めて短期間のうちに、彼らがスラヴ人からなる大海に吸収されたことである。これは丁度、七世紀にアジア系ブルガール人が、ドナウ河口近くの主にスラヴ人からなる居住地域に移住した後に現地人に吸収されたのと同様である。

リューリクの民族的出自（彼がスウェーデン人か、デンマーク人か）[4]についても、またロシアにおける彼の経歴についても殆ど何も分からない。彼が八五六年頃にノヴゴロドに定着すると、すぐに彼の権威が今日のヨーロッパ・ロシアの北部に広がったようである。シネウスとトルヴォルについては、彼らが八五八年に死んだということ以外には何も情報がない。ただ、リューリクがロシアに到着した後、彼の従者アスコリドとジルが「コンスタンティノープルに［行く］許可を求めた[5]」。彼らは道中、ドニエプル川沿いのキエフのスラヴ人居留地を襲い、西岸のポリャーネ族を服属させた。また八六〇年にはコンスタンティノープルを包囲したが失敗し、キエフとその周辺の支配を強固にするために帰還した。[6]彼らの南部における統治に対し、リューリクは何も手出しをしなかった。しかし、彼が八七九年に死んだ後、その親族で、リューリクの息子イーゴリの摂政に任じられたと思しきオレーグがアスコリドとジルを殺害してキエフを奪い、これを自国の都とし、こうしてフィンランド湾からドニエプル川の南の範囲にいたるルーシ全域を統合した。キエフの北西、北、そして東の近隣諸族は次々とオレーグの支配下に入った。

なぜオレーグは、スカンディナヴィアのヴァリャーグ人の傭兵の本拠地に近い、安全なノヴゴロドの暮らしを捨てたのか。答えはコンスタンティノープルの魅力に見出されるに違いない。というのも、南北統合のおよそ二五年の後、オレーグはコンスタンティノープルを攻撃し（九〇七年）、ギリシア人はやむなく［オレーグと］協定を締結したからである。この協定により、黒海はビザンツとルーシ・ヴァリャーグ交易のために開かれることになり、またクバニ半島のトムタラカニという将来のロシアの重要拠点になる地をオレーグは得たようである。

イーゴリの治世（九一三―九四四年）については、断片的な情報だけが利用出来る。服従させた諸族を彼がどう扱ったのか、そのことは殆ど分からない。というのも年代記作者は我々に対し、服従部族に対する支配、また彼らとキエフとの関係について伝えないのである。キエフの近隣に居住するドレヴリャネ族がイーゴリから途方もない額の貢税支払いを要求され、その結果、イーゴリを殺害したこと、それが我々の知りうる全てである。一〇世紀のビザンツの歴史家レオン・ディアコノスによると、「彼は二本の木の間に縛られ、二つに引き裂かれた」という。(7) 彼の妻オリガは、様々なグロテスクかつ残忍なやり方で多くのドレヴリャネ人を殺害し、夫の死に報いたとされる。(8) 対外的には、イーゴリはビザンツの領域を二度襲撃した（九四一、九四四年）。二度目の襲撃の結果、九〇七年のオレーグの交易協定と類似の協定が締結された。

イーゴリからキエフの玉座を相続したスヴャトスラフは、祖父リューリクからイヴァン雷帝にいたるロシアの全支配者を見渡しても一風変わった人物であった。すなわち魅力的で、屈強で、冒険好きで、軍事的に大きな成功を収めた、典型的な戦士・公だった。

> 豹のように身軽に行動し、多くの戦争を行った。彼は輜重車を伴わず、鍋も持たず、肉も煮ずに、馬肉であれ獣の肉であれ或いは牛肉であれ、細かく切り刻んで炭の上で焼いて食べるのが常であり、天幕も持たずに鞍褥を拡げ、鞍を枕にしていた。(9)

レオン・ディアコノスは、皇帝ヨハネス・ツィミスケスとスヴャトスラフとの会談を描いた時、後者の風貌に関する次の描写を残している。

> 彼は中背で、背は高過ぎず、また低過ぎもせず、ぼさぼさの眉、青い目、平らな鼻筋を持ち、顎髭は剃られており、

濃く長い口ひげが彼の上唇からぶら下がっている。頭髪は完全に剃られているが、束ねられた髪が一方につり下がっていて、これは生まれの高貴さを表すものである。彼の首は太く、肩は広く、その姿は均整が取れている。暗い顔で、どう猛に見える。一方の耳からは金の耳飾りが垂れており、これには二つの真珠と、その間に挟み込まれたルビーがはめ込まれている。彼の服は白で、清潔さを除けば彼の従者たちのそれと何ら変わりがない。(10)

彼の活動について言えば、我々が実際に知っていることは、彼の国外への冒険だけである。彼の遠征は以前の公たちのそれを大きく凌駕した。東への遠征（九六六―九六七年）はヴォルガの敵軍の掃討、カフカスを貫く東方商業路の開拓、またクリミアのビザンツ領土における足がかりの獲得を目的としていたようだ。私が「ようだ」と述べるのは、実際に我々が知る全ての詳細は不明だからである。すなわち、彼がヴォルガとカマ川の合流地点の「古い大ブルガール」というムスリム国家を攻撃したこと、(11)東はヴォルガから西はドン川やドニエプル下流域まで広がった巨大なハザールのカガン国家と戦争を行ったこと、これがハザールの敗北とヴォルガ河口のハザールの首都イティルの陥落で終わったこと、また北カフカスのオセット人やシルカシア人に対して勝利し、恐らくその結果として、彼はケルチ地峡の東岸のタマン半島へ進んだこと(12)――これら全ての詳細は不明なのである。

しかし、これほど広範囲にわたる遠征が二年、或いは三、四年で可能だったと信じられるだろうか。スヴャトスラフの支配下にはどれほど多くの戦士がいたのか。どれほどの船と荷車を持っていたのか。またキエフからブルガールまで（彼はオカ川とヴォルガ川を遡って航行したと言われる(13)）、ブルガールからカスピ海まで、またカスピ海からアゾフ海やクリミアの東の岬にもう少しで届くような長い距離を、スヴャトスラフはどうやって踏破したのか。彼はハザール全土を屈服させたのか。史料が僅かなので、こうした質問には回答不能である。しかし、長期的な結果は読み取れる。

ブルガールに対する攻撃は確実に、それが事実だったとしても、決着をつけるものではなかったようである。

というのも、古ブルガール国家はその後何年もロシア国家の喉元に刺さる骨であり続けたからである。オセット人とシルカシア人に対するスヴャトスラフの征服の続く結果についても、我々には何の情報もない。他方で、ハザールはスヴャトスラフの侵攻により壊滅的に弱体化したようだ。そして歴史家たちが幾度も指摘するように、ロシア南東国境のこの巨大な緩衝国家ハザールがその後実際に壊滅したことで、東から来るテュルク系の諸遊牧部族には門が開かれた。これらの諸部族はその後、数世紀にわたってロシア人を悩ますことになる。

しかし、スヴャトスラフの東方遠征の結果としてすぐに現れたのは、彼と黒海北岸のビザンツ領土との関係の緊密化だった。彼がクリミアへの攻撃をもって遠征を締めくくるつもりだったのかどうか、我々には分からない。しかし、明らかにビザンツ皇帝ニケフォロス・フォーカスは、この状況をビザンツにとって非常に危険なものと見なした。九六七年初頭、彼は多くの贈り物をスヴャトスラフに送り、後者の攻撃目標を容易な軍事目標——ドナウ川の向こう岸に存在し、古くからビザンツの敵でもあったブルガリア——に変更させた。非常に魅力的だった。スヴャトスラフはブルガリアの巨万の富の話に惹かれたばかりでなく、これを征服すれば、次にコンスタンティノープルの門そのものがもたらされうることを理解していた。

彼の最初のバルカン遠征（九六七年）は、即座に成功した。ブルガリア軍は敗北し、ドナウ沿いの多くの町（原初年代記の気前の良い見積もりによると八〇都市）が占領された。そして彼は小プレスラフ（ロシア語で言うペ、レ、ヤ、ス、ラ、ヴ、ェ、ツ）を本拠地にした。これはプルト川がドナウ川に注ぐ場所に近かった、つまりブルガリアの北東の端に位置していたようだ。スヴャトスラフの最初の成功に懸念を抱いたニケフォロスは、ブルガリア人と和平を結び、ほぼ確実に、テュルク系遊牧民のペチェネグ人をキエフに差し向けた（九六八年）。スヴャトスラフは小プレスラフに軍を残しつつ、急いで帰国し、ペチェネグを打ち負かし、キエフに一年滞留してその間に息子たちを副官に任じ、ブルガリア〔再攻略〕のための援軍集めに多くの時間を費やした。九六九年八月、彼は〔ブルガリアに〕戻った。首都プレスラフを奪った後、彼は南に向かい、マリツァ川のフィリッポポリスを略奪し、ビザンツ領のアドリアノープルに達した。しかし九七一年の春、新帝ヨハネス・ツィミスケスがブルガリアに侵攻し、スヴャトスラフ軍が奪った全領域を占領した。スヴャトスラフは敗北を余儀なくされた。彼は残余の軍を率いて撤退したが、ドニエプルの早瀬で彼はペチェネグ人に襲撃された。疑いなく、彼らはギリシア人が派遣した者たちだった。そして彼らによりスヴャトスラフは九七二年の春に殺害された。

だから、非常に輝かしく始まったスヴャトスラフのブルガリアへの冒険は無惨な失敗で終わったことになる。これは、ルーシ・ヴァリャーグにとって未曾有の最も厳しい軍事的挫折だった。そこにスヴャトスラフにとっての富はなかった。また、彼は一時コンスタンティノープルに近づいたにも拘わらず、それを占領したり、攻撃したりする機会はなかった。しかし、文化的・宗教的観点からすると、ブルガリアへの冒険の結果は計り知れない。というのも、戦士、非戦闘員、非戦闘従軍者（男女とも）がブルガリアに留まり、そこに滞在したロシア人は多かったからである。また、戦争捕虜や難民としてロシアに向かったブルガリア人も多かったからである。言うまでもなく、文化交流は全てロシア人の利益になった。シメオン帝（在位八九三—九二七年）が第二のコンスタンティノープルにしようとした首都プレスラフは、ブルガリア正教（八六四年にビザンツから受け入れた）の中心であり、古代スラヴ語文学の揺籃の地であった。但し、主にビザンツのギリシア文学からの翻訳であったことは述べておこう。この古代スラヴ語文学は後にロシア人が借り受けることになる。また多くのルーシ・ヴァリャーグはプレスラフの栄光を目にした。彼らは何の印象も刻み込まれず、また影響を受けずに済んだだろうか。(14)

スヴャトスラフからキエフの玉座を引き継いだ長男ヤロポルク（在位九七三—九七八年）は、ブルガリア遠征の受益者の一人だったようだ。というのも、彼のギリシア人妻はスヴャトスラフ自身がブルガリアから連行した元修道女だったからであり、また、次章で見られるように、ヤロポルクはキリスト教に改宗したようだからである。彼の短い治世の現実については殆ど何も知られていない。例外は、治世末に彼がキエフばかりかドレヴリャネの地（ヤロポルクに打ち負かされて死んだ弟オレーグの遺領）、ノヴゴロド（ヤロポルクの異母弟ウラジーミルにより放棄された。彼は「ヤロポルクがオレーグを殺害した」ことを知り、ヴァリャーグ軍を集めるためにスカンディナヴィアに「逃げた」[15]、そして恐らく将来のキエフ国家の殆どの地域の主人であったことだけである。更に興味深いのは、一六世紀のニコン年代記が伝える情報である。それによると、ヤロポルクは「ペチェネグを打ち負かして彼らに貢税を課した後」、ペチェネグのハン（ロシア語テクストでは「イルデイ公」）を彼の配下に受け入れるという賢い措置を講じたという。「そして彼らに諸都市と地域を与え、大きな名誉のなかで彼らを受け入れた」[16]と。このようにして、様々なテュルク系侵攻者と同盟するという彼の無数の後継者たちの実践に先鞭を付け、遊牧民侵攻者の部隊を、同じく侵攻者からルーシの国境を守るために使った。[17]彼の生涯は暴力により終わった。異母弟のウラジーミルが九七八年に彼を暗殺し、彼のギリシア人妻を奪い、彼の玉座に就いたのである。[18]

二

ウラジーミルの長い治世（在位九七八―一〇一五年）における最も顕著な精神的・文化的功績は、言うまでもなく、彼のキリスト教受容とルーシ人の大規模な受洗である。これについては次章でもっと立ち入って議論しよう。だが彼は政治的功績についても、国の内外で相当のものを残した。

記録に残る限り、キエフの支配者としてのウラジーミルの最初の活動は、スカンディナヴィアからロシアへの彼の帰還を助けた多くのヴァリャーグ人の傭兵をキエフから追い出すことだった。キエフの地域住民を犠牲にして〔重税を課して〕富むことを望んだ者はコンスタンティノープルに追い払われた。彼らはそこで安全に皇帝軍に勤めることが出来るはずだった。公に忠実で有能な（「身分が高くて思慮深く、勇敢な」[19]）側近は、南と南西の前線でペチェネグ人に対する防衛力を強めるために、中心から離れた町に定住させられたようである。

ウラジーミルは抵抗する厄介な諸族（ラジミチ、ヴャチチ）を武力でキエフの北と東に追い立て、[20]またステップの襲撃者に対する要塞防衛線を築いた。そうすることで、彼はその地位の強化に殆ど時間を使わずに済んだ。西ではチェルヴェニとペレムィシリの両拠点をボヘミアから奪った（九八一年）[21]。これらは、クラコフやプラハへ向かう商業路上の重要な拠点であり、またキエフに輸入される大量の塩の産出地だった。二年後には、彼はネマン川上流と西ブク川のバルト系ヤトヴァギ族を征服した[22]。これには恐らく、バルト海への出口を確保する目的があった。北東では九八五年に、かつて九六六年に父スヴャトスラフが攻撃した[23]ヴォルガ・ブルガールを打ち負かした[24]。そしてブルガールと和約を結び、こうしてオカ川とヴォルガ川上流域を侵略から守った。

ウラジーミルのキリスト教受容をめぐる重要な出来事――異教信仰への復帰、信仰の選択、洗礼、ビザンツ皇女との婚姻、ケルソネスへの遠征――、更に上述の政治的、軍事的実績を別にすれば、彼の、とりわけ治世後半の活動については殆ど何も伝わっていない。年代記には何も記されていない。実際、九九八－一〇一三年までの一六年のうち、一一年間については記録がなく、残りの五年についても非常に表層的なメモ書きがあるだけである。ウラジーミルの晩年の記録を編纂した者が気力を失ったのか（最初の一九年分の記事に多くのお世辞が詰込まれたことを考慮するなら、これはあり得ない）、或いは後代の編者がウラジーミル、または、更に可能性がありそうなことだが、「賢公」と呼ばれる彼の有名かつ誉れ高き息子ヤロスラフの名声を高めなかった出来事〔が元々記されていて〕それが単に削除されたのだろう。というのも、一〇一四年になると、それまでノヴゴロドの支配者だったヤロスラフは、キエフの父への貢税支払いを保留し始め、そして父が彼と戦うために軍を強化していることを知り、父に対抗するためにヴァリャーグ人の傭兵を「海の向こう」から連れ込んだからである。ロシアで生じかけたこの最初の相互破滅的な戦争は、さしあたり、一〇一五年にまさにウラジーミルが死去したことによって回避された。

それでも尚、一〇一五年は、騒乱、殺人、最終的には内戦の開始の年になった。ウラジーミルの死後、その息子たちの間で容赦なき権力闘争が生じた。これは不可避だったろう。というのも、想像出来ることであるが、多くの結婚、そして私通により、ウラジーミルには多くの子孫がいたからであり、またその多くが権力、土地、富を切望していたからである。ウラジーミルは、国の諸地方に息子たちを分散して据えることの他には、将来の避けがたいカオスに対する予防策を殆ど取らなかったようである。そして〔この分散策においてさえも〕単純に貢税を徴収してキエフへその一部を発送することを除けば、父に対するどのような政治的義務が息子たちに課されたのかは不明である。また、もし後継者というものが存在したとしても、誰が後継者に指名されたのか。これに関しても確実なことは分からない。更に、嫡出であるかどうかはともかく、誰が彼の長子であったのかも分からない。加えて三人の息子（ボリス、グレプ、スヴャトスラフ）が殺害されたが、これが誰によるものかも分からない。ただ、後に殉教者（或いは「受難者」）として列聖されたボリスとグレプの聖者伝作家ははっきりと、ウラジーミルの死後にキエフの玉座を奪ったスヴャトポルク（ヤロポルクの息子、或いはウラジーミルの息子の可能性もある）[25]を都合の良いスケープゴートとし、彼を非難している。これに引き続く内戦は一〇一九年に終わった。当時ノヴゴロドの支配者だったヤロスラフがスヴャトポルクを打ち負かし、後者は国外で死んだのである。

しかし、ヤロスラフはウラジーミルの生きながらえた息子のなかで最年長ではなく、それ故、誰もが認める単独のルーシの支配者になるのは一〇三六年以降だった。彼の多くの兄弟はこの年までに死ぬか、或いは打ち負かされていた。例外は不運なスジスラフだけである。彼は一〇三六年に投獄され、ヤロスラフの死後も投獄され続けた。その他の全ての兄弟たちには何が起こったのか。それについては今後も知ることは出来ないだろう。というのも、一〇一五年以降、ヤロスラフが亡くなる一〇五四年までの唯一の史料である原初年代記は、明らかに、ヤロスラフの死の前、或いは直後に非常に緻密な編集を経ているからである。我々に残されたのは、ヤロスラフ「賢公」の偉業の語りだけである。すなわちペチェネグ人、ヤトヴァギ人、リトアニア人、ポーランド人、フィン人、ギリシア人に対する彼の戦争である。また修道院や教会の大建設計画である。更にはキエフの町を装飾し、美と文化の都市へこれを造り変えたことである。

ヤロスラフ死後の五九年間（一〇五四―一一一三年）は、彼の多くの息子と孫たちの間で生じた恐ろしく複雑な内戦期であり、平和な時は殆どなかった。リューリクの全ての男系子孫の名が挙がるほど多くの「諸公」[26]の内部抗争と小競り合いから生じたカオスが、新たな敵であるテュルク系のポロヴェツ人[27]（南部ステップでペチェネグ人に取って代わり、一〇六一年の最初の襲撃以降一世紀半にわたりキエフ国家を悩ませた）の侵入が加わることで更に複雑になった。

しかし、そもそもこのカオスはなぜ、どのように始まったのか。疑いなく、主たる理由は厄介な相続問題だった。一〇五四年以前には、弱肉強食のルールが通用しており、支配者が暴力で支配者を継承していたように見える。ところが、原初年代記が語るところによると、ヤロスラフは〔一〇五四年の〕その死の前に、息子たちに平和に生きるよう、「兄弟が兄弟に留意する」よう、また彼が施した領域分割を保持するよう、すなわち存命中の最年長の息子（イジャスラフ）に与えられているキエフ、次の年長者（スヴャトスラフ）のチェルニゴフ、三番目の息子（フセヴォロド）のペレヤスラヴリ等々をそのまま保持するよう諭した。この意味を正確にくみ取るなら、キエフの玉座についても、その他の劣った玉座についても、ヤロスラフ、或いは、恐らくは年代記作者であるが、彼は相続方法に関しては言及を差し控えたということである。但し、この「制度」（こう呼ぶことに異論があるかも知れないが）は玉座の水平的相続（兄弟全員が亡くなるまで〔次々と〕弟が兄を相続し、次いで長兄の息子が〔相続し、次いで〕長兄の第二子以下の者に引き継がれる）を理念型として想定している、というのは十分にあり得る。そしてその一方で、長兄を含め、ヤロスラフの全ての息子たちには、各々の永遠の所有になる世襲領地が与えられてもいる。つまり、〔リューリク王朝の〕家の各々の分家はこの領地を自由に処分出来た。こうした状況はもちろん、いちいち諸公が死去した時にその家の他の構成員全員が少しずつ昇進したことを意味しない[訳註1]。そうではなく、単に、キエフとそれに付随する全て（公国それ自体、一門の指導権、息子を支配者として派遣するといったノヴゴロドに対する若干の要求）については、誰であれこの水平的、地平線型システムにおける年長の者の手中に落ちること、しかしそれぞれの公は彼自身の世襲的な巣をも有しており、これは再び理念的に言うならば、家の彼の系統に永久に残されるべきものだったこと、こうしたことを意味しているに過ぎない。

もちろんヤロスラフのこのルールは機能しなかった。一門にはあまりに多くの構成員がいた――例えば、ヤロスラフには六人の息子がいた。また、財産がなく、それ故に反抗的な諸公もあまりに多かった。彼らは父が早死にしたか、その土地をより強力な親族によって不当に奪われるかしていた。又、領土や権力をめぐる揉めごとがあまりにも多かった。そして、とりわけ、ヤロスラフ或いはウラジーミルのように、親族の敬意や服従を獲得するほどの器量やタフネスさを持ち合わせていた諸公があまりに少なかった。だからヤロスラフの子孫たちは互いに争い、ある者がある者に取って代わり、兄弟争いのために外部に援助を求め、通常無駄に終わったものの、〔呼び込まれた〕ポロヴェッ人への抵抗を試みたのである。同時に、地方の都市住民は、彼らに声があること、また彼らも出来事に影響を及ぼすことが出来ることを示そうとし始めていた。例えば、一〇六八年には、キエフの都市集会民会《ヴェーチェ》の後、住民は年長公イジャスラフを追放し、捕虜となっていた彼の親族をキエフ公の座に就けた。後者を住民が地下牢から出したのである。キエフの住民はこれ以降も都市の歴史ばかりかキエフ・ルーシ全体の歴史上で決定的役割を果たしていく。

一一一三年にロシアの政治状況は急に劇的に変わった。精力と知性を有し、またいかにも政治家らしく、更にヤロスラフの孫でもあったウラジーミル・モノマフ（この名前の由来は母方の祖父〔にあたるビザンツ皇帝〕コンスタンティノス九世モノマコスに由来するようだ[28]）がキエフ公になった。これは水平相続の「ルール」（このルールに従えば、順位が一位の従兄弟〔伯父スヴャトスラフの子ダヴィド〕が玉座を継ぐべきだった）の遵守によってではなく、先の大公の死の際にキエフで勃発した反乱の結果として生じたものだった。失政と政府の無能力、金融業者の法外な利息により悪化させられた民衆の怒りが十数年の間続いた後、長く苦しんできた民衆は、出来事のカオスの状況に責任ありとされた人物の略奪に着手した。民会は、ウラジーミル・モノマフこそが、社会革命を招く恐れのある状況を変えることが出来る唯一の人物であることを理解し、彼に対し、キエフに来て町を統べるよう乞い求めた。

ウラジーミル・モノマフ（在位一一一三―一一二五年）も彼の息子の「大」ムスチスラフ（在位一一二五―一一三二年）もどうにかしてロシアを統合状態に戻そうとした。両公が支配した二〇年は、ヤロスラフの死後、一二四〇年のモンゴル人によるキエフ占領に至るまでの時期において、キエフ国家の国力が最も充実し、国が堅く統合された時期であった。両者の権力は疑いなく絶大であり、両公ともあらゆる諸公から無条件の服従を確保出来た。ポロヴェツ人勢力は、主に両公の精力的で熟練の軍事行動によって打ち破られた。結果として、ポロヴェツ人は伝統的交易路から押しやられ、多くの諸ハン国〔訳註2〕がロシア人との国際結婚やキリスト教への改宗により無害なものにされた。また多くが散り散りとなり、あるものはグルジア、あるものはハンガリーへ行った。彼らは一一世紀九〇年代には脅威であったものの、今やそうではなくなった。

統合はウラジーミルとその息子によって成し遂げられたが、しかし一時的なものに過ぎなかった。一一三二年から先、キエフ国家は政治的交代が常態となる時期に入った。強力で、知的な公が一門にいなかったというわけではない。確かにいた。すなわちユーリー・ドルゴルーキーにアンドレイ・ボゴリュプスキー（それぞれウラジーミル・モノマフの子と孫）、そしてユーリーの息子フセヴォロド三世である。しかし彼らの勢力範囲はキエフではなく北東ロシアだった。

キエフの衰退の主原因は、ビザンツとの商業で利益が上がらなくなったことや、南においてポロヴェツ人の危険が増したことではない。むしろ、ほぼ確実に、キエフ・ルーシ内で、つまりキエフそれ自体の地域、西ロシアのヴォルィニ、トゥーロフ、スモレンスク、チェルニゴフ、ペレヤスラヴリといった自立した諸公国の内部で細分化が生じたこと、またウラジーミル・モノマフの子孫の二つの系統とチェルニゴフ公（ヤロスラフの次子の子孫）との苦しい三つ巴の戦いが続いたことにあった。リューリク王朝の諸分家は、彼ら自身の不可譲の相続物として認識されるようになった地域の経営に更に集中した。すなわち、例えば、ムスチスラフの子孫のある分家は西ロシア（ヴォルィニ、ガリチア）で、別の分家はスモレンスクでその世襲領地を形成した。またチェルニゴフの古い公国はチェルニゴフとノヴゴロド・セーヴェルスキーという二つの主要部に分かれた。双方とも、続いて更に小さな諸公国に分裂した。

もちろん、ムスチスラフの死から一二三七年のモンゴルの侵攻までの一〇〇年間に、キエフに安定期は存在した。この安定は、主にキエフ公になった者の力と知性に大きく依存した。そしてキエフはまだ「ルーシ諸都市の母」であり、まだ諸公を戦いに駆り立てる誘因であり、誉れだった。彼らは「キエフ公」という栄光ある称号を得るために戦った。

しかし実際の権力は北東の「森の向こうの地」（或いは、度々スズダリ地方と呼ばれた）に移った。この地は、当初はロストフとスズダリの町を、「後には」、ウラジーミル・モノマフが一一〇八年に築いたクリャジマ河畔のウラジーミルを中心とした。北東ルーシの最初の記憶される建設者はスズダリ公ユーリー・ドルゴルーキー（一一五七年死去）だった。彼は想像力に富んだ歴史家から適切にも「ポヴォルジエ［ヴォルガ上流域］のクリストファー・コロンブス」と呼ばれた。[29] 彼がスズダリを治めていた時代にロストフ・スズダリ国家が生じた。すなわちチェルニゴフと接する南の国境、ノヴゴロドと接する西の国境が固まったのである。また、モスクワを含む諸都市が新たに建設され、その幾つかの名は南の都市から借用された（例えば、ペレヤスラヴリ・ザレスキー「森の向こうのペレヤスラヴリ」）。また植民が著しく進んだ。更に南とのつながりが強化された（ユーリー自身が二度キエフ公になった）。そして彼の多くの息子が主要都市を支配し、幾人かは同時に南（つまりキエフ等）でも領域を支配した。ユーリーの息子アンドレイ・ボゴリュプスキー（在位一一五七―七四年。ウラジーミル近郊のボゴリュボヴォに彼がその宮廷を置いたのでそう呼ばれた）は、ヴォルガ川とオカ川をヴォルガ・ブルガールの攻撃から守る目的で彼の国境をクリャジマ川に沿って東に広げ、そうすることでスズダリ地方を更に強化した。

方をキエフから独立させようと試みていた。後述するように、彼は教会に関しても、スズダリ地力を北東に集中して注ぎ、ウラジーミルを彼の首都にした。アンドレイは彼の精の間違い」にキエフを占領したが、その際、彼はアンドレイの弟を玉座に据えたのである。[30]彼はキエフの権力に殆ど執着しなかった。すなわち彼の息子の一人〔ムスチスラフ〕は一一六三年〔一一六九年一方、北ドヴィナ川の流域、つまり通常ノヴゴロドが支配した遥か北方にも彼の影響力が及び始めた。同時に、

一一七四年にアンドレイが死去してから二年を経て、ウラジーミルの玉座はアンドレイの末弟フセヴォロド三世（在位一一七六―一二一二年）に引き継がれた。彼は、キエフでなく、自分の都であるウラジーミルの「大公」の称号を公式に使った最初の君主である。兄と同じく、彼は、国境を東西に押しやり、また北に向かってはノヴゴロドの領域に食い込むことによってウラジーミル・スズダリの権力と権威を拡大した。北東ロシアにおいて、彼は、多くの息子たちから敬意と服従を得ていた上級支配者であったが、南〔キエフ地域〕においても同様に、ウラジーミル・モノマフのあらゆる子孫たちやチェルニゴフ諸公から同輩中の首位の者、実際のところでは、全ロシアの宗主と見なされており、彼はどうにか、かつてキエフ・ルーシで生じた類いの、性急な従兄弟たちのわがままや気まぐれな活動を統御出来た。ウラジーミル・モノマフの曾孫にして、屈強で溌剌としたリューリク・ロスチスラヴィチは、一一九五年に義理の息子のロマン・ムスチスラヴィチに「フセヴォロドなしで我々は存在出来ない。ウラジーミル［・モノマフ］の一族の全ての従兄弟のなかで彼を最上級者として扱ってきた」ことを認めている。[31]また一二〇三年の記事には、西方の年代記作者に「ルーシ王」「ルテニア王」[32]として知られ、ガリチア、ヴォルィニの統治者にして、そして目下キエフの主人でもあったロマンさえもがフセヴォロドを「父にして主人」であると述べたと記録されている。[33]フセヴォロドは南ルーシを自領と見なしていたようである。すなわち、彼は諸公を、キエフを含む各地の玉座に据えた。また都市を様々な者に分配した。また脆弱な平和を維持するために軍事侵攻の脅しをかけた。或いは必要な場合には戦争回避するために外交努力を行った。チェルニ

ゴフのフセヴォロド「赤公」とリューリク・ロスチスラヴィチとのキエフ支配権を巡る大きな戦いは一二〇五―一二年まで続き、キエフは少なくとも五度主人を変えた。この戦いの際、フセヴォロドは賢く軍事介入を避け、争い続ける従兄弟たちだけで決着をつけさせた。彼はウラジーミル大公としての治世の大半の時期に、北東ロシアをその手腕、気配り、忍耐を以て支配し、また南では政治権力を巧みに操った後、一二一二年に亡くなった。

ウラジーミル大公の絶頂の日々は終わった。少なくとも、差し当たってはそうだった。一二二三年に最初のモンゴルの予備侵攻が生じることになるが、それまでの一一年間に、フセヴォロドの息子たちの間で熾烈な内戦が生じ、年齢順で二番目だったユーリーが一二一八年にやっとのことでウラジーミル大公位を確定させた。これに対してロシア南部は比較的安定しており、言ってみれば、全体として再度ロスチスラフ一門〔上述リューリク・ロスチスラヴィチの一門〕の手中にあった。フセヴォロドと同名のチェルニゴフのフセヴォロド赤公がやはり同じ一二一二年に死去した後、チェルニゴフ諸公は自重し、一二二三年まで長い間キエフの状況に関わらなかったからである。ロスチスラフ一門はチェルニゴフから殆ど或いは全く介入されることがなく、南ロシア全域に影響力を広げることが出来、一二二三年までのキエフ、ガーリチ（ポーランド人及びハンガリー人による騒乱と占領の時期の後）、スモレンスク、そして恐らくはペレヤスラヴリとトゥーロフがこの一門のものになり、他方でヴォルィニの大半はロマン・ムスチスラヴィチ「王」の息子ダニールの手中に入った。

一二二三年の初め、チンギス・ハンの帝国より到来したモンゴル軍が、或いは斥候と思しき部隊が南のステップに出現した。〔その一部であった〕モンゴルの前哨部隊との様々な小競り合いの後、ガーリチ、スモレンスク、キエフ、トゥーロフ・ピンスク、チェルニゴフの部隊からなるロシア軍は、ポロヴェツ人（ロシア人にモンゴルの侵攻について知らせた）により増強された後にカルカ川（カリミウス川の支流であり、ドン川の西でアゾフ海に注ぎ込んだ）でモンゴル人と対戦したが、打ち破られた。モンゴル人はロシア軍をドニエプル川まで追ったが、彼らはこの川の西岸の小都市を奪ったものの、それ以上は進まなかった。彼らは撤退した。

侵攻や戦闘を伝える様々な年代記には、ロシアの敗北の規模に関する信頼出来る手がかりはない。九人の諸公が殺害されたこと、これは参加した諸公の半数だったことだけが知られる。従って、ロシア軍の約半分が犠牲になったようである。ポロヴェツ人について言えば、彼らは一二二三年以降、もはや考慮される戦力でなくなった。他方でロシア北部は災いを免れた。スズダリ、或いはノヴゴロドの軍は戦いに全く参加しなかった。

非常に奇妙なことであるが、同時代の年代記作者はこの戦いに全く関心を示してない。彼らはこれらの新たな侵略者が誰であるのか、考えもつかなかった。すなわち「彼らはドニエプル川まで行って戻ってきた。彼らがどこから来たのか、どこへ行くのか、我々は知らない。神のみぞ知る……[35]」と記している。これはステップからのありきたりの侵攻ではないのか。その後ロシア人が彼らの正体を知るまで、長くはかからなかった。

ロシア人には一四年の休息の時間があった。しかしこの時、敵の再来に備えた準備は何も行われなかったようである。スズダリ地方では、内戦は事実上止まっていた。しかし、モンゴル人が再侵攻してきた場合に備えて、これへの抵抗を容易にするであろう中央指揮権を樹立する試みは何も行われなかった。南では、二人のフセヴォロドの死から、一二二三年までの一一年間の相対的安定期が続いていたが、その後もこれが更に数年の間続いた。しかし、この安定は長持ちするようなものではなかった。一二三五年に内戦が勃発し、ガーリチ、スモレンスク、チェルニゴフ公国――チェルニゴフ公国はフセヴォロド赤公の息子ミハイルの活気ある指導のもとで復活した――のそれぞれがいがみ合って、南の支配を目指して相まみえた。一二四〇年にモンゴル人がキエフを最終的に陥落させるまでの五年の間に、この町は少なくとも七度も支配者を代えた。南の諸公は一二三七年までにその資源を使い尽くしてしまった。全体として組織化されず、混乱し、分裂した彼らでは、モンゴル人には歯が立たないことが証明されることになる。北方諸公の方は、政治的均衡が保たれ、諸公内部で対立が生じなかったせいで一時の安全を享受し、彼らの国境における脅威には全く無頓着だった。

チンギス・ハンの孫バトゥ麾下のタタール・モンゴル軍の大進撃は一二三七年冬にリャザンの攻略で始まった。

これにはクリャジマ河畔のウラジーミルの占領（一二三八年二月）、ウグリチ北西のシチ川での大公ユーリー麾下のスズダリ主力軍の敗北（一二三八年三月）、ノヴゴロド領の最も南東の町トルジョークのほぼ同時の占領（同じく一二三八年三月）が続いた。ノヴゴロドの町は攻撃を受けず、モンゴル人はチェルニゴフ地方のコゼリスクを陥落させた後、休息と部隊の再編のために南部ステップに向かった。一二三九年春になると、最終局面が訪れた。ペレヤスラヴリが三月に陥落し、チェルニゴフが秋に陥落した。一二四〇年一二月六日のキエフの占領でロシア遠征は事実上終わった。モンゴル人は西部でウラジーミル〔ヴォルィニ地方の〕とガーリチの町を奪い、次いでハンガリーとポーランドに侵入し、ヨーロッパの残りの部分の征服に向けて、その企てを開始した。

三

この時期の歴史的概略に別れを告げる前に、ノヴゴロドについて一言述べておかねばなるまい。キエフ、スズダリ、ウラジーミルを支配した者は誰であれ、その繁栄と強さの多くを、中世ロシア第二の大都市ノヴゴロドに依存していた。この都市の富は貿易、特に西欧との貿易に、そして一二世紀には北は北極、更にフィンランドとの境界からウラルまで伸びたその巨大な北方植民地に発していた。

既に最初期から、この巨大な都市国家は敵からの自衛が出来ず、戦争や国境防衛の戦いにおいて外部の公（もちろんその軍と共に）に依存していた。ノヴゴロドにおける公の機能が初期にはどうであったのかは分からない。すなわち一つの協定も契約も伝来していないのである。しかし公が都市の軍事防衛者以上の機能を果たしたことは想定出来る。彼が他の行政的・法的執行機能を有したことは疑いない。そして仮定であるが、彼はその勤めの対価として土地と金銭を得ていた。もちろん、ノヴゴロド人にとって、部外者にその防衛を依存すること、また部外者を公として招くことは厄介なことだった。その後一二世紀初頭までに、ノヴゴロドの独立要求が大きくなるにつれ、徐々にその傭兵としての公の権力も損なわれた。すなわち、市長職（およそ市の行政職）は選挙制になり、毎年ノヴゴロドのボヤーレ〔ここではいわゆる貴族〕のなかから民会或いは都市集会により選ばれるようになった。更に民会は都市の主教（一一六五年以降大主教）の選出権を得た。そして一一三六年に先のキエフ公の息子が家族と共に逮捕され、屈辱的な形で追放されて以降、ノヴゴロドは、常にという訳ではなかったけれども、原則的にその公をあらゆる王朝系統〔モノマフ一門、チェルニゴフ一門、ユーリー一門、ロスチスラフ一門など〕から選ぶことが出来た。

しかし、ノヴゴロドが一二世紀及び一三世紀最初の四〇年の間に多少なりとも共和制国家になりかけたと想像すべきでない。〔外部の〕強力な支配者たちはこの町に対し、常に彼らが推す者を受け入れるよう強要した。そして本当に強靭な支配者の場合はノヴゴロドに対し条件までも押しつけることが出来た。ノヴゴロドは本当に常々軍事的に脆弱で、ノヴゴロドが提供出来る部隊は町を守るには十分でなく、また能力に欠けていた。ノヴゴロドにとって更に悪いことに、ボヤーレの各グループは、〔ノヴゴロドに〕公・支配者を提供する諸一門〔上述のルーシの諸一門〕のいずれかに対して忠誠を誓っており、その意味で大抵は分裂していた。それ故公に任命された者に対し、団結して対決することが殆ど出来なかったのである。

（1）　*PVL*, vol. 1, p. 18〔邦訳一九頁〕。

（2）　この論争については、A・D・ストークスによる簡明な英文での解説を参照のこと。Auty and Obolensky (eds), *An Introduction to Russian History*, pp. 53–5. 文献一覧は p. 76.

（3）　例えば、〔ビザンツ皇帝〕コンスタンティノス・ポルフィロゲニトスはその『帝国統治論』(*De administrando imperio*, pp. 58–9) にて、「ロシア人《ロシスティ》」と「スラヴ人《スクラベニスティ》」の九つのドニエプルの早瀬のうちの七カ所の名を挙げている。その際、ロシア語での名称は、古スウェーデン語に由来している。また九―一〇世紀の多くのアラブ人旅行者や地理学者が「ルーシ人《ルース》」と「スラヴ人《アス・サカーリバ》」を区別している。更に九世紀の『サン・ベルタン年代記』（*Annales Bertiniani*, p. 31）では、ライン川沿いのインゲルハイムに滞在中のルートヴィヒ敬虔帝を訪問したビザンツ使節の中にロース〔ルーシ人を表すギリシア語〕の一団がいたこと、取り調べたところ、彼らはスウェーデン人と判明したことが記録されている。他方で一〇世紀のイタリア、クレモナ司教リウトプラントはその『報告書』（*Relatio*, p. 9）のなかで、「ノルマンのルーシ」に言及している（「コンスタンティノープルの町は北方の凶暴な諸民族に囲まれている。すなわち……我々がノルマンと呼ぶところのルーシ……」）。

（4）ヴェルナツキーはリューリクとユトランドのロリクを同一人物と見なす（*Ancient Russia*, pp. 337–9）。

（5）*PVL*, vol. 1, p. 18〔邦訳二〇頁〕。

（6）本書41―43頁を見よ。

（7）Leo Diaconus, *Historia*, p. 106.

（8）*PVL*, vol. 1, pp. 40–2〔邦訳六一―六五頁〕。本書47頁を見よ。

（9）*PVL*, vol. 1, p. 46〔邦訳七四頁〕。

（10）Leo Diaconus, *Historia*, pp. 156–7.

（11）アラブ史料の内、唯一の詳細な記録はイブン・ハウカルのものである。彼はこれを九六九年のことと記している（*PVL*, vol. 2, pp. 310–311）。原初年代記はブルガール攻撃に全く言及しない。

（12）*PVL*, vol. 1, p. 47〔邦訳七四―七五頁〕。

（13）Ibid, p. 46〔邦訳七四頁〕。

（14）キエフにおけるキリスト教の宣教時に、ロシアとブルガリアとの関係が果たした大きな役割については、以下69―70頁を見よ。

（15）*PVL*, vol. 1, p. 54〔邦訳八八頁〕。

（16）*PSRL*, vol. 9, p. 39.

（17）九七八年にウラジーミルがキエフのヤロポルクを攻撃した際、ヤロポルクは従者より、ペチェネグ族の中に一旦逃げ、その後ウラジーミルと対決するためにそこから軍を率いて戻るよう助言された。*PVL*, vol. 1, p. 55〔邦訳九一頁〕。

(18) 原初年代記（*PVL*, vol. 1, pp. 55–6〔邦訳九一頁〕）は、九八〇年を彼の殺害された年とする。しかし同時に（p. 17〔邦訳一八頁〕）ウラジーミル（一〇一五年死去）が三七年間統治したとも、つまり九七八年以来統治したとも述べている。Nazarenko, 'Rus' i Germaniya', p. 66, n. 88.

(19) *PVL*, vol. 1, p. 56〔邦訳九二頁〕。

(20) Ibid., pp. 58, 59〔邦訳九五、九八頁〕。

(21) Ibid., p. 58〔邦訳九五頁〕。

(22) Ibid.〔邦訳九五頁〕。

(23) 本書21頁を見よ。

(24) Ibid., p. 59〔邦訳九八頁〕。

(25) ウラジーミルがヤロポルクを殺害した後、彼は「兄のギリシア人の妻を娶ったが、彼女は身ごもっており、……彼女から生まれたのがスヴャトポルクだった。……ウラジーミルは彼女を正式な結婚によらずに娶った。というのも、彼女は修道女だったからである。彼が姦通の子であったために父［ウラジーミル］は彼を愛していなかった。彼がヤロポルクとウラジーミルという二人の父によって生まれたからである」（*PVL*, vol. 1, p. 56〔邦訳九二頁〕）。「身ごもっていた」は「身ごもった」とも「既に身ごもっていた」とも理解出来る。すなわち動詞「be」はアオリスト形であるが、初期テクストではしばしば未完了形としても使われるからである。この文章はほぼ確実にヤロスラフの治世（一〇三六―五四年）に作られたものである。それ故に、〔兄嫁を奪った〕ウラジーミルを厳しく評している。

(26) 「公 knyaz'」の複数形は古代ロシア語で「knyazi」、現代語では「knyaz'ya」である。この「公」の語は恐らく北欧語の kuning/king に由来する。

(27) ロシアでの名称。ビザンツ人はこれをクマン人と呼んだ。自称はキプチャクである。

(28) Obolensky, *Six Byzantine Portraits*, pp. 84–5.

（29）Presnyakov, *Obrazovanie*, p. 27.
（30）本書83頁を見よ。
（31）*PSRL*, vol. 2, cols. 685–6.
（32）Fennell, *The Crisis*, p. 24.
（33）*PSRL*, vol. 1, col. 419.
（34）モンゴル人は元々、今日のモンゴル地域に居住する部族の一つであった。一二世紀に彼らは近隣のタタール人により打ち負かされた。「モンゴル」の語は生き残ったが、それはチンギス・ハンがモンゴル人だったからである。しかし同時代のロシア史料はロシアにおけるモンゴル人を意味する語として常に「タタール」を使った。尚、ロシアの歴史学においては、「モンゴル」を使うか、「タタール」を使うかでかなりの対立が生じている。本書では、「タタール・モンゴル」や「タタール」の代わりに「モンゴル」を使うことにする。また注意すべきは、いわゆるキプチャク・ハン国からロシアの支配を引き継いだ「タタール・モンゴル人」の民族的基底は、一般的には、テュルク系遊牧民のキプチャク／クマン人であるということである。Khoroshkevich and Pliguzov, in Fennel (*sic*), *Krizis*, p. 20 を見よ。
（35）*NPL*, pp. 63, 267. 一二二三年の出来事（及び続く大侵攻についても）の詳細について、英語では、Fennell, *The Crisis*, pp. 63–8, 76–83 を見よ。
〔訳註1〕上述の水平的相続と親和性のある、いわゆる順番制度を指すものと思われる。長兄が死去した場合、次兄が長兄の都市を引き継ぎ、次の弟が次兄の都市を引き継ぐという形で、兄弟全員が一つずつ格上の都市に移動するという制度。

〔訳註2〕遊牧国家の首長はハンやカガンを名乗っていた。

第二章　キエフのキリスト教の始まり

ロシアでは一〇世紀の末、権力の座にあった公が洗礼を受け、主に異教徒からなる住民をキリスト教化するという大仕事が始まり、ロシアはようやくキリスト教国家になった。しかし、確かにそうではあったものの、キリスト教はもっと早い時期から、キエフ・ルーシとして知られる領域の住民の間に根付いていたようである。「根付いていたようである」と私が述べたのは、初期のロシア・キリスト教に関する我々の多くの知識が不確かな史料に基づいているからである。具体的に言えば、伝説や神話、断片的でしばしば矛盾した証言、裏付けのないテクスト断片に支えられた仮説等々である。とは言え、今日伝統的に認められている「ロシアの洗礼」（国教化）の年（九八八年）以前に、公国内において、キエフの公の宮廷やその他の場所にキリスト教徒が存在したことは疑いない。

但し、ロシアへのキリスト教の浸透が相当早い時期に生じたとする二つの説明（使徒アンデレがロシアを訪れたという話とブラヴリンの改宗の話）を考察する必要は殆どない。両方の説明は、神話的色合いが非常に濃い。最初期のロシア年代記編集（『過ぎし年月の物語』、或いは原初年代記と呼ばれる）によると、使徒のアンデレは、黒海南岸のギリシア人植民市シノペで説教をしていた時、クリミアのケルソネス、ドニエプル川、スロヴェネとスカンディナヴィアの地を経由するという長々とした迂回路にてローマに行くことにした。道中、彼は最初に、将来キエフの町が生じることになる場所に留まった。そこでは――予想出来ることだが――彼は多くの教会を持つ大都市が建設されることを予言した。次に「彼は現在ノヴゴロドがあるスロヴェネの土地に行った」。ここで彼はこの地方特有の沐浴を目撃した。最終的にローマに到着の際、彼は「彼ら［スロヴェネ］には木造の風呂小屋があり、彼らが室温を極限まで高めるのを見た」と話した。「彼らは衣服を脱ぎ、裸になって、タンニンの煮汁を自分に振りかける。次いで彼らは若木の小枝を取り、自分の体を打つ。辛うじて生きて出てこられる程度にまで打つのである。そして冷たい水を浴び、こうして蘇生するのである」。この純粋に逸話的で色鮮やかな描写はロシアの年代記作者には珍しい韻踏みからなるふざけた一片で終わっている。「誰かによって虐げられるのではなく、自ら虐げるのである。苦痛《ムチェニエ》ではなく沐浴《モヴェニエ》なのである」(1)。以上の叙述は相当に信じがたいのだが、このことは、同じ年代記の九八三年の項で（恐らくアンデレの話を記したその人が）ロシアには誰であれ使徒が足を踏み入れたことがないと述べている事実を知れば、なおのことである。ただ、アンデレが来たという話そのものは足跡を残したようである(2)。ウラジーミル一世の孫にあたるフセヴォロドは、聖アンデレに捧げられた最初のロシア教会を建てた（キエフ、一〇八六年）(3)。そればかりか、彼の息子ウラジーミル・モノマフはアンドレイ（アンデレのロシア語形）の洗礼名を与えられている〔訳註1〕。更に、彼の孫の一人、そして曾孫の一人がアンドレイの名で知られる最初期のロシア諸公である(4)。実際のところ、一六世紀になっても人々の心中にはこの伝説が留め置かれていた。一五八二年にイヴァン雷帝は教皇使節アントニオ・ポッセヴィーノに話した。「我々はキリスト教を初代教会から得た。それは使徒ペテロの兄弟のアンデレがローマに行く途中でこの地を訪れた時である。モスクワ［！］の我々は、汝らがイタリアで得たのと同じ時期に、ここモスクワ［！］でキリスト教信仰を得たのである」と(5)。

「ブラヴリン公の改宗」の話も、アンデレの話と同じく、事実に基づいた話とは思えない。この話の史料は、アンデレの話以上に脆弱である。八世紀にスロシ（現代のクリミアのスダク）で大主教を務めた聖ステファノスのギリシア語版の『聖者伝』が、一五世紀或いは一六世紀にロシア語に翻訳された。この訳のなかの一つの奇跡譚において、ノヴゴロドからきた「ブラヴリン公」によるクリミア侵攻が描かれている。公はスロシを占領し、聖ソフィヤ教会に入り、聖者の墓上の金銀の器を奪った。すると直後に彼に罰が下り、見えない力によって彼の頭は前後真逆になるほどにひねられた。これが聖ステファノスによる罰であることを理解したブラヴリンは、盗んだ品を返すよう自分の貴族たちに命じた。するとこれを受けて聖ステファノスの幻が現れ、聖者は公に対し、その場で洗礼を受けるよう話した。ブラヴリンと彼の貴族は今し方彼らが荒らした教会で、聖ステファノスの直接の後継にあたるスロシ大主教フィラレート〔フィラレトス〕から洗礼を受け、全ての捕虜を解放した上で故郷に帰ったという。ところが、言うまでもないことであるが、〔実際には〕八世紀末或いは九世紀に、一人の「ブラヴリン」の存在も知られていない(6)。また他の時代でもそうした出来事は知られていない。そして他の史料においても彼自身や彼のクリミア遠征を記すものはない。どうやらこの話全体が、後代のロシアの文筆家の豊かな想像の産物のようである(7)。

キリスト教が若干不確かながらも初期ロシア国家に堅固な根を張ったように見えるのは、九世紀後半以降である。前章で見たように、およそ八五七年或いは八五八年頃、アスコリドとジルという名の二人のヴァリャーグ人指導者――原初年代記によると「〔リューリクの〕一族でなく、貴族」――が南進し、後にキエフの町が出来あがる場所を占領して住み着いた。そして最終的に八六〇年に小型船二〇〇隻からなる船団で黒海までドニエプル川を下った。六月一八日にはコンスタンティノープルを包囲した。占領の恐怖と侵略者の猛威について、総主教フォティオスが住民宛の二つの説教で生き生きと描いている。しかし、包囲が最終的に解かれた時に、明らかにある種の合意が〔ビザンツ帝国と〕侵略者との間で結ばれた。というのも、それから七年後、総主教フォティオスは東方の総主教たちに宛てたその回勅の中で、「ルーシの人々はその異教の教えを純なる信仰と取り替えた。そして我々の臣下、友人となった。そして主教と司祭を受け入れ、大いなる熱意を以て、熱心にキリスト教の宗教規則を採用した」と書いているのである。(8) フォティオスの手紙の三年前に当たる八六四年にブルガリア人がビザンツからキリスト教を受容したことも、ここで想起に値するだろう。

フォティオスの回勅は、合意協定と異教徒ロース〔ルーシを表すギリシア語〕／ルーシへの主教派遣について話す唯一の史料ではないが、但しこれは時期的に最も出来事に近い。そして次世紀においてではあるが、皇帝コンスタンティノス七世ポルフュロゲネトスも、和平、改宗、主教に言及し、これらが皇帝バシレイオス一世（在位八六七―八八六年）に端緒を発すると書いた。(9) またフォティオスの後継者にして競合者でもあった総主教イグナティオスは、八七四年の協定締結後に「ロースの人々」に派遣する大主教を叙任したとされている。(10) これら全ての証拠から、八六〇年の攻撃はビザンツとその北の野蛮な隣人との間の何らかの協定の締結を招いたこと、またロシア史料は侵攻の結果について沈黙しているにも拘わらず、若干の布教の試みが確かに生じたこと、以上のことが明らかになる。では、当時のキエフ支配者であったアスコリドとジル自身は洗礼を受けなかったのだろうか。

ロシアの年代記に含まれる乏しい情報から分かることは、彼らが八八二年までキエフに住んでいたこと、この年に彼らがリューリクの近親オレーグの兵士に殺害されたことだけである。しかし、年代記作者は、「彼ら［アスコリドとジルの殺害者］が［アスコリドを］、現在はハンガリー丘と呼ばれている丘に運び、その丘に埋めた。現在オリマの邸宅が建っている場所である。オリマは墓の上に聖ニコラ教会を建てた。ジルの墓は聖イリーナ［教会］の裏手にある」と書き加えている。(11) オリマとは誰か。これは分からない。(12) しかしアスコリドの墓の場所に教会が建てられたこと、少なくとも一世紀半後の年代記作者がジルの墓がイリーナ（一〇三七年建設）の教会（及び修道院）に近かったとわざわざ書いたこと、そうした事実に基づくならば、アスコリドとジルが、一一世紀においては、コンスタンティノープル侵攻後に洗礼を受けていたと信じられていたことが分かる。

しかし、仮にこれらのことが真実であって、また八六〇年代にキエフが総主教により派遣された主教或いは大主教の管区になっていたとしても、ロシアの地におけるキリスト教の最初の局面は短期間続いただけだった。というのも、キエフの玉座におけるアスコリドとジルの後継者であるオレーグ（在位八八二―九一二年）は、確固とした異教徒だったようだからである。

オレーグの治世に捧げられたまばらな年代記記事は、彼の軍事的偉業だけを記録している。すなわち、彼が行った近隣諸族の支配、そしてルーシ・ヴァリャーグ人にとって非常に有利な協定の締結で終わった九〇七年のコンスタンティノープル攻撃である。一一世紀或いは一二世紀初めに、年代記作者、或いは年代記作者たちが改めてオレーグの治世について書いたのだが、彼らがオレーグの治世についてはっきりと知っていることは殆どなかったようである。二〇年〔分の記事欄〕が空白で残され、情報の多くは明らかに断片的であり、また不明瞭である。ただ、ともかくルーシのキリスト教化に関する言及はない。ヴァリャーグ人がギリシア人と協定を結んだ際にも、彼らは「ルーシの法に従い、彼らの武器と彼らの神ペルン、家畜の神ヴォロスにより宣誓した」と記されている[13]。更に、コンスタンティノープルに対する九〇七年の遠征の叙述は「オレーグは物知《ヴェシチー》れる者と呼ばれた。というのも人々は異教徒で無学だったから」という言葉で終わっている[14]。明らかに、〔この時期の〕ルーシ国家にキリスト教の痕跡はない。或いは〔存在したにせよ〕その信奉者たちは本当に目立たなかった。ロシア人とギリシア人との間の協定に関する叙述の最後部（年代記では九一一年の項にあるが、恐らく九〇七年の遠征直後の協定を示している）において、年代記作者は「皇帝レオンはルーシの使節を贈り物で迎え、……家臣たちを彼らにつけて教会の美しさを見せ、……彼らに自分たちの信仰を教え、彼らに真の信仰を示した」と付け加えている[15]。しかしこれは、九八八年の〔キリスト教国教化の〕記事を受けて書かれた、後代の追記ではなかろうか[16]。

オレーグの後継者イーゴリの治世（九一三―九一四年〔著者の誤解。本来は九一二―九四五年〕）の晩年になってやっと、再度、ルーシ・ヴァリャーグ人のなかにキリスト教徒が存在したことを知ることが出来る。一一世紀の年代記作者は実際のところ、イーゴリの統治期の諸事件について、はっきりとは何も知らなかった。事実、治世の三二年間のうちの二二年分について、原初年代記では空白のスペースが残されたままである。しかし、九四一年と九四四年に行われた彼の二度のビザンツ略奪に関する叙述の後、九四四／四五年にギリシア人と結ばれた協定のテクストにおいて、若干の、しかし非常に明確なキリスト教への言及が現れる。和平交渉でのイーゴリの使者、商人、軍人の名を挙げる導入条項の後、第二条で次のように記されている。

ルーシの側からかかる友好を破ろうと考える者があれば、洗礼を受けている者は全能者たる神から復讐を、未来永劫に破滅の裁きを、受けるべきである。また洗礼されていない者は、神からもペルンからも助けられることなく、また自らの盾によって守られることなく、自らの剣によって、矢によって、また自らのその他の武器によって傷つけられるべきである……。(17)

更に明快なのは、協定テクストそのものに含まれるコンスタンティノープルでの宣誓に関する詳細な記事である。

我々のなかで洗礼を受けている者は、〔総主教〕座の［コンスタンティノープルの聖ソフィア大聖堂］の教会において、聖イリヤの教会にかけて、眼前にある聖なる十字架にかけて、またこの文書にかけて、そこに書かれてある全てのことを守り、それに決して背かないことを誓う。また我々の側でこれを犯す者は、公であれ他の誰であれ、洗礼されている者であれ洗礼されていない者であれ、神から助けはない……。(18)

最後に、年代記作者はキエフで行われた同様の宣誓セレモニーを記録する。

翌朝、イーゴリは使者を呼び寄せ、ペルン［の像］の立っている丘にやって来た。ルーシは自分の武器と黄金を置き、イーゴリと異教のルーシ人である彼の家臣は［ここで］誓いをたてた。一方、洗礼されたルーシ人には……聖イリヤ教会で誓いをさせた。……これは聖堂教会であり、またキリスト教徒のヴァリャーグ人とハザール人が大勢いたからである。[19][20]

こうして、イーゴリの治世末までにキリスト教は遂にはっきりとキエフ国家に根付き始めた。軍隊のなかにキリスト教徒がおり、商人のなかにキリスト教徒がおり、キエフに住む隣人ハザール人のなかにもキリスト教徒がおり、その全てがキリスト教の教会を持っていたのである。もちろん、彼らの数がどの程度であったのか、どのくらいの影響力をもったのか、どのくらい公の宮廷に近かったのか、といった問いに答えることは出来ない。また〔後の〕様々な時代の修道士・年代記作者たちは〔九八八年の〕キリスト教化以前、つまり異教の暗黒時代において、〔キリスト教という〕一条の光が僅かながらも存在したことを示そうとしながら上述の情報を書き記したのだが、一体どの程度の部分が彼らによってまさに創作されたものなのかという点についても答えることは出来ない。ただ、それでもキリスト教はそこに存在した。将来の改宗者たちはこれを足場に出来たのである。

しかし、イーゴリだけでなく、次の公もまた、新しい信仰から影響を受けた兆候を全く示さない。イーゴリの息子スヴャトスラフは改宗に意欲を全く示さず、事実上、明確な反対者と言えた。既にキリスト教に改宗していた母親のオリガが彼に洗礼を受けるよう説得を試みたものの、これは拒絶されている。「彼［スヴャトスラフ］は、彼女が言ったことを無視し、聞き入れなかった」。母親の幾度もの勧めに対し、息子は、キリスト教を受け入れれば従士たちから笑い者にされるだろうという、どこか信じ難い議論で反対した。それに対し、彼女は「もしおまえが洗礼を受けるなら、全ての者が同じようにするでしょう」と反論した。年代記作者によると、このように言う母親に対し、スヴャトスラフは非常に激昂したという。[21]

将来、偉大な戦士、数多くの勝利をもたらす将軍、典型的な戦士公になるスヴャトスラフは、母親との口論の時にはまだ少年に過ぎなかった。しかし全体として、彼はその後の治世にも、キリスト教に無関心だったようだ。ただ、彼がキリスト教に積極的に敵対したとか、弾圧をしたという証拠はない。またこの時期に異教が復活したという示唆もない。これは、スヴャトスラフが極端なほど遠征に専心していたからか、また彼が故郷〔ルーシ〕で生じたことへ、見た限り、関心がなかったからなのか、それは分からない（彼は九六九年に母親と貴族に「私はキエフにいるのが嫌だ。ドナウのほとり、［ブルガリアの］ペレヤスラヴェツに住みたいと思う。そこが我が国の中心であるから」と言ったと記録されている）。ただ、キリスト教は、スヴャトスラフの母親オリガの洗礼という初期ロシア教会の歴史における大転換点の後に、ようやくキエフで普及が可能になったという状況はあり得なくはない。

ロシア教会の初期の歴史において、オリガの改宗ほどに、非常に多くの論争を、そしてしばしば非常に激しい論争を学者の間で生み出してきた出来事はない。彼女が洗礼を受けたことは誰も疑っていない。それには全員が同意している。しかし、それがいつ、どこで、どのような状況で生じたのか。この問題で研究者の意見は分かれている。ある研究者が記したように[22]、一〇世紀半ばのロシアとビザンティウム、ロシアとその西の隣人との関係の理解にとって、オリガの洗礼の時期や場所の問題は重要である。ただ、ロシア教会の歴史にとっては、洗礼の時期と場所の問題は、興味と重要度において幾分劣る。

研究者たちの年代設定は大きく分かれている。九四六、九五四、九五五、九五七、九五九、九六〇年のそれぞれについて、洗礼の年ではないかとする推測が出されている。場所については、コンスタンティノープル説が最も支持されているが、若干の熱心な研究者たちがキエフ説を支持している。提示された全ての説のなかから、私はオリガの洗礼の日付として九四六年説を、場所としてはコンスタンティノープル説を選びたい[23]。

主要史料、すなわち二つのロシア語史料（原初年代記と修道士ヤコフのウラジーミルへの頌詞）と二つのビザンツ史料（儀式の書、ヨハネス・スキュリツェスの年代記）、一つのラテン語史料（プリュムのレギノの年代記のアダルベルトによる続編）のうち、儀式の書を除く全ての史料において、オリガはコンスタンティノープルで受洗したとされている。オリガの同時代人である皇帝コンスタンティノス・ポルフュロゲネトスが編集した儀式の書では、コンスタンティノープルでオリガが歓待されたことが詳細に描かれているものの、彼女の受洗には言及されていない。

九四四年にイーゴリが近隣のドレヴリャネ族により殺害された時、妻オリガは未成年の息子スヴャトスラフを支える摂政になった。前章で見たように、彼女の最初に記録された行為は彼女の夫の死に対する復讐だった。これを彼女は多くのドレヴリャネ族を殺戮することでなした。原初年代記には、策略を用い、残酷さを持った怪物としてオリガを描写する非常に面白い、また同様に信じがたい、そして伝説やサーガを想起させる見事な文章がある。ところが打って変わって、突如、年代記作者の語りは、彼女の経歴における次のエピソード――コンスタンティノープルへの旅――に変わっている。このことは結局、原初年代記のこうした初期の記事の口調と内容を滅多に信じることが出来ないということを示している。さて、叙述は次のように始まる。

オリガはギリシア人のもとへ行き、コンスタンティノープルに着いた。当時レオンの息子、コンスタンティノスという名の皇帝がいた。オリガは彼のもとに行ったのである。皇帝は彼女の顔が非常に美しく聡明であるのを見、また知恵に驚いた。そこで彼女に話しかけ、「お前は私と共にこの町で君臨するのに相応しい」と言った。彼女は意味を悟って、皇帝に「私は異教徒です。もしあなたが私を洗礼させようとするのなら、自分で私を洗礼して下さい。そうでなければ私は洗礼を受けません」と言った。そこで皇帝と総主教は彼女を洗礼した。

総主教が宗教上の指示を行い、オリガがそれを「水を吸う海綿のように」吸収したことを描いた後、年代記作者は、彼女がヘレナの〔洗礼〕名を与えられたことを我々に語る（「古代の皇妃、コンスタンティヌス大帝の母のようである」と。コンスタンティノス七世の妃の名も同じであることを、年代記作者は、場合によっては付け加えていたかも知れない）。オリガの洗礼の話が終わると、彼女が皇帝と知恵比べを行い、予想通りこれに勝利して皇帝を欺いたとする逸話が続く。

洗礼の後、皇帝は彼女を呼び、彼女に「私はお前を自分の妻に迎えたいと思う」と言った。彼女は「私に自分で洗礼し、私を娘と呼びながら、私をあなたが娶ろうとするのはどうでしょうか。キリスト教徒の中にはそのような掟はありません〔訳註2〕。あなた自身知っていることではありませんか」と言った。皇帝は「私を見事に欺いたな、オリガよ」と言った(24)。

この出来事から一世紀半が経過して後、〔ルーシ人である〕年代記作者がオリガの洗礼の話を描く段に、恐らくは初期ロシア教会におけるギリシア人の支配に対する怒りに基づき、狡猾さと欺きの点ではギリシア人に勝りたいとする願いを強く持っていたという意見がある。これは疑いないのだろうか。ただ、いずれにせよ、この愉快な空想の理由が何であれ、オリガがコンスタンティノープルに来て、総主教から洗礼を受けたこと、そして彼女の代父母は皇帝か皇妃ヘレナ（恐らく後者だろう）であり、この妃の名が異教徒だったオリガに与えられたということだけは、上の話から確認出来る。オリガへのコンスタンティヌスの求婚については、彼の妃がオリガの随行者たちの歓待に出席していたこと、妃がオリガの洗礼時の代母だったことに留意する必要がある。更にオリガは、皇帝の結婚願望を刺激する年齢というわけではなかったろう(25)。

経緯はどうだったのだろうか。九四六年の夏のおわりに(26)、まだ異教徒だったオリガはおよそ百人の従者を引き連れてコンスタンティノープルに出発した。彼女の使節団には二つの目的があった。第一に、キリスト教を受け入れ、そうすることでビザンツとの関係を強化することだった。この意図に即して、彼女は司祭グリゴリーを同行させた。[27] 彼は疑いなく、キエフの聖イリヤ教会の司祭だった。第二の目的は、恐らく、九四四年の協定に含まれる交易の合意の更新或いは補強だった。少なくとも四三人の商人がオリガの従者に含まれていた。また息子スヴャトスラフのために、王朝結婚について尋ねることだった。そしてオリガは、いつ、そして誰によるのかは判然としないが、洗礼を受けた。恐らくはコンスタンティノープルでの滞在時、最初の数日の間であり、総主教により、彼女の代母である皇妃の前で洗礼を受けたのだろう。

オリガの使節はどれほどの成功を収めたのか。九四四年協定の諸条件の改定に関しては分からない。『儀式の書』[28] で皇帝自身が宮廷における彼女の式典歓待についての詳細な説明を書き記したが、これは、オリガの使節と商業代表者（「商人たち」）がどのような議論を持ち出したかについて、全く示唆を与えてくれない。我々が耳にする全ては、歓待、宴会、外国使節に印象づけるために使われた精錬された装飾品（オルガン音楽、機械仕掛けのさえずる鳥、金メッキの施された吠えるライオン細工など）である。オリガの洗礼の結果については、残念ながら殆ど何も分からない。ルドルフ・ミュラーが指摘するように、オリガは主教座（例えばケルソネスのような、ギリシア府主教のもとでの）、またはコンスタンティノープル総主教座のもとでの独立した府主教座、また自治的大主教座、或いは総主教座の設置も視野に入れていた可能性がある。というのも、オリガは、ブルガリア教会の長が少し前にコンスタンティノープルから総主教の称号を得たことを知っていたに違いないからである。[29]

しかしこれらのどれも実現しなかった。オリガはがっかりし、幻滅した後、従者と司祭グリゴリー（今は疑いなく彼女の聴罪司祭だった）と共にキエフに戻った。また上述のように、彼女は息子からも満足のいく回答を得られそうになかった。息子は頑なに異教徒であり続け、キリスト教に改宗してほしいとする母の嘆願を拒絶した。続く一三年間において、キエフにおけるキリスト教の展開に関する唯一の証言は、第二の教会が九五二年に献堂されたことである。[30] 今回は、教会は聖ソフィヤに捧げられた。このことは、疑いなく、コンスタンティノープルの聖ソフィアの大聖堂におけるオリガの洗礼を記念するためだった。この一三年の間、主教はもちろん、何人かの司祭をキエフに派遣するといったビザンツ教会の動きについても、何も知られていない。次いで、後にマグデブルク司教になるアダルベルトが書いた西欧の年代記[31]によると、九五九年に、「ルーシ人の女王《レギナ・ルゴルム》ヘレン（つまりオリガ）」の使節がフランクフルト・アム・マインのドイツ王オットーの宮廷に現れ、ロシアに司教と司祭を派遣するよう求めたという[32]。

オリガは聖職者の派遣をビザンツに求めたものの、これは一三年待っても叶うことはなく、言ってみれば彼女は一三年を無駄に過ごすことになった。ドイツへの使節の派遣はこの一三年の欲求不満の時期の後に生じた自暴自棄の行動に過ぎないのか。それともこれはオットーの王国とのある種の政治的連帯を築く試みだったのか。両方ともあり得る。ただ、ともかくも今回は、オリガの使節は若干の成功を収めた。アダルベルトの年代記によると、リベルティウス某が直後に「ルーシ人の司教」として叙任されたという。しかし結局、リベルティウスが東方の彼の司教区に出発することはなかった。九六一年初めに死去してしまったのである。そこでアダルベルト自身が彼の代わりに任命された。但し彼のロシアへの布教の旅は失敗に終わり、九六二年に彼は苦労して帰国を遂げ、彼の従者の幾人かは帰途で殺害された。残念なことであるが、彼はロシアにおける滞在について詳述せず、なぜごく短期間で自分の教区を捨てたのかについても話さない。ただ、彼がロシアの信徒団に対応する際に教義に関して困難に直面したというわけではあるまい。この時代というのは、一〇五四年のいわゆる東西教会の分裂のおよそ一〇〇年前である。しかも、いずれにせよ、彼やキエフの新しいキリスト教改宗者が、当時存在したローマとコンスタンティノープル教会との間の神学的な差異について、多くの知識を持っていたというのはあり得まい。それよりも、アダルベルトが断固とした異教徒のスヴャトスラフの支持者から反対に遭ったという状況の方があり得るだろう。この時までにスヴャトスラフは一九―二〇歳になっており、母親の後見のもとから抜け出していた。また言語の問題がキエフでのアダルベルトの受け入れを困難にしたというのはあり得ないだろうか。結局、キエフのキリスト教の初期の日々において受け入れられた礼拝用言語であったのは、ブルガリア、そしてルーシ・ヴァリャーグのキリスト教徒にとって理解可能であった教会スラヴ語だったに違いない。そしてアダルベルトもまた確実に、キエフの人々にラテン典礼の受け入れを説得するという点で困難にあったであろう(33)。

アダルベルトの仕事の失敗理由がなんであれ、一つのことだけは確実である。ラテン・キリスト教〔西方教会〕はロシアの土壌において、多くの挫折を味わうことになるが、今回がその最初のものだったことである。

自分の教会を築き、更にそれを、後に母教会になるビザンツの総主教座教会とのより好ましい関係のもとに置こうとしたオリガの努力について、これ以上のことは分からない。コンスタンティノープルや、驚くべきでないが、西方へ使節が派遣されたという記録はもはや存在しない。オリガは九六九年七月一一日に、自分の墓前で異教の催し（追悼会《トリズナ》(34)）が行われることのないよう、そして恐らくは異教の埋葬塚が築かれることのないよう求めた後に死んだ。年代記が付け加えるところによると、「彼女には自分の司祭がおり、彼が祝福されたオリガを埋葬した(35)」という。

ロシアにおけるキリスト教の構築と涵養へのオリガの貢献は何か。一一世紀の称賛者は惜しむことなく賛辞を送っている。「神の恩寵により啓蒙され」「聖霊により啓蒙された」オリガは彼らにとって「キリスト教の地の先駆者」であり、「太陽の前の明けの明星」であり、「肥やしの中の真珠」であった(36)。しかし、そうした表現は単に彼女の来たるべき列聖を促進する〔後付けの〕試みの一部に過ぎない。既に見たように、悲しくも貧しく不十分な史料のなかでは、オリガが一〇世紀前半の異教的雰囲気のなかにあったロシア教会の脆弱な基礎を下支えしたこと、彼女はそれ以上のことには失敗し、またそこまでの力しかなかったことが指摘されるだけである。

ロシア、ギリシア、或いはラテン語の史料において、オリガの死（九六九年）から孫のウラジーミルの受洗（九八八年）までの時期におけるロシアのキリスト教に関しては、ごく僅かな情報しかない。実際、この時期に関するロシアの年代記記事においては、異教が非常に大きな役割を果たしている。しかし、ラテン語とロシア語史料の双方において、スヴャトスラフの長男ヤロポルクについて、彼が洗礼を受けたキリスト教徒でなかったにせよ、少なくともキリスト教に対する共鳴者だったであろうことが、少々であるが示唆されている。前章で見た通り、原初年代記に依拠するならば、ヤロポルクの生涯において知られる事実は、悲しいほどにまばらである。しかし他の史料に依るならば、僅かではあれ、ヤロポルクの宗教上の信念の問題について、解明ができる。

ヘルスフェルトのランペルトのラテン語年代記によると、九七三年三月のクヴェトリンブルクにおいて、死を目前にした皇帝オットー一世へ派遣された使節のなかにロシア人がいた（「多くの国々の使節が訪れていた……ブルガリア人及びルーシ人」）[37]。ソヴィエトの歴史家ナザレンコの最近の意見では、使節の目的は、オットーへ贈物を届けるだけでなく、政治及び〔婚姻を通じた〕王朝同盟の基礎作りだった。そしてこの同盟の締結にはヤロポルクの洗礼が必要であったという[38]。

しかし、九七三年の使節は、純粋に、ヤロポルクにとっては花嫁の確保、またオットーにとっては軍事同盟の確保という試みだったのか。我々は、ヤロポルクが既婚者だったこと、しかもその妻はキリスト教徒にして、元修道女であり、父スヴャトスラフがブルガリア戦争による捕虜として連行し、「彼女の顔立ちの美しさ」[39]の故にヤロポルクに妃として与えた女性であったことを忘れてはなるまい。或いは今回の使節は、聖職者を求める別の要求を抱えていたとは言え、九五九年にオットーへ派遣されたオリガの使節の単なる反復だったのか。そして、確かに一六世紀のニコン年代記においてのみ記録されるものなのだが、約四年後に教皇からヤロポルクのもとに使節が到来したのは、恐らくは九七三年にまさにヤロポルク自身が派遣した使節の結果としてではなかったのか[40]。結局、原初年代記の沈黙は、恐らくヤロポルクがキリスト教を好み、或いは洗礼を受けていたことをこの年代記が認めたくないという状況を意味しており、つまりは単純に、一一世紀の筆記者が九八八年のウラジーミルの大偉業の栄光を矮小化したくなかったことに帰されるようだ[41]。

しかし、原初年代記には、ヤロポルク及び恐らく弟オレーグも実際にキリスト教徒であった、或いは祖母オリガと同じ信仰をほぼ受け入れていたことを示唆する小項目がある。一〇四四（六五六二）年の記事に、「スヴャトスラフの子であるヤロポルクとオレーグの両公が掘り出され、彼らの遺骨は洗礼を受け、神の聖母の［十分の一］教会に永眠のために横たえられた」とある。(42) これは確実に、両公の甥にあたるヤロスラフ賢公が、両公が洗礼を受けたという実際の記録を持たなかったものの、伯父たちのキリスト教的傾向を知っており、死後の彼らに洗礼を施したことをまさに意味する。また、オレーグはともかく、ヤロポルクについて、その洗礼が生前か死後かどうかは大した問題ではない。重要なことは、短い間であれ、オリガとその追随者たちのキリスト教伝統がキエフにおいて生き続けていて、少なくともオリガの年長の孫［ヤロポルク］はこれを壊さなかったことである。

しかし、オリガの最年少の孫ウラジーミルは、国家における宗教が果たすべき役割について、全く異なる考えを持っていた。彼はヴァイキングの略奪者の蛮行に依拠して統治を開始した。九七八年に彼は突如としてヴァリャーグの軍を率いてスカンディナヴィアからノヴゴロドに現れ、ヤロポルクの代官を追放し、彼自身の権力をそこに樹立した。同年、彼は隣国ポロツクを攻撃し、この地域の首長ログヴォロドを殺害した。そして首長の娘ログネダからは高慢な言葉で拒絶されたものの、結局ウラジーミルは「彼の娘［ログネダ］を娶った」。彼は次いでキエフに向かって南進し、異母兄のヤロポルクを殺害し、彼の妊娠中の妻を奪って強姦し、玉座に就いた。(43)

キエフにおける彼の統治の初期は、異教の前例なき大復活で特徴づけられる。それはまるでウラジーミルが祖母の仕事を元に戻すことを決心したかのようだった。権力奪取後の彼の記録に残る最初の活動は、ロシア人が知っている主な異教の神々に捧げられるキエフのパンテオンの建設だった。

ウラジーミルは一人で公としてキエフを治め始め、丘の上の宮廷の外に偶像を立てた。頭が銀で口髭が黄金の木製のペルン、ホルス、ダジボグ、ストリボグ、シマリグルとモコシである。（人々は）それらを神と呼び、生贄を捧げた。そして自分の息子や娘を供え、悪魔たちに生贄を捧げ、自分たちの生贄で大地を汚していた。ルーシ*の大地とその丘は血で汚されたのである……。(44)

これらの五神は擬人化されたものだった。ペルンは雷と稲妻の神、戦士たちの守り手で、ホルスとダジボグは太陽の神、ストリボグは空と、恐らく風の神でもあった。モコシ、或いはマコシは肥沃の神であり、第六の、羽根の生えた犬の姿をした神シマリグルは種と実の神である。(45) ロシア人が知る神はこれらだけではない。ギリシア人との初期の条約（九〇七年と九七一年）で、異教徒のロシア人は、ペルンと並び、家畜の神ヴォロスに宣誓している。しかし、ウラジーミルのパンテオンにヴォロスの像はなく、また東スラヴで知られる他の多くの異教神（肥沃と穀物、春の神でもあるロードとロジャニツァ、或いはラダとレリャ、火の神スヴァログ、多産の神ペレプルト）もなかった。(46)

ウラジーミルのパンテオンは、異教徒であるキエフ人にとっての単なる礼拝場であったのではない。これは人間を生け贄として捧げる場でもあった。原初年代記は九八三年の項で、(47)「ギリシアから来た」、つまりコンスタンティノープルからの移民であった二人のヴァリャーグで、かつキリスト教徒でもあった父子の殉教について、非常に克明に描いている。話は「ウラジーミルとその民が偶像への捧げ物を行った」という文脈の不明瞭な叙述で始まる。次いで幾分非論理的に、「年寄りと貴族が」生け贄にされる少年と少女を選ぶためにくじを引くことを提案した。少年を選ぶくじはヴァリャーグの息子に当たった。しかし父が子の引き渡しを拒絶した時、「人々」が来て、親子両人を殺害した。不運にも、この叙述には欠陥があり、一貫性もない。更に疑わしいことに、同じ年代記で後に見出されるロシアの洗礼の話と若干のテクスト上の類似性がある。(48) これら全てのことを勘案すると、この話はウラジーミルの異教の恐怖、そして彼の〔後のキリスト教への〕改宗の奇跡を強調しようとする後代の編者や年代記作者の試みではないか、という疑念が生じる。同じことは、更に以前の記事（九八〇年）にもある。これは改宗前の彼の性的放縦を描くものである。ウラジーミルには数多くの妻がいたが、年代記作者はそのうちの四人から生まれた幾人かの子孫に言及した後、彼には八〇〇人の内縁の妻がいたと話している。というのも「彼は、既婚女性や未婚女性を犯し、女性に対しての欲がつきなかったからである。また、彼はソロモンのように女好きだったからである」[49]。

これら全ては誇張されているかも知れない。しかしいずれにせよ、ウラジーミルの治世の最初の一〇年に異教が蔓延していたことは歴然としている。彼の目的は何だったのか。彼は単に憤然として、或いは立腹しながら、祖母オリガや異母兄の記憶を攻撃するために行動したのか。彼がキリスト教に対抗しようとしたことはほぼ疑いない。ソヴィエトの研究者ルィバコフは、異教とキリスト教の神々とが熟慮された体系の上で対比されているとする仮説を出し、人気のある異教の神ストリボグ、ダジボグ、マコシはそれぞれが父なる神、子、神の母の化身であったとまで主張した。言い換えれば、彼は、ウラジーミルのパンテオンの三神を、キリスト教に立ち向かい、またこれに挑む神と見なしているのである[50]。しかし九八八年の公式の「改宗」から相当の時間が経過した後でさえ、多くの異教の祝祭、実践、そして神々さえもがロシアにおける民衆のキリスト教信仰に結合し、また影響を及ぼしたことが明らかである。従って、上述の入念な対立の設定がウラジーミルにより行われたとするルィバコフの意見は、控えめに言っても空想的に見える。むしろ、パンテオンの設置、一夫一婦制への反対という故意の反キリスト教な態度、そして人間を生け贄としていたことの暗示——これらは、大多数の人々が受容出来る宗教を補強することで、巨大な国家に存在する多様な民族的要素を統合しようとするウラジーミルの試みの一部だったのではなかろうか。

（1）　*PVL*, vol. 1, p. 12〔邦訳八頁〕、*PSRL*, vol. 2, cols. 6–7.
（2）　*PVL*, vol. 1, p. 59〔邦訳九七頁〕。ネストルの『聖なる殉教者ボリスとグレプの生涯と死に関する講話』（*AHE*, p. 3）を参照せよ。
（3）　*PSRL*, vol. 2, col. 197. 一〇八九年に聖アンデレ教会が南のペレヤスラヴリ〔現在のペレヤスラウ・フメリニツィキー」に建設された（*PVL*, vol. 1, p. 137〔邦訳一三一頁〕）。

（4）アンドレイ・ドヴルィ（一一四二年死去）とアンドレイ・ボゴリュプスキー（一一七四年死）のこと。九八八年の改宗後、諸公には洗礼時にキリスト教名が〔世俗の名と別に〕追加的に付与されたが、世俗の名（ウラジーミルやオレーグなど）で知られ続けたことに注意せよ。しかし一一世紀半ば以降になると、諸公は世俗の名を保持しつつも、キリスト教の洗礼名で呼ばれ始めた。

（5）Graham, *The Moscovia*, p. 69. アンデレ伝説の成立年代については Poppe, 'Two Concepts', pp. 497–501; Chichurov, '"Khozhdenie"', p. 14 を見よ。

（6）実際、翻訳された奇跡譚のある版においては、彼は戦いを好む《ヴランリフ》強き公と呼ばれている。

（7）「ブラヴリン」の話については Golubinsky, *IRTs*, vol. 1, I, pp. 53–62; Vernadsky, *Ancient Russia*, pp. 280–1; Vasil'evsky, *Trudy*, vol. III, pp. 95–6; Kartashev, *Ocherki*, pp. 64–8; Pritsak, 'At the Dawn', pp. 102 ff. を見よ。

（8）Photius, *PG*, vol. 102, col. 737. フォティオスの二説教（第三、第四説教）の翻訳と注釈については Mango, *The Homilies*, pp. 74–110 を見よ。

（9）Kartashev, *Ocherki*, pp. 74–5; Litavrin and Florya, 'Obshchee i osobennoe', p. 237.

（10）*Theophanes Continuatus*, pp. 342–3.

（11）*PVL*, vol. 1, p. 20〔邦訳二四頁〕。

（12）ヴェルナツキー（*Ancient Russia*, pp. 332, 341–2）を参照せよ。彼はオリマをマジャール人の軍司令官であり、またオリマはオロムであると考えている。

（13）*PVL*, vol. 1, p. 25〔邦訳三二頁〕。

（14）Ibid.〔邦訳三三頁〕。

（15）Ibid, p. 29〔邦訳四〇頁〕。

（16）*PVL*, vol. 2, p. 280.

（17）*PVL*, vol. 1, p. 35〔邦訳五二―五三頁〕。

（18）Ibid, p. 38〔邦訳五八頁〕。

（19）聖堂教会は、九世紀初頭のキエフでは殆ど意味がなかったであろう主教座教会ではなく、「人々が集まる教会」を意味した。Vodoff, *Naissance*, pp. 49, 380 n. 1 を見よ。また Golubinsky, *IRTs*, vol. 1, I, p. 497 も見よ。因みに、諸年代記における聖イリヤ教会への言及はこれ以降存在しない。

（20）*PVL*, vol. 1, p. 39〔邦訳五九―六〇頁〕。

（21）*PVL*, vol. 1, p. 46〔邦訳七三頁〕。この日付（九五五年）が正しいなら、スヴャトスラフは当時一三歳だったことになる。以下本頁註25を見よ。

（22）Obolensky, 'The Baptism of Princess Olga', p. 159.

（23）オリガのコンスタンティノープル行きの日付を九四六年と見なすリタヴリンの主張には説得力がある（'O datirovke' と 'Puteshestvie'）。しかし彼は、オリガの洗礼については、後の九五四／五五年に行われたと考えている（'K voprosu'）。ヴォドフ（*Naissance*, pp. 52–4）、ナザレンコ（'Kogda zhe knyaginya Ol'ga'）、ティンネフェルト（'Die russische Fürstin Olga'）も見よ。ミュラーは九四六年をオリガのコンスタンティノープルへの旅の日付とみるが、彼女はそれ以前にキエフで洗礼を受けていたとする（*Die Taufe*, pp. 72–82）。オボレンスキーは洗礼を九六〇年、場所をコンスタンティノープルと見なす（'The Baptism of Princess Olga'）。フェザーストンはオリガが九五七年にコンスタンティノープルで洗礼を受けたとする（'Olga's Visit', pp. 293–7）。

（24）*PVL*, vol. 1, p. 44〔邦訳七〇頁〕。年代記の話に含まれるこの飾り気のない記述は九分九厘、一一世紀第三四半期に修道士ヤコフが書いた『ウラジーミルへの追憶と頌詞』に含まれる「公妃オリガへの頌詞」に由来する（Zimin, 'Pamyat' i pokhvala' p. 69 を見よ）。ヤコフは、オリガがコンスタンティノープルに行ったのは「夫イーゴリの死後」つまり九四四年頃のことと書いていることには注意せよ。

（25）原初年代記は彼女がイーゴリに嫁いだのを九〇三年とするが、後代のアルハンゲリスキー年代記（*PSRL*, vol. 37, p. 58）は彼女が当時一〇歳だったとする。しかしイパーチー年代記は六四五〇（九四二）年をスヴャトスラフの生誕の年とする（Ibid., vol. 2, col. 34）。このことは彼女が九〇三年に生まれたこと、スヴャトスラフを産んだ時には三九歳、コンスタンティノープルに行ったのは四三歳だったことを意味する。Vlasto, *The Entry*, p. 249, n. (c). を見よ。

(26) 修道士ヤコフとヨハネス・スキュリツェスは、オリガがコンスタンティノープルに旅をしたのは夫の死後（九四四年）と述べている。Obolensky, 'The Baptism of Princess Olga', p. 162を見よ。
(27) Constantine Porphyrogenitus, *De caeremoniis*, p. 597にて言及されている。Müller, *Die Taufe*, pp. 77, 79を見よ。
(28) オリガの訪問を描く第一五章のほぼ全ての英訳、そして包括的な説明はFeatherstone, 'Olga's Visit', pp. 298–305を見よ。
(29) Müller, *Die Taufe*, pp. 80–1.
(30) この証言は一四世紀初頭の羊皮紙の使徒行伝のメモにある。「その日［五月一一日］、六四六〇年［つまり九五二年］に、キエフの聖ソフィヤの献堂があった」。Kartashev, *Ocherki*, p. 104; Rybakov, *Yazychestvo*, p. 390を見よ。
(31) アダルベルトは、ほぼ確実にプリュム修道院長レギノの年代記を書き継いだ人物である。
(32) Regino of Prüm, *Chronicon*, p. 170; Lampert of Hersfeld, *Annales*, p. 38.
(33) Müller, *Die Taufe*, p. 85を見よ。
(34) 追悼会は通常、武力での〔模擬〕決闘（及び、或いは）通夜からなった。
(35) *PVL*, vol. 1, p. 49〔邦訳七八頁〕。
(36) *PVL*, vol. 1, p. 49〔邦訳七八頁〕を見よ。原初年代記における彼女の死と埋葬に関する短い説明に続く賛辞がある。また修道士ヤコフの公妃オリガに対する頌詞も見よ（Zimin, 'Pamyat' i pokhvala', pp. 69–70）。
(37) Lampert of Hersfeld, *Annales*, p. 42; Nazarenko, 'Rus' i Germaniya', pp. 69–70.
(38) Ibid., pp. 74 ff.
(39) *PVL*, vol. 1, p. 53〔邦訳八八頁〕。
(40) *PSRL*, vol. 9, p. 39. 九七九／九八〇（六四八七）年の記事。しかしウラジーミルがヤロポルクを殺害したのが九七八年と仮定すると、恐らく九七七年或いは九七八年なのだろう。
(41) Vlasto, *The Entry*, p. 253を見よ。
(42) *PVL*, vol. 1, p. 104〔邦訳一七六頁〕。
(43) Ibid., p. 54〔邦訳九〇―九二頁〕。九八〇年の記事。日付については本書37頁註18を見よ。

（44）　*PVL*, vol. 1, p. 56〔邦訳九三頁〕。
（45）　一九七五年の発掘で五つの台座だけが発見されている。恐らく擬人化された神の台座である。もしどこかに存在するにせよ、シマリグルの立像の場所は不明である。Rybakov, *Yazychestvo*, pp. 415–16 を見よ。ルィバコフの見立てでは、モコシ／マコシは女神だった。リハチョフによるとこの神は男である（*PVL*, vol. 2, p. 324）。
（46）　Rybakov, *Yazychestvo*, p. 418.
（47）　*PVL*, vol. 1, pp. 58–9〔邦訳九五―九七頁〕。
（48）　Ibid., vol. 2, pp. 326–7.
（49）　Ibid., vol. 1, pp. 56–7〔邦訳九三頁〕。メルセブルクのティトマルはその年代記の中で彼を「ふしだらで、残忍で、理解に苦しむ者」と呼んだことに注意せよ（*Die Chronik*, p. 486）。
（50）　Rybakov, *Yazychestvo*, p. 454.
〔訳註1〕　これは著者の誤解。年代記にもあるように洗礼名はヴァシーリー。
〔訳註2〕　つまり代父は洗礼における娘とは結婚出来ない。

第三章　ウラジーミルとその臣下の受洗

キエフで権力を掌握してから約一〇年後、ウラジーミルはキリスト教の洗礼を受け、続いて国のキリスト教化に着手した。ウラジーミルが突然、驚きの改宗を行った理由を分析する前に、まずは九八七―九九〇年という〔ロシアの〕運命が決した時期に実際に何が起こったのかを考えよう。

九八八年はモスクワ総大主教座によってロシアのキリスト教化の年と公に定められていたので、その千周年記念の年（ミレニアム）の一九八八年は、ロシアのキリスト教化の様々な側面に捧げられた学術会議の開催や論文・書籍の刊行が急増した年ともなった。とは言っても、それに先立つ一〇〇〇年間にはこの種の著述があまり存在しなかったと考えるなら、それは間違いである。この種の著述は無数にあった。その結果、人々はロシアの「キリスト教世界への入場」の際に生じた実に様々な側面に関する、学者たちの数多くの見方に圧倒されてしまった。そこでまずは、この主題に関する雑然とした学問的成果を見る前に、原史料それ自体を見ておかねばならない。

予想出来ることであるが、常にではないものの最も信頼出来る〔この時期に関する〕情報はロシア原初年代記に見出される(1)。これは次の三つの部分からなる。第一にキエフへのムスリム、ローマ・カトリック、ユダヤ教、ギリシア〔それぞれ〕の宣教団の到着（九八六年記事）と、彼らがウラジーミルに自分たちの教義の基本信条を説明した様子が描かれている。〔ムスリムに始まる〕最初の三宗教の説明場面は簡潔であり、ギリシア宣教師の説明場面だけが長大である。第二に（九八七年記事）、ムスリム、「ドイツ人」（つまりカトリック）、ギリシア人の信仰について調査（奇妙なことにユダヤ教の調査は欠けている）を行うためにウラジーミルが使節の派遣を決断した様子が描かれ、更にコンスタンティノープルにおける使節団の見聞についての長大な記録がある。ウラジーミルは最終的にこの見聞報告により受洗を決心することになる。第三に（九八八年記事）、ウラジーミルによるクリミアのケルソネス攻撃と占領、〔ビザンツ皇帝〕バシレイオス二世の妹アンナとの結婚の申し出、そして結婚、ケルソネスでの受洗とキエフへの帰還、ロシア人の洗礼の開始について記されている。この長大な叙述には明らかに後代の著述家や編者ら多くの人の手が入っており、また原初年代記によくあることだが、信じがたい多くの情報、多くの創作が含まれているが、同時に一定の信じうる事実も記されている。

〔ウラジーミルの〕改宗について、我々の理解に資するその他の唯一のロシア語史料は修道士ヤコフの『ウラジーミルへの追憶と頌詞』(2)だが、これは出来事の時系列に関する若干の問題について、その解明を助けるだけである。非ロシア語史料では、比較的近い時期のアラブ人キリスト教徒であるアンティオキアのヤフヤーの年代記(3)、それから同時代のアルメニア人アソギク（タロンのステファノス）の『世界史』(4)が最も使える。その他のアラブ人の著述家たちは〔ロシアの改宗に〕何らかの関心を示すには〔活動の〕時期が遅すぎた。他方で奇妙なことだが、ビザンツ史料は曖昧であるか沈黙している。しかしプセロスとレオン・ディアコノスは、九八八年と九八九年のロシア人の軍事遠征について一定量の情報を書き添えている(5)。

およそのところ何が起こったのだろうか。「だろう」と言ったのは、時に困惑させるほどに矛盾する史料の証言が与えられた結果――特定の歴史家の気まぐれやむら気は言うに及ばず――、誰もが事実について確信出来ないからである。改宗を招いた一連の出来事の引き金は何であったのか。このような問題にさえ回答が難しい。ウラジーミルが引き金を引いたのか。それともキリスト教徒が多くを占めていたであろう、彼の助言者たちなのか。

或いはヴォルガ中流域のムスリムのブルガール人〔ヴォルガ・ブルガール人〕なのか。またローマから来た「ドイツ人」か、ユダヤ教徒のハザール人か。コンスタンティノープルから来たギリシア人か。最初の一歩を踏み出したのは誰であろうか。明らかなのは、調査が疑いなく両サイドで、つまりロシア人とギリシア人の間で生じたことである。ブルガール、ハザール、ラテン人がロシア人を調査したか、また彼らがロシア人によって調査されたかどうかは分からない。ただ、恐らく調査はしてもされてもいない。事実は恐らく次の通りである。年代記作者はブルガール人以下の人々によるウラジーミルへの諸信仰の説明に対し、ウラジーミルが機知に富んだ返答したことを描いたが、作者はこのようにして自分の才覚をひけらかす誘惑に抵抗出来なかったのだろう(6)。しかしその一方で、ウラジーミルが異教を捨ててキリスト教を選ぶや否や、すぐに厳格な調査を行い、調査人を総主教のもとに派遣し、その後コンスタンティノープルから彼らが帰国し、信仰について報告し、これにウラジーミルが注意深く耳を傾けた、という話はまず真実だろう。

もっとも答えに窮する問題は、ウラジーミルがいつどこで洗礼を受けたのか、当時の彼とギリシア人との関係はどうであったのか、いつどうして彼がケルソネスを攻撃した上で占領したのか、というものである。周知の通り、原初年代記に依拠すると、出来事の場面が不意にかつ非論理的に切り替わっている。まず、コンスタンティノープルでの見聞に関するロシア使節の報告(九八七年)が描かれている。次いでウラジーミルがケルソネスに進軍した(九八八年)後に、皇帝の妹をケルソネスに送るよう求め、更にこの地でウラジーミルが洗礼を受けた上でアンナと結婚したとされている。そして最後に、公のキエフ帰還と最終的なロシア人の大規模な受洗が描かれている。これが起こったことそのままでないのは確かである。では実際には何が起こったのか。

現在、実際に分かっているのは、九八八—九八九年に(九九〇、九九一、九九五年にも同様に)(7) ウラジーミルが皇帝バシレイオス二世に大規模な軍事援助を行ったこと、また九八七年にカッパドキアの皇帝を名乗り、次の年にはコンスタンティノープルの門に進軍してこれを脅かしたバルダス・フォーカスの危険な反乱と戦う中で、バシレイオス二世にはウラジーミル公の援助が役立ったことである。では、ウラジーミルはどうしてケルソネスを攻めねばならなかったのか。ケルソネス〔の町〕はバシレイオスに忠誠を誓っていたのではないのか。ポーランドの歴史家アンジェイ・ポッペは、正しいと思しき答えを提出している。それによると、ケルソネスは実のところ、反乱をおこしたバルダス・フォーカスの側に付いており、この町は、この時に正当なる皇帝を支援していたウラジーミル軍により包囲され、占領されたという(8)。

真実と思しきポッペの議論によると、九八七年の夏、皇帝バシレイオスが叛乱者に対する迅速な援軍を求めて、また同時に対価について話し合うためにキエフに使者を送ったという。対価は結局のところ、バシレイオス及びコンスタンティノスという二人の皇帝の妹で「緋色の生まれ」〔皇帝家の生まれ〕であるアンナの嫁入りということになった。結婚は、言うまでもなくウラジーミルの受洗を条件とした。アルメニアの歴史家アソギクによると(9)、九八八年の夏に総勢約六〇〇〇人からなるロシアの援軍がコンスタンティノープルに到着したという。またウラジーミルの受洗は十中八九、九八八年の初頭に行われ(10)、ロシアの臣民の受洗はその直後に行われた。同年中にウラジーミルはドニエプルの早瀬に向かったが(11)、これはほぼ確実に花嫁を出迎え、そして結婚式のためにアンナをキエフに連れ帰ることを目的としたものだった。

ロシアの軍は九八八年末になる前のある時期にコンスタンティノープルに到着した。九八九年初頭、ロシア人により補強されたバシレイオス二世の軍はボスポラス東岸のクリュソポリス（現代のスクタリ）の戦いでバルダス・フォーカスを急襲し、これを討ち破った。九八九年四月一三日、バルダス・フォーカスとの最後の戦いがダーダルネス海峡南岸のアビュドスで生じた。恐らくロシアの軍船と兵の支援を受け、バシレイオスはバルダス・フォーカスを破った。バルダス自身は殺害された(12)。反乱は事実上終焉した。

ロシアの派遣軍がコンスタンティノープルを防衛し、皇帝による反乱者の鎮圧を援助していた時、ウラジーミルはケルソネスを包囲していた。この町は、ポッペの見立てによると、まだバシレイオス二世に抵抗していた。

バルダス・フォーカスの死（九八九年四月一三日）の知らせが最終的にケルソネスに届いた時（恐らく九八九年夏）、町は降伏し、略奪された。義兄となった皇帝の勝利を知ったウラジーミルは、ケルソネスの聖職者を引き連れてキエフに帰還したが、その際に聖遺物、教会の聖器、イコンを持ち帰った(13)。

ウラジーミルの洗礼とロシアのキリスト教化に関する話のこうしたあらましには、多くの疑問点がある。第一に、ギリシア人が主目標を設定したのか。そして要するに、皇帝バシレイオスの主要目的は、単純に、コンスタンティノープル総主教の管轄下の新たな受洗者としてのキエフ国家をビザンティン・コモンウェルスに組み込むことだったのか。また第二に、ウラジーミルに対するギリシア人からの受洗の要求は、政治的危機の時代にあった帝国を防衛する合意に対する報酬として話に登った、緋色の生まれの皇女との結婚の際の明白な必須条件に過ぎなかったのか。第二の問いには、確実に是と答えるべきである。そして我々の推論するところ、イニシアチヴはウラジーミルに発していた。いや、むしろ、バシレイオスの最初の要求〔軍事支援〕に直面した時、ウラジーミルが皇帝の妹を妃に迎えることを条件として提示し、これに義務としての洗礼が付随したと推論すべきであるに違いない。但し、これは彼のみに関わるものだった。ロシア人の改宗はもっぱらウラジーミルに起因するものであり、〔ロシア人全員の改宗は〕アンナとの婚姻の際の付帯条件のはずはなかった。

「緋色の生まれ」の花嫁との結婚の要求が特別のものであったことは、ほぼ疑いない。緋色の皇女たちはビザンツを統治する「緋色の」皇帝の娘であり、皇宮で生まれた。そして実際、異教の「野蛮人」に嫁いだ例は知られていない(14)。ウラジーミルはこのことを認識していたはずである。公に仕えるキリスト教徒の廷臣たちは確実に、ビザンツを統治する家〔皇帝家〕の婚姻慣習を知っていた。またオリガ自身が恐らく、息子スヴャトスラフについて、皇族の娘との結婚の機会を模索していた。もちろん、ビザンツ使節がウラジーミルの要望をあっさりと拒絶する危険はあった。しかし、状況は絶望的で、使節は婚姻に同意せざるを得なかった。他方で、ウラジーミルと助言者たちは、利用可能な非常に誉れ高い国際的名声の獲得を熱望していたはずである。この名声は、キエフ公を有力な権勢ある野蛮人からビザンツ皇帝の義兄弟へと変えるものだった。またこの名声が得られれば、ウラジーミルは外交の舞台においてキリスト教国家の君主として、他のキリスト教世界の君主と肩を並べることが可能になる。

だからギリシア人からのキリスト教の受け入れは明らかにウラジーミルの決定だった。しかし、ウラジーミルにはビザンツ式のキリスト教以外の選択肢はなかったのか。上述の一連の出来事を見る限り、ビザンツ以外の選択肢は不可能とまでは言えないにせよ、ほぼあり得なかったようだ。しかし過去の歴史家のなかには、ウラジーミルのキリスト教の源泉がビザンツであることを疑う者もいた。その理由は第一に、最初の五〇年間の教会について、ロシア史料とビザンツ史料の両方が事実上沈黙しているからである。第二に、一〇三七年に「ヤロスラフが［キエフに］ソフィヤ教会を、［そして］府主教座を建てた」とする原初年代記の記事があるからである。この記事は、ロシア教会の首長としての府主教の館が一〇三七年に初めて、ウラジーミルの息子ヤロスラフによって設置されたことを示唆するという。とは言え、実際のところは、これは単にヤロスラフが聖ソフィヤの府主教座（つまり上級）教会の基礎を築いたことを意味するだけである。また第三に、ウラジーミルが一三世紀まで列聖されなかったという事実があるからである。つまりこの事実は、ウラジーミルとビザンツとが敵対していた証拠である、とされたのである。こうした、またその他の議論のせいで、これらの歴史家は、ウラジーミルはブルガリア、ローマ、トムタラカニ（ケルチ海峡の東）、或いはケルソネスからキリスト教を受け入れたと考えだしたのである。或いは、ロシア教会は一〇三七年まで自治教会だったと考え始める者もいた。また、初期の主教たちは宣教師であったと考える者も出た。しかし、これらの一つも筋が通っておらず、また現在、これらの議論に何らかの関心を寄せる者は、存在したとしても僅かである。その数は、上の仮説を思い描き、またそれらにこだわった彼らの心性を研究対象とする者よりも少ないのである。(15)

不運にも、利用可能な史料には、どのようにウラジーミルが洗礼を授かったのか、誰が彼に洗礼を施したのか、ロシア人の大規模改宗がどのように生じたのか、ウラジーミルの教会がどのように組織されたのか、コンスタンティノープルの総主教座との関係がどうだったのか等々について、ひどく短い情報が含まれているだけである。とは言っても、第一歩は疑いなく、高位聖職者（つまり府主教か大主教かのいずれか）と相当数の司祭の派遣であった。というのも、九八八年以前にキエフには、多く見積もっても、町で知られる二つの教会のための二、三人の司祭しか存在しなかったと思われるからである。しかし誰が派遣されたのか。誰がロシアの公認教会の最初の指導者だったのか。

答えは一四世紀初頭に書かれたニケフォロス・カリストゥスの『教会史』に見出されるだろう。異動した主教たちについての余談のなかで、彼はバシレイオス二世の治世に「フェオフィラクトがセバスト［の府主教区］からロシア［の府主教区］に昇任した」と書いている。[16] またアルメニアの歴史家アソギク（タロンのステファノス）は、アルメニアの司祭たちを主教区で悩ませて非難されたセバステ（ビザンツの第二アルメニア州の州都）のとある府主教について話している。この府主教は九八六／九八七年に皇帝により解任され、皇帝は彼をキエフでなくブルガリアに派遣したという。そこで彼は、ブルガリア人を騙したとして最終的に処刑された。すなわち、ブルガリア人は皇帝にその妹を彼らの支配者の花嫁として送るよう求めたが、バシレイオスは妹の代わりに別の女性を送った。そして府主教は共謀を疑われて処刑されたのだった。[17] この匿名の府主教は明らかにフェオフィラクトである。アソギクの話は、ブルガリアが異動先の管区とされていること、またそこでこの府主教が殺害されたことを除けば、完全にニケフォロスの話に合致する。だから、フェオフィラクトこそが、九八七年にギリシア使節団と共に、ロシア・ギリシア軍事同盟やバシレイオスの妹のウラジーミルとの結婚、そしてウラジーミルとロシア人の受洗について話し合うためにバシレイオスによりキエフに派遣された最初のロシアの府主教だった。[18]

フェオフィラクトがどれくらいの数の主教と司祭を伴ったのか、またウラジーミルの結婚と洗礼が合意された時点で、コンスタンティノープルにどれくらいの人数を求めたのか。それは分からない。また、ウラジーミルがまどれだけの司祭をケルソネスから帰国時に伴ったのかも分からない。集団の洗礼がどのように行われたのか、またキリスト教が国内にどのように根付いたのかについても殆ど分からない。上述のように、ギリシア語とロシア語の史料において、九八八年と九八九年の出来事後の半世紀におけるロシア教会について、ほぼ何も書かれていないのである。

九八九年のケルソネスへの遠征の後にキエフに帰還してからのウラジーミルの最初の活動に関する原初年代記の記事は、〔彼の改宗に〕先立つ様々な出来事についての年代記記事を読んだ人が後で期待するようなものであろう――即ち、異教の偶像の破壊とそれに引き続く熱狂的な新たな改宗希望者たちの集団洗礼である。ことによると、この〔年代記の〕記事は、知的で才能はあるが、前の世代から記録や記憶を何ら引き渡されず、事実、本当は何が起こったのか何も知るところのない写字生の誰かによって、一〇〇年かそこら経った後で書き加えられたものかも知れない。しかし、原初年代記に含まれる他の多くの話と同じく、〔改宗の〕話自体はおもしろく、また非常に読みやすい。言うまでもないことだが、この話は、ウラジーミルと彼の府主教が全住民を受洗させるという困難に見える仕事をどのように始めたのかという点について、現実のイメージを与えるものではない。最初に来るのは、生き生きとした寸描である。そこではウラジーミルが一〇年程前にパンテオンに立てた異教の神々〔の木像〕をどのように扱ったのかが示される。あるものについては破壊するよう命じた。またあるものは切り倒されて粉々になり、あるものは焼かれた。ペルンについては、彼は馬の尾に結びつけてドニエプル川まで引っ張った。ペルンは竿をもった一二人の男により叩かれながら引っ張られていった。それは、年代記作者が付け加えるように、「彼が木〔像〕は殴打を感じると考えていたからではなくて、悪魔をまごつかせるためだった。悪魔はこのような姿で人間を惑わすから」だった。多くの人々は不信心者であり、古い偶像を想って泣いた。というのも、彼らは「まだ聖なる洗礼を受けていなかったから」だった。この話は、原初年代記に非常に多く見られる話を彷彿とさせる型で終わっている。ペルンが川に投げ込まれた後、ウラジーミルは配下の者に、木像が川を流れ下るのを川沿いに追うよう命じた。そして浅瀬にぶつけさせるのではなく、木像が早瀬（現在のドニエプロ・ペトロフスク〔ドニプロ〕）を越えるまで押し続けるよう命じた。それで黒海に向けて流すことが可能になった。しかし、風が木像を砂州に吹き上げ、「その日から今日までその場所はペルンの砂州と呼ばれた」という。[19]

厄介な木像を処理しつつ、ウラジーミルは全てのキエフの非改宗者住民がドニエプルで洗礼を受けるよう命令を出し、改宗しない者は敵であると警告した。年代記作者の書くところ、これにより、人々は「喜んで」川に向かったという。「もしこれが良くないなら、公や〔公の〕貴族はそれ〔改宗〕を受け入れなかっただろう」と彼らは言った。川での浸礼が続いた。[20] ウラジーミルの聖職者たちが、なお異教徒であり続けたキエフの住民（恐らくはほぼ三万人を超えることはなかったであろう）[21] のうち、どれくらいの人々に洗礼を施しおおせたのか、また、実際のところはどの程度脅迫や強要が必要であったのかを考えてみよう。全員或いは殆どが「喜んだ」というのは信じがたい。後述するように、異教はその後も数世紀にわたり、ルーシの人々の心を確固として支配し続ける。更に原初年代記自体が、布教活動が直面した困難について示唆する。また九八八年に既に、ウラジーミルが彼の廷臣や軍司令官たちである「良き人々」〔高貴な人々〕の子弟に恐らく読み書きを習わせたこと、また彼らの母親は「泣いた。なぜなら彼女らの信仰はまだ固まっていなかったからである。彼女らは彼らがまるで死んだかのように泣いた」ことが話されている。[22]

ウラジーミルの治世（九八〇―一〇一五年）のキリスト教化の進展について、我々の手元にあって唯一、現実について示唆するものは、教会建築の記録である。とは言え、再度のことだが、特に初期の段階での記録はまばらである。「ウラジーミルは教会を建て始め、町々で教会に聖職者を配置しだした」[23] という原初年代記の曖昧でそれほど明るくない説明を除けば、我々の目に留まる（常に完全に信頼出来るわけではないが）のはキエフの町の中心にある四教会だけである。パンテオン跡に建てられたヴァシーリー教会（九八八年）[24]、石造の聖母十分の一教会（ギリシア人の建築家と石工により九八九―九九六年に建設された）[25]、最初の木造のソフィヤ聖堂（恐らく九八八年後すぐ[26]、石造のペトロ・パウロ教会（一〇〇八年[27]）である。キエフ以外の「町々」について言えば、二つの教会についてしか記録がない。キエフの真南に位置するヴァシリエフの主の顕栄（変容）教会（九九六年[28]）、そしてペレヤスラヴリの十字架挙栄（称賛）教会（一〇〇八年[29]）である。しかし、ウラジーミルの洗礼後の三〇―五〇年の間になると、明らかに府主教はロシアの唯一の高位聖職者ではなかった[30]。一〇二五年以前に、少なくとも四つの主教区が存在した。まずキエフにごく近いベルゴロド主教区である。ここの主教は恐らく府主教の補佐役だった[31]。それからノヴゴロド主教区があった。その最初の主教ヨアキムは九八九年にケルソネスから来たと述べられている[32]。そして恐らくはチェルニゴフ[33]、そして北西のポロツクに主教座が存在した[34]。

　だから、改宗後二七年の間、ウラジーミルの公国において、教会の全数は一二をやや超えた程度だった[35]。この時期の修道院について言えば、書かれた記録は皆無である[36]。こうしたこと全てから、単純に、住民の改宗過程が非常に遅々としていて、また手間のかかる仕事だったことが分かる。これは驚くべきことではない。現地で訓練を受けた地元〔ロシア〕の司祭も、また新改宗者に対し知的な言葉で奉仕するギリシア人主教や司祭も殆ど存在しなかったからである。更に、信仰の基本原理や倫理的振る舞いの基準を説明出来る者もなく、読経者、聖歌隊員、或いは補助役として行動出来るロシア人も僅かだったからである。ウラジーミルと府主教は手一杯だった。この仕事は彼らには本当に重荷だと感ぜられたに違いない。

　こうした克服不可能に近い困難、そして多くの人々の抵抗にも拘わらず、それでもキリスト教化は進行し、未来のキエフ諸公は〔支配のための〕確固とした足場を持ったのである。

　ウラジーミルとフェオフィラクトはどうやってうまく仕事を進めることが出来たのか。第一に、九八八年以前のキエフに少なくとも二つの教会があったこと、そして公の宮廷や至る所に、多くの敬虔なキリスト教徒がいたことを忘れてはならない。また第二に、ギリシア人が隣国ブルガリアから司祭たちを、場合によっては一、二人の主教を連れてきたというのもあり得ないわけではない。この主教たちは、人工的な言語〔古代教会スラヴ語〕

を使って、少なくも礼拝、そして信徒団に説教を行うことが出来た。この言語は、諸地域の様々な言葉と一致はしなかったが、少なくとも一〇—一一世紀の全スラヴ人には理解可能だった。というのも、ブルガリア人はビザンツからキリスト教を八六四年に受容しており、〔ウラジーミルが洗礼を受けた〕九八八年には既に改宗から一と四分の一世紀程のキリスト教の伝統を有しており、更に多くのロシア人は、九六七—九七二年のスヴャトスラフのバルカン遠征以降、ブルガリアと緊密に結びついていたからである。(37)

（1）*PVL*, vol. 1. pp. 59–83〔邦訳九九—一三五頁〕。この改宗について、網羅的な史料の再検討については Shepard, 'Some Remarks' を見よ。
（2）本書57頁註24。
（3）Yahia-ibn Said of Antioch, *Histoire*. ヤフヤーの史料については、特に Shepard, 'Some Remarks', pp. 71–74 ff.
（4）Poppe, 'The political Background', p. 202. n. 22; Shepard, 'Some Remarks', pp. 69 ff. を見よ。
（5）Poppe, 'The political Background', p. 202.
（6）ブルガールの「使節」が彼に、ムスリムにはワインを飲むことが禁じられていると伝えた際、しばしば引用されるウラジーミルの言い返し「飲酒はルーシ*人の楽しみなのだ。我々はそれなしにはいられない」を例として挙げることが出来る。*PVL*, vol. 1. p. 60〔邦訳九九頁〕。
（7）Poppe, 'The Political Background', p. 211.
（8）Ibid. ケルソネスの分離主義的傾向については特に pp. 221–33 を見よ。一八世紀に書かれたタチーシチェフの、正直なところ信頼し難い『歴史』によると、一〇七六年に、皇帝ミカエル七世ドゥーカスがブルガールとケルソネスに対する攻撃を行うに当たり、スヴャトスラフとフセヴォロドのヤロスラヴィチ兄弟に支援を求めてきたという。*Istoriya*, pp. 91–92; Kuźmin, '"Kreshchenie"', p. 50.
（9）本頁註4を見よ。
（10）ポッペは、ウラジーミルが聖バシレイオスの日（九八八年一月一日）にキリスト教への改宗を宣言し、代父である皇帝バシレイオスに因んで、バシレイオス〔ヴァシーリー〕というキリスト教名を獲得し、一月六日の神現祭〔カトリックで言う公現祭〕に洗礼を受けたと考えている。Poppe, 'The Political Background', p. 240–241 を参照せよ。

(11) *k porogom" khodi*. Zimin, 'Pamyat' i pokhvaka', p. 72 を見よ。

(12) クリュソポリスとアビュドスの戦いの日付については Poppe, 'The Political Background', p. 236–37 を参照。

(13) ミュラー（*Die Taufe*, pp. 111–113）とヴォドフ（*Naissance*, pp. 74–81）は諸事件に関してポッペが復元した構図に同意している。ラポフ（'O date'）は主に日付に関してポッペに反対している。というのも、彼によると、ケルソネスの反バシレイオス的態度というポッペの考えは、ロシア語史料及びレオン・ディアコノスの史料と矛盾しているからである。オボレンスキー（'Cherson'）もポッペに反対しているが、それは主に年代の問題、そしてケルソネスが皇帝に不誠実であったという点である。

(14) Obolensky, *The Byzantine Commonwealth*, pp. 196–197 を見よ。

(15) この問題に関する一つの見事な議論は Müller, *Zum Problem* を見よ。

(16) Honigmann, 'Studies', p. 148. ホニグマンはニケフォロスの証言を疑う理由はないとした。

(17) Poppe, 'The Political Background', p. 203–05 を見よ。

(18) アンティオキアのヤフヤー（*Histoire*, p. 423）は、バシレイオス二世がウラジーミルに「府主教と主教たち」を送ったと述べる（Shchapov, *Gosudarstvo*, pp. 26–27）。修道士ヤコフがウラジーミルの祝宴を描いた言葉「[ウラジーミルは] 三つのテーブルを準備し、最初のそれを府主教、主教、修道士、司祭にあてた」を参照のこと（Zimin, 'Pamyat' i pokhvala', p. 70）。但し Shepard, 'Some Remarks', pp. 81–85 を見よ。

(19) *PVL*, vol. 1, p. 80〔邦訳一三一頁〕。

(20) Ibid, pp. 80–81〔邦訳一三一頁〕。

(21) 最近の見積もりによると、一一世紀中頃のキエフの人口は三万六千―四万人であるという。Mezentsev, 'The Territorial and Demographic Development', p. 169.

(22) *PVL*, vol. 1, p. 81〔邦訳一三二頁〕。ヴラストによると、「良き人々」の子らは教会における聖務執行のために訓練されていたという（*The Entry*, p. 283）。

（23） *PVL*, vol. 1, p. 81〔邦訳一三二頁〕。

（24） Ibid, pp. 56, 81〔邦訳九三、一三二頁〕。

（25） Ibid, pp. 83, 85〔邦訳一三五、一三八頁〕。

（26） Poppe, 'The Building'.

（27） *PSRL*, vol. 9, p. 69.

（28） *PVL*, vol. 1, p. 85〔邦訳一三八頁〕。

（29） *PSRL*, vol. 9, p. 69.

（30） 本書71頁註18を見よ。

（31） Shchapov, *Gosudarstvo*, pp. 36–37.

（32） *NPL*, pp. 159–160. ここでは（誤って）「大主教」と呼ばれている。

（33） Poppe, 'L'Organization', p. 177; Shchapov, *Gosudarstvo*, p. 38. シチャーポフはこの主教区が一〇二四―三六年の間に開かれたと考えている。

（34） Poppe, 'L'Organization', p. 184; Kartashev, *Ocherki*, p. 150; Shchapov, *Gosudarstvo*, p. 39, また Arrignon, 'La Création', Passim も見よ。

（35） ここでは総じて教会の数が過剰に数えられている。すなわち一〇一五年にキエフに滞在したメルセブルクの司教ティトマルは、その年代記中で、とあるドイツ人騎士から聞いた話として、この町には四〇〇以上の教会があったと述べている（*Die Chronik*, p. 531）。一方、ニコン年代記によると、一〇一七年の火災で、キエフでは最大で七五〇の教会が焼失したという（*PSRL*, vol. 9, p. 75）。サプノフは一〇世紀の教会の数を二五と見積もっている（'Nekotorye soobrazheniya', p. 316）。しかし、彼の見積もりは記述史料と考古学資料の両方から算出されたものである。

（36） しかし、サプノフは一〇世紀には七つであったと述べている。Ibid., p. 322.

（37） しかし Arrignon, 'La Rus´ entre la Bulgarie . . .', p. 711 を見よ。

第四章　ロシア教会の組織

府主教たち

ここで、ビザンツの母教会に対する新しいロシア教会の立場を考えてみよう。府主教フェオフィラクトが、皇帝とコンスタンティノープル総主教に直接に任命された者として行動したことはほぼ疑いない。彼の当初の職務は、まずウラジーミルを洗礼し、次いで公が出来るだけ多くの臣下にキリスト教の受容を説得、或いは強要する際にその手助けをすることであった。しかし、モンゴル襲来までの二五〇年間について、フェオフィラクトを継いだロシア教会の首長たちはどう振る舞ったのか。二一人のキエフ府主教（一二世紀後半以降は「キエフと全ルーシの府主教」）とビザンツとの関係はどうだったのか。彼らはどのように、また誰によって選出されたのか。また彼らはどのように叙任されたのか。ロシア教会の指導者としての彼らの役割は何であったのか。彼らと主教区の主教たちとの関係はどうだったのか。

第四回全地公会議（四五一年）の第二八カノンによると、府主教――つまり当該地方における最上位の主教――の候補者を実際に選出する場合、当該地方の主教会議がこれを行うということだった。この任命の際、ギリシア教会の最高首長としてのコンスタンティノープル総主教の役割は、地方の主教たちが選んだ者を叙任することだけであった。しかし現実には一〇世紀以降、総主教は主教を府主教に叙任したばかりでなく、〔自ら〕選出も行っていた。[1] 総主教は、特別の総主教座会議で彼に示された三名の候補者の中から最良の一名を選んでいた。確かに、このやり方は一二四〇年以前のロシアの二二人の府主教のほぼ全員の選出と叙任に当てはまるようだ。しかし、注目すべき例外が二度生じた。数多くのギリシア人府主教の中に、ロシア人が二名存在した。また、恐らく両者の他にロシア人はいなかった。[2] この両者とは、イラリオン（在位一〇五一―五四年？）、そしてクリム或いはクリメントとも呼ばれる人物（在位一一四七―五五年）である。

イラリオンの任命については、「ヤロスラフ［賢公］が、主教たちを招集して、聖ソフィヤ［の府主教聖堂］でルーシ人［イ］ラリオンを府主教に任命した」と伝える原初年代記の記事が、我々の知る全てである。[3] 言い換えれば、ヤロスラフは、イラリオンを選んだ地方主教会議を開催し、第四回全地公会議の第二八カノンの選出法に立ち戻ったのであった。しかし、イラリオンが府主教になるために欠かせない総主教による叙任については、どこにも言及されていない。実際にイラリオンが叙任のためにコンスタンティノープルに行ったと仮定するにせよ、〔ロシアにおける〕彼の選出は、当時実践されていた選出、つまり三人の候補者から総主教が一人を選ぶやり方とは異なっており、逸脱事案であったようだ。但し、イラリオンの任命は、ヤロスラフと彼の主教たちの側の、ロシア教会をコンスタンティノープルから独立させようとする試みの証拠などではないことは確実である。また政治行為でもなかった。任命は、どちらかといえば、単純にキエフとコンスタンティノープルとの連絡不足が招いたものだった。[4] 決定的な証拠ではないものの、一六世紀のニコン年代記にはイラリオンの任命についての興味深い補足説明がある。「ルーシの主教たち［つまりロシアの主教区のギリシア人主教たち］は集合してルーシ人であるイラリオンをキエフと全ルーシの地の府主教に任命した。彼らは正教の総主教たちやギリシア信仰の敬虔さから離れようとしたのではない。また総主教による任命を拒んだわけでもなかった……」と。[5]

クリムの任命は、全く異なる状況下で行われた。一一四五年に、彼の先任者の府主教ミハイル（在位一一三〇—四五年）がキエフを去ってコンスタンティノープルへ行ってしまった。ミハイルは長い間、モノマフ一門（ウラジーミル・モノマフの子孫）とオレーグ一門（チェルニゴフ公スヴャトスラフの息子オレーグの子孫）との激しい政治闘争において調停人として行動したが、その際、いつも公平な仲裁を行ったというわけではなかった。彼は、様々な衝突が生じた際、モノマフ一門を、オレーグ一門に従属するように促す傾向があった。[6]一一四五年、反オレーグ一門の空気に支持されて、ウラジーミル・モノマフの孫イジャスラフ・ムスチスラヴィチがキエフ公になった。彼は次の年、空位の府主教の補充に取りかかった。明らかに、公にはミハイルを復位させるつもりはなかった（ただ、いずれにせよ、ミハイルはこの時までに亡くなっていたようだ）。公はミハイルの代わりにロシア人修道士クリム或いはクリメントをキエフ府主教に任命した。再び、この地域の主教会議により選挙が行われたのである。最も早くに書かれた、そして最も詳細な年代記記事——南部〔つまりキエフ地方〕で書かれたイパーチー年代記のそれ——は、まさに何が起こったのかを明らかにする。

この年〔一一四七年〕、イジャスラフがクリムを府主教に任命した。……チェルニゴフの主教が「教会会議で集まって府主教を任命するのは主教たちの権利だということを私は知っている」と言った。そうしてチェルニゴフの主教と〔四人の主教が〕会議に集まった。しかし、ノヴゴロドとスモレンスクの主教が〔クリムに〕「総主教抜きで府主教を選出することは教会法に合致しない。総主教が府主教を任じるのである。我々はあなたを尊敬しない。そしてあなたに仕えることもない。なぜなら、あなたは〔コンスタンティノープルの〕聖ソフィアからも総主教からも祝福されていないからである。もしあなたが改め、総主教により祝福〔つまり叙任〕されるなら、我々はあなたを尊敬する……」と言った。[7]

そして〔イラリオンの場合に続き〕再度、現地の主教会議による選出という古い慣習に従い、総主教の叙任なしで、ロシア人の主教が府主教に任命された。〔訳註1〕二名の主教が、かつてヤロスラフが行ったロシア教会の長の選出方法を復活させることに異を唱えたのも衝撃的である。ただ今回の場合、クリムが純粋に政治的理由で府主教に任じられたことは明らかである。その一方で、任命が総主教の祝福なしで行われたという事実は、いかなる意味においても、ギリシア教会との断絶を意味しない。確かに、クリムは総主教からの叙任を受けなかった。しかしそれは、総主教の座が当時空位だったからである。府主教としての彼の地位は、キエフをめぐる戦いにおけるイジャスラフの権勢に依存しており、またそれが優勢になった結果でもあった。

モンゴル襲来以前の時期に即位した残りの府主教たちは、恐らく全員がギリシア人であり、コンスタンティノープル（一二〇四年以降はニカイア）で選出され、叙任されたようである。こうした府主教たちの大多数は総主教と皇帝の忠実な召使い以外の何者でもなかった、ということを信じる幾つかの証拠がある。しかしながら、ロシアの世俗の諸権力には候補者の選択に関与する機会がなかったとか、或いは関与を試みようともしなかったと言うことは出来ない。(8)時々、キエフの統治者たちが自分のもとに派遣されてくる様々な府主教に反対したこと、或いは彼ら自身の候補者を推したことは疑いない。そして実際に、ロシアの主教たちの願いを受け入れるよう〔コンスタンティノープルの〕ギリシア人の説得を試みた例がある。例えば、イジャスラフの弟ロスチスラフがキエフ公であった時期（一一五九―六七年）、〔ビザンツで〕主教であったフェオドルを求めて〔コンスタンティノープルに〕人を「派遣した」と言われている。(9)このフェオドルは、それ故、コンスタンティノープルで府主教に叙任され、キエフに送られてきた。また府主教フェオドルが一一六三年に亡くなった時には、ロスチスラフは兄のかつての被後見人クリムを復位させようとした。これが失敗すると、彼はしばしばコンスタンティノープルの候補者（府主教ヨアン四世、在位一一六四―六六年）の受け入れに同意した。しかし、それは皇帝の使節が彼に「多くの贈り物」を気前よく送って初めて実現したものだった。(10)〔キエフ公にとって、〕七五年前、ウラジーミル・モノマフの父フセヴォロド・ヤロスラヴィチが府主教ヨアン二世の後任を任命した次の事例が助けになったのだろう。原初年代記が語るところ、一〇八九年にフセヴォロドの娘アンナが「ギリシア［つまりコンスタンティノープル］に行き、……去勢された人である府主教ヨアン［三世］を連れて帰ってきた」という[11]。

こうした証拠が全体として明らかにするところ、モンゴル襲来以前の時代の総主教座は、相対的にあまり監督権を行使せず、実際、ロシアの府主教管区には殆ど介入しなかったようだ。そしてその結果、府主教たちは、コンスタンティノープルからかなりの度合いの独立を享受した。こうした独立は、ビザンツにおいては、彼らの無数の同僚府主教のうち、少数の者しか夢見ることが出来なかったものであった。総主教座に対するキエフ府主教たちの公式な義務は、恐らく、遵守された部分よりも履行されなかった部分の方が多かった。ビザンツの府主教と異なり、彼らはいかなる公式の手数料や税をも総主教に払うことはなかったようだ[12]。また彼らは総主教座の教会会議が開かれた場合にその構成員であったものの、彼らがこれに恒常的に参加したことを示す証拠は殆どない。実際、殆どの者は全く参加しなかったようだ。キエフからコンスタンティノープルへの旅は非常に長く厄介だった。また彼らは、自分たちの広大なロシアの管区に配慮せねばならなかった。その結果、〔会議に〕殆ど時間を割くことが出来なかった。

キエフ（後にキエフと全ルーシ）の府主教としての彼らの職務は、教会の献堂や公たちの即位式といった純粋な決まりきった任務を除くと、監督下にある主教区に向けられた。監督は、もちろん、府主教区内の主教区をスムーズに動かすためになされる、最大の責務であった。必要な箇所に主教区を造るだけでなく、新たな主教区や空位となった主教区に主教を任じることは、彼らの義務であり、権利でもあった。必要ならば主教区を閉鎖し、また誤りを犯した主教や不満のある主教を罷免することも含まれた。結果として、管轄下の主教に対する裁きも彼らの特権だった[13]。理論的には、府主教は、管轄下の全主教からなる教会会議を毎年召集した。しかし管区が非常に広大だったので、そうした会議の開催はまれにしか実施され得なかった。主教がノヴゴロドやスズダリから教会会議に召集されても、キエフの府主教座に行くことは大抵難しいか、不可能だった。丁度、府主教がその管区内の全主教たちのもとを定期的に訪問することが不可能であるのと同様であった。

府主教たちの職務の殆どは、当然のことながら彼らの個性や能力に依存していた。けれども、主教区の経営へ干渉する諸公――キエフだけでなく独立した公国や地域の――の決定にも左右された。公国の数が増すと――連動して主教区の数も増加した――国家が諸公の形を取って、次第に府主教たちの特権を浸食し始めたのである。年代記作者は、リューリク一門が自ずから常に高位聖職者たちの権威に敬意を払っていたと我々をしばしば信じ込ませようとする。しかし、そう仮定するのは甘いだろう。リューリク一門はそうではなかった。また彼らには常に高位聖職者たちの決定を無条件に受け止める準備があった、というわけでもない。とは言え、公が伝統的に府主教の法的義務と特権とされてきた事柄に実際に介入した証拠は、一二世紀後半までは存在しない。

最初の介入事例は、クリムの府主教統治に続く困難な時代である一一六〇年代に記録されている。府主教コンスタンチン二世は、キエフ洞窟修道院の院長が年九回の「主の大祭《ゴスポツキエ・プラズニキ》」(14)の水曜日或いは金曜日に断食をしないとして非難していたが、チェルニゴフ主教アントニーがこれに同調した。主教アントニーにとって間が悪かったのは、この頃に、彼も他方で「チェルニゴフ公に主の大祭［の水曜日と金曜日に］における肉の食事を幾度も禁じていた」という状況にあったことだった。そして「スヴャトスラフ公は［彼に従おう］とせず、主教区から彼を追放した(15)」。

コンスタンチンは彼に属す主教アントニーの、全くもって不当な追放を阻止出来ず、また復位させることも出来なかったが、ましてや二〇年後の府主教ニキフォルの場合、スヴャトスラフ以上にタフで熟練の敵［であったウラジーミル・スズダリの大公フセヴォロド三世］に対峙することは困難だった。ニキフォルは叙任されて後すぐにギリシア人のニコライ某をロストフ主教に任じた。しかし、大公フセヴォロド三世はニコライの受け入れを拒絶した。「余の土地の人々は、この者［ニコライ］を選ばなかった」と彼はニキフォルに伝えた。「しかし汝は彼を任じてしまった。彼を汝が望むところに行かせよ。しかし、余［の主教座］には、聖救世主修道院の院長である……ルカを任命せよ」と述べた。これはもしかするとこの地の民会が候補者指名に関与していた証拠だろうか。南のイパーチー年代記は、府主教の屈辱的な譲歩を更に叙述し続ける。「しかし府主教ニキフォルは彼［ルカ］の任命を欲しなかった。しかし、フセヴォロドとスヴャトスラフが強制したせいで、彼はルカを任命した……」と。[16] スズダリのラヴレンチー年代記の編者はほぼ恒常的にフセヴォロド三世に愛想のよい称讃を織り交ぜながら言及する人物であるが、この編者はニコライの任命時に聖職売買《シモニア》が行われたことを示唆し、「金を払って主教の位階に跳び乗ること」の邪悪さとこれを神が喜ばないことを説き続ける。また「司祭と人々」が望むのは「神と神の聖母によって呼ばれた者［つまりルカのこと］」であると述べる。記事はフセヴォロドの候補者［ルカ］の徳を称えて終わっている。

一三世紀第二四半期になると、府主教は、公による主教の業務への干渉を抑え、それによって事態を好転させようとするという重要な試みを行いだした。この時期は丁度、意味深いことに、ウラジーミルの座にもキエフの座にもフセヴォロド三世の如き器量の支配者がいなかった時期にあたる。一二二四年に、モンゴル襲来以前の全府主教のなかで最後から二人目で、最も先見の明があったようであるキリル一世（在位一二二四―三三年）が登場した。彼はキエフの洞窟修道院と友好的で、修道院により敬意を払われていた[17]――コンスタンチン二世による同院長の大斎実践への批判が府主教と修道院の関係を悪化させたことが想起されるであろう――ばかりか、更に彼は、教区の問題に公の介入が全く生じないように配慮した。実際、ポッペが指摘するように、彼はロシア教会を強化し、まとめ、また公の権力から自立させることに奮闘した。[18] キリル自身により促されたと思しき、総主教ゲルマノス二世から府主教に宛てた書簡には次のように書かれている。

全ての敬虔なる公やその他の貴顕《きけん》なる人々は、破門の脅しにより、教会と修道院の［土地］財産に全く手を出さぬよう命じられている。……また離婚、強姦、誘拐に関する主教裁判権［に干渉すること］を控えるよう命じられてもいる。というのも、神と聖なる教会法、キリスト教の法は、主教だけにこうした悪事を裁き、正すことを命じているからである。こうして、私は［諸公に対し］、こうしたこと〔財産や裁判権〕から距離を取るよう命じているのである。(19)

ここで総主教は、当時府主教と主教の管轄下にあったものの一部分（つまり家庭と結婚法の諸要素）に言及しているだけである。しかし、それにも拘わらず、その書簡は、世俗の干渉を排除するというロシア教会の首長の決定をはっきりと説明しているのである。

主教と主教区

主教たちは原則として、キエフの府主教により任命され、叙任された。ただ、既に見たように、時に諸公が自分の推薦した候補者の昇進に口を出し、また時に地方の都市の集会もその選考に関与したようである。(20)利用可能な史料には、不幸にも、最初期の主教の任命について、また彼らの主教区の大きさや境界線についてほぼ何も記されていない。もっとも幾つかの事例においては、大きさや境界線は諸公国のそれと一致していた。モンゴル襲来以前の時期に存在していたことが知られる一五の主教区について言えば、例えば、一〇世紀において、主教の名が実際に挙げられている唯一の主教区はノヴゴロドのそれである（主教アキム、或いはヨアキム）。(21)しかし上述のように（六九頁）、チェルニゴフとベルゴロドにも恐らくウラジーミルの治世に主教が存在し、またポロツクにもいただろう。(22)

主教区の大幅な増加は一一世紀に生じたようである。すなわち、トゥーロフ、ペレヤスラヴリ、ユーリエフ（ロシ川沿い）、ロストフ、ヴォルィニのウラジーミルの主教区が加わった。これにより、ロシアの主教区は九つとなった。殆どがギリシア人であった主教たちは、ロシアに到着した際、その管区の広大さに驚いたに違いない。というのも、一一世紀の末段階で〔ルーシの〕府主教区の全面積は一四〇万平米だったが、同世紀中ごろのビザンツの場合、ほぼ同じ面積に七五〇の主教区が存在したからである。[23] 一二世紀中、そして一三世紀最初の二〇年の間に、〔ロシアでは〕更に六つの主教区が設置された。[24]

一五からなる全主教区は、重要性及び大きさについて全くバラバラだった。例えば、ベルゴロド主教は、副府主教か、或いは府主教の代理であって、恐らく主教区を全く持たなかった。しかし他の主教たちよりも地位は上であったようだ。府主教の不在時に、ベルゴロド主教は代理を務めていたからである。彼はまた、キエフ公国〔大公国全域でなく〕の教会行政の責任者でもあったのだろう。[25]

全主教区の中で、最も巨大だったのはノヴゴロド主教区である。一二世紀半ばに至るまで、管見によれば、全ての、或いは大多数のノヴゴロド主教はキエフにおいて府主教により選ばれ、叙任され、次いでノヴゴロドに送られた。しかし一一五六年の初め、アルカジーという者が現地ノヴゴロドで「都市全体」――公と聖職者を含む――により選ばれた。こうした事態が生じたのは、当時、キエフに府主教が不在であったからであり、またクリムの不安定な府主教在位期に続く混乱の数年において、ノヴゴロドには現地で主教を持つ必要があったからである。事実、アルカジーは、〔この状況〕が「府主教が到着するまでであって、その後あなたは任命を受けるために〔キエフに〕行くことになる」[26]と〔都市全体から〕警告を受け、実際、二年後に彼は〔キエフに〕行った。彼の後継者イリヤの場合、彼がキエフで選出と叙任の両方を受けたことを示す史料は何もない。年代記ではただ単純に、府主教ヨアン〔四世〕によって「任命された《ポスタヴレン》」（「叙任された」ことの標準的な言い回し）と述べられているに過ぎない。[27] しかし、一一八六年には、彼の兄弟ガヴリルがアルカジーと同様の形で、「ノヴゴロドの人々、ムスチスラフ公、修道院長や司祭たち」により選出され[28]、次いで府主教ニキフォル二世のもとへ叙任のために送られた。それ故、都市内部で、かつ公や司祭たちが加わる形での民会と思しきものによって、ノヴゴロド主教が選出されるという過程は一一五六年か一一八六年に始まったようだ。いずれにせよ、これは確かにノヴゴロドの独立志向の表れだった。民会による都市の市長の選出も、また自分たちの公の選択権の漸次的獲得もそうであった。

ノヴゴロド主教区がいつ大主教区になったのかについては、正確には述べられない。初期のキエフの史料が時に「府主教」と「大主教」の間で混乱しているように、初期のノヴゴロド年代記も「大主教」と「主教」の両方を見境なく使う傾向にある。ただ、前者が好まれていることは確かである。実際のところ、府主教が公式にこの「大主教」の称号を主教イリヤに授けたのは一一六五年以降だった[29]。しかしこのことによりノヴゴロド教会が自治的に、また府主教から独立したわけでは全くない。大主教座はあくまで名目上のものであり、またノヴゴロド主教区の団結を示す一つの徴であった。

ノヴゴロドが――恒常的な――大主教の称号を得たのと同じく、ロシアにおける他の二つの主教区、すなわちペレヤスラヴリとチェルニゴフも一一世紀後半に――こちらは一時的な――名目上の府主教区となった。なぜこうした事態が生じたのか、述べることは難しい。最も説得的な説明は以下の通りである。二つの府主教区はヤロスラフ賢公の死後すぐに生じた。遺された彼の三人の年長の息子たち（キエフ、チェルニゴフ、ペレヤスラヴリの支配者）が共同で国家を三頭政治で支配しようとした時であった[30]。そしてその後、二人の年長者の死（一〇七八年のキエフ公イジャスラフの死、一〇七六年のチェルニゴフ公スヴャトスラフの死）によってチェルニゴフとペレヤスラヴリの府主教区に終止符が打たれた。以上が二つの府主教座の一時的開設について、その理由の説明である。問題なのは、誰が当の府主教だったのかがそれほど明確でないことである。ペレヤスラヴリでは最初の府主教がレオ、或いはレオンだったようだ（ギリシア語史料では「ローシアのペレヤスラヴリ主教レオン[31]」として知られる）。彼はラテン典礼における種なしパンの利用に関する論争論文の著者である。この論文から、レオが一〇五四年の正教とカトリックの「大分裂《シスマ》」の直後に生きていたことが分かる。[32] しかし、残念なことに、彼については、それ以上のことは分からない。他方で、ロシア史料でペレヤスラヴリ府主教とされるエフレムについては、僅かだが情報がある。[33] 彼は一〇七〇年代末に若干の間、この管区の長となり、恐らくは世紀末に亡くなった。後継者のシメオンが一一〇一年に主教として叙任されているので、その直前に亡くなったのだろう。[34]

チェルニゴフについては、一人の府主教についての証拠しかなく、しかもこの証拠はやや断片的である。一〇七二年の聖ボリスとグレプの聖骸の移送の描写（匿名の著者による『聖なる殉教者ボリスとグレプの物語と受難と頌詞』）において、これに参加した人々の中に「キエフの府主教ゲオルギー、もう一人のチェルニゴフ［府主教］ネオフィト」が三人の主教と共にいたことが読み取れる。[35]

だから、二つの名目的府主教区はおよそ一〇五四年から存在し、一〇七八年に「三頭政治」が単独統治に変わった後に消えていった。[36] チェルニゴフ、ペレヤスラヴリの両方のケースで、キエフの府主教区を分割する動きはなかった。すなわち、両府主教がコンスタンティノープル総主教やキエフの府主教に独立を訴えたという記録はない。モンゴル襲来以前の時期において、独立した管区を創ろうとする唯一の試みはアンドレイ・ボゴリュプスキーにより行われた。ただ、一一六〇年代のクリャジマ河畔のウラジーミルに独立した府主教座を置くという彼の計画は総主教によりきっぱりと拒絶された。[37]

財政と裁判権

府主教と主教たちは、どの程度の収入を得ていたのか。「白い聖職者[38]（教区聖職者）」、そして恐らくは幾らかの修道院もが主教に支払った金銭――教区民の寄進の一部、叙任手数料など（これらについては殆ど知られていない）――があったが、その他にも主な収入源としては、教会の裁判権内で生じた法の逸脱に対する法定の罰金があり、またもちろん、当時存在した教会所領からの収入、つまり主教領の住民からの税があった。

我々が扱う一〇世紀から一二四〇年までの教会の財政と裁判の状況に関しては、二つの教会法令集、いわゆるウラジーミルの教会規定とヤロスラフの教会規定のおかげで、ある程度のことが分かる。尚、両規定とも一三世紀末以前の写本は現存していないが、その原型（それぞれ一〇世紀末、一一世紀初頭）は再構築されうるし、また見事に再構築されている。両規定は、モンゴル襲来以前の時期を通して、状況の変化やロシアの諸地域の有り様に合わせるために編集、再編集され、その度変化し、また発展させられた。加えて更にその内容は、一一三七年のスヴャトスラフ・オリゴヴィチの規定文書（ノヴゴロド）や一一三六年のロスチスラフ・ムスチスラヴィチの文書（スモレンスク）により確認、拡充された(39)。

九九五年か九九六年にウラジーミルによりキエフの聖母教会（「十分の一《ジェシャチンナヤ》税教会《ツェルコヴィ》」としても知られる）が完成し、献堂された。原初年代記によると、ウラジーミルはこの教会内で祈った後、「余はこの聖母教会に余の所有物と町の十分の一を与える」という言葉を述べたという(40)。このいささか不明瞭な言明が意味するのは、ウラジーミルが教会に彼の国庫の十分の一を、つまり臣下から上がる全貢税の十分の一と全ての合法的罰金（公によりその法的資格において課された）の十分の一を与えるということである。これが発端であった。しかしそれ以上のことは何も述べられていない。府主教や、国内の他の教会に関する言及はない。

一一世紀初頭になると、十分の一税が府主教区内の全ての主教に充当されるようになったことが分かる。しかし、ウラジーミルの教会規定の文献学的調査に基づくと、一二世紀以降になると、教会の収入は更に増した。これは「教会管轄民」――聖職者の親族、主教や教会に雇われた者、教会の敷地に住む者たち――ばかりか、主教区内部に住むものの主教の直接の裁判権の外部にある人々が原告・被告となる家族法や婚姻法、邪術（sorcery）、妖術（magic）、異端に関する裁判権［そして裁判手数料徴収権も］を主教に付与することによって生じた。例えばノヴゴロドでは、一一三七年にスヴャトスラフ・オリゴヴィチ公は、主教が公の収入（北ドヴィナ川流域の新たに植民された地域から上がる税）を原資とする一定額を受け取れるようにすることで主教の収入を加増しようとした[41]。またスヴャトスラフの文書にはノヴゴロドにおける土地持ちの教会についての言及はないものの、スモレンスクのロスチスラフ・ムスチスラヴィチの文書では、次のように書かれている。「ドロセンスコエ村は……神の聖母［教会］と主教［マヌイル］に属す土地を持ち、ヤセンスコエ村は……神の聖母に属すその養蜂者と土地を持つ。余はポゴノヴィチのモンシンスキーの土地を聖母と主教に与える……[42]」。これは、主教や主教座教会に対し、扶養のために公から土地が下賜されたことの明白な証拠である。ロスチスラフの文書も主教と公の仕事の法的な区分を定めている。主教は、離婚、重婚、禁じられた結婚（近親間の結婚）、毒盛り、殺人が生じた場合に「教会管轄民」を裁く権利を有した。その一方で誘拐事件は公の裁判官が加わって審理された[43]。

一二世紀末、そして一三世紀最初の四〇年までには、ロシアにおける教会の主要な力と富は土地所有に基づいていた。同時に教会裁判権、つまり主教の裁判権の全般的拡大が生じた。というのも、教区聖職者や修道士は裁判官として行動する権利をもたなかったからである。この時期になると、教会法に属す対象の中には「教会管轄民」の他にも、医者、プロシチェンニク（公が教会に与えた農民）、修道院、修道院の病院、修道院の宿泊所、救貧院が出現する。また家族法や婚姻法、邪術、妖術、異端と共に、主教には教会に対する犯罪についての独占的裁判権が付与された。すなわち教会からの盗み、墓荒らし、冒瀆（木の十字架への切りつけ、教会の壁への落書き、牛、犬、鳥を教会に入れること）である。これらは、言い換えれば、特に教会に対する犯罪であり、今や主教裁判で扱われるようになったのである。

ウラジーミルの教会規定とスヴャトスラフとロスチスラフの文書が主に主教の法的機能の限界について扱っている一方で、ヤロスラフの教会規定は、教会法の法文典として、主教裁判権内の諸案件の詳細——裁定される違反の種類と処罰——にもっと関心を寄せている。

一一世紀中ごろ（一〇五一—五三年）に成立したヤロスラフの教会規定の最初のバージョンがその冒頭の節で

強調するのは、教会裁判権からの世俗裁判権の排除である。「これらの案件が公或いは公のボヤーレによって裁かれるのは正しくない」[44]。処罰も主に府主教或いは主教の権限内にあった。誘拐や姦通といった若干の案件については「公が処罰する」という旨の条項がある。これは当初、教会が処罰を行う役人を持たず、それ故に処罰の公的組織に頼らざるを得なかったことを示唆するのだろう[45]。

遥かに大きな犯罪のグループは、家族法（離婚、異教的婚姻、姦通、家族内での姦淫、近親相姦、傲慢な態度、暴行、殴打、誘拐）の分野にあった。「白」と「黒」の聖職者自身、教会の補佐役（誦経者、副輔祭など）については、ヤロスラフの規定は、彼らが泥酔、修道の禁欲の逸脱、姦淫を犯したり、司祭や修道士の僧服を脱いだ場合に、これに判決を下す権利を主教に付与している。

一二世紀後半から一三世紀初頭になると、規定の最初のバージョンに若干の追記がなされた。追記は再度、主に婚姻法に絡む複雑な案件について行われた。婚約の破棄、法に基づく離婚をしないままでの再婚、教会外での結婚の有効性（つまり「異教式」の結婚）に関わる案件が主教裁判権に含まれた[46]。当時通用していた離婚の根拠のあらましを描くこれらの条文は相当に興味深い。これらの殆どが妻の罪にかかわっていることは驚くに値しない。姦通（現行犯逮捕、或いは目撃者による確認）、夫殺しの試み、夫を殺害しようとする計画を知りつつ黙っていたこと、結婚生活外での人々との交わり（これは妻の名誉を脅かしたかも知れない）、また夫の所有物の窃取とその後の処分、そして幾分意外なことであるが、教会における窃盗計画を〔夫に〕伝えなかったこと、である[47]。そして最後に、ユダヤ人やムスリムとの接触に関する若干の興味深い情報がある。例えば、彼らとロシア人女性との姦淫は重罰を招いた。しかしラテン人との社会的、性的交わりについてはいかなる禁止や不同意もない。

規定で制定された罰については、言うまでもなく、それらは時と共に変化し、更には——もっと驚くべきことに——違反ごとに異なっている。基本的な処罰は府主教や主教への罰金であり、それはしばしば、被害者への補償も伴った。時に裁判は、逸脱した妻を監督すべき夫に対して判決を出し、処罰を課した——例えば、妻による異教文化の実践〔呪術や妖術〕、また夫や義父からの盗みの場合である。離婚なしで夫を捨て、別の男と結婚する妻には、妻の剃髪、そして第二の夫による府主教或いは主教に対する罰金支払いが罰として課された。家族法のもっと小さな違反では、裁判は単に改悛を定めただけだった。

初期ロシアの教会法制度の多くは、推察出来るように、ビザンツから相続されたものである。しかし〔ビザンツのそれとは〕かなりの差がある。シチャポフが指摘するように、ロシアの教会権力が扱う殆どの不品行——強姦、誘拐、離婚、非嫡出子、姦通、近親相姦、重婚、獣姦、侮辱、窃盗、放火——は、ビザンツにおいては世俗の民事裁判の管轄にあったのであり、処罰に関してのみ、ギリシア教会によって専ら教権の規律的手法によって、すなわち警告、幽閉、破門で罰せられていた。[48] 他にも、〔ビザンツの〕上位のギリシア人高位聖職者が土地所領や教区聖職者の年次税、貢税を享受していた一方で、[49] ロシアの府主教や主教は相対的な所有地の僅少さを、法的手続きを国家と調和的に共有することで埋め合わせたのである。

聖者の創出

ロシアにおける教会の設立、すなわち教会ヒエラルヒーとその聖職者団の組織化と並んで、ロシアの聖なる者の交わり〔聖者を含めた信徒の霊的一体性〕の構築作業が進んだ。九六九年のウラジーミルの祖母オリガの死から一二世紀末までに、一四八人のロシア人或いはロシアに住んでいた者が聖者として崇敬されたことが知られる。[50] しかし実際には、後の時代、主に一六世紀半ばに府主教マカーリーが制度化した「公式の」列聖が行われるまで、〔正式に〕列聖された者はごく僅かだった。

修道士がこれらの聖者の半分をやや上回ったことには驚くべきでない。彼らの次に来るのが三三名からなる高位聖職者（主教、大主教、府主教）であり、その後は三〇名の公や公妃、次いで一一世紀に洞窟修道院内にウスペンスキー教会を建てたギリシア人の建築家や建設者、絵描きからなる一二名が続く。更に二名の「ヴァリャーグ人」の殉教者（五四頁を見よ）、一名の修道女（ポロツクのエフロシニヤ）、ボリスの配下のゲオルギー（一五五—一五六頁を見よ）である。これらの多数は殉教者と認識されている。但し、彼らはしばしば、キリスト教の棄教を拒んだ殉教者ではなく、「受難を求める者」、時には政治的暗殺に対する無抵抗の犠牲者だった。またウラジーミルとその祖母オリガは、「亜使徒」（「使徒に次ぐ者」の意）とされた。[51]

ロシアにおける聖者制度、特にモンゴル襲来以前の時期の聖者制度の歴史を調査する誰しもが直面する大きな困難の一つは、初期正教会において、列聖の過程がどうだったのかというものである。列聖に必要な条件は何であったのか。誰が手続きを承認したのか。地方の主教か、府主教か、総主教か。正確な列聖手続きはどのようなものだったのか。〔聖者の〕墓における治癒の現象、遺骸の不朽、遺骸からの聖なる香りの発出などが十中八九、必要条件だったようだ。また、それなしには、いかなる列聖形態も非常に困難だった。同様に、大抵の場合、地方での崇敬が必要であった。つまり主教区での崇敬か、或いは埋葬が行われたか、或いは遺骸が搬送された教会における崇敬である。続いて、聖性の普遍的承認、言い換えれば、聖者伝の執筆や聖者への礼拝形式の作成、府主教や最終的には総主教による承認、聖者の名前と死亡日の人名記録板《ディプティク》への書き入れを伴う、完全な列聖が行われた。

最も当惑させられるのは、ウラジーミルとオリガの列聖に関して、史料が沈黙していることである。確かに、初期の年代記は誤解を招く形容辞「祝福された」「敬虔なる」「神の」「キリストを愛する」「聖なる」を彼らに使っている。しかしそれらの殆どは、彼らの聖性が公式に、そして普遍的に認められた時点以降の、後代の付け足しに過ぎない。もっとも、原初年代記と修道士ヤコフは両者を熱烈に称えている（ウラジーミルには「諸公の間で三度祝福された」、オリガには「キリスト教の地の先駆者……夜明け前の暁」）。そして府主教イラリオンはウラジーミルをコンスタンティヌス大帝と比べている（「知において同等、神の愛において同等、神の僕を称えることで同等」)[52]。しかし、一四世紀以前には、両者に捧げられた教会或いは修道院への言及は一つもない[53]。明らかに、両者の名はモンゴルの襲来以前の時期には異教的と見なされていた（リューリク朝の公統において「ウラジーミル」はキリスト教名としては使われず[54]、また一二―一三世紀を通じてオリガという女性名は四人だけしか知られていない）。更に、知られる限り、両者のイコンは一五世紀以前には描かれなかった[55]。また『ウラジーミルの聖者伝』も早い時期には書かれなかった。一方でオリガの最初期の短い『聖者伝』は、一三世紀末から一四世紀初頭の南スラヴ語版で存在する。しかしいつ、なぜオリガが列聖されたのか、そのことをこの聖者伝の版は何も示さない。ところがそれにも拘わらず、もちろん両者は列聖されていたのである。

　この問題に関して、ゴルビンスキー以来現在まで多くの学者が数多くの研究を残してきた。そしてほぼ全員が同意するところでは、両者は共に一〇、一一世紀、そして一二世紀は公式の列聖を受けていなかった。本書の著者の見るところでは、列聖の可能性のある時期の上限と下限は、少なくともウラジーミルについては、それぞれが一二八三年、そして一三一一年である[56]。またウラジーミルとオリガの列聖が実際に行われたのは一二八四年であった。これは、キエフで府主教マクシムにより全ロシア主教会議が招集された年である。この会議に言及する唯一の史料であるニコン年代記はその審議について何も言及しないものの、次の年にマクシムが「全てのルーシ*の地方を回り、教え、指示し、統括した」ことを記録している。疑いなく、ウラジーミルとオリガの列聖の知らせは広まった。キエフの公になる以前にウラジーミルが支配していたノヴゴロド（彼に捧げられた教会がすぐに建設された）とプスコフ（オリガが生まれた）へのマクシムの訪問が特に言及されている。

　ウラジーミルの列聖がなぜこれほど遅れたのか。キエフとコンスタンティノープルとの間で政治的な不同意や誤解があったという説明、またウラジーミルの称賛に対し総主教の側からの反対が生じたという説明では、うまくいかない。遅れの理由は、彼の死後、奇跡が生じなかったことに求められるようだ。すなわち彼の墓で癒やしは生じず、また実際に聖性の香りや〔遺骸の〕不朽を調査する機会は生じなかった。このことは一七世紀以前に彼の遺骸が掘り出されたことはなかったことから理解出来る。オリガに関しては、修道士のヤコフがオリガの体の不朽を強調することにより（「彼女の聖なる遺骸は墓の中で不朽だった……こうして神はその僕オリガを称えたのである」[57]）、彼女をウラジーミルと対比させている。しかし、ヤコフに帰されるこの言葉は、後日加えられたのだろう。そしてこの言葉は彼女が早い時期に列聖されたとするための証拠とは見なしえない。疑いなく、ウラジーミルもオリガも、一三世紀に両者の最終的な列聖が行われるまでは、キエフやノヴゴロド、オリガについては更にプスコフも加わるが、そうした地方限定の崇敬対象だったのである。

（1）Golubinsky, *IRTs*, 1, I, pp. 272–73; Poppe, 'La Tentative', pp. 10 ff.; Obolensky, 'Byzantium', pp. 51–52.

（2）しかしながら一九五七年にオボレンスキーは、他の若干名の府主教についても、これがロシア人であった可能性を指摘した（'Byzantium', pp. 25–33, 45–47）。但し、この考えを裏付ける証言はない。

（3）*PVL*, vol. 1, p. 104〔邦訳一七七頁〕。

（4）但しポッペの見解を見よ。Poppe, 'La tentative'.

（5）*PSRL*, vol. 9, p. 83.

（6）本書163頁を見よ。

（7）*PSRL*, vol. 2, col. 339.

（8）Hannick, 'Kirchenrechtliche Aspekte' を見よ。

（9）イパーチー年代記によると、「この年［一一六一年］の八月、府主教フェオドルがコンスタンティノープルから到着した。というのも、ロスチスラフ公が彼を求めて使節を派遣したから」であった。*PSRL*, vol. 2. cols. 514–15.

（10）Ibid. col. 522. このバージョンによると、ロスチスラフはコンスタンティノープルに使節を派遣することにしたが、それは皇帝にクリムの再任命を願い出て説得するためであった。しかし使節がロシアを出発する前に、府主教ヨアンが皇帝の使節を伴って到着したという。

(11) *PVL*, vol. 1. p. 137〔邦訳二三一頁〕。「連れて帰ってきた《プリヴェデ》」という動詞は、アンナ（既に修道女になって二年が経過していた。*PSRL*. vol. 2, col. 197 を見よ）が単に彼を伴って帰国したというわけではないことを示唆する。

(12) Shchapov, *Gosudarstvo*, pp. 166–7 を見よ。

(13) 初期の例はノヴゴロド主教ルカに対する府主教エフレムの処理である。ルカは一〇五五年に「奴隷」から「中傷された」。ルカはキエフで三年を過ごし、裁判は府主教が審理した。彼は一〇五八年に無罪とされた。彼の奴隷は罰として鼻をそぎ落とされ、加えて両腕を切断された。*NPL*, pp. 182–3.

(14) つまり、神の母の生誕、奉献、受胎告知、クリスマス、聖母の清め、公現、変容、神の母の就寝、聖十字架の称賛である〔それぞれ正教会用語でいう生神女誕生祭、主の迎接祭、生神女福音祭、主の降誕祭、神現祭、主の顕栄祭、生神女就寝祭、生神女進堂祭、十字架挙栄祭にあたる〕。

(15) *PSRL*, vol. 1, cols. 354–5. ニコン年代記は通例通りにこのテーマについて潤色し、「アントニーはキエフに行き、府主教コンスタンチンと過ごした」と付け加えている。明らかに、彼は自分の主教区に戻らなかった。Ibid., vol. 9, p. 236.

(16) Ibid., vol. 2, cols. 629–30. このスヴャトスラフは、主教アントニーを追放したスヴャトスラフと同一人物である。彼は今やキエフ公であった。

(17) Podskalsky, *Christentum*, pp. 296–8 を見よ。

(18) Ibid., p. 203.

(19) *RIB*, vol. 6, cols. 82–4.

(20) ニキフォル二世がロストフに主教ニコライを任命したことについて、フセヴォロド三世が発したとされる言葉を見よ（本書79頁）。同じく以下（80―81頁）、一二世紀後半のノヴゴロドの事例を見よ。

(21) 本書69頁を見よ。一六世紀のニコン年代記が九九二年に少なくとも四名の主教（チェルニゴフ、ロストフ、ヴォルィニのウラジーミル、ベルゴロド）の任命について名前入りで言及していること、しかしこれら全員は、もっと信頼出来る初期の年代記においては、一一世紀後半に初めて活躍した人々であるとされていることに注意せよ（*PSRL*, vol. 9, p. 65）。

(22) 一二世紀までのロシアの諸主教区に関する最近の見直しについては Arrignon, 'La Création' を見よ。

(23) Poppe, 'L'Organisation', p. 217.

(24) 南東と北東のスモレンスク、リャザン、クリャジマ河畔のウラジーミル、南西のペレムィシリ、ガーリチ、ウグロフスクである。

(25) Shchapov, *Gosudarstvo*, pp. 36–7; Arrignon, 'La Création', pp. 28–9.

(26) *NPL*, pp. 29–30, 216.

(27) Ibid., pp. 31, 219.

(28) Ibid., pp. 38, 228.

(29) Ibid., pp. 32, 219.

(30) 本書27頁を見よ。

(31) 'Λέοντος μητροπολίτου τῆς ἐν 'Ρωσίᾳ Πρεσθλάβας'.

(32) 本書133頁以下、及び Poppe, 'Le Traité' を見よ。大きく異なる見方としては、Stokes, 'The Status' と Golubinsky, *IRTs*, vol. 1, I, pp. 328 ff. を見よ。

(33) Nestor's Life of Feodosy, abbot of the Caves Monastery（in *Sbornik XII*, p. 54; *PLDR, XI-nahalo XII veka*, pp. 328–9）and *PSRL*, vol. I, col. 208.

(34) Shchapov, *Gosudarstvo*, p. 209.

(35) 後代になると、この「府主教」の語は両数形 mitropolita が使われている。*AHE*, pp. 55–6.

(36) この年、フセヴォロドはキエフとペレヤスラヴリの公になり、息子にチェルニゴフを与えた。*PVL*, vol. 1, p. 135〔邦訳二二六頁〕。

(37) 詳細な説明は Barrick, Andrey Yur'evich Bogolyubsky, ch. 2 を見よ。

(38) ロシア教会では、司祭と輔祭は「白い聖職者」として知られる。一方で修道士は「黒い聖職者」と呼ばれる。

「白い」司祭と輔祭は結婚が義務づけられ（もっとも今日では例外的に独身の「白い」司祭も存在する）、修道士だけが主教に叙任されうる。但し、やもめの司祭、或いは妻が修道女となった司祭は修道士に、次いで主教になることもあった。

(39)　一一―一四世紀の教会規定に関する綿密かつ学問的な研究は Shchapov, *Knyazheskie ustavy* を見よ。

(40)　*PVL*, vol. 1, p. 85〔邦訳一三八頁〕、Zimin, 'Pamyat′ i pokhvala', p. 68.

(41)　*PRP*, vol. 2, pp. 117–18.

(42)　Ibid., p. 41, clause 4.

(43)　Ibid., clause 6.

(44)　Ibid., 1, p. 259.

(45)　Shchapov, *Knyazheskie ustavy*, p. 298.

(46)　府主教ヨアン二世の『教会法に基づく回答』によると、一〇八〇年代になっても未だ、教会で結婚式を行うのは「ボヤーレと諸公だけであった」ことが分かる。「一般の人々」は「祝福と戴冠」（つまり教会の儀式）を省き、その結婚式を「踊り、音楽、拍手」だけに限定していた。*RIB*, vol. 6, col. 18 (No. 30).

(47)　Shchapov, *Knyazheskie ustavy*, pp. 247 ff.

(48)　Ibid., pp. 304–5.

(49)　Kartashev, *Ocherki*, pp. 203–4.

(50)　Lilienfeld, *Der Himmel*, p. 11.

(51)　完全なリストについては Ibid., pp. 124–36 を見よ。

(52)　オリガへのイラリオンの僅かな言及（Müller, *MIL*, pp. 118–19）は、後代の加筆であろう。但し、ミュラーの見方については Ibid., p. 23 を見よ。

(53)　事実、オリガに捧げられた教会や女子修道院は一七世紀末以前には存在しなかった。

(54)　Vodoff, 'Pourquoi', pp. 448–9.

(55)　しかし Fennell, 'When was Ol′ga Canonized?', p. 78 を見よ。

（56）一二八三年頃に執筆されたアレクサンドル・ネフスキーの『聖者伝』（*PLDR, XIII vek*, pp. 426–39）では、原初型と思しきバージョンにおいては聖ウラジーミルに言及されない（彼の死の日付である七月一五日はネヴァ川の戦いが行われた日でもあるのに）。しかし後代の諸版では言及されている。一三一一年はノヴゴロドに聖ウラジーミルに捧げられた石造教会が建てられた年である。Fennell, 'The Canonization', pp. 322–3 を見よ。

（57）Zimin, 'Pamyat′ i pokhvala', pp. 69, 70.

〔訳註1〕クリムは主教でなかった。著者の誤解。

第五章　宗教活動と修道制

一

モンゴルの襲来以前の二五〇年間について、ロシア教会の上層の選出、職務、報酬についてはある程度の情報がある。一方で、残念なことに、全人員――つまり町や村の教区司祭、いわゆる「白い聖職者」については殆ど分かっていない。悲しいことに、当初、彼らがどのように採用されたのか、どのように訓練を受けたのか、また実際にどのようにして正教の基本原理を学び、その教区を運営するためにどのようなことを教わったのか。こうしたことは全く分からない。「良き人々」の子弟を教育するという九八八年のウラジーミルの計画（上述六八頁）は、もちろん神学校の設立を含んでいたが、それを別にすれば、聖職者の訓練のための学校や宗教的な教育機関については、何も分からないのである。一一世紀に府主教ゲオルギーは、キエフの洞窟修道院の修道士たちにストゥディオスの複雑な修道規則を教えるために専門家を従えてきたが（以下一〇一頁）、まさにこうした形で、初期の府主教たちはコンスタンティノープルから、新たに改宗した輔祭や司祭の頭に信仰の素養をたたき込むことの出来る教師を引き連れてきた――或いは恐らくは要請してスラヴ語圏のブルガリアから呼び寄せた――

ことが想定出来るだけである。そして一、二世代の後、需要は満たされた。司祭たちはその職務を引き継がせようとして、その教区民、或いは実際に、彼ら自身の息子たちを鍛えたからである。

実際、〔教区司祭の〕需要があったことは疑いない。というのも、改宗後二世紀半の間、ロシアにおける教会数の著しい増加が生じたからである。上述（六九頁）のように、記録史料に基づくと、ウラジーミルの受洗後二七年の間にはおよそ一二の教会が建てられただけであった。しかし、その他の史料から見積もると、一〇世紀だけをとっても、二倍以上〔二四以上〕の教会が存在していたことが示唆される。この数は、記録史料に加え、考古学資料にも基づくものであり、また言うまでもなく九八八年以前に存在した教会も含んでいる。一一、一二世紀また一三世紀初頭の教会、教区、聖職者の数をある程度正確に見積もることは、明らかに不可能である。しかしソヴィエトの中世史家B・V・サプノフの計算では、建設年代を確定出来る教会の数は、一〇世紀に二五、一一世紀に三七、一二世紀に一三八、一三世紀最初の四〇年に四六であり、つまり、全部で二四七〔原文ママ〕であるという。この数には、建設年代の不明な七六の教会が加わる[1]。しかし、サプノフの言うところでは、三二三という数字はこの時期のロシアで建設された全ての教会の考え得る全体数のほんの一握りに過ぎない。彼の全体としての結論によると、ウラジーミルの改宗からモンゴルの襲来までの二世紀半の間に、約二千の都市教会が建設、或いは再建されたという。これに更に、まずは二万―三万の私的な小教会堂（俗人個人の邸宅における教会や小教会堂[2]）、そして六千程度の村や田舎の教会が加わるようだ[3]。仮にこの計算が誇大だとしても（サプノフはこれを控えめとするが）、我々が検討する二五〇年の間に教会建設が爆発的に増え、教区と聖職者の数もこれに対応して数倍に増えたことは疑いない。

二

修道院の増加も著しかった。サプノフが出した数字は、都市の教会と同様に〔修道院の〕着実な増加を示している。すなわち、彼の計算では、史料から建設年代の分かる修道院の数（九八八―一二四〇年）は七一であった（一〇世紀に七、一一世紀に一八、一二世紀に三〇、一二〇〇―四〇年には一六）。これに建設年代不明の修道院数五六が加えられねばならない。すなわち全部で一二七であるが、過小に評価されていることを見越して、〔実際には〕二〇〇程度と考えてもよかろう。

ロシアにおける最初の修道院はどの修道院であって、またどこにあったのか。これに答えることは難しい。『律法と恩寵に関する講話』（一〇三七―五一年の間に成立）において、府主教イラリオンは、ウラジーミルによる全ルーシのキリスト教化の決断の結果、「多くの丘の上に修道院が建ち」、「修道士が現れた」と述べる(4)。また原初年代記は一〇三七年の記事において、ヤロスラフによる聖ゲオルギー及び聖イリーナ修道院の建設について述べた後で、キリスト教の拡大を称えている。すなわち「キリスト教信仰が実を付けて増え始め、修道院が〔建設され〕だした」と(5)。

ある程度の確実な情報を有する最初期のキエフの諸修道院は全て、一一世紀半ば以降のものである。なかでも群を抜いて目立ち、また強大で不朽だったのが、キエフの洞窟《ペチェルスキー》修道院（Kievo-pecherskiy monastyr'）である(6)。その起源に関する曖昧模糊とした話（原初年代記一〇五一年の記事に入っている）によると、アンチプと呼ばれる俗人が、チェルニゴフ近郊のリューベチの町を出発し、正教修道制の一大中心地であるアトス山（ハルキディキ半島の東の突起部分）に巡礼に出かけた。彼はそこで剃髪し、アントニーの名を授かった。修道院――恐らくロシア人向けのクシロウルゴウ修道院(7)――の院長は、彼に修道士の生活を教え、彼に「ルーシに戻りなさい。聖山の祝福が汝と共にありますように。汝のおかげで、多くの修道士が現れるでしょう」と言った。帰路、アントニーは多くの修道院を回ったが、その一つも好きになれなかった。そしてかつてイラリオンが庵とした、ドニエプル川を見下ろす洞窟を見つけた。彼はイラリオンの洞窟の中、或いはそのそばに住みついた。隠修士としての彼の名声は広まり、ヤロスラフの死（一〇五四年）の後、使徒を連想させる一二人の弟子が加わった。アントニーは弟子たちを剃髪し、彼らと一緒に「大きな洞窟、教会、房を」掘った。次いで彼は「自分で生きる」ことを命じ、修道士の一人ヴァルラームを最初の院長に任じ、自分は丘の近くに自分で掘った洞窟に入り、隠者の生活を再開した。最終的に修道士の数は増加した。彼らはアントニーのもとに行って、「修道院を建てる」許可を得るほどだった。アントニーは、ヤロスラフの子で存命中の最年長者であったキエフ公イジャスラフに土地を求めた。そして修道士たちは「洞窟の上の丘」を与えられた。修道院長のヴァルラームと修道士たちはその地に「大教会の基礎を築き、修道院を杭で囲い、多くの房を建設し、教会を完成させ、これをイコンで飾った」という。年代記作者の結論によると、「以上が洞窟修道院の起源だった」。また彼が付け加えるところによると、「これこそが聖山に由来する洞窟修道院だった[8]」。

洞窟修道院はモンゴル襲来以前の時期を通じて、多くの知的で秀でた、そしてしばしば高徳の修道院長たちのもとで栄えた。初代の院長だったヴァルラームは、一〇六二年にイジャスラフ公により、新設された聖ドミトリー修道院に引き抜かれた。このヴァルラームの後任となったのが、ロシアの全ての修道院長のなかで初めて列聖された聖フェオドシーだった（一〇七四年死去[9]）。このフェオドシーの『聖者伝』[訳注1]は、同僚の修道士ネストルによって書かれた。この人は、聖ボリスと聖グレプの殺害に関する一説〈聖なる殉教者ボリスとグレプの生涯と死に関する講話[訳注2]〉を伝えた原初年代記の恐らく最初の編者と思われる。『聖者伝』にはフェオドシーとその手強い母親（あらゆる手段で息子が修道士になることを阻止しようとした）との劇的な衝突が爽快に、加えて修道院における彼の生涯が非常に生き生きと、また見事に描かれている。ネストルは詳細にフェオドシーの苦行、悪魔による誘惑、彼の謙遜、優しさ、修道院長という彼の地位に相応しくない「質素な衣服」、修道院の経済的な富に対する配慮、厳格な規律の要求、乞食に対する気遣い、病気、救貧院の建設、外部世界との交渉を描いている。

フェオドシー院長の時代は、修道院の拡大と栄華の端緒となった。彼の運営手法は、ロシア修道制の将来に大きな影響を及ぼすことになった。洞窟修道院は「公の」修道院でなく、公によって建設されたのでもなく、また公の系統に依存していた訳でもなかったことを想起せねばならない。また直接府主教に依存していたわけでもなかった。実際、修道院はその初期において、度々諸公、府主教、そして――コンスタンティノープルとさえ事あるごとに――衝突していた。と言っても、修道院が国内の政治生活に無関心であり続けたかの如く想像してはならない。そうではなかった。それどころか、政治に対して意見を述べてさえいた。例えば、一〇六八年に、ポロヴェツ人のせいで三頭政治が崩れ、キエフのイジャスラフ公が国外に逃亡した後、キエフ市民は、イジャスラフに反抗的で、故にキエフに投獄されていたポロツク公フセスラフを釈放した。彼は、イジャスラフが十字架に〔フセスラフに危害を加えぬことについて〕固く誓いを立てたにも拘わらず、〔騙されて捕らわれた〕人物であった。洞窟修道院は、年代記作者の文章を借りる形でイジャスラフを厳しく非難した。「そしてフセスラフがキエフの玉座に就いた。こうして神は十字架の力をお示しになったのである。というのも、イジャスラフはフセスラフを捕らえることにより十字架の誓いを破った」からである。(10) また、修道院の敵意の矛先はイジャスラフだけに向けられたのではなかった。というのも、一〇七三年に、二人の弟であるスヴャトスラフとフセヴォロドがイジャスラフと争い、兄をキエフから追い出した際、修道院は弟たちの行為をはっきりと非難したからである。

悪魔が兄弟たちの間に仲間割れを起こした。……スヴャトスラフとフセヴォロドが一緒になってイジャスラフに対立した。イジャスラフはキエフから出た。……兄を追放した原因はスヴャトスラフにあった。彼がより大きな権力を望んだからである。……スヴャトスラフは自分の兄を追い払い、このようにして父の遺訓(11)、及びそれ以上に神の訓戒をも侵してキエフに座した。(12)

聖フェオドシーの『聖者伝』のなかで、ネストルは更に断罪している。

その頃、狡猾極まる悪魔によって三人の兄弟公の間に、肉の欲望による騒乱が引き起こされた。二人の弟スヴャトスラフ公とフセヴォロド公が、キリストを愛する年長の公イジャスラフに戦争を仕掛け、イジャスラフは首都であるキエフの町から追い出されたのである。二人の兄弟公は町に入るとただちに、われらが祝福されたる師父フェオドシーに遣いを送り、来て彼らと共に食事をし、彼らの正しからざる談合に加わるように急きたてた……。〔フェオドシーは〕キリストを愛する公の追放が不当であることを知っていたので、使者に立った者に、「自分はベルゼブブの食卓には行かない、流血と殺戮がいっぱい詰まった食べ物を共に摂ることは出来ない」と言った。(13)

キエフ洞窟修道院の最初の院長〔訳註3〕はキエフ公をベルゼブブの食卓に着席していると述べ、またキエフ公をその行為の故に非難することが出来た。これを可能にした修道院の政治的独立は、二つのことに起因していた。第一に、この修道院は公によって建設されたものではなく、従ってリューリク朝のいかなる公統とも結びついていなかったという事実である。第二に、少なくとも当初における、多くの修道士の社会的出自のせいである。アントニーは貴族の家系でなかったにせよ、裕福であったようだ。確実に、彼は気軽にキエフ公に面会出来た。一方で初期の修道士について言えば、フェオドシーはイジャスラフの上級役人の息子、恐らくはボヤーレの息子であった。初代の修道院長ヴァルラームはボヤーレの息子であり、明らかにイジャスラフの寵愛を受けていた。また後のペレヤスラヴリ府主教のエフレム（上述八三頁を見よ）はイジャスラフの宮廷で高い地位を得ていた。この修道院が対等にキエフ公と交渉出来たこと、当時の政治衝突の中でその地位を保持出来たこと、そして、一二世紀の後半にその構内をジュネーブの様な中立的なセンターとして使わせたこと――そこで諸公は自分たちの争いをめぐって大いに議論出来た――は、何も驚くようなことではなかったのである。(14)

洞窟修道院が卓越した存在であったことは、その多くの修道士の活動に目を向けるならば、もっとはっきりする。少なくともその中の五人の修道士が、ここで取り上げている時代に自分の修道院を建設した。こうした修道院は母たる洞窟修道院と固く結びついており、また出身者の多くが主教になった。(15)というのも、実際のところ、洞窟修道院は、多くの年代記作者、聖者伝作家、歴史家を抱える文化や学問の中心であったばかりか、将来の高位聖職者の養成所でもあったからである。洞窟修道院が国内において指導的立場にあったことは疑いない。実際、一二世紀後半にその院長が初めて掌院の位階に昇進した、そうした修道院だった。[16]

この修道院の多くの成功はその組織と厳格な規律のおかげだった。アントニーは、彼が信仰を告白した聖山〔アトス〕の修道院から多くを学んだものの、最初に「修道院規則を探し求めた」のは他ならぬフェオドシーだった。『原初年代記』の説明によると、コンスタンティノープルの偉大なるストゥディオス修道院の修道士ミカエルはかつて、その規則を厳格にしたことで名声を博したのだが、その彼が府主教ゲオルギー（在位一〇六五―七八年）と共にコンスタンティノープルから〔キエフに〕到来した。明らかに府主教は、フェオドシーの要求を知っていたか、或いは府主教自身がロシアの修道生活にストゥディオスの規則を導入しようとしていた。理由が何であれ、ともかくフェオドシーはミカエルから規則の写しを入手し、

彼の修道院で聖歌をどのように歌うべきか、礼拝をどのように行うべきか、聖典をどのように唱えるべきか、教会で修道士はどのように立つ〔つまり振る舞う〕べきか、教会でのあらゆる祭儀、食卓での座り方をどのようにするべきか、どのような日に何を食べるべきか、こうしたこと全てを〔ストゥディオスの〕規則に基づいて定めた。フェオドシーはこの全てを創りあげ、自分の修道院に示した。〔ルーシの〕全ての修道院はこの修道院の規則を模倣した。というのも洞窟修道院は最古の修道院として崇敬されていたからである。[17]

修道士に院長の監督下での共同生活を課し、私有財産の所有を認めない。そうした厳格なストゥディオス修道院の規則の導入とは別に、フェオドシーは全く新しい特徴を国のありように加えた。彼は慈善の福祉事業を始めたのである。それまで、我々の知りうる限り、貧民や飢えたる者、囚人や病人を国家の側から養う試みはなかっ

た。しかしフェオドシーはこれを全く変えてしまった。ネストルが書いた〔フェオドシーの〕『聖者伝』では、フェオドシーが憐れみをかけた幾人かの盗賊についての感動的な小話のあと、フェオドシーは盗賊たちを養い、「誰かを傷つけたり、危害を加えたりしないよう」諭したという。その後、彼らを解放した。ネストルはフェオドシーの慈悲心とその慈善行為を回顧している。

というのも、我々の偉大な師父フェオドシーはあまりに情け深いお方であったので、物乞いだとか、病苦のただ中にあったり、酷い身なりであったりする貧民を見かけると、そうした人に慈悲をかけ、深く悲しまずにはいられなかった。……そうしたわけで、彼は修道院のそばに建物を持ち……、そこで乞食や盲人、脚の不自由な者、病人を住まわせるよう命じ、彼らが求める物を修道院の資金で与え、彼らに修道院の所有する全ての十分の一を与えた。そして囚人には日曜ごとに荷車一台分のパンを与えた。(18)

後に国家が修道院の非常に広大な土地財産の没収に躍起になった時、教会は、フェオドシーの金言であったろう「教会の富は貧者の富である」を繰り返すことでその財産を防衛したのだった。決して外部世界に門戸を閉ざすことのない制度を作ることで、また不当と思える場合にはキエフの支配者たちの行動を進んで批判する姿勢を示すことで、更には修道院を文化活動の中心としたばかりか、諸公間の政治的なやり取りの場、主教の養成所とし、そして遂には貧者の住まいや病院、飢えたる者に配給場所を提供することによって、キエフの洞窟修道院の偉大なる院長フェオドシーは、来たるべき時代のロシアの共住修道制のための方向付けを行い、またモデルを提供したのである。

他方で、この時期のいわゆる「公の」修道院については殆ど何も分からない。というのも、その院長たちの生活のパターンや活動について、実際のところ、全く記録がないからである。ただ、全てが修道院を建てた俗人の建設者やその子孫と結びついていた。ウラジーミルの息子ヤロスラフによって築かれた唯一の修道院は、キエフの聖ゲオルギー及び聖イリーナ修道院である[19]。両修道院については、これらが一一世紀半ばに献堂されたこと、専らヤロスラフの資金によって建設されたことの他は、何も分かっていない[20]。ヤロスラフの息子イジャスラフ、スヴャトスラフ、フセヴォロドという「三頭政治」を組んだ三人が開いた諸修道院については、もう少しだけ情報がある。イジャスラフの聖ドミトリー（イジャスラフの洗礼名）修道院は、イジャスラフとその子孫の家族修道院だった。上述のように、一〇六二年に最初の院長として、洞窟修道院からイジャスラフがヴァルラームを引き抜いた。一〇八六年、或いは一〇八七年には、イジャスラフ公の長子ヤロポルクが、修道院の敷地内の、彼自身が建てた聖ピョートル教会に埋葬された。また修道院内の第二の教会、すなわち聖ミハイル教会はイジャスラフの第二子スヴャトポルクにより一二世紀初頭に建設され、一一一三年には彼の埋葬場所となった。彼の曾孫たちも一一九〇年と一一九五年にここで埋葬された。〔イジャスラフの弟〕のスヴャトスラフの家族は二つの修道院を持っていた。一つは彼が建てたキエフの聖シメオン修道院で、もう一つは聖キリル修道院である。後者はスヴャトスラフの孫のフセヴォロド（キエフ公としての在位は一一三九―四六年）がキエフの町のすぐ外に建てたものだった。両修道院ともしばしば家族の墓所を提供した。三頭政治の最年少の構成員であるフセヴォロド、その息子ウラジーミル・モノマフ、孫のムスチスラフ・ウラジミロヴィチは四つの修道院を築いたことが知られる。それらの全てはフセヴォロドの多くの子孫からなる様々な系統と緊密に結びついた。特に重要だったのが、キエフ近郊のヴィドゥビチにある聖ミハイル修道院である。これは恐らく一〇六〇年代に建設され、文化及び行政的にキエフの洞窟修道院と張り合っており、特に一二世紀初頭以降、年代記執筆の一拠点だった。以上の全ての修道院は、他系統の公の家族が建てた修道院（一二―一三世紀のクリャジマ河畔のウラジーミルに建設された多くの修道院や女子修道院を含む）も含めて、キエフの洞窟修道院とは全く異なっていた。これらの修道院は何よりもまず、その建設者の家族に忠義を尽くしていたようだ。また財政的にはかなりの部分で、公の大盤振る舞いに依存していたようだ。

　ノヴゴロドの修道院について言えば、富や影響力を有し、最も重要であったのは巨大なユーリエフ修道院だった。これは恐らくヤロスラフ賢公（洗礼名ゲオルギー。ユーリーはゲオルギーのこと）により建設された。この修道院は厳密には「公の」修道院とは言いがたい。というのも、リューリク朝の様々な系統の出身者がノヴゴロドの公になったからである（上述三四―三五頁を見よ）。しかし、一二世紀初頭の時期には、ウラジーミル・モノマフの子ムスチスラフと孫のフセヴォロドがパトロンだったようだ。[21]

　洞窟修道院の草創の時代に関する原初年代記の説明（一〇五一年の記事）の最後で、ストゥディオスの規則の導入を描く描写は「この修道院から始まり、全ての修道院で〔ストゥディオスの〕規則が導入された」という一文で終わっている。[22]残念なことに、ネストルのこの主張を立証する情報は一つもない。フェオドシーの聖者伝のごとき、事情説明に役立つ修道院長たちの『聖者伝』は存在せず、また洞窟修道院のそれのようなすばらしい『聖者列伝』が〔この時期の他の修道院には〕ないのである。公の修道院、そしてノヴゴロドの修道院は本当に共住修道院だったのか。洞窟修道院はストゥディオスの規則を厳格に遵守し続けたのか。一九世紀の偉大なロシア教会史家ゴルビンスキーは、これを非常に疑問視している。ゴルビンスキーの見立てでは、真の共住制《オプシチェジチエ》というのは統御された共住生活のことであり、そこでは兄弟が私有財産を持たなかった。そしてこの共住制は次第に独特の生活様式に変わった（別居制《オソブノジチエ》）。別居制の様式によると、修道士それぞれが自分の財産を持ち、また、自分の食糧で生活した。[23]ゴルビンスキーの意見では、フェオドシーの死後、「彼が導入した真の共住制は、その僅かな部分が残っただけ」であった。他方で一一世紀末から一二四〇年までの、ロシア修道制全体に対するゴルビンスキーの見方は更に悲観的である。しかし、修道院はこの時期にも存在し続け、生き延びた。そして、改宗後の時期に生じた最初の熱意が冷めた後、規律は緩んだかも知れないが、とは言え一四世紀に改革者たちがロシア共住制を再建・改良するのは時間の問題だった。

三

一五—一六世紀になると、修道制の全ての害悪は貪欲に原因があると幾度も見なされるようになった。この貪欲とは、修道士個人のそればかりか、修道院そのものの貪欲——これは言い換えるなら、土地所有——でもあった。モンゴル襲来以前のロシアで、修道院の土地所有はどの程度発展したのか。修道院はその生き残りと維持のために不動産の所有と発展に依存したのか。

洞窟修道院の土地所有については最もよく知られている。これは必ずしもこの修道院がその他の修道院よりも〔土地所有に〕恵まれていたからでなく、単純に、この修道院の生活、特に一一世紀の生活について多くの記録から知ることが出来るからである。フェオドシーの財産管理に関する全ての説明には、しばしば修道院の村《セロ》が、言い換えれば、その土地への言及がある。「諸公とボヤーレ」は「高潔な」フェオドシーを訪問し、彼に罪を告白し、その見返りとして「彼らのささやかな所有物」を譲渡し、また「別の者たちは［兄弟に］土地さえも与え、兄弟たちの管理に委ねた(24)」。このような場面がしばしば記録されている。またフェオドシーはその死の前に全修道士を集めたのだが、そこには「修道院の土地にいる者」も含まれていたことが知られている(25)。更に実際のところ、そもそもイジャスラフがアントニーに「洞窟の上の土地」を与えたと言われる。これはロシアにおいて、公が修道院に与えた土地に関する最初の記録である。そして非常に興味深いことであるが、遠方のスズダリ地方にあるこの「修道院に属する土地付きの……屋敷」を除けば(26)、洞窟修道院への記録された土地寄進は全て、イジャスラフの子孫により行われていることである。彼の長子ヤロポルクはある時期に、キエフの「そばの土地」だけでなく、ヴォルィニ地方のそば或いはヴォルィニ地方の三つの「地区《ヴォロスチ》」を洞窟修道院に与えた(27)。その一方で、彼の娘で、子がなかったナスタシヤは、一一五八年に修道院で埋葬されただけでなく、修道院に「それぞれに奴隷が付属する形で、五つの村を、また一枚の布に至るまで自分の財産すべてを寄進した」[28]。

ロシアの他の修道院については、ノヴゴロドの修道院における土地所有についてしか分からず、加えてごく僅かだけである。ノヴゴロド地方で規模が最大であったユーリエフ修道院は、多くの土地を持っていたようだ。しかしモンゴル襲来以前の時期を生き抜いたのは、二箇所の寄進所領だけである。ノヴゴロドの南南西におよそ二〇〇キロ、スモレンスク公国との境界に近いブイツィの地は、一一三〇年に、ウラジーミル・モノマフの息子と孫、つまりムスチスラフとフセヴォロド・ムスチスラヴィチによって、通常は公に支払われるべき様々な税や裁判手数料と共にユーリエフ修道院に与えられた。そしてすぐ後に、フセヴォロドは更に一つの地区、ノヴゴロドの南のロヴァチ川沿いのリャホヴィチを修道院に与えた[29]。ノヴゴロドの他の修道院、例えばパンテレイモン修道院やフトィニ修道院も土地を所有していたことが知られているが、その規模は分からない[30]。

それ故、「モンゴル襲来以前のロシアで修道院の土地所有がどの程度展開したのか」という問いに答えることは出来ないのである。我々が語るために必要な史料が殆どないからである。年代記の編者たちは概して、修道院内部の経済よりも、諸公間の絶え間ない小競り合い、戦争、同盟に関心があった。そして、寄進者と受領者の間の土地契約〔の文書〕は、これまで全く伝来していない。しかし、一部の歴史家の如く、モンゴル襲来以前のロシアの殆どの修道院が土地所有に無関心であったとか、また主として建設者やパトロン、寄進者の大盤振る舞いに依存していたと考えるのは早計に過ぎるだろう。

（1） Sapunov, 'Nekotorye soobrazheniya', p. 320.
（2） Ibid., pp. 320–1. ビザンツとロシアにおける私的小教会堂については Golubinsky, *IRTs*, vol. 1, I, pp. 471–3; Froyanov, 'Nachalo', pp. 290 ff. を見よ。
（3） Sapunov, 'Nekotorye soobrazheniya', p. 320.

（4）Müller, *MIL*, p. 106.
（5）*PVL*, vol. 1, p. 102〔邦訳一七四頁〕。
（6）*LPS*, p. 45. 彼は修道名、すなわちアントニーの名前で列聖された（列聖場所は不明）。彼の『聖者伝』は伝わっていない。
（7）或いは、エスフィグメノウかイヴィロンの修道院であろう。Prosvirin, 'Afon i russkaya Tserkov'', p. 12 を見よ。アントニーとアトス山の最初のロシア修道院については Moshin, 'Russkie na Afone', pp. 58–67 を見よ。
（8）*PVL*, vol. 1, pp. 104–7〔邦訳一七八―八一頁〕。
（9）聖アントニーがかつて洞窟修道院の院長だったことを示す証拠はない。
（10）*PVL*, vol. 1, p. 115〔邦訳一九六頁〕。
（11）本書27―28頁を見よ。
（12）*PVL*, vol. 1, pp. 121–2〔邦訳二〇六―二〇七頁〕。
（13）*Sbornik XII*, p. 85; *PLDR, XI–nachalo XII veka*, p. 376.
（14）一一五六年、一一六九年のことである。Shchapov, *Gosudarstvo*, p. 156 を見よ。
（15）Tikhomirov, *Drevnerusskie goroda*, p. 179.
（16）一一七一年頃に典院ポリカルプは初めて掌院の称号を付与された。ギリシア教会においては、この位階は複数の修道院からなる一つの修道院グループの長を意味し、また総主教から付与されるものであった。ロシア教会では、大修道院の長を意味するに過ぎない。Shchapov, *Gosudarstvo*, pp. 159–60 を見よ。
（17）*PVL*, vol. 1, p. 107〔邦訳一八二頁〕。Tachiaos, 'The Greek Metropolitans' を見よ。『洞窟修道院聖者列伝』内の聖フェオドシー伝は、少々異なるテクストを伝える。*Kyyevo-Pechers'kyy pateryk*, p. 39 を見よ。
（18）*Sbornik XII*, pp. 75–6; *PLDR, XI–nachalo XII veka*, p. 362.
（19）ゲオルギーはヤロスラフの洗礼名、イリーナはその妻インギゲルドの洗礼名である。
（20）Shchapov, *Gosudarstvo*, pp. 132–3.
（21）Ibid., p. 148.

べることは難しい。

(22) *PVL*, vol. 1, p. 107〔邦訳一八二頁〕。

(23) Golubinsky, *IRTs*, vol. 1, II, pp. 631ff. Podskalsky, 'Der hl. Feodosij', p. 719も見よ。

(24) *Sbornik XII*, p. 60; *PLDR, XI–nachalo XII veka*, p. 338. これが貸与を指すのか、譲渡を指すのか。これについて述べることは難しい。

(25) *Sbornik XII*, p. 90; *PLDR, XI–nachalo XII veka*, p. 384.

(26) 一〇九七年の記事で言及されている。*PSRL*, vol. 2, col. 228; *PVL*, vol. 1, p. 169〔邦訳二五七頁〕。

(27) *PSRL*, vol. 2, col. 492.「ネベリスカヤ」と「ルチスク」の二地区は、一〇七八年以降ヤロポルクが支配していたヴォルィニにあった。*PVL*, vol. 1, p. 135〔邦訳二二六頁〕。第三の地区「デレフスカヤ」は恐らく、イジャスラフとヤロポルクの世襲領地であったトゥーロフにあった。

(28) *i vse da i do povoya* つまりそれぞれに。*PSRL*, vol. 2, col. 493.〔邦訳は、中沢敦夫・吉田俊則・藤田英実香「『イパーチイ年代記』翻訳と注釈(5)――『キエフ年代記集成』(一一五一―一一五八年)」(『富山大学人文学部紀要』65、二〇一六年八月、三〇五頁)を参照した〕。

(29) *GVNP*, No. 81, pp. 140–1 and No. 80, pp. 139–40.

(30) Ibid., No. 82, p. 141 and No. 83, pp. 161–2. ブイツィとリャホヴィチの大きさはそれぞれおよそ八〇〇平方キロであった。Shchapov, *Gosudarstvo*, p. 154を見よ。

〔訳註1〕 フェオドシーの伝記の翻訳は以下に所収。三浦清美「五月三日キエフ洞窟修道院の修道士ネストルによって書かれた、洞窟修道院フェオドーシイ尊師の聖者伝」、「『キエフ洞窟(ペチェルスキイ)修道院聖者列伝』解題と抄訳(III)」(『電気通信大学紀要』21、1/2、二〇〇九年、一九八―二二六頁)。

〔訳註2〕 ネストルによって書かれたこの一説「聖なる殉教者ボリスとグレプの生涯の物語と殉教と頌詞」の邦訳は、三浦清美「中世ロシア文学図書館(II)聖ボリスと聖グレープにまつわる物語」(『電気通信大学紀要』23、1/2、二〇一一年、五九―七一頁)を参照のこと。

〔訳註3〕「二番目の」の誤記。

第六章　キリスト教化の過程

信徒の監督　キリクの質問状

ウラジーミルの洗礼からモンゴルの襲来に至るまでに、教会と教区は数の上でかなり増加したことで、聖職者たちには次のような極めて大きな課題が生じたに違いない。一つは、彼らが様々な宗教儀式 (religious services) を執行したり、キリスト教信仰 (Christianity) を解説したりするための技術的知識を習得するという課題、これに加えて、一一、一二世紀に特に地方では信徒たちの大半は古い異教的生活様式を離れることが殆どできていなかったので、そういう信徒たちの道徳的生活を監督するという課題である。生活の監督はもちろん説教により行うことが出来ただろう。ただ、そうだとしても、司祭たちは説教をどのくらいの頻度で行っていたのか。僅かに現存するモンゴルの襲来以前の説教文学の実例――府主教イラリオンの偉大な修辞的遺産である『律法と恩寵に関する説教』、一二世紀のトゥーロフ主教キリルの雄弁な大作、ノヴゴロド主教ルカ（在位一〇三六―五九年）の唯一知られる説教に含まれる信仰の基本教理の素朴な要覧[1]――から判断する限り、これらの説教は、あまりにも装飾過多で多くの者には理解が困難であったろう。また、キリスト教生活を勧める手引きとしては有用ではなかったように思われる。内容があまりに無味乾燥で、また単純に過ぎるからである。

しかし、どのように生活すべきかについて、信徒たちが説教に耳を傾けこれを理解し、またここから示唆を受ける機会にあまり恵まれなかったとすれば、各々の個人は、告解〔痛悔〕の場において、何が善で何が悪なのかを間違いなく意識させられていたことになるだろう。キエフ・ルーシにおける家族の行動パターンについて、一定程度、ウラジーミル及びヤロスラフの教会規定や、法典範（例えば『ルースカヤ・プラウダ』）から知ることが出来る一方で、遥かに生き生きとした描写を各種の「告解の手引き書」から得ることが出来る。これは教会法に基づいて告解を課すための〔聖職者用の〕手引きである。モンゴル襲来以前で言えば、こうした書物の理解に最も役立ち、また注目すべきであるのが、いわゆる『キリクの質問状《ヴォプロシャニエ》』であることは疑いない。(2)

これは、修道司祭であることの他は何も分かっていないキリクという人物による一〇一の質問、そして同じく不詳の「白聖職者」のサヴァとイリヤによる、それぞれ二四と二八の質問からなる。そしてこれらの質問にはノヴゴロド主教ニフォント（在位一一三〇―五六年）により回答が与えられている。キリク自身は修道士で、彼の幾つかの質問は修道生活に関するものである。だが、彼以外の二人を含めた三人全員の質問の多くは聖職者そのものの公的・私的生活に関するものである。つまりこれは、〔主教ニフォントの回答を含めて考えるならば、〕聖職者の振る舞いに関するある種の規則集と言えるのである。また質問はもちろん教区民、特に家族関係の管掌にも関わっている。ノヴゴロド主教に対するそうした質問は、主に都市共同体〔の信仰生活〕を念頭に置いているが、幾つかの質問は農村の教区にも関係している。

質問で扱われる主題数は多く、また当然のことながら、その多くは礼拝そのものと関係する。キリクの質問の幾つかは聖体に関わっている。てんかん持ち或いは精神錯乱者に対し、聖体を与えるべきか。(3) 領聖〔聖体の拝領〕後に吐き出してしまった者にどういう罰を与えるべきか。(4) 司祭は病人にどのように聖体を授けるべきか。(5) 化膿した傷がある者、歯茎が出血した者は領聖しても良いのか。(6) これらの質問の多くに主教は常識的に答えている。

例えば「領聖したが吐いてしまった者は、これが食べ過ぎや酩酊のせいであるならば、四〇日の罰［いかなる罰かは示されない］。吐き気があってのことであれば、二〇日。突然病気になった場合には、それ以下の日数」というように。膿んだ傷のある者が聖体を受けるべきかどうかについては、ニフォントは、キリクに疑問を残さぬように説明する。「彼は全くそれ［領聖］に値する。領聖を禁じるのは、膿から悪臭が出ているからではない。また他人の口から出るからでもない。そうでなく、罪の悪臭に由来するのである」と。これらはキリクと二人の司祭にとって明らかに喫緊の問題であり、軽い気持ちで質問したものではない。

更に面倒だったのが、司祭自身の性的な行為と関係した質問だった。聖体礼儀の前日に妻と交わった司祭が礼拝を司って良いものか。司祭が日曜日、火曜日に礼拝を行うとすれば、彼は月曜日に妻と交わって良いのか。ニフォントは答える。「彼が若く、我慢出来ないなら、禁じられるべきでない」と。(7) 夢精の後に礼拝を行うことが司祭に許されるかどうかという問いには、彼は回答の中で、少なからぬ免責を示している。「汝がいずれかの女性を対象としたのなら、礼拝に不適である。しかし汝に礼拝の準備が出来ていて、悪魔が汝を試み、汝から聖務を取り上げようとした場合、体を清めた後であれば聖務をして良い」と。(8)

キリクと二人の同職者が告解の場で直面した諸問題も同じく厄介だった。そしてそれらの殆どもまた、告解者の、公に出来ない関係に関わるものだった。例えば、大斎の時に妻と交わった者には聖体が与えられるべきか。この質問は主教を激怒させた。「彼は怒って、『それは汝が教えていることなのか。斎の時期に男は妻と交わるのを控えるべきなのか。この点では汝が誤っている』と答えた」(9)という。しかしニフォントは、蔓延していると考えられた内縁関係には全く寛大でなかった。キリクは若干無邪気に尋ねている。「人々が内縁関係をあからさまに有しており、まるで妻との子であるかのように装って内縁の妻との子を有している。またある者はその奴隷たちとこっそり関係を持っている。どちらがまだましなのか」と。主教は「どちらも良くない」と答えている。(10)

三名の司祭は決して男性の欠点ばかりに関心があったのではなかった。女性の背徳や諸問題についても彼らはニフォントの助言を求めることになった。助言の幾つかは、残存する異教的儀式と関わるものだった。例えばイリヤはニフォントに、病気の子を、司祭ではなく邪な術を使う者（占い師《ヴォルフヴィ》）のもとに連れて行く女性、また精力減退の夫を回復させようとして自分の体を洗った水を飲ませている女性をどう罰すべきか問うている。両方のケースで、主教の回答は明確だった。司祭よりも邪な術を使う者（sorcerer）を好んだ場合、七週間の（種類は示されない）罰（但し彼女らが若ければ三週間）。性に冷淡な夫を刺激しようとした場合、七週間の罰に付されるか、或いは領聖なしで一年を過ごさねばならなかった。[11] 七週間の罰は「ヴァリャーグ人の司祭［呪術師、或いは異信仰の司祭か？］のもとに祈ってもらうために子を連れていった」女性にも適用された。というのも、そうした女性は「二重信仰」[12]（つまりキリスト教と異教の）の状態にあるからである（一一三頁以下を見よ）。キリクが言及したところの、「パン、チーズと蜂蜜をロードとロジャニツァ［異教の肥沃の神］に捧げる準備をした」女性も明らかに同じく二重信仰だった。ニフォントはキリクに対し、「断固としてそれらを禁じるように」とはっきりと述べた。「およそ『ロジャニツァを祝う彼らには悲しみがあろう』と言われている」[13]と。異教の残滓《ざんし》の撲滅は、ニフォントの優先順位において明らかに上位を占めていた。

こうした問いと答えはその他の様々な問題もカバーしていて、あるものは予想の範囲内のものであった――即ち、成人洗礼、ラテン人の「（正教への）改宗」、断食、イェルサレム巡礼――これは巡礼者を「怠惰、大酒、大食」に導くとされていたので、あらゆる手段を講じて阻止された――、司祭や教区民の行う高利貸し、女性の同性愛（男性の場合には「ソドミーの罪」という曖昧な表現があるだけである）、「不潔な」女性、意図しない流産（「薬によるのでなければ罰はなし」）などである。又、あるものは、次のような突拍子もないものであった。「聖職者が、女性の衣服の一部が縫い込まれたローブを着て勤めることは正しいか」とサヴァが尋ねている。主教はこれに「正しい」と答え、更に「それでは、女性は異教徒であるとでも汝は思っているのか」と付け加えている。しかし、これら全ては、司牧義務を司祭たちがいかに真剣に行っていたか、いかに彼らが彼ら自身や信徒たちの不品行に頭を抱えていたのかを示している。

特に「キリクの質問状」では、ニフォントのような人間味のある主教から助言を得るという、キリクや彼の同僚が得た幸運が明らかにされている。ニフォントは幾度も良識、彼の中庸、ユーモアを見せている。純朴なキリクが「夫が日曜日、或いは土曜日、また或いは金曜日に妻と寝て、妻が子どもを身ごもったなら、その子は盗人か、盗賊か、姦通者か、臆病者になるだろうし、また両親には二年間の罰が与えられるべきとする本を読んだ」と言った時、ニフォントは単に「そのような書物は焼かれるべきである」と答えた[14]。イリヤに対しては「男が告解を欲するものの、その男が〔今後も〕自分が姦淫を避けられないと認識しているなら」どうするべきかという問いに対し、彼は次のように言う。「彼を連れ出し、汝の指示を言い聞かせれば彼は自制するだろう」と[15]。イリヤが二人の少女が互いに性的関係を持つことについての意見を求めた時、彼は単に「男とするよりよい」と軽くあしらっている[16]。

ニフォントに劣らず人間味にあふれ、感受的だったのがノヴゴロド主教のイリヤである。彼は一一六五年に大主教の称号を付与された最初の主教である[17]。主教であった間、彼はその教区の司祭向けに、主に信仰と罰に関する多くの教訓を含む説教を書いた[18]。語調と内容に関して、「質問状」と異なるところは殆どない。そして顕わになっている穏健さはニフォントのそれを彷彿とさせる[19]。飲食に関してあまりにも不摂生であることを告白する人々に対する罰について話す時、彼は司祭たちに、「該当者に応じて判断する」よう助言している。「彼が健常者ならより大きな罰を与えるようにと。しかし彼がひ弱であれば、軽めの罰を与えよ。彼が絶望するといけないから」と[20]。別の機会に彼は、彼自身が天使でないと述べている[21]。そして姦通、内縁関係、誘拐について扱う時、彼は一定の寛容さが示されるよう勧めている[22]。

異教の遺物　妖術と邪術

「キリクの質問状」から明らかなことは、主教ニフォントの関心が、単純に人間の弱さのせいで生じた違反への厳格な対処よりも、むしろどのように異教の実践と戦うべきかに関する司祭への指示に向けられていることである。教会にとっての危険はここにあった。しかしこの危険はどのくらい深刻だったのか。異教は改宗後にどの程度残っていたのか。異教は何からなっていて、最も深く根付いていたのはどの地域だったのか。

主に考古学のおかげで、キリスト教到来前の東スラヴの異教信仰についてかなりのことが分かっている。そして当然のことだが、この主題についてはソヴィエトの研究者が多くの研究を行った(23)。異教の葬儀に関する最初の記録は、原初年代記のなかでも早い時期の、しかし日付のない記事に見出される。ここで年代記作者は地理や、将来のキエフ・ル*ーシ国家の領域に住む様々な人々の習慣について説明している。キエフ地域の原住民であるポリャーネ族の高徳で平和を愛する習慣を褒めそやしつつ、またドレヴリャネ族（キエフ北西に居住）の野蛮で残忍な生活様式を断罪しつつ、彼はドニエプルの東のラジミチ、ヴャチチ、セヴェリャネといった諸族を叙述している。この諸族は、

> 共通の慣習を持っていた。彼らはあらゆる不潔なものを食べながら全ての獣と同じように森の中で暮しており、父や嫁たちの前で、汚い言葉を使っていた。彼らには結婚はなく、村落の間の集団遊戯《サトゥルナリア》があった。彼らは集団遊戯や舞いや踊りに、またあらゆる悪魔的な集団遊戯に集まり、女を妻として自分のところに連れ去ったのである……。もし誰かが死ぬとその者のために追悼会《トリズナ》を催した(24)。その後で大きな木組を作り、その木組の上に死者を載せて焼いたのである。その後彼らは骨を集めて小さな器に入れ、道に置かれた棺〔邦訳では「柱」〕の上に置くのであった(25)。

ここで興味深く、また重要であるのは、読者に異教を受け入れがたくするために年代記作者が追記した「集団遊戯」ではなく、埋葬の慣習の描写である。スモレンスクとプスコフの埋葬塚の調査からは、六世紀以降、遺体の処分は火葬だったことが分かっている。灰は塚の骨壺か穴に収められるか、地にまかれた。九世紀になると土葬が次第に火葬にとって代わり始め、一〇世紀末までにはキリスト教の影響下で、土葬が特に都市共同体で慣例になった(26)。

キリスト教以前の東スラヴにおける儀礼、秘儀、崇敬の対象、生け贄についてはもう少し分かっている。太陽、空、風、雷、稲妻、火、そして豊穣、植物（種子、穀物）といった自然の諸要素を代表したウラジーミルの異教の神々の他にも、我々は、悪魔や沼、井戸、湖、泉、川、石、木、動物、そして鳥に捧げられる動物や人間の生け贄について聞き及んでいる。皇帝コンスタンティノス七世ポルフュロゲニトスは一〇世紀半ばにその『帝国統治論』において、ドニエプル川の早瀬の南に位置する聖グレゴリオスの島（現在のホルツィツァ）でロシア人が行っていた生け贄の習慣を描いている。「彼らは生け贄を捧げている。というのも、巨大なオークの木がそこに立っているからである。彼らはそこで生きた雄鶏を捧げている。また彼らは四方に杭を打ち、ある者はパンや肉を……。彼らはまた雄鶏について、これらを殺すか、食べるか、或いは生きて解放するかを決めるためにくじを引くのである」と(27)。

トゥーロフ主教キリルは一二世紀半ばにその説教の中で、復活祭後の第一土曜日（聖テモテの日）に関して熱弁している。というのも、もはや、太陽、花、春、木といった諸要素が神々の如く扱われていないからである。そして「万物が新しくなった。」と述べて、諸要素の神格化が終焉を迎えたことを喜んでいる。更に彼は同じ説教にて、人身御供の廃絶についても話さずにはいられなかった。「今後、地獄は捧げ物を、つまり父親が捧げた子供をもはや受け入れない。また死が称えられることもない。なぜなら十字架の神秘によって偶像崇拝が止まり、悪魔の如き暴力が破壊されたからである。そして人類は救われたばかりか、キリスト信仰により清められたのである」と。[28]

もちろん、これらの多くは、主教キリルがたびたび自己陶酔に陥ってしまうような純粋なレトリックであって、トゥーロフ地方がそれまで異教的実践の温床だったことを必ずしも示唆しない。しかし、他の著述家も諸要素に対する崇敬について、またそれらへ捧げられた生け贄について書き記している。そうした事実は、異教のこの特別のイメージがロシアの改宗後の数世紀におけるキリスト教の拡大にとっての非常にリアルな脅威だったことの証拠となる。府主教ヨアン二世（在位一〇七六／七七―八九年）は、様々な教会法上の論点に関して修道士ヤコフから質問を受けたのだが、これに対する一連の回答の中で、府主教ははっきりと、異教の生け贄を、克服されるべき悪としての異教の結婚や一夫多妻制と結びつけている。[29]「悪魔や沼、井戸に捧げ物をする者、また「教会の」祝福を得ずに結婚する者、妻たちを拒絶する者……妻以外の女性に寄り添う者……これらの人々全てが我々の信仰とは異なっており、公なる教会によって追放される」と。そして彼はヤコフに明確に次のように勧める。

> 全力でこれを妨げ、［罪人たちを］真の信仰へ回心させなさい。一度二度でなく、彼らが学んで理解するまで幾度も指示を与えなさい……。服従せぬ者、悪を捨てない者は、普遍教会から追放すべきである。彼らは戒律に値せず、これと関係を持たないのだから。[30]

多くの農村地域においてはこうした生け贄は土壌の肥沃や収穫高、また出産や男の生殖能力と結びついていた。ルィバコフの論ずるところでは、水中や地下の世界の神々を宥めるために水中に生贄代わりに物を流したり、人形を溺れさせたりする儀式が蔓延したりした、という。[31]

しかし、創成期のロシア教会にとって、最大の危険は、そうしたことの実践者たちそのもの、つまりそれらを生業とする邪術師、魔法使い、妖術師だった。史料では、これらの呪術師やその行為を意味する用語が数多く使われている。占い師《ヴォルホフ》、霊媒師《クデスニク》、魔法使い《コルドゥン》、女魔法使い《コルドゥニヤ》、魔法使い《ヴェドゥン》、魔女《ヴェジマ》、予言者《ヴェシチー》、女予言者《ヴェシチツァ》、妖術師《チャロジェイ》、妖術《チャロジェイストヴォ》などである。これらは、初期のロシアにおいてどれほど邪術と呪術が広がり、また人気があったのかを示すものである。そして再び、府主教ヨアン二世の禁止令を見てみるならば、彼とその教会がどれほどこの問題を重視していたかが明らかになる。

> 邪術や呪術を行う者を男女の区別なく摘発し、危険な行為を思いとどまらせねばならないが、これは言葉や指示によって行われなければならない。彼らが悪を手控えることが出来ないなら、彼らはその邪悪なることから離れるよう厳しく罰せられなければならない。しかし、彼らを殺害したり、肉体を傷つけたりしてはならない。それは教会の教えや指示に反するからである。[32]

彼は上述の処罰を行っても、特に農村社会において、教会の仕事は殆ど進まないだろうと付け加えねばならなかった。というのも、疑いなく、邪な術を使う者たちは人々の心を摑んでいたからである。

しかし、なぜ、呪術はモンゴル襲来以前の大衆にそれほどしっかりと根付いたのか。なぜロシア人にとって魔術は大切だったのか。だが我々は最初にこう問うべきだろう。邪な術を使う者たちは正確なところ、何を行っていたのか。

この問いに答えるには、年代記における邪な術を使う者とその行為に関する様々な説明を参照せねばならない。一つの例外を除き、これらの説明は一一世紀に関するものである。そして、恐らくは同じく一一世紀中にネストルが書いたものであろう。時として、著者は、明らかに邪な術を使う者の「術」がどのようなものか分かっていなかった。例えば、一〇二四年に彼は不特定の数からなる占い師たち（呪術師、邪な術を使う者）がスズダリで「生じ、裕福な人々を殺害したか」を描いている。これは「彼らの悪魔のような扇動と呪術に従って

［或いは、扇動と呪術という手段で］行われたのであり、その際に占い師たちは、裕福な人々が穀物を［ため込んでいる］という声を上げた」のだった。その結果として生じた「大蜂起」に対し、ヤロスラフ自身が若干の占い師を追放、ある者は処刑することで、これを鎮定した。[33] 明らかに、ここで年代記作者は実際に呪術師が何を行ったのかを知らないのである。彼が知っていたのは、呪術師がある種の「悪魔的な扇動と魔術」を用いて人々に穀物保有者を襲わせたことだけだった。ただ、残念なことに、テクストは明快でない。

その後まもなく書かれた一〇七一年の長い記事において、年代記作者はその頃やその後に様々な場所で生じた多くの出来事にかなりの説明を割いている。例えばキエフでは、彼ははっきりと予言と読み取れる事例を記録している。「悪魔に取り憑かれた」占い師が町に到着し、人々に「五〇年〔「五年」の誤記〕でドニエプル川が逆流し、国々が別の場所に移動する。だからギリシア*がルーシの場所をとり、ルーシ*はギリシアの場所をとる。他の地域も変わる」と予言した。この予言の正確な目的は言及されていない。このエピソードは、「無知な者は彼のことを聞いたが、信仰ある者は笑って『悪魔が汝と共にある。そして汝らは破滅に導かれるだろう』と言った」とする〔年代記作者の〕言葉で終わっている。これは現実のものとなった。ある夜、占い師は跡形もなく消えてしまった。[34]

より歴然たる予言の事例が同じ一〇七一年の記事に描かれている。これはノヴゴロドで生じ、次いで大蜂起に結びついた事例である。予言者は「神を装い」、キリスト教信仰を罵倒しながら、自分は未来を予言出来ると言い、更に皆の前で「ヴォルホフ川を歩いて渡る」ことを申し出て、「多くの人々、ほぼ全市民を騙した」とされている。彼のレトリックには非常に説得力があったので「町で蜂起が生じ、全ての人々が彼を信用し、主教を殺害しようとした」。主教は完全に正装し、十字架を帯び、何とかして占い師の大勢の支持者を減らそうとして、「占い師を信じる者は彼に続け。しかし［真の］信仰者は十字架に続け」と言った。しかし、もっと過激な手法が必要だった。ノヴゴロドの公が、かの日に何が起こるのかを予言出来るかどうか、予言者に尋ねた。これに対し彼は「偉大なる奇跡をご覧に入れよう」と答えた。すると公はマントの下から斧を取り出し、予言者を二つにたたき切った[35]。

占い師の活動に関する詳細な事実描写は、同じ一〇七一年の記事中、ロストフ、ヤロスラヴリ、ベロオーゼロ地域で活動した二人の呪術師に関する長大な話のなかに存在する。今回も話は穀物のため込みや凶作と関係している。物語の話し手は次々と道徳的な話ばかりを続けるものの、現実の詳細が十分に描かれることで信憑性が増している。飢饉の際、二人の占い師がヤロスラヴリからロストフにやって来て、〔自分たちは〕穀物をため込んでいる者を知っていると述べた。両者はその後、ロストフを出て、ヤロスラヴリに帰って行ったことが分かる。というのも、続いて、二人がヴォルガ川を西進し、シェクスナ川を遡ってベロオーゼロに行き着いたと記されているからである。彼らは集落《ポゴスト》に入る度、「裕福な女性たちを見つけては、『この者は穀物をため込み、この者は魚を、こちらは毛皮を隠している』と言って非難した」。そして「占い師は彼女らの背中を肩甲骨から切り開き、呪術で彼らの体のなかから穀物と魚を取り出した。そして彼らは多くの女性を殺害し〔生け贄であろうか?〕、彼女らの財産を奪った」。この話は、占い師が修めた当初の成功（彼らはベロオーゼロ到着までに三〇〇人の支持者を得ていた）、そして最終的な捕縛、そしてスヴャトスラフ公の配下ヤン・ヴィシャチチとの対決へと続く。このヤンは占い師にその信仰（彼らの「神」は「反《アンチ》キリスト」であり、「地の底に住んでいる」）について問いただした。そして話はヤンの配下が占い師をオークの木に吊し、占い師が死ぬところで終わる。未来に関する一定の予言（「汝らが我々に危害を加えることはないと我々の神は言っている」――結局は誤りであったものの）はさておき、この話は、予言とは異なる占い師の別の武器、つまり彼らの呪術について話しているという点で非常に興味深い。明らかに、今回の占い師は、ヴォルガとシェクスナ川流域の騙されやすい住民を混乱させるのに十分な能力を有していた。

更に同じ一〇七一年に、年代記作者は別の邪術の話も語る。今回は降霊術を含んでいた。この霊媒師《クデスニク》はノヴゴロドの西にあたるチュジの地域（現代のエストニア）で活動する呪術師だった。あるノヴゴロド人が彼を訪ね、「彼から邪術を得ようとした」。更に、呪術の業に関する、現実と思える描写が続く。「霊媒師はそのやり方に従って家に悪魔を召喚しはじめ、ノヴゴロド人のほうは敷居に座っていた。呪術師は自己陶酔の状態[36]になり、一匹の悪魔が現れ、呪術師に乗り移った。ところが呪術師は起き上がり、『神々が来ようとしない。汝が、神々が恐れる何かを持っているからだ』」と言った。予想通り、ノヴゴロド人は十字架を身に帯びていて、これを悪魔が恐れたのであった。十字架が外されると、呪術師は再度、悪魔たちを呼び出し、そして今回は成功した。「悪魔たちは彼［占い師］を空中に投げ上げ[訳註1]、ノヴゴロド人がやって来た理由を話して見せた」。ところが物語はここで中途半端にあっけなく終わっている。そして神に関する呪術師によるおとなしい説明に落ち着いている。「彼らは地の底に住んでいる。彼らは真っ黒で、翼と尾を持っている……」と[37]。

以上の説明の他に占い師に関して伝えるのは、ノヴゴロド第一年代記の一二二七年の項の記事だけである[38]。これは占い師の医療技術を扱っている点で興味深い。四名の邪な術を使う者がノヴゴロドの中心で「ポトヴォルを作った」罪で火刑に処された。唯一の問題は、ポトヴォルという語の意味がはっきりとはしない点である。これは「薬」か「毒」か、また単に「呪術」であった可能性がある。

とは言え、ここで人々をしっかりと引きつけた邪な術を使う者たちの能力はみな、治癒医療の業であったことに殆ど疑いない。病気の子供を治療のために地域の占い師に引き渡したり、或いは原始的な催淫薬（恐らく地域の占い師＝治療師によって勧められた[39]）で夫の性欲に火をつけようとしたりした女性をどのような罪に付すべきかというノヴゴロド主教ニフォントに対する司祭イリヤの問いかけのなかで既に見たように、邪術師たちは国レベルの改宗後一五〇年経っても、彼らの「薬や水薬」によって住民を相当に支配していたのである。このことは、医療技術が修道院でのみ利用可能だった社会においては驚くべきことではない。残念なことに、占い師の治療手法については、惚れ薬や病気の子に対する薬の処方、彼らの仕事が明らかに中絶の斡旋の需要に応えていたことを除いて、それ以上のことは分からない。再びイリヤに戻るが、彼は「女性が自らに損傷を与え、流産をしたらどうするか」と主教に問いかけている。これに対しニフォントは「薬を使ってそうしたのでない限り、罰はない」と答えている[40]。

言うまでもなく、全ての占い師が男性だったわけではない。女妖術師——女性の魔法使い、予言者も存在した。原初年代記の一〇七一年の記事を書いたネストル（或いは彼でないかも知れないが）は、呪術と呪術師の邪悪さに関する余談で、次のように書いている。

> 悪魔の力、美［つまり魅力］、及び好物はこのようなものである。このようにして悪魔は信仰の完全でない人間に姿を現わす。ある者には夢に現われ、またある者には幻覚の中に現われて幻影を語るよう人間に命じ、彼らを誘惑する。彼らはこのように悪魔の唆しによって魔術を行うのである。悪魔の邪術の多くは女たちによって行われる。太古に悪魔が女を、その女が男を誘惑したからである。このように今の時代でも、女たちは呪術や毒やその他の悪魔の術を用いて多くの呪術を行っているのである[41]。

これはもちろん、割り引いて理解せねばならない。中世ロシアでは一般に、女性は誘惑の手段を有し、また罪ある者と見なされがちだった。また彼女らは総じて、またとりわけ社会の下層において、劣った存在として扱われた。当時の世界は、男にとっての生活は厳しいものだったが、女性の生活は更に男性によって厳しいものとされていた。年代記作者・修道士が女性の占い師を激しく攻撃し、彼女らを男性の占い師以上に悪魔じみた邪術を行う者として非難したのは驚くに値しない。とは言え、年代記作者は、具体的行為の事例を全く記していないのである。

女性の占い師に言及するその他の唯一の史料は、一〇世紀半ばのアラブ人旅行者アブ・ハミド・アル・ガルナティである。彼はオカ川流域の呪術の印象を、続いてそれを根絶するための過激で大規模なやり方を叙述している。

一〇年ごとに多くの呪法が生じ、老いた女妖術師たちのせいで、女性に危害が加えられている。当時、彼ら〔女妖術師を取り締まる役人〕はその地の全ての老女を捕らえ、その手足を縛り、川に投げ込む。溺れた老女たちについては放置して彼らは去っていく。というのも、彼女らが女妖術師でないことが分かったからだ。しかし水面に浮かんだ女性は生きたまま焼くのである。(42)

ここでも、正確にはどのような女妖術師が罰せられるのかについて何も分からない。しかし十中八九、主には収穫と関わっていた。すなわち未来の予言、豊作か凶作かの予言である。

上記全てのことから、我々はまず、男女共に邪な術を使う者は、教会から、ロシアにおけるキリスト教の拡大と強化にとっての主要な障害と見なされていたこと、また邪な術を使う者の誘惑と甘言が魂にとって危険であることを人々に意識させるために、当時の告解室と文献において多くのことがなされたことを見て取れる。邪な術を使う者の主たる活動の場は国の北部、特にロストフ、ヤロスラヴリ、スズダリ、ベロオーゼロ、そして北西のノヴゴロドだったようだ。これは、ロストフの人々、或いはベロオーゼロの人々が啓蒙化されたキエフの人よりも遅れていて、また騙されやすかったからなのか。それとも、単純に、キリスト教の主要地域から離れているから、異教の実践が広がっていたのか。恐らく後者だろう。また邪な術を使う者そして妖術師は一二世紀や一三世紀初頭よりも一一世紀に広まっていた、と述べることも難しい。というのも、占い師に関する多くの情報が、単純に一一世紀の末か一二世紀の初頭の原初年代記の著者或いは編者から来ているからである。長く、また多くの情報を含む一〇七一年の記事は、まさにどれほどその著者がこのような問題に夢中になっていたかを示すものである。実際、彼がオレーグの馬の民話的な小話（九一二年の項）も[43]、またウラジーミルの曾孫にあたるポロツクのフセスラフに関する興味深い（一〇四四年の）記事（「彼の母親は彼を邪術《ヴルフヴォヴァニエ》で生んだ」[44]）をも書いたのだろう。

　第二に、彼らのあらゆる呪術の仕掛け（千里眼、霊媒、幻術［手品、水上歩行］）よりも、むしろ、彼らの医療技術（媚薬、薬、催淫薬）こそが非常に多くの民衆を引きつけた原因であったことが明らかである。

　最後に我々は次の問いを考えねばならない。こうした呪術師や妖術師という現象は、ある種の社会不安の兆候なのか？――これまで我々が論じてきたように、彼らの活動の大半は擾乱と関連していて、しばしば多くの支持者がいたようだ。それとも、この現象はキリスト教信仰や教会への不満を示すものなのか？　我々は確かな回答を出せない、というのが、この問いへの答えである。ある時には、明らかな民衆の不満が、権力だとか、災害――例えば、飢饉、火事、洪水、干ばつ――を引き起こした原因となった者だと民心の中で思われている連中だとかに向かい、これらにとって代わる存在を提供する者の支持に結びついた。又、ある時には、多分、占い師などは、道徳的な行為についての狭苦しいルールに拘束されない古来の生活様式を表象する存在として、教会の道徳的な厳しさを反映するような在り方に対して、明確なコントラストを提示し得たかも知れない。

　これらの問いに対する答えがどうであれ、異教の実践者が聖職者と併存していて、また以下で見るように、古い信仰がキリスト教の新しい考えと併存していたことは疑いない。

「二重信仰」

　聖職者は呪術師や妖術師がロシア的光景の一部であると、また非常に悲しむべき部分であると認識していたかも知れないが、他方で彼らは、ロシア人の、特に田舎における暮らしの祝祭、お祭り騒ぎ、享楽のなかに異教〔東スラヴの土着信仰〕が残存していることを痛切に感じていた。この祝祭や享楽といった要素全てとの戦いは、占い師の活動との戦いほどではないが、困難だった。

異教のこの側面との戦いはもちろん、告解時に行われ得た。しかし、ロシアでキリスト教が発展した初期の段階において、警告や罰というやり方で簡単に集団遊戯《サトゥルナリア》や単なる乱痴気にストップをかけることは難しかった。恐らくはそれだから、不満のある聖職者・年代記作者や時折現れる説教者はたびたび、彼らの言葉が民衆を圧倒することを期待して、「罪に対する神の処罰」を説明する理屈として自然や国の災害を使用した。例えば一〇六八年の記事で、ポロヴェツ人がキエフ近郊のアルタ川のそばで三頭政治の指導者（イジャスラフ、スヴャトスラフ、フセヴォロド）を攻撃して打ち負かした時、年代記作者はロシア人をその罪で激しく非難している。〔ポロヴェツの〕到来と結果を叙述（「我々の罪のせいで神が我々に異教の民を差し向け、ロシア人は逃亡し、ポロヴェツ人が彼らを打ち負かした」）した後、年代記作者はロシア人の罪を列挙し始めた。まずは主に諸公自体に向けられている。「彼らの間に内戦……、殺人、流血、争い、妬み、兄弟間の憎しみと中傷」があったと。次いで旧約聖書からの大量の引用の後、彼は、ロシア人の「異教的」犯罪の列挙を迷信から始めている。

もしも誰かが修道士、隠者或いは豚に出会うと家に引き返す。これが異教的ではないとどうして言えようか。……また他の者たちはくしゃみが頭の健康のために良いと信じている。悪魔はこれらによって、またその他の方法によって我々を騙す。またあらゆる奸策によって、ラッパ、旅回りの演奏家〔スコモローフ。或いは呪術師か〕、グースリ〔弦楽器〕、及びルサリィ〔祖先の供養のためのどんちゃん騒ぎ〕によって、私たちを神から引き離しているのである。遊び場が踏み固められるほど数多くの人々がお互いに押し合いをしながら、悪魔の考えついたものを見物しているのを私たちは見ているが、一方教会は〔放置〕されている。祈りの時が来ても人々は少ししか教会の中に見られないのである。まさにこのために、私たちは神によってあらゆる罰を受けているのである。[45]

放置された教会とふしだらな異教生活とのこうした対置は、一二世紀のいわゆる「人が作りし物［つまり異教の神々のイメージ］に関する『説教』」のなかにもある。

多くの人々は怠け、よこしまに暮らしており、あまりに無為に過ごすため、神の書物を読むことが出来ない。……しかし踊り手や演奏家、或いは若干の役者により、芝居の見世物や偶像崇拝の集会にまねかれた時には、皆がそこに走って行き、騒いでいる。……皆が見世物を見て一日を過ごす。……［他方で、我々が教会に呼び出された時には、］〔訳註2〕我々はあくびをしたり、体のかゆいところを掻きながら背筋を伸ばしたり、うたた寝をしたり、「雨が降っている」とか「寒い」とかとしゃべっていたり、また他の怠惰な行為にふけっている。……それなのに見世物が始まると、屋根のない場所であっても、静けさがなくとも、幾度も雨風や吹雪が来てもかまわずに、我々はこれを喜んで受け入れ、我々の魂を破壊する見世物に参加してしまう。しかし、教会について言えば、こちらには屋根があり、驚くほどに静寂が保たれているものの、人々は、指示があっても教会に入ろうとせず、怠けているのである(46)。

ロシアにおけるキリスト教の拡大の歴史と関係する限りで、旧来の信仰と生活様式の最も厄介な側面は、異教がキリスト教信仰と奇妙に結びついたことである。このいわゆる「二重信仰《ドゥヴォエヴェリエ》」（キリスト教信仰ならびに異教信仰のなごりのどちらにも同じく忠実であること）は、いま議論しているこの時期だけではなくて、一七世紀においても根強く、更にずっと後の一九世紀になってさえも、多くのキリスト教の著述の中ではっきりと姿を現しているのである。洞窟修道院の院長フェオドシーのものとされる著述の中で、二重信仰は強く断罪されている（「ある者が恒常的に彼自身の信仰と異質な信仰の両方の信仰を称えているのであれば、彼は二重信仰を有する者である。これは異端者に近い(47)」）。また上述の通り、主教ニフォントは、子どもを正教の司祭ではなく「ヴァリャーグ人」の司祭のところに連れて行く女性と「二重信仰を有する人々」とを比較しており、また彼女らに七週間の罰が付与されると述べている。[48]

もちろん、最も危険視されたのは、異教の祝祭とキリスト教の祝祭との結びつきであった。特に秋のロードとロジャニツァ（豊穣の神）の祭と、キリスト教の神の母の聖誕祭（九月八日）との結びつきである。両方の祭は同時か、或いは連続して祝われた。一二世紀初頭の匿名の著者は、一一世紀のニフォントと同様に、異教の祝祭を苦々しく批判している。[49]「汝はロードと二人のロジャニツァを祝う準備をし、また悪魔を喜ばすために汝の器を満たす。そのような汝に私は剣で対処する。そうすれば汝は剣にかかって死ぬだろう。……信心深い者が祝う一方で、汝は飢えで虐げられるだろう。……偶像に祈り、ロードとロジャニツァを称える祭を準備する汝は」と。[50]顕現祭の前夜（一月五日）と夏至の夜に行われる二度の集団遊戯と、顕現祭の日（一月六日）と先駆者（洗礼者）ヨハネの誕生日（六月二四日）に行われる祭との間にははっきりしたつながりがある。モンゴル襲来の三五年後、府主教キリル二世は、モンゴル襲来以前の殆どの時期に人気があった実践に〔以下のように〕言及しながら、はっきりと、教会の祝祭時の悪魔じみた振る舞いを描き、またこの振る舞いと教会の祝祭との間に関係を見出している。

私は悪魔じみた行為、告発された異教徒の習慣について学んだ。この習慣はまだ存続している。［教会の］神の祭りにて彼らは悪魔の如き見世物を上演し、口笛を吹き、叫び、怒鳴り、恥を知らぬ酔っ払いどもを集め、棍棒で人々を殴り殺し、殺された者の服をはぎ取った。これは神の祝祭を辱めるものであり、神の教会にとっていらだたしきことである。更に彼らは我々の救世主を悲しませている。……自らの聖なる祭りで我々の心を喜ばせる救世主を……。[51]

しかしキリルが更に生き生きと語るのが、「聖なる復活の前夜の、……土曜の晩の」どんちゃん騒ぎである。

「男女が集まって臆面もなく遊興にふけり、踊り、またいかがわしいことをする。……敬虔ならざる異教徒がディオニュソスの祭りを祝う如きである。男女は一緒になって口笛を吹き、馬のようにいななき、いかがわしきことを行う……」[52]。

初期のロシアにて「二重信仰」が流行した理由は何か。二重信仰とは、――あまり評価出来ない形の民衆的気晴らしと言える――姦通、乱交、猥談、酒盛りを含め、長く続く人々の素朴な喜び（踊り、歌、芝居、音楽）を取り締まろうとする教会の厳格主義的態度への反応なのか。恐らくそうではない。我々には、教会がともかくこの問題に効果的に対処出来たことを示す証言が殆どないからである。結局、これらの「異教的」行為は、中央よりも地方ではっきりとしていた。地方では、聖職者による民衆の道徳的監督がさほど行き届かなかった。また更に、どんちゃん騒ぎの喜びが、しばしば不安定で困難な生活を生き抜く人々にとって、その土地で得られる唯一の気晴らしだった。実際、ロシアのキリスト教の最初の二五〇年において、教会は二重信仰の根絶においてあまり前進しなかったように見えること、また来たるべき数世紀にわたり、道徳的退廃、恥ずべき堕落、異端と見なされたものからの当該地域の浄化を目指す多くの説教者や改革者の悩みの種であり続けたことは驚くに値しない。

ところが困ったことに、特に初期段階で、教会に出来たことは殆どなかった。当時、府主教や主教は、キリスト教をロシア人の生活における支配的要素にするために、これを支える修道院、教会、教区からなる効果的なネットワークを作り上げる努力をしていた。また、高位聖職者たちがともかく徹底して異教の根絶を試みていたと想像してはならない。彼らはそうではなかった。少なくとも全員がそうだったわけではない。我々は既に主教ニフォントの例を見た。彼は、こうした問題への対処に関して聖職者へ助言する際に一定の自制と常識を示した。彼のような人は多くいた[53]。

モンゴルの襲来以前の時期に、異教と「二重信仰」が大幅に勢力を増したとか衰えたとする証拠の記述は十分には存在しない。上述のように、当初、こうした異教的要素への生け贄の儀式は遠隔の地方地域で、またキリスト教受容後の短い時期にのみ保持されていたのだろう。その一方で、火葬はすぐに土葬に代わった。ルィバコフは古代ロシアの異教に関する重要な著作において、異教が一二世紀後半のロシア社会上層で著しく広まったと述べた。(54) しかし彼はこれを裏付ける説得的材料を殆ど持っていない。ルィバコフが挙げる裏付けは、諸公と貴族の数が増大する中で「伝統的生活様式」への教会の介入に対し不満が生じていたこと、また叙事詩『イーゴリ軍記』（その成立年代について、ルィバコフは敢えて述べなかった）がキリスト教の神に二度しか言及していないこと、また『軍記』が異教の神の精神に塗《まみ》れていることである。また婦人用の金銀装身具の考古学的資料（水、植物、雨、鳥、グリフィン、様々な豊穣の象徴を表現した儀式用腕輪、頭飾り、髪飾り等）は、「一二―一三世紀の高貴な身分の女性が異教の儀式に参加し、十中八九、民衆のルサリィの祝祭を仕切り、また自らの踊りでその幕開けとしていた」ことの証拠であるという。(55) またルィバコフは、世紀転換期にこれらの異教シンボルがキリスト教シンボルにとって代わられる傾向があったために、いわゆる異教の「ルネサンス」は一三世紀初頭に終焉を迎えたと結論づけている。(56)

しかしながら記述史料は、エリートの間での「異教のルネサンス」が生じたこと、また仮にそれが生じたと見なすにせよ、この時代の末に丁度消滅したことを一切裏付けない。ロシア住民の大多数の間で、異教はまだまだ健在だった。更に、モンゴル襲来時までに衰えたとする兆候は全く、また殆ど存在しない。またモンゴル襲来後も同様であった。異教は長い間そこに存在することになったのである。

（1）上記の様式と内容についての評価は Fennell and Stokes, *Early Russian Literature*, pp. 40–54 を見よ。キエフ洞窟修道院の院長フェオドシーの八本の『説教』が伝来する。しかし、これらは主に修道生活上の規律や振る舞いに関係したものである。Podskalsky, *Christentum*, pp. 84–106 も見よ。

（2）*RIB*, vol. 6, cols. 21–62 として刊行されている。詳細は Giraudo, 'Voprošanie' を見よ。
（3）*RIB*, vol. 6, cols. 28 (No. 16), 29 (No. 18).
（4）Ibid., cols. 21–2 (No. 1).
（5）Ibid., col. 37 (No. 56).
（6）Ibid., cols. 39–40 (Nos. 61, 62).
（7）Ibid., cols. 30–31 (Nos. 28, 29); col. 45 (No. 77).
（8）Ibid., cols. 55–6 (No. 17).
（9）Ibid., cols. 37–8 (No. 57).
（10）Ibid., cols. 41–2 (No. 69).
（11）Ibid., col. 60 (Nos. 18, 14).
（12）Ibid., col. 60 (No. 16).
（13）Ibid., col. 31 (No. 33).
（14）Ibid., col. 44 (No. 74).
（15）Ibid., cols. 59–60 (No. 13).
（16）Ibid., col. 62 (No. 23).
（17）本書81頁を見よ。
（18）*RIB*, vol. 6, cols. 347–76 として刊行されている。
（19）実際、彼は、キリクやサヴァの質問に更に二八の質問を付け加えた「白い」司祭イリヤであったかも知れない。もしそうだとすれば、彼の妻は修道女になったか、或いは死去し、イリヤは修道士になったことになる。
（20）*RIB*, vol. 6, cols. 357–8 (No. 9).
（21）Ibid., col. 362 (No. 15).
（22）Ibid., col. 367 (No. 18).
（23）特に B. A. Rybakov, *Yazychestvo*.

(24) 追悼会については本書58頁註34を見よ。

(25) *PVL*, vol. 1, p. 15〔邦訳一三頁〕。この文章は「ヴャチチは今日［一一世紀後半にも！］もまだこれを行っている。これは神を知らずに自らの法を創っているクリヴィチや他の異教徒の習慣である」という言葉で終わっている。

(26) Rybakov, *Yazychestvo*, pp. 110–11; Froyanov, 'Nachalo', p. 303.

(27) Constantine Porphyrogenitus, *De administrando imperio*, pp. 60–1.

(28) Ed. by Eremin, *TODRL*, vol. 13, p. 415. キリルの全著述はこのシリーズで同じくエリョーミンにより公刊・編集されている。

(29) *Kanonicheskie otvety mitropolita Ioanna II*, printed in *RIB*, vol. 6, cols. 1–20.

(30) *RIB*, vol. 6, cols. 7–8 (No. 15).

(31) Rybakov, *Yazychestvo*, pp. 154, 155.

(32) *RIB*, vol. 6, col. 4 (No. 7).

(33) *PVL*, vol. 1, pp. 99–100〔邦訳一六八頁〕。

(34) Ibid., pp. 116–17〔邦訳一九九頁〕。

(35) Ibid., pp. 120–1. *PVL*, vol. 1, pp. 117–19. 他にも一〇九一年にロストフ地方で占い師が出現したとする別の記録がある。しかし、この者が「すぐに処罰された」ことの他には何も分からない。*PSRL*, vol. 1, col. 214〔邦訳二三五頁〕。

(36) ここの原文 v meche は恐らく「まるで自己陶酔に入り込んだかのように」の意味だろう。

(37) *PVL*, vol. 1, pp. 119–120〔邦訳二〇四頁〕。

(38) *NPL*, pp. 65, 270.

(39) 本書112頁。

(40) *RIB*, vol. 6, col. 58 (No. 5). Smirnov, *Materialy*, p. 47 (No. 61)（「我々の罪」の表題にて）「女性が薬《ゼリエ》を飲み、子を堕ろしたな《イズヴェルゼチ》らば……」を参照せよ。

（41）*PVL*, vol. 1, p. 120〔邦訳二〇四頁〕。

（42）Dubler, *Abū Hāmid*, pp. 24–5（Arabic）; p. 63（Spanish）.

（43）亡くなる数年前、オレーグは占い師に自分の死に方について尋ねたことがあった。すると占い師の一人が「あなたが愛し乗り回している馬のために、あなたは死ぬことになっている」と言った。オレーグはその馬に二度と乗らなかったが、五年の後、自分の厩番に馬がどこにいるか尋ね、馬が死んだことを知った。そこで彼は馬が骨をさらしている場所に行き、馬の頭蓋骨を足蹴にした。すると頭蓋骨の中から毒蛇が這い出てきて、オレーグに噛みつき、彼を殺した。*PVL*, vol. 1, pp. 29–30〔邦訳四一頁〕を見よ。

（44）*PVL*, vol. 1, p. 104〔邦訳一七六頁〕。記事は続いている。「母が彼を産んだ時、彼の頭にヤズヴェノがあった。占い師たちは彼の母に「見なさい、ヤズヴェノがあります。彼に（それを）結び付けて下さい。そしてそれを一生の間身につけさせて下さい」と言った。……このために彼は血を流すことを容赦しないのである」。ヤズヴェノとは何か、はっきりとは分からない。クロスはこれを大網膜、また胎児の膜と訳した（*OED* によると、大網膜「或いはそこから作る薬で、生誕時の胎児の頭部を覆っているものであり、幸運の徴と見なされ、また溺死から身を守る護符と考えられた」）。*The Russian Primary Chronicle*, pp. 139, 261 を見よ。『イーゴリ軍記』（多くの研究者は一三世紀初頭の作品と考える）では、フセスラフは野獣や狼に変身出来る狼男として描かれている（*Slovo*, p. 26 を見よ）。

（45）*PVL*, vol. 1, pp. 112, 114〔邦訳一九四頁〕。

（46）Rybakov, *Yazychestvo*, p. 458.

（47）エリョーミンが編集した。Eremin, in *TODRL*, vol. 5, pp. 171–2.

（48）本書112頁。

（49）同上。

（50）Rybakov, *Yazychestvo*, pp. 747–8.

（51）*RIB*, vol. 6, cols. 95–6.

（52）Ibid., col. 100. 両引用は、ウラジーミル主教セラピオンを任じるために開催された一二七四年のウラジーミルの教会会議における府主教キリル二世の「諸規則」から引用された。「諸規則」は集まった五名の主教に、府主教が当時の教会や人々の間で不適切と見なしていた物事を再認識させることになった。

(53) 例えば、ノヴゴロド大主教イリヤ（在位一一六五―八六年）の指示を見よ。*RIB*, vol. 6, pp. 347–76.

(54) *Yazychestvo*, pp. 775–82.

(55) Ibid., p. 776.

(56) Ibid., p. 775.

〔訳註1〕 この部分は邦訳と著者の訳とが大きく異なっている。

〔訳註2〕 著者の挿入部分では主語が切り替わっている。

第七章　正教とラテン

一〇五四年のシスマ

我々は既に、キリクが主教ニフォントに尋ねた多くの質問について検討したが、その中に正教とラテン・カトリックとの関係に関わる質問があった。すなわち、ラテンのキリスト教徒をどうやってロシア教会に受け入れるか、という質問である。「一〇五四年のシスマ」〔いわゆる東西教会の大分裂〕から一〇〇年が過ぎているのだから、ラテン教会と正教会との間で宗派を変える場合には、再改宗が義務づけられたと予想する向きもあろう。事実、一一四四年にクラコフ司教マチューがクレルヴォーの聖ベルナルドゥスへ宛てた書簡のなかでは、ロシア人にはラテン人を再洗礼する習慣があると述べられている。(1) しかし他方で、「ラテン信仰の洗礼を受けた者が我々に加わりたければどうすべきか」というキリクの質問に対し、ニフォントは単純に、八日の準備期間とその後の傅膏《ふこう》(「彼に聖膏を施す」〔訳註1〕)と聖体の付与(「彼にキャンドルを与え、礼拝において聖体を与える」)を推奨した。(2)

キリスト教の二つの流れの間で生じたこの「シスマ」は、正確にはどのようなものであったのか。これは、キリスト教を受け入れて間もないロシア教会にどのような影響を及ぼしたのか。さらに言えば、モンゴル襲来以前に、ギリシア人であれロシア人であれ、ロシアにいる聖職者のローマ教会に対する態度はどのようなものであったのだろうか。

中世の教会を扱う歴史家がまず指摘するように、ローマとコンスタンティノープルとの間の亀裂は一〇五四年に突如として生じたわけではなかった。またこの年の事件により教会間の関係が急速に分裂へ向かったわけでもなかった。分裂は、過去の数世紀に展開し、またその後の数世紀にわたって続くことになる一つの過程であった。ローマとコンスタンティノープルとの衝突の際には、幾度も応急的また部分的に手当が施された。こうして、挑発の言葉が交わされることはあれども、結局のところ、関係はしばしば再開したのである。本章は西方教会と東方教会との関係史を詳細に論じる場ではない。この議論は多くの歴史家や神学者により行われている(3)。それ故、本章では、両教会の間の神学的、政治的、文化的な差異と衝突に関わる話について、ありのままの事実を簡潔に描けば十分である。

四世紀初めにローマ帝国がローマとコンスタンティノープルを中心とする二つの部分に分裂した。これが〔一つのキリスト教信仰の〕二つの信仰への段階的な分離を招いたことには驚くべきでない。この分離は、ヨーロッパへの蛮族の侵攻、イスラームの勃興、ビザンツの聖像破壊運動、八〇〇年のシャルルマーニュの神聖ローマ皇帝への戴冠〔ローマ皇帝への戴冠〕、そして一〇九五―一二〇四年の十字軍遠征といった外部状況により影響を被りつつ、満ち引きを繰り返しながら進行した。

しかし問題が表面化したように見えるのは一〇五四年であった。その二年前、アプーリア（バーリ北西）のギリシア都市トラーニの主教ヨハネスがブルガリア教会の長（大主教レオ）からの書簡を受け取った。これは総主教ミカエル・ケルラリオスに唆されてレオが送ったものであり、その内容はラテン人の様々な過誤を攻撃するものであった。当時、ギリシア人が未だ政治的宗教的な権威を保持していた南イタリアの諸地方をノルマン人が攻撃しており、またこのノルマン人は支配下に置いた地域で正教を禁じようとしていた。そのことがきっかけとなり、上述の書簡が書かれた訳である。究極的には教皇に宛てられたと言って良いこの書簡では、とりわけ、領聖（聖餐）時における種なしパンの使用でラテン・カトリックが強く非難されていた。最終的に書簡を入手した教皇（レオ九世）は教皇の秘書官であった枢機卿フンベルトゥスに対し、ブルガリア大主教が非難したラテンの実践を擁護するよう、そして教皇首位権の再確認を含む二つの教勅を起草するよう命じた。その後、皇帝と総主教から和解のメッセージが届いた後で、更に二通の応答の書簡が作成され、これらはフンベルトゥス他二名のコンスタンティノープル行き特使が〔東に〕持ち運んだ。

コンスタンティノープルでは全てがかみ合わなかった。特使は総主教から歓迎されなかった。総主教は教皇の言葉と思しきものに立腹し、また啞然とした。書簡は恐らく――決して確実ではないが――非妥協的で短気なフンベルトゥスにより手が入れられ、或いは大きく改竄されていた可能性すらあった。双方が気分を害した。攻撃とやり返しが繰り返された。皇帝（コンスタンティノス九世モノマコス）だけは一定の自制と気配りを行っていたようだ。彼は品位を以て特使たちを歓待したばかりか、フンベルトゥスと、またこれと等しく短気な総主教との間で生じた事態を打開しようとした。しかし結局、一〇五四年七月一六日にフンベルトゥスは自制心を完全に失った。彼は勅書を聖ソフィヤの至聖所に置き、他の特使と共に大聖堂から飛び出した。輔祭が持ち帰るよう求めたものの、フンベルトゥスは撤回を拒絶し、勅書を投げ捨てた。

総主教やその側近、そしてブルガリア教会の長を破門した教皇勅書は、驚くべき内容だった。(4) 教皇レオ九世は実は三カ月前に、つまり丁度使節がコンスタンティノープルに到着した後に死去していたのだが、もし教皇がこの勅書を見たならば、流石に震え上がったであろう。この勅書は基本的に総主教ミカエル・ケルラリオスやその「同僚」たちに対する有罪宣告であり、またギリシアの信仰の欠陥を連ねたリストだった。そしてこの欠陥を罪状として、総主教やその「異端的」な支持者たちを有罪とするものであった。告発の多くは、実際には殆ど根拠がないか、全くの誹謗だった。例えば、ギリシア教会、つまりケルラリオスとその「同僚」が、ラテン人の再洗礼を主張した（これは事実ではなかった）とか、また髭のない者への聖体の付与を拒絶した（これも事実ではなかった）とか、更には去勢と聖職売買《シモニア》を推奨した、と告発されている。しかし最も悪辣で滅茶苦茶であったのは、妻帯司祭とニカイア信条に関してであった。ギリシア人は司祭に結婚を認めていることで批判された。しかし、実際には、ビザンツ教会の「白い」聖職者〔教区聖職者〕は独身であることを許されなかった。更に奇怪なのは、ニカイア信条内の「フィリオクエ」（filioque）の語をギリシア人が省略した（！）という批判だった。

言うまでもなく、最後に挙げられたフィリオクエの問題が最も深刻な告発だった。実際のところ、これは両教会の関係において、これまでで最も重要で、しかし手に負えない、また神学的な不一致を引き起こしてきた要素だった。三二五年のニカイアでの第一回公会議で作成され、次いで三八一年のコンスタンティノープルでの第二回公会議で拡充されたオリジナルの信条は、「父から出て、父と子と共に崇敬され、共に称えられる……そうした聖霊を……私は信じる」という言葉を含んでいた。この信条は西方と東方の両教会で認められていたが、その後、ラテン教会では最終的に、「父から出て」に「子からも《フィリオクエ》」という語が加えられた形で受容されるようになった。これが正確にいつ生じたのか、という点については論争中である。ただ恐らくは、六―七世紀のスペインにおいて初めてフィリオクエの語が挿入された。この語は〔この時に〕決して全ての西方教会で受容されたわけではないが、シャルルマーニュのチャペルで行われた典礼で使用された信条には既に加えられていた。ローマ自体は一一世紀初頭に、教皇により最終的にこの語が受容されるまではオリジナルの信条に従っていた。

しかしフィリオクエの有無は何を意味したのか。フィリオクエという一語の存在と欠落が三位一体の本質を理解する際に、どのような差異を生じさせたのか。東方の著名な神学者はこの「技術的にして分かりにくい論争」における不一致の原因を次のように要約した。

> しかし、もしそれぞれの位格〔父、子、聖霊〕が異なるなら、何が聖三位一体を一つにまとめているのか。これに

ついて正教会は、カッパドキアの教父たちに従い、父は一人なのだから、神も一人であると答えている。神学の用語では、父は神の「因子」或いは「源」である。父は三つのものの統一の原理（動力因）であり、正教が父の「支配」と述べる時には、このことが念頭に置かれているのである。他の二つの位格はその発端を父に辿るのであり、父との関係で定義される。父は神の源泉であり、無から生まれたのであり、無に由来するのである。子は、全き永遠性のなか（信条の言うところ「あらゆる時代の前」）から出でた父から生まれる。聖霊も、全き永遠性のなかから生まれた父から発出する。

ローマ・カトリックの神学が同意しないのはこの点からである。ローマの神学によれば、聖霊は永遠に父と子からも発出する。これは父が神格の唯一の源泉ではないことを意味する。子も源泉だからである。神格における統合の原理はもはや父の位格によるものでないので、ローマはその統合の原理を全ての三つが共有する部分、或いは本質のなかに見出した。正教では神の統合原理は位格によるのであるが、ローマ・カトリックではそうでないのである。(5)

たとえ一言であっても、文言の追加は全地公会議の正統性の否定に等しい、という考えもラテン・カトリックによるフィリオクエの採用に対するギリシア人の敵意が増した理由であった。というのも、公会議は信条を出したばかりか、そのあらゆる改変を禁じていたからである。〔信条を創った〕教会の偉大なる父たちの権威は否定されるべきでなかった。

言うまでもなく、聖霊の発出に関する東西教会の細かな神学的差異だけで両教会が不和に陥っていたわけでは決してない。また多くの人にとっては、そうした細かな差異は根本的な不和の種とは言いがたかった。しかしこれらの差異を実際に理解出来たローマとコンスタンティノープルの神学者たちは、はっきりと分断されたはずである。

ギリシア人の気分を害し、或いは動揺させたその他の主要な論争の原因としては、ラテン人が聖体として種なしパンを使用していること、司祭職で独身制が採用されていること、教皇首位権が主張されていること、土曜に斎戒が実施されていること、大斎期〔いわゆる四旬斎〕の水曜と金曜において先備礼儀よりも、むしろ通常の礼儀が行われていることがあった。しかし〔フィリオクェの問題を除けば、〕ギリシア人を最も立腹、警戒させ、またラテン・ギリシア関係に強い影響を及ぼすことになったのが、教皇の無謬性の問題であった。

ローマ、コンスタンティノープル、アレクサンドリア、アンティオキア、イェルサレムからなる五大教会のなかで、ローマ教皇は、最初のローマ司教である聖ペテロを継承しているという観点から、同輩中の主席として、名誉的首位権を常に享受してきた。一方、コンスタンティノープルで開かれた第二全地公会議以来、「コンスタンティノープルの主教」（その後、総主教の格に昇進した）は「ローマの司教の次位」と宣言され続けてきた。しかしギリシア人の目からすると、「名誉的首位権」は普遍的首位権を意味せず、また教皇が無謬であることも意味しない。九世紀の教皇ニコラウス一世と総主教フォティオスとの大論争、いわゆる「フォティオスのシスマ」は、明らかに、次のような教皇の考えに基づいて始まった。[6] すなわち、教皇の絶対権力はコンスタンティノープルに及んでおり、「地上全体を支配する権力であって、つまりは全教会を支配する権力である」（ニコラウス自身の実際の表現）とする考えである。

但し、総じて教皇の権威を〔ギリシア人が〕どう考えていたのか、という問題は〔研究者たちにより〕度々誤解された。実際には教皇の権威は過去においてコンスタンティノープルの総主教たちによりしばしば受け入れられ、認められていたのである。[7] ところがケルラリオスは、教皇レオ九世に宛てた懐柔の書簡（教皇はコンスタンティノープルにフンベルトゥスを派遣する前に受け取った）で、教皇を、慣例に基づいて「父」と呼ぶべきところを「兄弟」と呼んだのである。[8] また同時に、六世紀以来コンスタンティノープル総主教が使用してきた「全地総主教」という称号も、西方では誤解され、[9] コンスタンティノープルの側の侵略行為と見なされていた。しかしこれは世界の諸教会の支配どころか、他の総主教たちの教会の支配さえも全く意味しなかった。ただ、東方教会が教皇庁の権威自体にはクレームをつけなかった一方で、教皇庁は一貫して全ての総主教に対する首位権を、また自己の無謬性を信じ、表明した。

一〇五四年のドラマにおける主役たちの衝動性と不寛容によって、確かに両方の教会において敵意が生じた。しかし、実際にはローマとコンスタンティノープルとの相互の関係に殆ど変化はなかった。少なくとも当面の間、両者の接触はまだ続いた。一〇七〇年代、八〇年代になると再び衝突が生じ、これは教皇グレゴリウス七世による皇帝アレクシオス・コムネノスの破門と皇帝によるコンスタンティノープルのラテン教会の閉鎖にまで行き着いた。それでもグレゴリウスの後継者、ウルバヌス二世時代になると、平和的関係が再確立された。しかしながら、最終的に修復不可能な東西間のシスマ――本当のシスマ――を招いたのは、一〇九五年にウルバヌス二世が呼びかけて組織された第一次十字軍、また一二〇四年の悲劇的かつ残忍なコンスタンティノープルの占領で終わった第四次十字軍であった[10]。コンスタンティノープルへのラテン総主教の任命とギリシア人によるその拒否、そしてギリシア人主教の大半の逃亡先であったニカイアにおける正教総主教の選出が、事実上の絶交の徴となった。これは一二七四年のリヨン公会議、一四三九年のフィレンツェ公会議において、断片的に、そして短期間だけ落ち着くことになる。

ロシア人とラテン教会

キリスト教世界の両教会間で生じた悲劇的な不和の原因の一つには、純然たる誤解が、すなわち誤訳や誤解釈という、単純な言語的問題をきっかけとした東西相互の無理解があった、としばしば指摘されている。殆どのギリシア人はラテン語を知らず、それ以上にラテン人はギリシア語を知らなかったのである。また少なくとも十字軍の時代においては、明らかに東西両教会の大多数のキリスト教徒は全体として、時に破門や相互の異端告発、シスマを招くことになるような意見の差が生じていたことに気づいていなかった。ローマでもコンスタンティノープルでもそうだったとすれば、ましてやロシアではこの事例〔意見の差への気づき〕について、どうであったかは知れていよう！

もちろん、モンゴル襲来以前の時期、二名を除いた全ての府主教と大多数の主教がギリシア人であったから、圧倒的に地元出身者が多かったロシアの司祭や修道士の間にも一定の反ラテン感情が広まったことが想定されるかも知れない。例えば、府主教ヨアン二世は修道士ヤコフに、「種なしパン《オプレスニク》を使った［礼拝］へ参加する人々、灰の水曜に肉を食す人々、絞め殺された動物の肉を食す人々と共に礼拝を行わないよう助言している。しかし、彼は続けて、「キリストの愛のために必要が生じた場合には、彼らと食事を共にすることは禁じられるべきではない。但し、もし誰かが、純潔や肉体的な弱さを理由としてこれを避けようとするなら、彼をそうさせなさい。しかし〔逆に〕こうしたことを理由にして誘惑に陥らぬよう、またこのことから悪意や誤解を生じさせぬよう、気をつけなさい。大きい悪よりも小さな悪を好む方が良い」[11]とも述べている。[訳註2] しばしばヨアン二世の先任者、府主教ゲオルギーが作成したとされる告解の手引き書『聖なる父たちの戒律《ザポヴェジ・スヴャティフ・オチェツィ》』においては、助言は上のそれよりも厳格である。「ラテン人から聖体を受ける、或いは彼らから祈りを受ける、或いは彼らと同じカップから飲む、或いは彼らと共に食す、或いは彼らに食事を施すのは正しくない」[12]と。その一方で、府主教ヨアンは、ラテン人に娘を妃として送る正教諸公の問題については更に厳格であった。「敬虔なる諸公の娘が、種なしパンで聖体礼儀を行う国に、また絞め殺された動物の肉を食すことを避けない別の国に嫁ぐべきではない。これは正教徒にとって極度に無価値で適さないものである」[13]と。

一〇五四—一二四〇年（或いは、少なくとも一二〇四年まで）の時期におけるロシア人とラテン人の〔現実の〕関係については、僅かに分かることから判断する限り、寛容にしてかつ穏健であり、そしてどちらに対しても敵対的態度はほぼ完全に欠落していた[14]。一〇五四年以前については、草創期のロシア教会とローマとの間でのいかなる敵対や不一致の証拠も存在しない。一六世紀のニコン年代記（但し、残念なことに、相当に時代を下ったものであるが）は、一〇世紀や一一世紀初頭のウラジーミル一世とローマとの使節の交換に言及している。[15] 他方で大伝道者であるクエルフルト〔クヴェアフルト〕の司教、聖ブルーノはドイツ王ハインリヒ二世に宛てた書簡において、ウラジーミル一世と結んだ希有な友好関係を記している。すなわち、一〇〇七年の末、教皇シルウェステル二世により「異教徒を管轄に置く大司教」に任じられた彼は、ペチェネグ人を改宗するためにハンガリーから出発した。ステップ地帯に向かう途中、彼はキエフで数日、ウラジーミルと過ごした（ブルーノは彼を*「ルーシの君主《セニオル・ルソルム》」と呼ぶ）。彼はブルーノに対し、非常に危険な冒険で生命を危険にさらさぬよう説得した。そして〔決意を変えない〕ブルーノに付き添いの小部隊を与え、また後にはペチェネグ人へ差し出す人質として使うようその息子（恐らくスヴャトポルク）を与えた。信仰の差についての言及は全くない。実際、ブルーノとウラジーミルは互いに、あたかもそこに正教とラテン・カトリックに差がないかの如く接している。[16] 他方で、遅くとも一〇五四年〔のシスマ〕の三年前には書かれていた府主教イラリオンの『律法と恩寵に関する講話』を見る限り、わざわざローマを悪しき例として挙げることでビザンティウムの素晴らしさを誇張する、といったことはない。またローマの信仰の正しさに疑問を呈すということもないようだ。彼はウラジーミルへの追悼において、冒頭で次のように述べている。「ローマの地は賛美の声で、彼らが神の子キリストを信じるようになったきっかけであるペテロとパウロを称えている。アシア、エフェソス、パトモスは神学者ヨハネを〔称えている〕。インドではトマス。エジプトではマルコ。全ての地が彼らに正教〔つまり本当の〕信仰を教えた彼ら自身の教師を称え、賛美している……」[17]。〔この引用文で〕本当に対比されているのは、〔各教会間の差異ではなく、〕改宗前のロシアにおける偶像崇拝の闇とそれに続く敬虔な夜明けなのである。[18]

　ラテン人と諸公の娘との間の結婚は愚かであるとする府主教ヨアンの非難は、キエフの公家には完全に無視されたようだ。ヤロスラフの姉妹三人は西方の君主（ハンガリー王、ポーランド王、ノルドマルクの辺境伯）に嫁ぎ、娘三人も同様だった（エリザヴェータは二人の王に嫁いだ。最初はノルウェー、二度目はデンマーク王に）。

彼の孫娘のエフプラクシヤは、皇帝ハインリヒ四世に嫁いだ時アデルハイドと名を変えた。更に以前、ノルドマルクの別の辺境伯に嫁いでいた。[19] また六名ほどのロシア諸公がドイツ人の妻を持ち、ウラジーミル・モノマフはイングランドのハロルド王の娘ギタを伴侶とした。彼女はデンマーク経由で一〇七四年頃にキエフに来た。この時、多くのアングロ・サクソン人の亡命者、そしてデンマークのスヴェン王により提供されたデーン人の一団が彼女に伴われて到来した。[20] ウラジーミル一世の子孫の最初の四世代全員の中で、少なくとも四五人が外国人と結婚した。それらのなかで、最低でも三〇名がラテン人と結婚している。[21] これらのなかで幾人が正教からラテン・カトリックへ、或いはラテンから正教に改宗をしていたのか、述べることは難しい。しかし、この問題に関して史料が全体的に沈黙していること、そして同じく、「我々に加わる」[22] ことを望むラテン人に対し、傅膏の他には要件を課さない主教ニフォントの言から判断するならば、花嫁や花婿で生来の信仰の改宗を強要された者は殆ど、或いは全くいなかったようであり、また実際に改宗が得策であるとか、必要であると考えていた者も殆ど、或いは全くいなかったといった状況だったのだろう。

諸公の「混合」結婚の最も興味深いケースはヤロスラフの子イジャスラフの事例である。若干の歴史家がこれについて書いているものの、当事者が「改宗」について不安を抱えていたとする示唆は殆ど、或いは全くない。イジャスラフの妃ゲルトルダは、ポーランドのボレスワフ一世の孫娘でボレスワフ二世王の伯母だった。[23] 一〇六八年の危機の後、イジャスラフがキエフからポーランドに逃亡した。この時、彼は、妃の甥にあたる〔ポーランド王〕ボレスワフ二世に次の年にキエフの玉座を再獲得するための支援を求めるよう、王を説得することが出来た。しかし、一〇七三年に弟のスヴャトスラフとフセヴォロドに追放されてイジャスラフ公が再び逃げてきた時には、[24] ボレスワフはこれを喜ばず、またイジャスラフを助けることも出来ず、一方でポーランド人たちは公から「多くの財」を奪い、ポーランドから追い立てた。次いでイジャスラフはドイツ王、将来の皇帝ハインリヒ四世に助けを願い出た。ハインリヒはイジャスラフ〔ヘルスフェルトのランペルトの伝えるところでは「デメトリウスと称するルーシの王」［なお、デメトリウスはイジャスラフの洗礼名である］）を受け入れ、スヴャトスラフに自分の使節を送った。だが最近の結婚により皇帝の姻戚となった〔訳註3〕スヴャトスラフが使節を高額で買収した結果、この使節は、イジャスラフを支援しないようハインリヒを容易に説得出来た。[25] そこでイジャスラフは彼の息子ヤロポルクをローマに送り、教皇グレゴリウス七世にスヴャトスラフとの戦いにおける支援を求め、また没収された「財」をポーランドから取り戻すための援助を求めた。一〇七五年四月一七日、グレゴリウス七世は彼に、あらゆる正当な主張に対し教皇庁の支援を保証する書簡を書いたが、それ以外には何もなかった。しかしグレゴリウスはボレスワフにも、「*ルーシ人の王」にボレスワフより奪われたものを返すよう命じる書簡を書いた。最終的に、この危機は西方でなくキエフで解消された。というのも一〇七六年にスヴャトスラフが死去し、次の年にイジャスラフはポーランドの助けを借りて再度キエフに戻り、彼の玉座を得たからである。[26]

　ヴェルナツキーは、彼の『キエフ・ロシア史』において、イジャスラフが「教皇グレゴリウス七世に呼びかけ、ロシアを「聖ペテロの封土」にする意思があると表明したと主張する。また教皇が「イジャスラフとヤロポルクに封土としてキエフの公国を与えた」とも主張した。[27] しかし、上述の史料（原初年代記、ヘルスフェルドのランペルトの年代記、イジャスラフとボレスワフ二世に宛てた教皇グレゴリウスの書簡）には、何であれ、そうした見方を支持する情報はない。ゲルトルダは誕生時、そして養育期においてはっきりとしたラテン信仰の環境で過ごした。しかしこのことは、ともかくも彼女の夫をローマに向くよう仕向けたとか、またイジャスラフ、ヤロポルク、或いは教皇のいずれかがキエフを「教皇の封土」に変える計画を持っていたとか、また彼らが全てのヤロスラフの子らにその正教信仰を放棄させる計画を持っていたことを示すものではない。実際、上述のように、[28] イジャスラフが一〇七三年にキエフから追放されたことについてネストルが年代記で言及した際、イジャスラフは「キリストを愛する……神を愛する」と呼ばれている。これは、教皇庁と仲睦まじい者に対し厳しい態度を取る正教徒ネストルがまず使わない言葉である。話は全体として、イジャスラフとその家族、そして教皇との間の牧歌的なラテン・正教関係を単純に描いている。

キエフ時代のロシアにおいて、諸公以外の社会階層の人々とラテン人との結婚については知られていない。しかし、特に貴族、商人、戦士の階層でそうした結婚があったことは十分に想定出来よう。彼らはラテン人と接触しがちであったからである。また両教会の差に人々が気づかなかったという状況もあり得た。ロシアに多くの西欧人がいたことは言うまでもない。多くの都市には外国人（商人、建築師、建設者）用のかなり巨大な居留地があり、若干の都市、例えばキエフ、ノヴゴロド、ペレヤスラヴリ、ラドガ、ポロツク、スモレンスクには、一つかそれ以上のラテン教会が存在した[29]。アイルランドの修道士がレーゲンスブルクからキエフ時代のロシアに到来した証拠も存在する。修道士モーリス某は、銀一〇〇ポンドの価値のある毛皮を公（ウラジーミル・モノマフか？）から下賜されたと言われている。そして実際に、キエフにはアイルランドの修道院があり、一二四二年にはここからヴィリニュス経由でアイルランドに逃げた者がいた[30]。ポーランドに住んでいたドミニコ会修道士たちが一二二八年頃にキエフに現れたことも知られている。但し、彼らは結局、五年後にキエフ公ウラジーミル・リューリコヴィチにより追放された[31]。

ロシア人がキリスト教教会内での分裂について理解するようになったのは、決して一〇五四年の「シスマ」によってではない。これは確実である。では実際のところ、彼らはどのようにして一一世紀、一二世紀のコンスタンティノープルとローマとの悪化しつつある関係に気づいたのだろうか。ギリシア人の府主教たちが、ロシア人がローマに反感を持つよう熱心に駆り立てたのか。或いは、コンスタンティノープルで教皇庁に対する民衆の敵意が高まっていることについて、これに注目するようロシア人を駆り立てたのか。確かに、「告解の手引き書」（修道士ヤコフへのヨアン二世の禁止命令や、「聖なる父たちの戒律」のようなもの。一一六頁を見よ）における助言の他にも、一定の反ラテン・プロパガンダが存在した。その多くはギリシア語の論文に基づいており、非独創的で同じ内容を繰り返すものであった。例えば、府主教ニキフォル（在位一一〇四—二一年）は、二通の書簡を書いた。一通はウラジーミル・モノマフに宛てたもので、恐らくは〔モノマフが先に府主教に対し〕ローマ教会に関する情報提供を求めており、この書簡はそれに対する返答である。これはラテン・カトリックの「誤り」（数にして二〇で、種なしパンの使用、不浄な食物の飲食、顎髭剃り、主教の指輪はめ、司祭職の独身制、そしてもちろんフィリオクエも含む）のリストを含んでいる。もう一通は、ウラジーミル・モノマフの先代のキエフ公スヴャトポルク・イジャスラヴィチに宛てたものであり[32]、こちらには一九の「誤り」が含まれている。他にもギリシア人の高位聖職者がロシアで作成した二編の〔ギリシア語の〕著述があるが、こちらは、純粋に〔ロシア国内用でなく〕外国の読者向けである。すなわち種なしパンに関する府主教レフの論文（先備礼儀、絞め殺された動物の肉、フィリオクエについても扱われる）は、十中八九、教会スラヴ語には翻訳されなかった[33]。また府主教ヨアン二世が対立教皇クレメンス三世（在位一〇八六―一一〇〇年）に宛てた書簡のなかでは、主に「真の信仰」からのラテン・カトリックの逸脱が攻撃対象になっている[34]。「ヴァリャーグ人の信仰に関して」というタイトルの反ラテン論文のみ、〔ロシアで〕一定の人気を博したように見える。ラテン人の誤謬に詳しいこの論文は、後（一四或いは一五世紀に[35]）に「敬神の念篤きイジャスラフ〔・ヤロスラヴィチ〕公のラテン人に関する問い」という表題に代えられてキエフ洞窟修道院聖者列伝に挿入されることになるものである[36]。話を戻せば、この論文では、修道院長フェオドシーがラテン人の「悪しき信仰と不純な法」に関して〔イジャスラフ公に〕説明をしている。しかし、フェオドシーがイジャスラフに説明したいわゆる「悪行」はあまりに毒々しかった（「彼らは犬猫を食す、自分の小便を飲む――これは不快で憎むべきもの――、亀や野生の馬、ロバ、絞め殺された動物の肉、熊やビーバーを食べる[37]」）ので、非常にナイーブで無知な読者や聴衆でさえ、フェオドシーの言葉を信じたとは思えない。ただ、いずれにせよ、次のような問いが新たに生じる。この論文の内容がどの程度、人々に知れ渡ったのか。そしてもし知れ渡っていたとしても、人々は実際にラテン人とギリシア人の差について、最も単純なものについてさえ、どれほどその重要性を理解出来たのだろうか。ローマの司教が指輪をはめていることは、人々を心配させたのだろうか。

ロシア人は、ローマとコンスタンティノープルとの増大しつつある差異について、初期の十字軍によって知ることになったのではない。西〔ローマ・カトリック教会〕がムスリムに対する聖戦にロシア人を殆ど巻き込まなかったこと、また十字軍の中東への進路がギリシアから小アジアを経由しており、従ってキエフ時代のロシアの遥か南にあったことは、ロシア人にとって幸運だった。

ロシア人は十字軍そのものは知っていた。しかし、史料においては、それに対する少しの非難も存在しない。チェルニゴフの一修道院長で、初期のロシア巡礼文学の著者であるダニール[38]は、第一回十字軍の後、半年をパレスチナで過ごした（一一〇六―〇七年）。そして彼はボードゥアン一世王（「イェルサレムのボードゥアン侯」）に会い、歓待され、援助も受けた。そしてラテン人について――種なしパン論争[39]に関する僅かな言及は例外であるが――も十字軍についても、悪い印象を殆ど記していない。また一一六四年にはウラジーミル大公のアンドレイ・ボゴリュプスキーがヴォルガ・ブルガールに遠征して勝利を収めたが、彼はその遠征を〔ビザンツ〕皇帝マヌエルのムスリムに対する第二回十字軍への参加と重ね合わせている[40]。第三回十字軍について言えば、イパーチー年代記の一一九〇年の記事には、異教徒に対するフリードリヒ・バルバロッサの十字軍（一一九〇年七月のセレウキア近郊での彼の急死で終わる）に関して感動的な文句が含まれている。年代記作者はガリチアの最初の公家が衰えていった経緯に関する話を遮って次のように記している。「この年、ドイツ皇帝《ツァリ・ネメツキー》は彼の民全てを引き連れて主の墓所のために戦おうとして進軍した。というのも、主は天使を通じて〔王に〕行くことを命じたからである。そして彼らが到着すると、神無きハガルの息子たち［つまりムスリム］と激しく戦った」と。罪深きキリスト教徒に対する罰としてのムスリムによる聖地占領（「神はこれら全てのことを我々の罪の故に我々にもたらした」）について、少々本題から脱線して話を中断した後、年代記作者は再度続けている。「これらのドイツ人は、聖なる殉教者たちと同様にキリストのために、皇帝と共にその血を流した」と[41]。これはラテン西方の十字軍的精神を容認していると言ってよい。

もしモンゴル襲来以前の時代に、ローマに対するロシア人の態度における岐路があったとすれば、それは恐らく一二〇四年のラテン人によるコンスタンティノープルの占領と略奪だった。ロシア人は恐ろしい第四回十字軍に物理的に巻き込まれたというわけではない。我々の知る限り、そうではなかった。例外は、コンスタンティノープルの占領を目撃し、それを描写した著者だけであろう。彼の叙述はノヴゴロド第一年代記の古輯本に最初に現れ(42)、所々で同時代のビザンツの歴史家ニケタス・コニアテスによる同時代の説明を補足するものである。多くの人々がこの年代記の話から、コンスタンティノープルの最後の日々やラテン人の残虐行為を知ったに違いない。これは更に生々しい幾つかの詳細――例えば聖ソフィア聖堂の至聖所で暴れまわるフランクの売春婦――を省略しているものの、しかしこの都市の教会の略奪を詳細に描いている。更に、コンスタンティノープルにおける出来事の恐ろしさは〔モンゴル人によるキエフの陥落の年である〕一二四〇年以前の最後の三人の〔ギリシア人〕府主教たちからロシア人に伝わったはずである。コンスタンティノープルの陥落、そしてこれに代わってのラテン総主教の配置の後、ニカイアがギリシアの正教とラスカリス朝の〔ビザンツ〕帝国の中心になる。この状況は一二六一年のコンスタンティノープルの奪還まで続くことになる。五五年ほどの間、まさにここで、つまり東方における反ラテンの拠点ニカイアにおいて、キエフの府主教たちが叙任され、教理を教え込まれたのである。府主教ニキフォル二世の死後、マトフェイが彼を引き継いでキエフの府主教になった。その日付は知られていないが、一二一〇年以前である。彼が総主教ヨハネス一〇世カマテロス（一二〇四年にコンスタンティノープルからトラキアに逃亡し、二年後にそこで死去した）により選出されたとは考えられない(43)。それよりも、一二〇八年に総主教に叙任されたミカエル・アウトリアノスにより彼はニカイアで叙任された、と考える方が現実的である。ともかくマトフェイは、ローマに対する当時の正教の公式的立場からしっかりと事情を説明されたことだろう。同じことが二人の後継府主教キリル一世とヨシフ（一二二三年或いは二四年、一二三五年或いは三六年にロシアの府主教に任じられた）にも当てはまる。不運にも、これら三人のローマに対する態度や教えを伝える記録は存在しない。しかし、ともかくそれらがニカイアにおけるギリシア人の高位聖職者の態度や教えと異なっていたと信じる理由はない。

しかし、プロパガンダや論争といった形で、ロシアにおける教会（そして国家も）のラテン西方に対する敵対的反応がはっきりと表明されるのはまだ先のことであった。これはモンゴル・タタールの侵入に続く数世紀の間に現れるのである。つまり、ロシアが西部国境においてカトリックのリトアニア、ポーランドと、そして言うまでもないことであるが、北西のバルトの国境地域においてチュートン〔ドイツ〕騎士団の攻撃的な勢力と対面した時である。

（1） *Codex diplomaticus*, No. 17, p. 44; Vodoff, *Naissance*, pp. 310–11; Golubinsky, *IRTs*, vol. 1, II, p. 807.
（2） *RIB*, vol. 6, cols. 26–7 (No. 10).
（3） 例えば Southern, *Western Society*, pp. 53–90; Runciman, *The Eastern Schism* を見よ。非常に読みやすい簡略な解説は Ware, *The Orthodox Church*, pp. 51–81 を見よ。
（4） 勅書の内容については Runciman, *The Eastern Schism*, p. 48 を見よ。
（5） Ware, *The Orthodox Church*, p. 219.
（6） Ibid., p. 62. Runciman, *The Eastern Schism*, pp. 22 ff. も見よ。
（7） Ibid., p. 18 を見よ。
（8） Ibid., p. 43.
（9） Ibid., pp. 18, 43 n. 1.
（10） コンスタンティノープル陥落に先立つ諸事件の詳細については Angold, *The Byzantine Empire*, pp. 284–96 を見よ。

（11）*RIB*, vol. 6, col. 3 (No. 4).

（12）Smirnov, *Materialy*, p. 123 (No. 102). F・J・トムソンは、府主教ゲオルギーは『聖なる父たちの戒律』の編者ではないと主張する。'The Ascription', pp. 14–15 を見よ。

（13）*RIB*, vol. 6, col. 7 (No. 13).

（14）九九一、九九四、一〇〇〇、一〇〇一年。*PSRL*, vol. 9, pp. 64, 65, 68.

（15）Vodoff, 'Aspects et limites', pp. 160 ff.

（16）*Monumenta Poloniae*, pp. 224–5.

（17）Müller, *Die Werke*, pp. 99–100; Poppe, 'Two Concepts', pp. 491, 494–6.

（18）Müller, *Die Werke*, p. 105.

（19）「適切に描き、解釈をするには、ドストエフスキーのような人物が必要である」という彼女の劇的な話については Vernadsky, *Kievan Russia*, pp. 40–2 を見よ。

（20）Alekseev, 'Anglo-saksonskaya parallel'', p. 55.

（21）Vodoff, *Naissance*, pp. 310–11.

（22）本書133頁を見よ。

（23）本書28、99―100頁を見よ。

（24）本書100頁を見よ。また *PVL*, vol. 1, pp. 121–2〔邦訳二〇六―二〇七頁〕。

（25）Lampert of Hersfeld, *Annales*, p. 202.

（26）*PVL*, vol. 1, p. 132〔邦訳二二〇―二二一頁〕。Ramm, *Papstvo i Rus'* も見よ。

（27）Vernadsky, *Kievan Russia*, pp. 86, 344; Vlasto, *The Entry*, pp. 288 ff.; Ramm, *Papstvo i Rus'*, pp. 64–6. 問題全体のバランスのとれた見方については Arrignon, 'A propos de la lettre'; Poppe, 'How the Conversion', p. 292 を見よ。

（28）本書100頁を見よ。

（29）Udal'tsova et al., 'Drevnyaya Rus'', pp. 42, 56; Kartashev, *Ocherki*, p. 265.

（30）Alekseev, 'Anglo-saksonskaya parallel'', pp. 57–9.

(31) Golubinsky, *IRTs*, vol. 1, II, pp. 808–9; Długosz, *Annales*, p. 266.
(32) Podskalsky, *Christentum*, pp. 177–9.
(33) *RIB*, vol. 36, pp. 73–101; Poppe, 'Le Traité'; Podskalsky, *Christentum*, pp. 171–2.
(34) Ibid., pp. 176–7.
(35) Ibid., p. 182; Eremin, 'Literaturnoe nasledie Feodosiya', *TODRL*, vol. 5, pp. 159–66 も見よ。
(36) *Kyyevo-Pechers'kyy pateryk*, No. 37, pp. 190–2; Eremin, *TODRL*, vol. 5, pp. 170–3.
(37) *Kyyevo-Pechers'kyy pateryk*, p. 190; Eremin, *TODRL*, vol. 5, pp. 170–1.
(38) *Zhitie i khozhdenie Daniila rus'skyya zemli igumena* in *PLDR, XII vek*, pp. 24–114.
(39) タボル山のメルキゼデクの洞窟に関する叙述の中で、ダニールは「パンとワインを持ち出してきた」メルキゼデクについて話しながら、加えて「これは〔種なしパンではなく〕、〔種入りの〕パンとワインを使った礼拝の始まりである」と述べている。Ibid., p. 99.
(40) 『ブルガール人に対する勝利の話』。Hurwitz, *Prince Andrej*, pp. 90–1. Rybakov, *Russkie letopistsy*, p. 110 も見よ。
(41) *PSRL*, vol. 2, col. 667.
(42) *NPL*, pp. 46–9.
(43) Runciman, *The Kingdom of Acre*, p. 127.

〔訳註1〕洗礼の直後に執行される聖膏を塗る儀式。カトリックの堅信に相当するが、幼児の洗礼に引き続き行われる。

〔訳註2〕敵意を引き起こすよりは、共に食事をすることを認めた方がまだ良い、という意味。

〔訳註3〕姑イダを皇帝の従兄弟とする説に依拠している。

第八章　キエフ時代のロシアにおけるキリスト教の著述

原初年代記の一〇三七年の項には、ヤロスラフ「賢公」に対する頌詞がある（この一〇三七年という年そのものは〔頌詞とは〕全く無関係である。というのも、これは「賢公」の死の一七年ほど前に当たるからである）。そのなかで、年代記作者は、キエフにおける彼の建設業績――城塞、教会、修道院――を列挙し、更に「教会規則、そして聖職者、修道士」に向けられた彼の熱意について記した後、ヤロスラフの書物への愛とキエフにおける写字室のようなものの創建に話を変える。

ヤロスラフは聖書に熱心であり、しばしば夜も昼もそれを読んでいた。また彼は多くの書記を集め、〔聖書を〕グレキ〔ギリシア〕〔の文字〕からスラヴ人の文字に訳し、多くの聖書及び写本を書き写した。これらの聖書によって学んだ信仰の篤い人々は、神の教えを喜んでいるのである。ある者は大地を耕し、他の者は種を蒔き、他の者は収穫して十分な食料をとるが、ヤロスラフもそうである。彼の父ウラジーミルが耕して大地を軟らかくした。すなわち洗礼によって啓蒙したのである。この者［ヤロスラフ］は聖書の言葉によって信仰の篤い人々の心に種を蒔いたが、我々は聖書の教えを受け入れて収穫している。

更に、書物の知識から得られる利益に関する叙述が続く。「聖書の教えの利益は大きい。聖書によって我々は悔悟の道を示され、教えられている。聖書の言葉によって我々は知恵とつつしみを受けている」と。最後に、年代記作者はヤロスラフに話を戻す。「ヤロスラフは既に述べたように、聖書に心を惹かれて――そして付け加えている――多くの〔書物〕を書き《ナピサフ》〔誤り。正確には「書き写し《スピサフ》」であるべき〕、自分の建てた聖ソフィヤ教会に奉納した」と。文章はヤロスラフによる聖ソフィヤの装飾、その他の教会の建設、キリスト教の拡大に彼が喜ぶ叙述で終わる。[1]

以上の全てから判断すると、この特別の賛辞の作者は、ヤロスラフの文化事業の中でも翻訳文学の発展における彼のイニシアチヴの強調に熱心であったようだ。しかし年代記に関するあらゆる研究について言えることだが、この特別の賛辞がいつ書かれたのかを厳密に確定することは事実上不可能である。分かるのは、原初年代記の最後の記事である一一一七年以前であるということだけである。もっとも、この賛辞がヤロスラフの存命中に書かれたことは間違いないようだ。なぜなら、一一世紀半ば以降に執筆されたオリジナルの文献への言及がないからである。尚、初期の年代記記事と、特に府主教イラリオンとノヴゴロド主教ルカの説教は〔一一世紀半ばまでに書かれた著述なので〕年代確定での議論には無関係である。

モンゴル襲来以前の時期に作成された全著述のうち、その大半を占めているのは、言うまでもなくギリシア語からの翻訳文献である。更にこうした著述のなかでも、特に、教区レベルにおけるキリスト教の維持と拡大に不可欠だったもの――聖体礼儀や聖書に関する著述、礼拝や祈禱の手引き書、聖歌集、福音書と詩篇――が大部分を占めている。[2]

信仰の拡大にとって、これらに劣らず直接重要だったのが教父たちの――主には三―一一世紀のギリシア神学者の――著述であった。これらは、社会のあらゆるレベルにおける信仰の育成に役立った。またこうした著述には、教父が実践したような振る舞いの作法、反異端説教、キリスト教生活をいかに送るかに関する非常に実践的な指示、そして修道規則なども含まれる。そしてこれらの著述の多くは選集《(イ)ズボルニク》にまとめられていた。こうした選集は、一人或いは複数の教会教父の著述からの単純な抜粋集であることもあれば、宗教上の知恵と世俗の知恵とが入り交じった形の著述を含む半ば事典のような存在であることもあった。選集『蜜蜂《プチェラ、メリッサ》』（福音書、使徒書簡、ソロモンの知恵、教父や古典期及びビザンツ時代の著述家の引用や金言を含む）に代表されるこうした類の選集は、後に現れるロシアの「オリジナルの」著述にとって大きな意味を有した。選集の中では諸情報の抜粋が、「富と貧困」「真と偽」といった様々な見出しでまとめられていたので、ロシアの著述家は、その助けを借りて、様々な考え方やそれらを裏付ける引用を見つけだしたのである。

キエフ時代のロシアで急増した、別ジャンルの翻訳文献――偽典文学、聖者伝、聖者列伝《パテリカ》、訓戒、歴史書（ヨハネス・マララスやゲオルギオス・ハマルトロスの年代記）、世俗物語（マケドニアのアレクサンドロスの事績録、フラウィウス・ヨセフスの『ユダヤ戦記』）、自然史文集（天地創造の六日間についての注釈集『ヘクサメロン』、動物、水、木々についての著述『フィジオロゴス』）――の殆ども同様に役立った。これら全てがロシア人に、ビザンツの宗教的・世俗的な考え方に関する断片的なイメージを与えた。もっともそのイメージはしばしば歪んでおり、また均衡のとれていない、そして誤解を招くイメージであった[3]。

これらの翻訳文献がロシア人にビザンツ文化の本当の考え方を提供したとか、或いは教会教父の神学や、ましてや古典文学や哲学を彼らに紹介したと考えるなら、それは間違いである。そうではなかった。多くの場合、ロシア人が得たものは全てちぐはぐな断片に過ぎなかった。またビザンツのギリシア語が有する繊細さを完全に提供出来なかったという意味での貧しい言語に、結果として誤訳されたものもあった。このことは、ある学者が軽蔑しながら主張したように、「キエフ時代のロシアはビザンツの知的世界の後継者でなく、ビザンツ修道制という反啓蒙主義の後継者であった」こと、また「キエフ時代のロシアにおいては〔ビザンツの〕高水準の知的文化は忘れ去られたに違いない」ことを意味するのだろうか[4]。この問いに最終的な答えは出ていない。しかし確かなことは、多くの翻訳文献は中世ロシアの著述家にとってはかり知れない価値があったことである。というのも、初期ロシアの非常に多くの宗教著述が〔既存のものの〕編纂物だったからである。すなわち、オリジナルの著述ではなく、受容しうる（時に「安全」な）資料〔訳註1〕からの借用物がかなりの部分を占めているのである。これはもちろん、一種の盗用である。しかし中世ロシアにおいて盗用は文学的不手際とは見なされなかった。そうではなく、次第に、彼らに期待されるようになったことであった。倫理的、或いは教理的主題について叙述する多くのロシア人聖職者は、自分自身の見方を持っていなかった。そこで聖職者は、他人の見方が書かれた資料の内容を肯定したり否定したりしながら、それを解説した。その際、後に一六世紀の著述家たちが苦い経験をして知ることになるのだが、一連の「証拠」、すなわち一般に認められた資料（聖書や教父の書物など）からの引用証言を持ち出さずに意見を述べることは、度々身の危険を招いた。また引用証言に基づいて意見を述べることは〔「著者」である聖職者たちに〕一定の機転と柔軟性があって初めて可能であった。そしてこれはキエフ時代に度々行われた。しかし後の時代になると、無味乾燥な反異端著述や論争的著述、また純粋な説教的な文学が中途半端に〔選集に〕ひとまとめにされ、「私は多くのもののなかから僅かなものを集めた」という魔法の言葉がその冒頭に据えられるだけで終わる、そのような事例が増えた。「安全」と認められた引用を選ぶだけ〔つまり必ずしも意見を述べない〕という言わば堕落したやり方をとることで、執筆活動は非常に楽になっていく〔が、キエフ時代と異なり、著者の意見のないオリジナリティのないものになった〕。

　言うまでもないことであるが、模倣を軸とした多くの創作活動は非宗教的な著述活動に影響を与えがちだった。そしてこれが問題を生じさせた。中世ロシアの文筆家は、戦いや埋葬、〔人物の〕肉体及び道徳的特徴を描く際、また特に軍事活動に際しての演説を描く際、更に死亡記事を書く際、しばしば決まり文句を用いた。それらにはほぼ「写実性」はなかった。死んだ公の道徳的肉体的な特徴を数え上げるのに定型句が使われ、そのせいで、公の個性、容姿、美徳が我々に伝わらないのである。〔自伝的著作において〕自分自身について書くウラジーミル・

モノマフでさえ、彼がどういった人物だったのかについて、明快なイメージが我々には伝わらないのである。また定型化された用語法のせいで、我々は、高潔な公とそうでない公との資質を区別することも出来ない。不道徳で悪事を働く者だけが、いくらか写実的で真に迫る特徴を以て描かれた。同じく、定型句は、何が生じたのか――また誰が勝利したのかさえ――について正確には分からない戦いの叙述にも使われた。

キリスト教導入以前に遡る土着文化を持たなかった土地では、翻訳文献への依存は不可避だった。またこの依存の結果、盗用と決まり文句が初期時代の多くのオリジナル文献の特質になった。しかし、そうした状況に基づいて、全ての著述が型どおりであり、美的価値を持たず、心象を作り出すものでもなく、また読み手や聞き手の心に響かなかったと考えてしまうと、それは誤りである。例として、一一世紀の聖者伝から二つの例を出そう。匿名の著者による『聖なる殉教者ボリスとグレプの物語と受難と頌詞』、次いでネストルによる『洞窟修道院の聖フェオドシー伝』である。これらは外国で見受けられるパターンにある程度沿ったものである。しかし読んでみると、ボリスとグレプの話がいかに感動的で読み手を話にのめり込ませるものであるか、またフェオドシー伝がいかに写実的で、また愉快なものであるかが理解出来る。

二つの著述のうち、匿名の著者による『聖なる殉教者ボリスとグレプの物語と受難と頌詞』は、ウラジーミルの二人の息子たちの殺害・受難（上述二六頁を見よ）に関する長大かつ鮮明な三つの説明からなっている。そしてこれらは〔二人の息子の〕行為を描写する簡潔かつ洗練された文章と、死に面した主人公たちの感情を描く際の修辞的で劇的かつ情熱的な文章とが組み合わさって出来上がっている。まず、ボリスの死の記述を見てみよう。

ボリスの肉体は、容赦なく刺し貫かれた。プチシャ、タレツ、エロヴィチ、リャシコが彼を幾つもの槍で突いたのである。……それを見た彼の従者は、至福の人〔ボリス〕の体に取りすがって言った。この従者はハンガリー人で名をゲオルギーといった。褒美として与えられた金の首輪をつけており、ボリスにことのほか愛されていた。その場で、彼も突き殺された。……ゲオルギーからは金の首輪をはずすことが出来なかったので、首を切り離し、そとに放り出した。このために彼の遺骸はそれと確認されることがなかった。ボリスは天幕に包まれ、荷馬車に載せられて運ばれた。(5)

この抜粋部分には、正確さと緊張感があり、装飾のための付加が存在しない。また従属節や不必要な描写的形容詞もなく、すっきりと整えられた素朴な構文である。これら全てが著者の客観性と公平さを証言している。著者は自分のテクストから距離を取り、意見を加えず、断罪も加えずに話を進めている。

しかし、二人の犠牲者の感動すべき体験を描く段になると、調子や質感が全く変わる。殺人者に対するグレプの訴えは全く事実とは信じがたいものであるにも拘わらず、読者を同情と涙に誘うことを狙っている。

わが愛しき親愛なる兄弟たちよ、私に触らないで下さい。あなたたちに何の悪もなしていない私に触らないで下さい。慈悲をもって下さい。兄弟にしてわが主筋の者たちよ、慈悲をもって下さい。……私の若さをかわいそうだと思って下さい。情けをかけて下さい。私の主筋の者たちよ。……命幼き私を殺さないで下さい。いまだ熟さない穂を刈り取らないで下さい。まだ母の乳にぬれたままの私を。成長しきらないけれども実りをつけた葡萄の蔓を切らないで下さい。……兄弟たちよ、私は悪をなすことと年齢についてはまだ幼子です。人を殺すなどというものではありません。それは生木を切るようなものです。(6)

殺害者たちがボリスのテントに入り込む前の時の叙述は、興奮で満たされている。

ボリスは幕屋の周りで不吉なささやき声を耳にすると、自分の両の目から涙が溢れ出した。彼の聴罪司祭と彼に仕えていた侍従が、自分の主人がすっかり打ちしおれて、悲嘆と悲しみに取り憑かれているのを見ると、激しく泣き出して言った。「私たちの愛しい主人よ、あなたはなんと慈悲に溢れているのだろう。キリストへの愛ゆえに、おびただしい軍勢を手中にしていたにも拘わらず、兄に刃向かおうとしなかったのだから」。こう言い終えると、彼らは悲しみに沈んだ。[7]

〔直前に挙げた〕両抜粋は、派手な、しかし独創性のない陳腐な言葉で書かれており、先に挙げた客観的で事実に即した行為描写と対比的である。著者の立場は根本的に変わってしまっている。彼は描写対象から距離を取ることをやめ、今や彼の描く人々に接近し、彼らの感情や恐れを説明し、その詳細な思索を描き、彼らの苦しみを読者に体験させようとして彼らと共に苦しんでいるのである。言うまでもなく、二つの文体の対比は、「著者」の側で意図的に考慮されたものではない。実際には、少なくとも二つ（もっと多いかも知れないが）の聖者伝の版があるのだろう。それらが、テクストが伝来するなかで、様々な段階で一緒にまとめられた。その際、この統合作業は常に慎重に行われた、というわけではない。時折、統合された箇所に矛盾や不手際があるからである。[8] しかし概して言えば、〔そのことで生じた〕全体的な効果には目を見張らせるものがある。現代のある研究者が評価していたように「これらの出来事はその直の鮮度を保っている。……『物語』は敬虔さと強い感情で溢れている。これは、現代の読者に当時の敬虔というものを体験させることさえも可能にしている。これはそうした文学芸術なのである[9]」。

他方で、ネストルの『聖フェオドシー伝』は文学的観点から見ると重要であるが、それはその感情的な力や、将来のロシア聖者伝への影響のせいでなく、フェオドシーの母親とフェオドシー自身という二人の人間に関するその驚くほど写実的な叙述のせいである。これは一七世紀以前のロシア文学では殆ど例を見ない。匿名の〔ボリスとグレプの〕『物語』が外国の様式から多くのものを借用しているのと同じく、ネストルが書いた「フェオドシー伝」もまた伝統的な聖者伝やギリシアの『聖者列伝』の様式と密に結びついている。しかし人物描写については、こうした情報源からほぼ何も借用していない。

フェオドシーの母親は、まずは将来の聖者〔つまりフェオドシー〕が修道士になることを阻止しようとする存在で登場する。これは聖者伝において伝統的な母親の役割である。彼女は一三歳の息子に対し、「奴隷と一緒に働く」ことをやめるよう、また彼と同い年、同じ階級の子どものようにきちんとした身なりをするよう説得する。

……〔フェオドシーは〕畑に出てあくせくと、そして謙虚に働くようになったのである。しかし、彼の母親はそのような活動をやめさせようとしてそれを禁じ、きちんとした身なりをして同じ年頃の子供たちと遊ぶように頼んだ。彼女は言ったものである。「そのようなことをしていては、自分と自分の家族に恥をかかせることになるのですよ」。

もちろん彼はこれを拒み、母親が猛烈に怒って彼を叩く結果となった。「しばしばかんかんに怒り、彼を打ち据えるのだった。彼女は男のように強くたくましい肉体の持ち主だった。彼女のことを見ずに彼女が話しているところを聞いた人は誰でも、声の主が男であったと考えたものである[10]」。

別の場面では、フェオドシーがこっそりと聖地巡礼に出発した後、母がこれを追いかけて追いつき、「聖者の母親は激怒と憤怒のために息子の髪をつかみ、地べたに引きずって何度も自分の足で踏みつけた。……聖者を罪人のように縛ったまま家に連れ帰った。母の怒りは非常に強かったので、家に着くとへとへとになるまで息子を打ち据えた。それから、彼を……縛り上げて閉じ込めてから出て行った[11]」。ネストルによると、これら全ては、「彼女が他の何ものにもまして彼を愛しており、彼なしでいることに耐えられない」からだった[12]。

最終的にフェオドシーは逃げおおせ、キエフに向かい、洞窟修道院のアントニーに剃髪を願い出た。一方で母親は悲しみで取り乱すようになった。「彼女は人の死を嘆く時のように胸にこぶしを打ちつけながらひどく泣いた」。四年後、彼女は息子を追って洞窟修道院にたどり着いた。母子の長い戦いは、最終的にフェオドシーの母親が息子の修道院入りを認め、また彼女自身がキエフの女子修道院で剃髪することに同意して終わっている。

ネストルはフェオドシーの母親について、強く印象に残る性格を持つ者というイメージを創りあげたと言える。彼女が印象的なのは、単に彼女が暴力的で、頑固で、強情だったからでなく、彼女が読者に、その窮状、特に彼女の息子を洞窟から引っ張り出そうとする絶望的な最後の試みのなかに、哀れみを呼び起こしているからである。我々は、母親が勝てないことを知っている。またアントニーとの勝ち目のない戦いにおいては、我々は母親と共に苦しんでいる。そして母親とその息子との対比ほど、人が望む構図はない。「彼が穏やかなところでは彼女が暴力的であり、彼が従順な場では彼女が横柄であり、彼が霊妙である時には彼女が地上の世界に縛られている」のである[13]。

ネストルの「フェオドシー伝」の後半部には長く留まる必要はない。この部分はかなり詳細にフェオドシーの禁欲生活――常にオリジナルではない〔別の聖者伝からの借用もある〕――を描いている。彼が座ったままで眠ったこと、蚊が舞う中に身をさらしていたこと、馬巣《ばす》織り〔馬の尾の毛を横糸に使う硬めの布〕をかぶっていたこと、また体を洗うことの拒絶、彼をからかう無数の悪魔の形をとった幾つもの誘惑との戦い（「乗り物に乗ったり、太鼓を叩いたり、笛を吹いたり、大声で叫んだり。これらは洞窟を騒音と悪魔で動揺させた[14]」）である。多くの紙幅が修道院長としての彼の実践的側面の描写に割かれた。夜ごとの修道房の見回り、厳しい規律、修道院の食料供給に関する彼の心配、救貧院の建設、またとりわけ、国の政治活動から距離を置くことへの拒絶である（最後の点は、親密であれ、敵対的であれ、キエフ諸公と彼との緊密なつながりに反映している）。こうした実践的側面に関する記録の多くは伝統的な『聖者伝』や『聖者列伝』に起源を有しており、その多くは明らかに、そして時に退屈になるほどの教訓話であるのだが、しかしそれでも目立って新鮮味があり、生き生きとしている。更に、洞窟〔修道院〕の厳しい規律を遵守しようと奮闘する修道士たちは、超人でなく、人間として描かれているのである。但し結局のところ、「フェオドシー伝」は、その後のロシア聖者伝への影響という点において、というよりも、別の意味でより大きな役目を果たすことになる。すなわち、有能な管理者、そしてロシアにおける共住修道制、修道院土地所有、修道院の社会奉仕を創出した者、更には国家の政治活動へ活発に関与した者としてのフェオドシーのイメージを創り上げたという点において、「フェオドシー伝」は大きな役割を果たした。実際、多くの点で、ネストルの「フェオドシー伝」はロシア修道制の未来を形作ることに寄与したのである。

モンゴル襲来以前のロシアで書かれた国産の聖者伝や他のジャンルの母国語文学を見渡せば分かることであるが、もちろん、これら両著述だけが「オリジナルの」著述であったわけではない。にも拘わらず両著述についてここで議論したのは、単純に両者が先行著述に、つまり翻訳文献に基づいている一方で、同時に、外国の先行著述とははっきりと異なる、特別な土着的な質を含んでいるからである。同じことは、キエフ時代のその他のオリジナルの文献（説教、年代記記述、旅行記、自伝）についても言える。キエフの創作的な文芸作品は、当然のことであるが、キリスト教と共にロシアに到来した翻訳文学から影響を受けていた。ところが興味深いことに、そうしたモンゴル襲来時代以前のロシアの「オリジナルの」文献は、外国の様式に依存しているにも拘わらず、全体として、襲来後の三世紀半の間に生み出される殆どの著述よりも新鮮でのびのびとしており、そして実際に、お手本の型にはめ込むという意味での調整を殆ど受けていないのである。一三―一六世紀の殆どの年代記は、原初年代記の伸びやかな文体と力強さには確実にかなわず、また〔一三―一六世紀の〕聖者伝も我々が今し方議論したもの〔『ボリスとグレプの物語』、「フェオドシー伝」〕には匹敵しない。同じく〔一三―一六世紀の〕いかなる説教も、『イラリオンの律法と恩寵の講話』にはかなわないのである。但し、キエフ時代に、手本となるような多くの文学的傑作が存在したとまでは言えない。多くはなかった。実際に、この時期の多くの主要作品は、続く時期の著述に殆ど影響を及ぼさなかったのである。しかし、次のことだけは記憶するに値するだろう。すなわち全体として言えば、「オリジナルの」著述は、教会によって、しばしば教会のために創られた文献であった。「オリジナルの」著述は生み出されたのである。「オリジ国中へキリスト教が広がる複雑で困難な過程のなかで、「オリジナルの」著述は生み出されたのである。

ナルの」著述は確かに存在したのであり、それは教会により生み出されたのである。

（1） *PVL*, vol. 1, pp. 102–3〔邦訳一七二―七四頁〕。
（2） 旧約聖書からは、教会で読み上げられる部分のみ（ギリシア語のパロイミア〔例話〕から作成された「パレミヤ」「教訓」「金言」）。
（3） Thomson, 'The Nature', pp. 107–15 を見よ。
（4） Thomson, 'Quotations', pp. 65, 73.
（5） *AHE*, pp. 35, 37; *PLDR, XI–nachalo XII veka*, pp. 286, 288.
（6） *AHE*, p. 41; *PLDR, XI - nachalo XII veka*, p. 292.
（7） *AHE*, pp. 34–5; *PLDR, XI–nachalo XII veka*, p. 286.
（8） 三つの版の詳細な「社会・文化的」分析については Lenhoff, *The Martyred Princes* を見よ。同じく Fennell and Stokes, *Early Russian Literature*, pp. 11–32 も見よ。
（9） Lilienfeld, *Der Himmel*, p. 67.
（10） *Sbornik XII*, p. 44; *PLDR, XI–nachalo XII veka*, pp. 308, 310.
（11） *Sbornik XII*, p. 45; *PLDR, XI–nachalo XII veka*, p. 310.
（12） *Sbornik XII*, p. 45; *PLDR, XI–nachalo XII veka*, p. 312.
（13） Fennell and Stokes, *Early Russian Literature*, p. 38.
（14） *Sbornik XII*, p. 58; *PLDR, XI–nachalo XII veka*, p. 336.
〔訳註1〕以下で述べられるように、一六世紀になると特に、「安全」性が問題になる。思慮に欠けた引用は、著述内容の信頼性を揺るがしただけでなく、著者の投獄をも招き得た。

第九章　教会の政治介入

キエフ時代のロシア教会に関する考察を終える前に、更に一つの問いに答えねばならない。すなわち、教会はどの程度、国家の政治活動に関与したのか、という問いである。既に見たように、諸公は時折、府主教たちの義務や特権に干渉した。また諸公国に任命された府主教の配下としての主教を、自分たちの息のかかった者に代えようとした（七八頁以下を見よ）。また時と共に、諸公は自分たちが推す府主教候補者を任命させることが出来るようになった（七五―七七頁を見よ）。その一方で、教会側はどうだったか。聖職者たちはどの程度、政治の領域に入る準備が出来ていたのか。またどの程度、世俗権力と協力し、或いはそれを妨害したのか。この点については不運にも、決して多くのことが知られている訳でない。それは主に、史料が概して聖職者自身によって生み出されたからである。彼らは通常、彼らの栄光を高めるような修道院長、主教、府主教らの世俗活動に喜んで言及したものの、他方でそれらの理由や目的を示唆するつもりはなかったのである。

洞窟修道院とその初代院長フェオドシー〔訳註1〕は、キエフの支配者たちの政治活動を承認しない場合に、彼らをあからさまに批判して苦しめた。その著しい執拗さは上述した通りである（九九―一〇〇頁）。同様に人目を引くのが、キエフの聖アンデレ修道院の院長グリゴリーである。彼は一一二八年に、ウラジーミル・モノマフの息子にあたるキエフ公ムスチスラフとチェルニゴフのスヴャトスラフの曾孫にあたるフセヴォロド・オリゴヴィチ公との争いを防ごうとした。後者は叔父ヤロスラフ・スヴャトスラヴィチをチェルニゴフから追い出し、またムスチスラフに対抗する目的でポロヴェツに七〇〇〇人の援軍を要請した。これは手際よく行われた。〔ムスチスラフはヤロスラフの側に付き、フセヴォロドに対し共闘することを十字架に掛けて誓ったが〕、キエフにおいて全聖職者からなる会議がグリゴリーにより招集された。会議の権威により、ムスチスラフはヤロスラフを守るという宣誓義務から解き放たれ、こうして彼は、ウラジーミル・モノマフ一門とチェルニゴフ諸公との間で長く続く「兄弟争い」において最初の大衝突になったであろうところを回避出来た。通常、そうした行為は、府主教が前向きな場合には府主教によって行われた。しかし、当時、府主教座は空位だった。(1)

全てのキエフ府主教のうち、キエフの政治に最初に立ち入ったのはニコライ（在位一〇九二―一一〇四年）である。ロシアに到着して五年後、強大な西ロシアの公で、ウラジーミル一世の玄孫にあたるヴァシリコ・ロスチスラヴィチが、原初年代記によるところでは、父の従兄弟のダヴィド・イーゴレヴィチの教唆のせいで、またキエフ公スヴャトポルク・イジャスラヴィチも了承の上で、〔捕らえられて〕目を潰された。その理由はここでは触れない。しかし次の結果が生じた。まだキエフ公でなかったが、国内で最も有力な公であったウラジーミル・モノマフが、常に徳に敬意を表すことを厭わない年代記作者の期待通りに反応した。「ヴァシリコが捕らえられて盲目にされたと聞き、彼は恐怖に襲われた。彼は突如泣き出し、『このような悪事は、我々の祖父や父の時代にはルーシ*の地で生じなかった』(2)」。キエフ公スヴャトポルクの弁明は失敗に終わり、ウラジーミルは二人の従兄弟〔チェルニゴフのダヴィド・スヴャトスラヴィチと兄弟オレーグ〕と共にキエフ公を攻撃する陣を敷いた。この段で府主教ニコライとウラジーミルの継母が彼のもとにやって来た。両者はウラジーミルに、「キエフ公と戦うことでルーシ*の地を滅ぼさないよう」嘆願した。「もしあなたがたが互いに戦うなら」と彼らは言う。「異教徒〔つまりポロヴェツ人〕が喜び、あなたの土地を奪うだろう。……あなたはルーシ*の地を滅ぼすことになるのだ」と。(3)更に多くの涙が流れた後、ウラジーミルは攻撃の中止に同意した。我々にとって不運なことであるが、年代記は府主教が介入した本当の理由に全く言及していない。府主教とウラジーミルの継母は「キエフの人々」の要請を受けて行動したように見える。というのも、両者はウラジーミル・モノマフに対し、キエフの人々が〔モノマフらに〕述べるよう求めたことをそのまま繰り返しているだけだからである。しかし両者の説得は効果的であり、戦いは回避された[4]。

この事例の他にも、モンゴル襲来以前のロシア政治生活への府主教による介入は記録に残っているが、それらは全てが上述のものと同じく、諸公間の内戦を防ぎ、また止める試みと関係している。一一三四—四〇年にかけて、府主教ミハイルが少なくとも四度、モノマフ一門とオレーグ一門との複雑でたちの悪い政治闘争にて仲介者となった[5]。また一一六一年には、府主教フェオドルが彼の庇護者であるキエフ公ロスチスラフ・ムスチスラヴィチをチェルニゴフ公スヴャトスラフ・オリゴヴィチとなんとか和解させた（七六頁参照）[6]。また一二二三年から三七年にかけて、タタール・モンゴルの侵攻が小休止した時期に、府主教キリル一世は少なくとも二度、様々な諸公一門の仲介に関与し、これに成功した。すなわち一二二六年にチェルニゴフ公ミハイルとクルスク公オレーグとの間で、チェルニゴフ諸公の一門内の確執と思しき争いが生じた。その際、ウラジーミル大公ユーリーがその遠戚にあたるミハイルを支援しようとしたが、この時にキリルが仲裁に入った。ユーリーはあまりに喜んだため、「彼は多くの贈り物を彼に与え、彼を長い間側に留め置いた」のだった[7]。二年後には、ヴォルィニ公ダニール・ロマノヴィチとキエフ公ウラジーミル・リューリコヴィチとの間の和平を取り持つようキリルが試みている場面がある[8]。最後に、一二三〇年に、キリルとチェルニゴフ主教ポルフィリーは、チェルニゴフ公ミハイルとユーリーの弟ヤロスラフとの戦争を回避することに尽力した[9]。三つの事例全てにおいて、キリルはキエフ大公の代理人として働いたように見える。そしてキリルのイニシアチヴがどの程度発揮されたのかについては、述べることは難しい。

だから、我々の知る限り、全体として教会はキエフ時代のロシアの政治生活に比較的穏健に関与したのである。

ただ、これは、それほど驚くべきことではない。まずほぼ全ての府主教や多くの主教がギリシア人だった。また結局、巨大な管区の統治には多くの時間と努力が必要であった、或いは必要であったはずであり、それ故に彼らには複雑な諸公間の関係に通じる機会が殆どなかった。こうした事情を考慮しよう。修道院長、修道士、教区聖職者について言えば、彼らの俗事への介入について、何らかの結論を出すための材料は殆ど知られていない。更に、上述のように、世俗事象への教会の介入は全て、事実上、調停と平和の維持に限られていた。この点についても驚くべきでない。すなわち、諸公間の争いにおける教会の斡旋は多くの場合、まさに彼らの職務の本質とかかわるものであった。というのも、聖職者、それも高位聖職者であるが、彼ら以外の誰も、十字架の宣誓から紛争当事者を解き放つことが出来なかった〔訳註2〕からであり、また実際、対立や敵意の終焉を意味した十字架への接吻の儀式を取り仕切れなかったからである。そして更に、多くの場合において、そうした仲裁のイニシアチヴは十中八九、聖職者からではなく、紛争当事者自身から出たのである〔だからこの時期の聖職者の介入は比較的穏健なのである〕。ロシア教会が国家の政治生活へ活発に介入するのはまだ先のことだった。

（1）*PSRL*, vol. 1, cols. 296–7; vol. 2, cols. 290–2.
（2）*PVL*, vol. 1, p. 174〔邦訳二八四頁〕。
（3）Ibid., pp. 174–5〔邦訳二八五頁〕。
（4）ヴァシリコはギリシア人にとって、帝国を脅かす軍事的脅威と見なされたのかも知れない。そしてそれ故に、ニコライはコンスタンティノープルからの指示に基づいて行動したのかも知れない。*PVL*, vol. 2, p. 461を見よ。四年後、府主教ニコライが再度国家の諸事件に介入したことに注意せよ。スヴャトポルクが、ブレストで若干の説明の付かない軍事活動を始めた甥ヤロスラフ・ヤロポルチチを攻撃して逮捕し、キエフで獄につないだ。ニコライはスヴャトポルクに干渉し、ヤロスラフを解放させた。年代記には詳しい説明がない（*PVL*., vol. 1, p. 182)。

（5） 1134（*NPL*, pp. 23, 208)；1136（*PSRL*, vol. 2, col. 299)；1138（ibid., vol. 1, cols. 306–7)；1140（ibid., vol. 2, cols. 302–3). 本書76—77頁を見よ。

（6） Shchapov, *Gosudarstvo*, p. 198.

（7） *PSRL*, vol. 1, col. 448; vol. 25, p. 122. Fennell, *The Crisis*, p. 71 を見よ。

（8） *PSRL*, vol. 2, col. 753.「いと清き聖なる府主教キリルが和平を構築するために到着したが、彼はそれをなしえなかった」。

（9） Ibid., vol. 1, cols. 455–6; vol. 25, p. 125; Fennell, *The Crisis*, p. 71.

〔訳註1〕 著者の誤解。実際は二代目。

〔訳註2〕 上述キエフ公ムスチスラフの例を参照せよ。公は神への宣誓に反して戦いを止めたので、そのことは、聖職者による宣誓義務からの「解放」がなければ、理論上は神からの離反を意味した。

第II部

トロイツェ・セルギエフ修道院（モスクワ近郊）（訳者撮影）

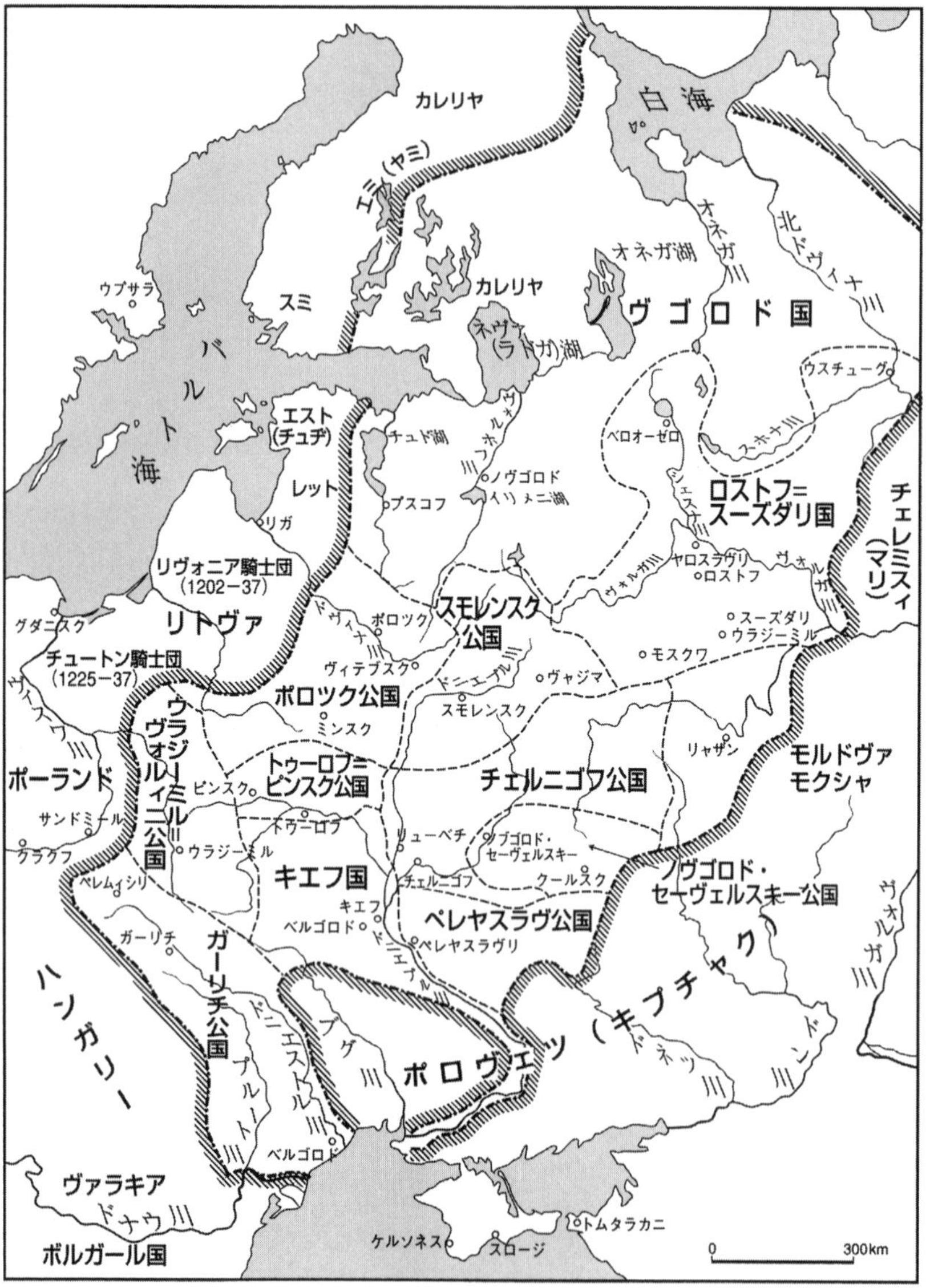

12—13 世紀のキエフ・ルーシ
（田中陽児・倉持俊一・和田春樹編『世界歴史大系　ロシア史 1——9 ～ 17 世紀』
山川出版社，1995 年，115 頁）

系図２

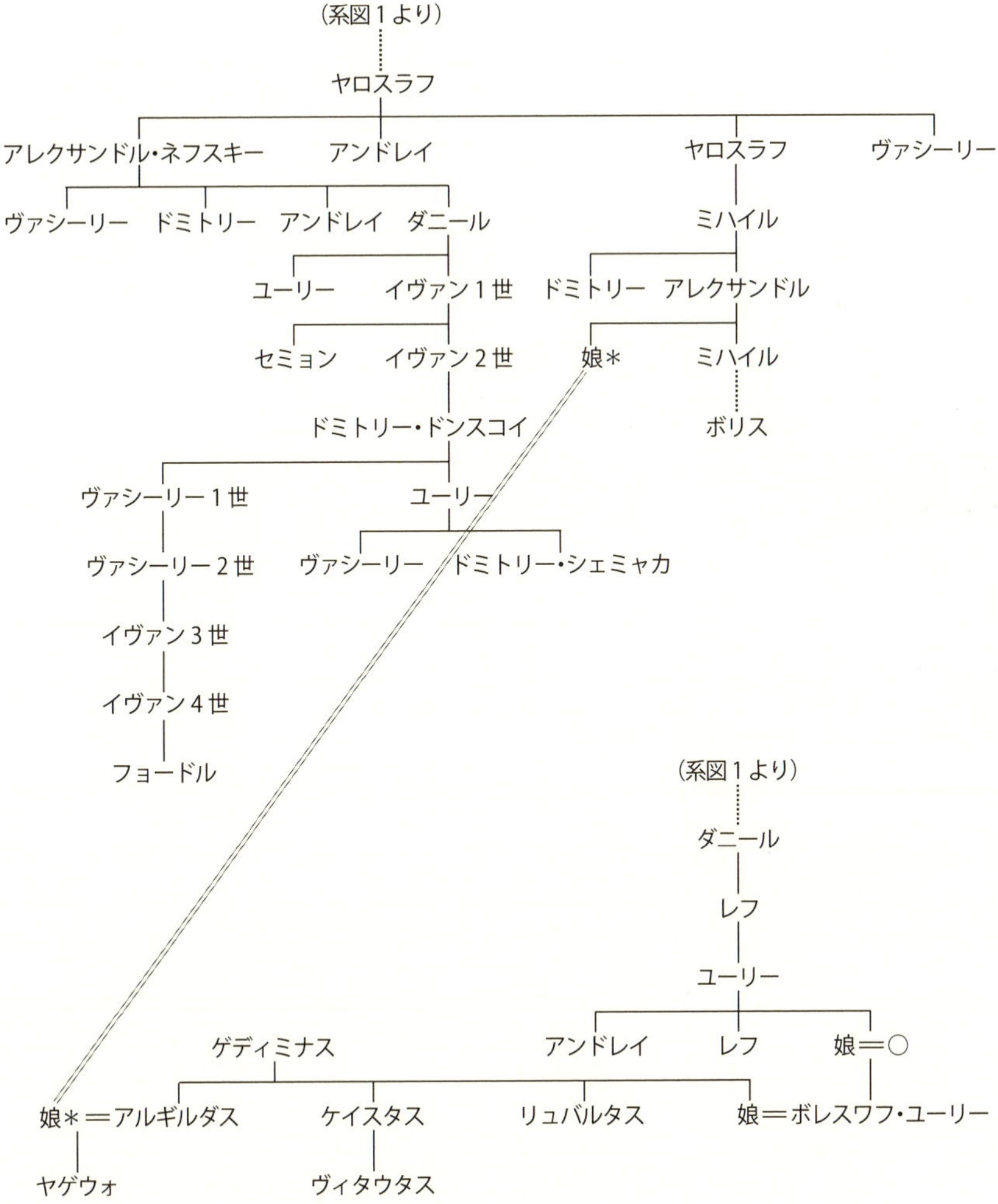
（系図１より）
ヤロスラフ
アレクサンドル・ネフスキー
アンドレイ
ヤロスラフ
ヴァシーリー
ヴァシーリー
ドミトリー
アンドレイ
ダニール
ミハイル
ユーリー
イヴァン１世
ドミトリー
アレクサンドル
セミョン
イヴァン２世
娘＊
ミハイル
ドミトリー・ドンスコイ
ボリス
ヴァシーリー１世
ユーリー
ヴァシーリー２世
ヴァシーリー
ドミトリー・シェミャカ
イヴァン３世
イヴァン４世
フョードル
（系図１より）
ダニール
レフ
ユーリー
ゲディミナス
アンドレイ
レフ
娘＝○
娘＊＝アルギルダス
ケイスタス
リュバルタス
娘＝ボレスワフ・ユーリー
ヤゲウォ
ヴィタウタス

第一〇章　モンゴル治下のロシア——政治的概観

一

一二四二年にバトゥは突如、ヨーロッパを西に進撃していたタタール・モンゴル軍に対し、撤退を命じた。彼は、セルビア、ブルガリア、そして南ロシアのキプチャク・ステップ（デシト・イ・キプチャク）を通って東に向かい、ヴォルガ河口に近いサライに本拠を置いた。後に金帳と呼ばれることになるハン国（邦語文献ではしばしばキプチャク・ハン国と呼ばれる）のハンたちは、一三八〇年のクリコヴォ原で生じた戦いの時期まで、まさにここからロシア諸公の政治的経済的活動を支配したのである。これがいわゆる「タタールのくびき」の始まりだった。

タタール・モンゴルの侵攻がロシアにどの程度直接の結果を及ぼしたのか。これに関して、ある程度根拠のしっかりとした結論に到達するのは難しい。どの程度の数の町が攻略、破壊されたのか、どの程度の数の人々が斬り殺され、捕虜となったのか、どの位の数の建物が破壊されたのか、我々には分からないのである。農業は被害を被ったのか。国内、また外国貿易は影響を被ったのか。この時期以降のロシア文化は、侵攻からどの程度の影響を被ったのか。本書の著者の見るところ、全般的な物理的破壊は当時の史料が我々に説くよりは少ない[1]。当時の史料による被害の大げさに過ぎる見立てはソヴィエトの学者によっても強く反駁されてきた[2]。しかし、その大小がどうであれ、多くの都市や町、村の人口は減少し、またあらゆるカテゴリーの住民——とりわけ職人——が国外に去った。また同じく物理的破壊の程度がどうであれ、文学（年代記執筆、聖者伝、旅行記、説教）、建築、絵画、応用美術のような文化は、侵略後の二〇〇—三〇〇年の間に壊滅的な被害を被り、ロシア国家とロシア教会についてもまた、サライを拠点とするハン国が成立して最初の一三〇年に、バトゥの侵攻以前のそれらと大きく変わってしまった。

では、どのように変わってしまったのか。最も重要な変化の一つは、南北ロシアの間の断絶に由来した。〔キエフが陥落した〕一二四〇年以降、北部、つまりスズダリ、ノヴゴロド、プスコフと中部、つまりスモレンスクやリャザンは、南部、つまり初期のキエフ帝国〔キエフ・ルーシのこと〕の領域にあたるキエフ、チェルニゴフ、ペレヤスラヴリ〔・ルースキー〕との接触を失ったようだ。南西部については、ヴォルィニとガリチアはほぼダニール・ロマノヴィチ公とその一門の支配下に入り、この地や東ヨーロッパの出来事に深く関わることになった。更に、さしあたって、タタール・モンゴル人はヴォルィニとガリチアについては〔ダニール等の〕手腕に任せ、彼ら自身に託すという緩やかな支配のもとに置いたようだ。この二公国では、タタールの役人が人口調査を行った、また役人が常駐したという記録はない。〔このように特段、接触を阻む条件が揃っていたわけではないものの〕、しかしそれでも、一二五〇年代初頭のダニールと、アレクサンドル・ネフスキーの弟アンドレイとの短期の同盟を別とすれば、北東と南西との間で、接触は殆どなかった。全体として一三世紀後半には、同時代史料において、南北の接触は殆ど言及されないのである。この意味での例外であったのは、正式には一二九九年まではキエフに座を有した府主教たちの諸活動だけである。

純粋に政治的な観点からすると、北方の支配者たちの権威と実際の影響力は、バトゥのハン国の成立により急激に弱まった。諸公は、彼らの地位を保証する勅許状《ヤルルイク》を得るため、またキプチャクのハンや上位の〔モンゴル帝国全体の〕カンへ敬意を表すために、サライ、また時にカラコルムへ出頭せねばならなかった。諸公の権威は、タタール・モンゴルの人口調査や課税により、更にはバスカク——治安維持や反乱鎮圧、徴税のために戦略上の拠点に駐留したモンゴルの上級役人——が配置されたせいで更に弱まった。一三世紀後半には、ロシア諸公はバスカクとその軍団に頼るのだが、これは国外への遠征に参加するばかりか、純粋に国内における争いにおいてバスカクの軍団を自分たちの側の援軍として使うためでもあった[3]。

しかし、一三世紀後半にロシアの支配者たちを弱体化させたのは、モンゴル支配ばかりでない。この時期には水平的相続制度、或いは年長制による支配（上述二七頁以下を見よ）が廃れつつも存続しており、これらも支配者たちの弱体化を促した。この制度は、ヤロスラフ・フセヴォロドヴィチ（大公としての在位は一二三八—四六年）の子孫たちの間で、最高位にあるウラジーミル大公位が相続される際に機能していた。またこの制度は〔分割相続を原則とするため〕小公国群を増殖させた。つまり、家族の構成員が増えて家が巨大化すればするほど、子孫のために数多くの拠点〔及びそれを中心とした公国〕が必要になったのである。そして全体的には、それらの多くの諸公と大公との関係は、その時の大公が誰であろうと、度々途切れることとなった。また小公国の公にも、〔文書のような〕目に見える形で大公に忠誠を示す義務はなかった。更には、歴代のウラジーミル大公の一人も、自分自身の家の世襲領地を発展させ、それを北東ロシアにおける上位の公国に仕立て上げることが出来なかった（例えば、北方のペレヤスラヴリ、スズダリ、コストロマ、或いはユーリエフにそうしたチャンスがあったが、そうはならなかった）。そうした世襲領地のうちの二つ、モスクワとトヴェリがこうした水平相続の制度を壊す兆しを示すことが出来たのは、ようやく一三世紀末になってのことである。これ以降、水平的相続は長くは存続しなかった。

一三世紀のリューリク王朝の人々は体制を破壊され、分裂させられ、あらゆる意味で民族的団結を失った。こうした彼らに、その上位支配者〔ハン〕に抗う機会は殆どなかった。ハン国が一二八〇―九〇年代に二つに分裂して一時的に弱体化した時にさえ、彼らには抗う意思はなかった。西方から到来した敵について言えば、諸公にとって幸運だったのは、一三世紀のリトアニアが南西ロシアに得た領域の統合に忙殺されていて、一方でチュートン騎士団がロシア西方の国境地帯を打ち破るよりも、バルト人を従属させることに関心があったことだった。両者が協調して北西のノヴゴロド領域を征服、侵攻するなどといった計画――例えば教皇が影で操る十字軍――が実現する気配は全くなかったと言ってよい。

もちろん、一二三八年から世紀末までの間にウラジーミルの町から支配を行った弱小諸公のなかにも、例外的に力のあった公はいた。フセヴォロド三世の多くの息子の中で最も能力があり、政治的に強靱でもあったヤロスラフは、兄ユーリーが一二三八年に死去した時に大公位を継承することになるのだが、彼はその前の時期、すなわち一二二〇年代から一二三〇年代にかけてノヴゴロドを支配するという貴重な経験をしていた。そして面倒な市民を扱いながら、〔ノヴゴロド公として〕彼は危険極まりない、そして大胆な敵であるチェルニゴフ公ミハイルと戦った。しかし、大公としての活動になると、彼が二度（一二四三、四五年）に〔キプチャク・〕ハン国に召喚されたこと、二度モンゴル本国に向かったこと（二度目の訪問時に客死した。恐らく毒殺である）を除けば、殆ど分からない。

しかし、その息子アレクサンドルは脚光を浴びた（一二四〇年にネヴァ川でスウェーデン人に勝利したことが称えられ、一五世紀の年代記で「ネフスキー」〔訳註1〕と呼ばれた）。彼は列聖されたばかりか、ロシア史全体を通じて偉大なる戦士であると見なされ、若干の人々からはロシアの救世主とも評価されている。彼はサライとカラコルムにおける慎重な外交、そしてラテン・カトリックの西欧からの果敢な国境防衛により、教皇に従属する者たちによる侵略からロシアを守ったからである。実際、一九四二年七月に、すなわちドイツ軍の攻撃が最も熾烈を極めていた時期に、スターリンがアレクサンドル・ネフスキー勲章を復活させたことは重要である〔訳註2〕。これは一七二五年にエカチェリーナ二世により「功労と祖国のために」創設されたものだった。スウェーデンに対するアレクサンドルの勝利（一二四〇年）とペイプス湖の氷上でのチュートン騎士団に対する勝利（一二四二年）は四〇年あまり後に書かれた彼の『聖者伝』で称賛された。しかしこれらが、〔アレクサンドルの〕『聖者伝』の作者が主張するような大勝利であったかどうかについては、未解決のままである。[4] 恐らくは、侵略してきたリトアニア人に対する彼の遠征（一二四二、四五、四八年）の方が、モンゴル侵攻直後の時期におけるロシアの西方国境の防衛史においては重要であった。

しかし実際のところ、こうした活躍と評価にも拘わらず、アレクサンドルは父の死亡時には大公にならなかった。まだ父ヤロスラフの弟、スヴャトスラフが存命中だった。ただ、スヴャトスラフは、アレクサンドルの弟アンドレイによって追放されるまでの一年間、ウラジーミル大公として君臨しただけに終わる。アンドレイの治世（一二四八―五二年）について言えば、同時代の年代記の説明から分かるように、彼とその義父、すなわちガーリチとヴォルィニの公ダニール・ロマノヴィチ（アンドレイはダニールの娘と一二五〇／五一年に結婚した）、そしてアンドレイの弟ヤロスラフは、ハン国のハンたちの臣下になることを望まず、実際にモンゴル人に対する軍事的抵抗の計画を立てたようである。明らかに、アレクサンドルはアンドレイの計画に乗らなかった。一二五二年に彼はサライに行った。ハンに対する彼の影響か否かは判然としないが、この時に〔サライから〕二つの遠征隊が、一つはスズダリ地方のアンドレイとヤロスラフに向けて、もう一つはダニールに対して派遣された。ダニールにとっては自分に向けられたモンゴル軍に抵抗することは難しくなかったが、アンドレイとヤロスラフはペレヤスラヴリの戦いで決定的に打ち負かされ、アンドレイは、同時代の年代作者によると、「ハンに仕える」よりもスウェーデンに逃げることを選んだ。同年、恐らく、アンドレイ敗北の知らせがハン国に伝わるや否や、モンゴル人は「彼［アレクサンドル］を大いなる栄誉と共に解放し、彼に全兄弟の最年長権が与えられ、……大公アレクサンドルはウラジーミルの町に到来した。多くの十字架が掲げられる中、金門で府主教と全ての修道院長、市民に迎えられ、父ヤロスラフの玉座に据えられた[5]」。

アレクサンドルの一一年という大公としての短い治世（一二五二―六三年）の特徴は、何よりもまず、モンゴル人との友好関係の維持であり、また彼の政策に反対する者に対する徹底した、妥協なき態度（特にノヴゴロドにおいて示された）であり、更には民衆の間で反モンゴル感情が醸成されることを嫌う姿勢であった。だから、一二六二年の自然発生的な民衆蜂起はアレクサンドルによって動機づけられたものではなく、また鼓舞されたものでもない。〔蜂起の後、〕彼はハンにより召喚されたが、それはロストフ、ウラジーミル、スズダリ、ヤロスラヴリといった北方都市の市民を押さえつけることに彼が失敗した状況を説明するためであったようだ。彼に出来たのは、報復を行わぬよう、またスズダリ地方に大規模な兵士徴募を命じないようハン・ベルケに請うことだけだった。

彼の治世においては、彼の多くの親族、そして旧敵と言える弟アンドレイとヤロスラフさえも、彼に深刻な面倒を引き起こすことはなかった。アレクサンドルは何とかしてこれをなだめた。実際、アンドレイはスウェーデンから帰還した後、従順な勤務公として振る舞い、またそのように扱われもした。その一方でヤロスラフは、どのような形であれ、〔兄に〕挑戦しないことを申し出た。以下で見ることになるが、教会はアレクサンドルの『聖者伝』のなかで、彼に最大級の敬意を払い、正教の勝利者としてのイメージを創り上げた。西方について言えば、彼の活動の大部分は国境でのリトアニアとの小衝突であった。リトアニアが再度、今度は唯一の深刻な敵として現れ出したのである。

ノヴゴロドは、アレクサンドルにとって、北方で反乱を起こした他の諸都市よりも圧倒的に手のかかる都市であった。また〔ノヴゴロド人は〕アレクサンドルがモンゴル人へ服従する態度について、厳しい批判と共にこれを〔年代記等で〕描いた。大公の地位に昇るとすぐ、アレクサンドルは息子ヴァシーリー（最高に見積もっても当時一二歳）をノヴゴロドの公にして支配者の地位に任じた。しかしこの都市の内部には西欧との関係を好む人々が大きな勢力を誇っており、彼らはヴァシーリーを追放し、一二五五年には他でもない〔ネフスキーの〕弟ヤロスラフを招いた。彼はペレヤスラヴリの戦いで兄アンドレイがモンゴル人により打ち破られた後、ラドガ近郊でアレクサンドルに見つからぬよう隠伏していたのである。ヤロスラフの受け入れはノヴゴロド人の側からの〔アレクサンドルに対する〕あからさまな反逆だった。アレクサンドルは軍を進め、市長を解任し、彼自身の息のかかった者を代わりに任じ、一年後にヴァシーリーを統治者として戻した。しかし、大主教は加わらなかった（これは重大であった）ものの、ノヴゴロドの住民の大多数はアレクサンドルに抵抗した。〔その後〕妥協により脆弱な平和が成立した。

本当の災難はその二年後に始まった。課税に余念なきモンゴルの人口調査役人がノヴゴロドに向かっているという知らせが町に届いた。役人にはアレクサンドル自身が付き添っていた。この時、それまでにノヴゴロドの反アレクサンドル派の影響下に入っていたヴァシーリーがプスコフに逃亡した。また実際に、ノヴゴロド人は人口調査役人に去ってもらおうと、賄賂を渡してこれに成功した。しかし、アレクサンドルだけは町に残った。これは鼻もぎや目のくりぬきによって息子の支持者たちに対処するためだった。ヴァシーリーは逮捕され、父によってスズダリに追いやられた。次の年、一二五八年に、アレクサンドルはハンにより、ノヴゴロド人への人口調査の受け入れが失敗した理由を説明するために召喚された。予期出来る結果が生じた。アレクサンドルは一二六〇年に再度人口調査役人を率いてハン国から帰国した。今回はロシアとモンゴルの兵士を伴っていた。〔ノヴゴロドでは再度〕これへの抵抗が生じたものの、最終的には、町の南のゴロジシチェ砦でじっと待機していたアレクサンドルが、「呪われたタタール人と共に町に乗り入れた」。ノヴゴロド年代記作者はこの光景を次のように描いている。「呪われた者どもが通りを馬で乗り回し、キリスト教徒の家の数を記録した。我々の罪のせいで、神はこれらの野獣を砂漠からよこしたのである。強者の肉を食い、ボヤーレの血を飲むためである」と(6)。

モンゴルの宗主からの解放を目指すロシア人の戦いにおいて、アレクサンドルの短い治世は後退ではなかった、と信じるのは難しい。彼の宥和政策がロシア人に、侵略のトラウマから回復する息継ぎの場・時間を与えたこと、またもし人口調査の受け入れに対するノヴゴロド人の拒絶や一二六二年の北方諸都市の反乱時において、アレクサンドルがハンたちを鎮めることが出来なかったならば生じたであろうモンゴル人の実力行使から人々を救ったこと、これらのことはもちろん主張されうることであり、また実際にしばしば主張されている。しかし、彼が一二五二年の、弟とガーリチのダニールとの同盟を全く支持しようとしなかったことは否定出来ない。そして彼らに対するモンゴルの遠征が行われた時にアレクサンドルがハン国にいたことは、全くもって偶然ではなかったように思われる。更に、次のような問題が残っている。仮にアレクサンドルの支持と指導があったなら、ロシア人は一二五〇年代初頭に「タタールのくびき」から自由になることが出来、また更なる報復に対抗出来たのだろうか。これは解答出来ない問題の一つである。ただ我々が言えるのは、アレクサンドルの統治の後、何十年もハン国への受動的服従が続いたことだけである。抵抗の精神は消えてしまっていた。

二

モンゴル人のもとにあったロシアにおいて、アレクサンドルの死に続く四一年間はどん底の時期であった。彼を継いだ四人のウラジーミル大公（アレクサンドルの弟ヤロスラフとヴァシーリー、息子ドミトリーとアンドレイ）の全員が、まれに見るほどに団結力のない、統制の緩い、そして脆弱な諸公からなる連合体を支配することになった。そして四人のうちの一人もその親族を全く統御出来なかった。また彼らは、軍事作戦の際に基盤とし、また作戦の出発点とすることの出来る十分に強力な、自分自身の家族の拠点を持たなかった。更に彼らの一人もその世襲領地――それぞれトヴェリ、コストロマ、ペレヤスラヴリ、ゴロジェッツ――を発展させる熱意はなかった。その代わりに、彼らは首都ウラジーミルの支配に全力を注ぎ、またノヴゴロドを彼らの支配下に保ち、ノヴゴロドにおける彼らの権威が削り取られるのを抑えることにも多くの力を費やした。

しかし、何とかして北東ロシアを支配しようとするアレクサンドル・ネフスキーの四人の後継者の無益な戦いにおいては、モンゴルの軍事援助への依存、それも外敵にではなく、自分の兄弟や従兄弟たちと戦うために軍事援助を利用したことの方がはるかに破滅的であった。幾度も彼らはモンゴルの部隊を呼び込んだ。最初はノヴゴロドを屈服させるためだった（一二七〇、七二、七三年）。次いでリトアニアとの戦争のためだった（一二七五年）。最後に、一二七七年から一二九四年までドミトリーとアンドレイが続け、前者の死によりようやく終止符が打たれた熾烈な戦いの中で、両公は、当時のハン国で生じていた内戦から利益を得ようとした。そして〔両公のそれぞれが〕敵対するハンたちの軍を招き入れた。自分の戦争を遂行するため彼らの主人〔モンゴル人〕へ分別なく依存した結果、ロシア地域におけるモンゴル軍の数が激増し、この軍はあらゆる機会にロシアを荒廃させた。そして、この依存は両公の権力の強化には殆ど寄与しなかった。ハン国と戦う、という考えは全体として生じなかった。様々なハンへの服従がこの時期の特徴だった。

古いキエフの帝国の領域について言えば、アレクサンドルの後継者たちは、その影響力をスズダリ地方の南や南東にまで〔つまりキエフ方面へは〕広げることはせず、否、そう出来なかった。ヤロスラフ〔ネフスキーの弟〕の治世の間、リトアニアが次第に東に、つまりポロツク、ヴォルィニ北部、かつてのトゥーロフ公国の西部地域に広がった。しかし南西ロシアの大部分とキエフの中核地帯――キエフ地方、チェルニゴフ、ペレヤスラヴリ――はモンゴルの支配下にしっかりと置かれていたようだ。これらの領域は一四世紀半ばまで同じ状況で残り続けた。

三

一三〇四年はロシア史上、危機的な時期の終わりの年となった。廃墟となった古いキエフの帝国、スズダリ地方からは離れる形で西方志向を強めつつあるヴォルィニとガリチア、僅かにまで縮小したヨーロッパとの貿易、以前のいかなる時期よりも小さな権力しか行使しなかったリューリク王朝の上級公〔大公のこと〕、未だに臣下を支配しているハン国のモンゴル人——こうした要素と共にあるロシアについて、多くの者は解体寸前であると考えたに違いない。

一三世紀最後の一〇年になると、モスクワとトヴェリという比較的重要でない公国が北東ロシアの他の世襲地よりも経済と政治の面で優越的な兆候を示した。大公アンドレイの弟で、一三〇三年に死去したダニール、そしてその息子のユーリーのもと、モスクワ公国の領域は近隣地域の併合により約三倍に拡大した。そしてモスクワ川、長く伸びたオカ川、クリャジマ川上流域に根差したこの国は、一三〇四年までに既に自給自足が可能な経済単位になっていた。また上記の河川は、モンゴルの襲撃に対する一定の防衛線になると同時に、リャザンや大公都市ウラジーミルへのアクセスも提供した。他方でモスクワの領域の北西にはトヴェリ公国があった。こちらには自然の防壁が全くなかったが、〔モスクワ及びトヴェリを含む〕スズダリ地方全体の南と東の国境から遠くに位置し、こうしてモンゴルの攻撃から比較的安全な場所だった。その地理的地位の主要な優位点は、ヴォルガ川が公国の西から東に流れていること、そしてその多くの支流が、特に首都トヴェリでヴォルガに流れ込むトヴェルツァ川が東西交易へのアクセスを提供したこと、更には支流を管理することでトヴェリがノヴゴロドからスズダリ地方、そしてその先への主要な水路を支配出来たことであった。

一三〇四年に上級支配権をめぐる激しい戦いがモスクワとトヴェリの間で生じた。これは二四年間続いた。トヴェリはこの時期に大公の勅許を何とか三代にわたって確保出来た。ミハイル・ヤロスラヴィチ（在位一三〇四—一〇八〔一八の間違い〕年）とその息子ドミトリー（在位一三二二—二五年）とアレクサンドル（在位一三二六—二七年）である。一方モスクワはウラジーミル大公を一人しか出せなかった。ユーリー・ダニロヴィチ（在位一三一八―二二年）である。しかし、一三二八年までにトヴェリは力を出し尽くし、政治と経済の面であらゆる優位を失い、もはやモスクワの重要なライバルではなくなった。一三三一年、卓越したハンであったウズベク（在位一三一二―四一年）は、ウラジーミル大公の勅許をモスクワのユーリーの弟イヴァン一世に与えた。モスクワ諸公は一三三一年から一五九八年のツァーリ・フョードル・イヴァノヴィチの死によってイヴァンの直系子孫が断絶するまで、ロシアの殆どの地域を支配することになるが、イヴァンはその長い、そして短期間のみ途切れることがあった相続人たちの祖であった。

イヴァンはその治世において、ウズベクへ卑屈に従属し続けた。ハンの視点からすれば、イヴァンは北東ロシアの理想的な指導者であり、融通がきき、従順で、主人に言われたことを行う覚悟のある者だった。その見返りとして、イヴァンにはウラジーミル大公国の統御という仕事の、そして扱いの難しいノヴゴロドと頑固なプスコフに立ち向かう仕事の継続が許された。イヴァンの時代、スズダリ地方はもはやウズベクにとって関心の的ではなかった。代わりにウズベクは、リトアニアにて芽生えつつある拡大的傾向に注意していた。知的で長期的見通しを有する大公ゲディミナス（在位一三一六―四一年）の時代、リトアニアは徐々に東方に侵攻し、併合可能な場所を併合しながら、かつてのキエフ〔国家の〕南部の領域に浸透し、同時にノヴゴロド、プスコフ、トヴェリに探りを入れた。だから、リトアニアの増大する脅威に直面していたモスクワをモンゴル人が支援し、或いはともかくモスクワを悩まさぬように配慮したことはそれほど驚くべきことでないのである。しかし、それにも拘わらず、イヴァンは殆ど功績を残すことが出来なかった。確かに彼はうまく教会の支持を得て（以下を見よ）、息子たちには大公の玉座への勅許を確保した。しかし、彼のノヴゴロド支配について言えば、それは非常に不安定であった。ノヴゴロドにはリトアニアからの圧力がかかっており、またノヴゴロドに対する直接の侵攻も生じていた。その結果、都市内に親リトアニア派が生じていたのである。また、〔イヴァンに対する〕「ロシアの地の蒐集者」という多くの歴史家による評価はもはや正当ではあり得ない。彼の治世にモスクワによって併合された一

つの領域も知られていないからである。(7)

イヴァンの二人の息子、セミョン（シメオン）（在位一三四〇—五三年）とイヴァン二世（在位一三五三—五九年）はモスクワの支配者にしてウラジーミル大公を相続したが、両者は大体において父の政策を、つまりハン国への従属政策を継続した。そしてこのことにより〔両者は〕必然的に、リトアニアという膨張するばかりの勢力（この時期、ゲディミナスの息子で強力なアルギルダスが支配していた）と衝突することになった。両兄弟の一九年の治世は、北東ロシアにおける相対的安定期だった。モスクワ公国へ新たに加わった領域はなく、実際、ウズベクの息子ジャニベク（在位一三四二—五七年）の賢明な政策により、スズダリ地方におけるモスクワの政治的権威は慎重にイヴァン一世の時期と同じレベルに抑えられた。他方でトヴェリの分裂はモスクワとハン国の策略により加速した。また教会もモスクワに強い支持を与え続けた。北西ロシアでは、特にセミョンの治世において、ノヴゴロドへのモスクワの影響力が増加し、その結果、都市内部で親リトアニア派に発するあらゆる危険が消えた。同じ時期、プスコフは一三四八年のボロトヴォ〔ヴォロトヴォとも呼ばれる〕協定で古い母都市ノヴゴロドから半自立を成し遂げ、一三四〇年代末に初めてモスクワの影響圏のもとに入った。(8)

四

ロシア史における新時代は、イヴァン二世の子で、一三五九年よりモスクワ公、一三六二年よりウラジーミル大公であったドミトリーの治世から始まったと言われる。ドミトリーは、それまで中立的だった大多数の地域を併合し、こうしてモスクワ公国の領域を倍増させた。このことにより、ドミトリーは北東ロシアの紛れもない指導者という地位を強固にしたばかりか、モンゴル人に対するロシア人の全体的態度を変えることも出来た。というのも、実際、モスクワは、ドミトリーの治世以前の約三〇年間に、モンゴル人に関係する限り、比較的安定していたからである。軍事的干渉は殆どなく、また報復としての侵略もなかった。結果として、新世代のロシア人は一三世紀のその祖先に関する鮮やかな記憶を失っていた。更に、〔諸公が共同で軍を進める場合に〕ロシアの古い軋んだ軍事機構においてはそれぞれの諸公が指揮をとり、また諸公軍同士の連絡が全くとれなかったのだが、この機構が刷新された。代わって現れたのが、モスクワとウラジーミルの大公の指揮下で団結した諸公国の部隊が単一の軍を形成するというものであった。更に、ロシアの諸領域のなかで、ドミトリーに対抗出来る存在は殆ど存在しなかった。実際のところ、ある程度の軍事的に対抗出来る強大な公が一人だけは存在した。トヴェリのミハイル・アレクサンドロヴィチ公である。彼は、主にリトアニアのアルギルダスとの同盟に依拠して、細かく〔諸分領に〕分断されたトヴェリを、上辺だけではあるが何とか統合できた人物だった。しかし、モスクワへの対抗について言えば、一三六八年から七五年に生じたのは不均等な戦いだった。というのも、ミハイルにはドミトリーに匹敵する富も人気もなく、また〔ミハイル公が〕身を以て感じたように、リトアニア人は同盟国として全く当てにならなかったからである。一三七五年にドミトリー麾下の大同盟軍がトヴェリを打ち負かし、その結果、ミハイルはドミトリーを年長の兄、そして君主と認めることを余儀なくされた。そして以後モンゴル人やリトアニア人と衝突が生じた場合に、それに乗じてモスクワに刃向かわぬことを了承させられた。

しかし、ロシアの精神における実際の活力は、トヴェリ人に対する勝利に起因していたのではない。ロシア人はモンゴル人との軍事衝突において初めて、敗北に終わらずに済むという経験を有した。これが重要である。一三五七年から八〇年までの二三年間に、ハン国は混迷を極めており、次々にハンがハンを継ぐ事態となった。しかし、モンゴル人は未だに恐るべき力を有しており、一三七七年にはニジニ・ノヴゴロド地方のピヤナ川でロシア軍を完敗させた。しかし次の年、ロシア人はリャザン近郊のヴォジャ川で初めてモンゴル軍に勝利した。このモンゴル軍は強大なアミール〔将軍〕であったママイが北に送ったものであったが、彼はこの敗北という結果を受けて、ロシア人を罰する時が到来したと判断した。彼は予めリトアニアの新大公ヨガイラ（リトアニア語読み。

ポーランド語でヤゲウォ）及びリャザン公オレーグとの同盟を結んだ上でロシアの南部国境に大軍を率い、一三八〇年九月八日にドン川近くのクリコヴォ原でドミトリー軍に対峙した。リトアニアとリャザンから派遣されたママイの同盟軍は戦いに間に合わず、モンゴル軍は敗北に追いやられた。これは同時代、或いはそれに近い時期の著者たちにより大勝利として称賛され、ドミトリーはドンスコイというあだ名（ドン川のドミトリー）を与えられた。しかし、勝利の美酒に長く酔うことは出来なかった。チンギス・ハンの子孫トクタミシュ〔邦文文献では「トフタムィシ」と呼ばれることも多い〕が一三七八年になるとサライを奪い、一三八一年には旧ハン国を再統合し、更に〔ドミトリーに〕敗北したママイ残存軍を打ち破った。このトクタミシュが一三八二年にモスクワを奪って火を放ち、貢税を再度賦課し、ロシア人に復讐を果たしたのである。しかし、トクタミシュの侵攻、更なるモンゴルの襲撃（一三九五年のティムール、一四〇八年のエディゲによるそれ）があったにも拘わらず、「タタールのくびき」に対するモスクワ・ロシアの態度は一三八〇年以前のそれとは異なっていた。また確かに貢税は――常に支払われたわけではなかったにせよ――クリコヴォの戦いの後、まさに一〇〇年後（一四八〇年）まで要求されていたが、無敵のモンゴル軍という幻想は粉砕された。

ドミトリー・ドンスコイはその晩年に、軍事的成功に匹敵する外交上の、そして法的な勝利をもぎとった。ドミトリーは一三八九年五月一九日に亡くなるのだが、その直前に書かれた最後の遺言状〔彼は遺言状を何度か作成し直した〕で、彼は、モスクワ公国内の様々な地域を五人の息子へ分配した後、「世襲領地である大公国」を長子ヴァシーリーに譲るという条文を遺言に含めた。[9] これは、ウラジーミル大公国が今や、北東ロシアとハン国の双方により承認された、モスクワ公家の不可分な所有物であることを意味した。確かに、このことは実際のところ、アルギルダスとの条約（一三七一年）、トヴェリのミハイル（一三七五年）との条約で明記されていた（「汝はモスクワと全ての大公国からなる余の世襲領地を守り、また攻撃しない」）。[10] だが今回の遺言状の記載は、リューリク朝の一支流〔モスクワ公家〕にウラジーミル大公の称号、そしてそれに付随する全ての領域に関する権利があるという原則が、初めて、ハン国が承認した文書で認められたのである。

ヴァシーリー一世の長い治世（一三八九―一四二五年）は、変動前の安定した時期だった。[11] 一三九五年のティムールの侵攻失敗（リャザン南部国境に到達後、彼の軍は不可解ながら撤退した）、一四〇八年のエディゲの破壊的侵攻を別とすれば、ロシア・モンゴル関係は全体として平穏無事だった。リトアニアではアルギルダスの甥で、輝かしく野望のあるヴィタウタスが一三九二年に大公国の支配権を確保し、他方でその従兄弟でアルギルダスの年長の息子にしてリトアニア大公であったヨガイラは一三八六年にポーランド王になった（クレヴォの合同）。一四〇六―〇八年のプスコフに対するヴァシーリー一世との国境での小競り合いを別とすれば、ヴィタウタスとヴァシーリー一世は平和的にうまく共存した。両者の同盟は、ヴィタウタスの娘とヴァシーリーとの結婚により確かなものとされた。ヴィタウタスが一三九五年に、当時まだ中立的であったスモレンスク公国を占領した時も、ヴァシーリーは義父の行動を妨害しなかった。国内では唯一、ヴォルガ中流とオカ川、クリャジマ、ウンジャ下流に位置し、地理的に重要であったニジニ・ノヴゴロド地方を獲得した。トヴェリとリャザンの両国は独立を保持した。

ヴァシーリー一世が一四二五年に没した後、九歳の息子ヴァシーリー二世（在位一四二五―六二年）が大公位を継いだが、彼はその手強い叔父、北のガーリチ公ユーリーの挑戦を受けることになった。ロシアにとって不運なことに、ドミトリー・ドンスコイは遺言状において、息子ヴァシーリー〔一世〕が亡くなった際に生じることについて、指示を詳細には残さなかった。「神が余の息子を奪う時」、次の年長の弟（つまりユーリー）が「ヴァシーリー公の世襲領地を得るべきである」と規定する条項だけが存在したのである。[12] しかしドミトリーには長子相続制度をやめる意図などなかった。この遺言状が書かれた時、ヴァシーリー〔一世〕は一七歳に過ぎなかったのである。すなわち、ドミトリーは明らかに、息子が未婚で後継者を遺さず、また遺言も遺さずに死去した場合を想定していたのである。しかしユーリーは別様に考えた。とは言え、彼には父が遺した北東のガーリチとモスクワの西に位置するズヴェニゴロドの支持者を除けば、他に支持者は殆どいなかった。一方でヴァシーリー二世は存命中の三人の叔父と府主教フォーチーの支持を得ていた。ユーリーは服従を余儀なくされた。しかしフォーチーが没すると、その直後の一四三一年に、新たな激しさを伴って衝突が再燃し、ユーリーは「年代記、古い文書、父の遺言状」を持参し、果たしてヴァシーリーが勅許状を得るべきなのか、その権利を争うためにハン国に向かった。[13] ハンはヴァシーリーの玉座要求を認可したものの、このことが、その後一六年間続くことになる凄惨極まりない流血の内戦の始まりになった。その一六年の間に、ヴァシーリー二世は三度、ユーリーとその息子たちにより玉座から引き下ろされ、更に一度はモンゴル人により捕虜とされた。またユーリーの長子を盲目にした後、自分も盲目にされることになる。最終的には一四四七年二月一七日に大公としてモスクワの玉座を回復した。

次の年、衝突の最終段階で、ヴァシーリー二世に忠誠を誓っていたリャザン主教ヨナがコンスタンティノープルの祝福を得ぬまま、空位となっていた府主教に選ばれた。これにより、ロシア教会史における一時代が終わることになった。

（1）Fennell, *The Crisis*, pp. 86 ff.
（2）例えば A. L. Khoroshkevich and A. I. Pliguzov in Fennel (*sic*), *Krizis*, pp. 20 ff.
（3）Fennell, *The Crisis*, pp. 128 ff.
（4）Ibid., pp. 103–6 を見よ。
（5）*PSRL*, vol. 1, col. 473; Fennell, *The Crisis*, pp. 106–9.
（6）*NPL*, pp. 82–3, 311.
（7）Fennell, *The Emergence*, pp. 181–6; Crummey, *The Formation*, p. 49; Vodoff, 'A propos des "achats" '.

（8） Fennell, *The Emergence*, pp. 268 ff.

（9） 「見よ、余はその息子ヴァシーリーに余の世襲領地である大公国を遺す」。*DDG*, p. 34.

（10） Ibid., p. 26.

（11） 彼の治世に関する公平な見方については Crummey, *The Formation*, pp. 56–68 を見よ。

（12） 「神が余の息子ヴァシーリーを奪うなら、その時には余の息子たちのうち、彼の弟［つまり水平相続における次の者］がヴァシーリー公の世襲領地を得るべきである。*DDG*, p. 35.

（13） *PSRL*, vol. 25, p. 249.

〔訳註1〕 ネヴァ川の、という意味。

〔訳註2〕 厳密には復活ではない。名称がやや異なっている。

第二章　ロシアの府主教たち――キリル二世からアレクシーまで

一

一二四〇―一四四八年までの間、ロシア教会を統率した全府主教のうち、(1) 大多数は、キエフ時代の前任者たちと比べ、国家の政治活動において非常に活発な役目を演じた。そう見えるのは、単純に史料が、過去の府主教以上に同時代の府主教に注意を払ったからかも知れない。或いは実際のところ、モンゴル襲来後二世紀間の府主教たちは、以前の府主教よりも、多くの知識、厳格な倫理的資質に恵まれていたのかも知れない。彼らは全体として、確実に、自らの権力と能力が世俗支配者を助ける、また邪魔だてする力をもつことを、モンゴル襲来以前の府主教たちよりも理解していた。それ故、実のところ、新興国家〔モスクワ〕の歴史を創り上げるために、大公が府主教を使ったのか、或いは逆だったのかどうかを判断することが時として難しい。また在位期間についても彼らは〔以前の府主教たちを〕上回った。七人の主な府主教たちは平均で二三年の間、府主教区を管轄した。その一方で、二二人からなるモンゴル襲来以前の府主教たちは平均で九年にすぎなかった。

偉大な府主教たちの最初にあたるキリル二世（在位一二五〇頃―八一年）は、ほぼ確実にロシア人であり、これが正しければ、一二世紀のクリム以来ということになる。更に彼は、ガリチアのダニール・ロマノヴィチが擁立した候補者だった。以前は、ダニール公の印璽官《ペチャトニク》だったようである。[2] キリルの指名と選挙がどのように行われたのか。いつ、いかなる主教会議においてであったのか、総主教の承認〔すなわち叙任〕はあったのか。こうした問題は単純に分からない。恐らくは一二四四年以降、ある時期に〔叙任のために〕彼はロシアを発った。というのも、これに先立つ四年の間、ニカイアには総主教がいなかったからである。そして一二四〇年代後半のどこかの時点で叙任されたのだろう。

キリルは生まれ故郷と思しき南西ロシアに一度たりとも戻ることはなく、また諸史料においても、彼とヴォルィニ及びガリチアとの結びつきへの言及はない。ビザンツでは「小ロシア《ミクラ・ローシア》」〔訳註1〕として知られるこれらの地域はキエフ府主教たる彼の管轄下だったにも拘わらず、である。[3] 代わりに、彼はキエフや北ロシア〔具体的にはクリャジマ河畔のウラジーミル方面〕でその後の人生を歩んだ。また彼はハン国には行かなかった。或いは仮に行っていたとしても、史料にはそのことに関する言及はない。キエフについて言えば、もちろん、それは彼の拠点だった。彼は結局のところ「キエフと全ルーシの府主教」だったのである。しかし、一三世紀の年代記は〔内容が〕薄く、それ故、一体どの程度、彼がキエフで過ごしたかを判断することは困難である。ただ確実に、彼は、府主教在位期の前半の殆どは北ロシアで過ごした。この地では、主教の叙任や一二五〇／五一年のアンドレイとダニールの娘との結婚の祝福（一七四頁を見よ）を除けば、彼の記録された行動は全てアレクサンドル・ネフスキーと結びついている。すなわち、一二五一年に彼はノヴゴロドにネフスキーを訪ねている。同年、キリルは「その祈りによって」、ネフスキーの「重病」を癒やした。[4] また一二五二年にはネフスキーに会って、彼をウラジーミル大公に即位させた。また一二五六年にはスウェーデン遠征の最初の行程でネフスキーに同伴した。一二六三年にはネフスキーを埋葬した。そして十中八九、彼はウラジーミルにおいて、ロシアにおける〔ネフスキー〕崇敬の端緒を開き、彼の『聖者伝』を書いた。[5] ただ、彼は府主教の館を公式にウラジーミルに移すことはせず、彼の生涯における最後の一四年間は主にキエフに居住したと記録されている。この最後の時期に彼が任命した全ての主教はキエフで叙任されている（サライのフェオグノストは一二六九年、ウラジーミルのセラピオンは一二七三年。ノヴゴロドのクリメントとウラジーミルのフョードルは一二七五／七六年）。また彼は主教たちが参加した大教会会議を招集し、これは一二七三年にキエフで開催された(6)。〔最後の一四年における〕北方ロシアへの彼の知られている訪問は以下のものが全てである。一二七〇年に、彼は大公ヤロスラフの代理として、ノヴゴロドで生じた問題に介入した（以下三〇八頁を見よ）。また、一二七四年にはセラピオンをウラジーミル主教に任じた。更に一二八〇―八一年には自分とロストフ主教との衝突を解決し、そのまま、北のペレヤスラヴリで死去した（一二八一年一一月二七日）。彼の遺骸は十日後にキエフの聖ソフィヤ聖堂に運ばれ、そこに葬られた(7)。

キリルの後継者でギリシア人であったマクシム（在位一二八三―一三〇五年）も、キリルと同じく、一二年の府主教としての在位期間をキエフで費やしたが、他方でキリルと異なり、彼はハン国を訪れ(8)（コンスタンティノープルからキエフへ行く際に立ち寄った模様）、一二九九年には彼の府主教座をキエフからクリャジマ河畔のウラジーミルに移した。これは「タタールの暴力に我慢出来ずに」行われたものであった(9)。彼の教会活動については、一二八四年にキエフで開かれた主教会議、そこで十中八九行われたであろうウラジーミルとオリガの公式の列聖（上述八八―九〇頁を見よ）、数多くの主教の叙任、彼の管轄下にある北ロシアの主教区への幾度もの訪問（「教育、指示、行政(10)」）の他は殆ど分からない。彼の政治的な傾向、或いは彼とビザンツとの関係についてのみ考察出来る。

上述のように、キリルが頂点に立っていた時期、「小ロシア」（ヴォルィニとガリチア）や北ロシア（スズダリ地方、ノヴゴロド、プスコフ）を含め、かつてのキエフ国家の殆ど全ての領域が彼の管轄下に入っていた。しかし一三〇三年にダニール・ロマノヴィチの孫にしてガリチアの支配者ユーリー・リヴォヴィチ公が〔ビザンツ〕

皇帝（アンドロニコス二世）と総主教（アタナシオス一世）に対し、ガーリチ主教区を府主教区に、つまりヴォルィニとガリチアの四主教区（ヴォルィニのウラジーミル、ペレムィシリ、ルツク、ホルム）、そして恐らく当時ユーリーの支配下に存在したトゥーロフから構成される小ルーシ*府主教区に昇格させるよう働きかけ、これに成功した。そして新たな府主教区は、旧ガーリチ主教ニフォントの監督下に入った。

短期間でありながら、ロシアの地で初めて生じたこの最初の分裂についても、また府主教ニフォントについても、何も分からない。ただ一三〇五年に、彼は亡くなったか、或いはその管区を放棄した。というのも、マクシムも没したこの年に、上述のガーリチ公ユーリーが「キエフと全ルーシ」或いは「小ルーシ」――後者の確率が高いと思われるが――の府主教座に就けるための自分の推薦候補者としてこの地の修道院長ピョートルを選び、彼をコンスタンティノープルに派遣したからである。まさにこの時、ウラジーミル大公ミハイル・ヤロスラヴィチの方では修道院長ゲロンチーを〔「キエフと全ルーシの」〕府主教候補者としてマクシムの後任とするために派遣した。コンスタンティノープルで何が生じたのか。残念ながら正確なところは分からない。分かっているのは、皇帝と総主教が、両者が二年前に創設した〔小ルーシ〕府主教区を廃止したこと、そしてウラジーミル大公の候補者に構うことなく、ピョートルをキエフと全ルーシの単独の府主教に任じたことだけである。こうして、最初の小ルーシ*府主教区は、かろうじて二年続いただけだった(11)。しかしこれに続くものは以後、幾つも現れることになる。

ただ、それは府主教ピョートルの時代にではなかった。彼のキエフ府主教在位期間中において、「小ルーシ*府主教区」を復活させようとする試みが生じたことを伝える史料はない。またピョートルについても、史料では、南西ロシアにあまり関心を示さなかった者として描かれている。彼自身が小ロシア人であり、かつキエフと全ルーシの府主教としての彼の管轄権下にヴォルィニとガリチアが入っていたにも拘わらず、である。ユーリー・リヴォヴィチ公は、当然ながら、自分の「府主教座」が突如、清算されてしまったことに幻滅した。そしてその

せいで、公はラテン教会との合同の可能性を話し合う目的で教皇クレメンス五世に接近した[12]

ピョートルは一三〇九年に、コンスタンティノープルからウラジーミルに到着した。当時、北西ロシア〔ノヴゴロド等〕の支配権をめぐり、トヴェリとモスクワとの争いが絶頂に達していた。ピョートルは初めからモスクワ側についていた。これは全く驚くに値しない。というのも、上述のようにトヴェリのミハイル公はロシアの最上級座〔府主教座〕にゲロンチーを推薦していたのであり、これと競合し〔て勝利し〕たピョートルが府主教として歓迎される見込みは薄かったからである。事実、ピョートルはミハイルの息のかかったトヴェリ主教アンドレイにより聖職売買の罪で告発された。しかし総主教の代理人や二人のロシア主教、更にはトヴェリのミハイルの二人の息子、そしてまず確実にモスクワのユーリー公までもが参加した教会会議（一三一〇年或いは一一年）において、ピョートルに対する告発は不当であるとされた。

ピョートルの行動は彼のひいきを説明してくれる。一三〇九年に彼はモスクワが庇護する公を支持する形でブリャンスクの出来事に干渉した（以下二七七―二七八頁）。一三一一年にはニジニ・ノヴゴロドへのトヴェリの遠征を上手く阻止した（以下三〇九―三一〇頁）。彼は、彼自身が指名したわけではなかったが、自分を支持する者を主教に任命した（一三〇九年のノヴゴロドのダヴィド、一三二一年のロストフのプロホル）。その結果として、トヴェリはこれらノヴゴロドとロストフの両地域において絶え間なく問題を抱えることになった[13]。また一三一五年には〔トヴェリ主教〕アンドレイを更迭した。アンドレイは退位し、熟慮の上で修道院に隠居した。代わりにピョートルはトヴェリ主教としてヴァルサノフィーを任じた。

多くの意味で、とりわけ純粋にイデオロギー的観点から見て非常に重要であったのが、彼の在位期間の最終年にあたる一三二六年である。この年の初めまでに、ピョートルは既にモスクワに移住していた。モスクワの公位は、トヴェリのドミトリーによりハン国でユーリー公が殺害された後に、ユーリーの弟のイヴァン一世が引き継いでいた。二月になると、ピョートルは自分で任じた主教たち（ノヴゴロドのモイセイ、ロストフのプロホル、トヴェリのヴァルサノフィー）と共にモスクワ公ユーリーを埋葬した。八月には、モスクワのウスペンスキー聖堂建設の最初の段階で、「彼自身の手で」（彼の『聖者伝』でそう記されている）、彼自身の埋葬場所を（聖堂内に）造り始めた。一三二六年一二月二〇日に彼は死去し、イヴァン一世の臨席のもと、小ロシアのとある主教（ルック主教フェオドシー）により埋葬された。彼のモスクワ居住、そしてモスクワを埋葬地として選択したことにより、ピョートルは事実上、モスクワをロシア教会の将来の中心に指定したのである。但し、府主教の公式の居住地はピョートルによっても、また彼の後継者（フェオグノスト）によってもウラジーミルからモスクワに移されなかった。これを移したのはその次のロシアの府主教アレクシーだった。

イヴァンは、府主教ピョートルがモスクワとその諸公の大義にとって多くの貢献を行ったと考えていた。信じられているところでは、イヴァン公はピョートルに対し、モスクワ近郊に小さいながらも所領を与えた[14]。また公はピョートルの列聖の着想を得て、一三二七年の教会会議においてこれを発案した。ピョートルの墓で生じた奇跡の数々――列聖に不可欠の条件であった――が会議で読み上げられたが、これらは明らかにイヴァンにより準備されたものだった。その一方で会議そのものは公に忠実な主教プロホルが司った。その後まもなく、親モスクワ・反トヴェリ色の強いピョートルの『聖者伝』の最初の版が匿名のモスクワ人により作成された。この版は後に一四世紀末に府主教キプリアンにより再編集されることになる[15]。

二

イヴァン一世は、政治的支援と協力を受けたという点で府主教ピョートルに感謝せねばならなかった。しかし、イヴァンとその息子セミョン公は、ピョートルの後継者、ギリシア人フェオグノスト（テオグノストス。在位一三二八―五三年）に対し、更に大きな恩義があった。フェオグノストは恐らくビザンツの歴史家ニケフォロス・

グレゴラスの友人であり、また教養のある明敏かつ知的な人物でもあり、彼はその在位中、モスクワの真の友人として活動した。前任者と同じく、彼もブリャンスクの問題に介入し（以下二七七—二七八頁）、府主教区内の主教たち（トヴェリのフョードル、ノヴゴロドのヴァシーリー。以下三一五—三一八頁）の任命及び彼らへの態度において、政治的立場を持ち込んだ。またプスコフに独立主教区を設置しようとするリトアニアの計画を打ち砕いた（以下三一四頁）。しかし、何にもまして、彼はピョートルと同じく、キエフと全ルーシの府主教区の不可分性を保持するために戦い、また分離した小ルーシ*とリトアニアという府主教区からキエフと全ルーシの府主教区を守るために戦い〔後述〕、更にうまく勝利することが出来た。

リトアニアに対するモスクワの戦いにおいて、フェオグノストの主たる貢献は、競合する府主教区の設置に反対したことであった。主たる係争地は小ロシア——ヴォルィニとガリチア——であった。ロシア到着後、彼の最初に記録された活動は、ペレムィシリ、ホルム、〔ヴォルィニの〕ウラジーミル、ルツク、トゥーロフの主教たちの面前でガーリチの町の主教にフョードル（テオドル）を任じることだった[16]。もちろん、これは単純に、空位の主教区を法に基づいて充足するものだったかも知れない。しかし、儀式へ小ロシアの主教全員が参加していたという状況に鑑みるならば、あたかもフェオグノストのある種の切望が表現されたかのように見える。すなわち彼は、キエフ・ウラジーミル・モスクワからなる彼の府主教区へヴォルィニとガリチアの諸主教区が従属していることを公的に宣言したかったのではなかろうか。この宣言は、言ってみるならば、小ロシアの支配者として、ユーリー・リヴォヴィチ公を引き継いだポーランド人のボレスワフ・ユーリー〔イェジとも呼ばれる〕二世（マゾフシェ公の息子）の面前で行われた挑戦的行為のようなものであった[17]。

しかしながら、フョードルはその後、フェオグノストの同盟者であろうとしなかった。一三三一年四月のコンスタンティノープルの総主教座会議の参加者一覧には、匿名の「ガーリチ府主教」[18]が挙げられている。これは小ロシア地域の府主教管区にフョードルが任命されたことを示す最初の情報だろう。ただ、もし府主教になったのが本当にフョードルであったとしても、結局のところ、彼の府主教としての在位期間は短いものになった。というのも、彼は一三三一年に（ヴォルィニ地方の）ウラジーミルにおいてノヴゴロド大主教ヴァシーリーの叙任に列席していたのだが、その際には単にガーリチの町の主教と呼ばれているからである。[19] 次の年、フェオグノストがコンスタンティノープルに滞在したが、これは恐らく、南西ロシアの府主教座を再度閉鎖することの確認のためだった。

府主教であったのがフョードルであったか否かに拘わらず、いずれにせよ、これは明らかにフェオグノストの勝利であり、その後、およそ一三年の間、ガーリチ（つまり小ロシア）の府主教座を復活させる企ては生じなかった。しかし、一三四〇年代中頃、ビザンツ帝国において、サヴォワ家のアンナ（皇帝アンドロニコス三世の後妻）[20]とヨハネス六世カンタクゼノスの間で内戦が生じると、今やゲディミナスの息子リュバルタス＝ドミトリーのもとにあった小ロシアは再度、フェオグノストの管轄外になった。[21] これは皇帝ヨハネス・カンタクゼノスに敵対した総主教ヨハネス・カレカスが行ったことであった。そして内戦が終結すると、皇帝ヨハネスが一三四七年に権力を回復した。すると小ロシア地域の府主教座はまたも廃止された（三度目）。廃止を目論んだのは今回もフェオグノストであった。府主教に駆り立てられた大公セミョンが皇帝カンタクゼノスに宛てて、ヴォルィニとガリチアの主教座をキエフ府主教座に返還するよう求めて書簡を書いたのである。書簡と一緒に、聖ソフィヤ教会修復費用として、かなりの資金が送られており、これが願った通りの結果を生み出した。皇帝は一三四七年に、金印の捺された布告を以て返答を出した。

> いわゆる小ロシア《ミクラ・ローシア》地域に存在するいと清き主教区、すなわちガーリチ、ウラジーミル、ホルム、ペレムィシリ、ルツク、トゥーロフは、再度、……いと清きキエフの府主教に服すべきである。……神を愛するこれらのいと清き主教区の主教たちは最も清きキエフの府主教である……主人フェオグノスト（及び彼の後継府主教たち）に対し、第一の

主教としての正当な敬意を払うべきである。……[22]

もう一つの分離した府主教座、すなわちリトアニア府主教座――リトアニアがキエフの府主教座の競合相手ないしはその代替として設置を切望した――についての情報は、〔小ルーシ地域の府主教区よりも〕はるかに少ない。これが最初に創られたのは一三〇〇年頃のことで[23]、一三一七、二七、二九年にこれを監督する高位聖職者〔府主教或いは主教〕（或いは複数の聖職者たち）がコンスタンティノープルに滞在した証拠がある[24]。そして最後の一三二九年の場合にのみ、フェオフィル（テオフィロス）という名が伝わっている[25]。府主教の館は、ミンスクから西に八〇キロメートルほどのノヴゴロドク（リトアニア語ではナウガルドゥカス。ポーランド語ではノヴォゴロデク）にあり、またフェオフィルの管区は「黒ルーシ*」からなった。これは現代のベラルーシの西部地域であり、ネマン川上流域に当たる。この地はまたリトアニアが一三世紀中頃に併合した地域であり、恐らくは旧ポロツク公国と、更にトゥーロフ、或いはチェルニゴフ、キエフ、スモレンスクといった諸公国の一部からなる地域でもあった。

府主教ピョートルはこの座の存在に気づいていたかも知れない。しかし彼がこれを閉鎖するよう総主教に働きかけを行った形跡はない。ともかく史料は沈黙している。フェオグノストの場合は異なった。一三二九年或いは一三三〇年にフェオフィルが死去し、続いてこの管区が閉鎖されることになるのだが、ここでフェオグノストが重大な役割を果たしていたことが分かっている。その後、フェオグノストの晩年まで、「リトアニア府主教区」は存在しなかった。フェオフィルの庇護下にあった諸主教区がキエフの府主教区のもとに戻ったことは疑いない。

しかし、明らかにアルギルダスはこの状況を快く思わなかった。リトアニアの支配者により支配或いは占領されている正教地域がモスクワ大公に近い府主教へ宗教的忠誠の義務を負っていた。このことは全くアルギルダスの利益にならなかった。一三五二年に彼はフェオドリトを「ルーシ府主教*」としての叙任を受けるためにコンスタンティノープルに派遣した。アルギルダスの要求が拒絶されたことは驚くべきことではない。フェオグノストは存命中であり、一三五〇年に一時病に伏せたものの、その後の二年はまだ元気に活動していたのだから。[26] しかし一三五二年にフェオドリトは――極めて不法に――タルノヴォのブルガリア総主教によりなんとか「ルーシ府主教」*の叙任にこぎ着けることが出来た。次いで彼はキエフに居を構え、少なくとも二年間ここに滞在した。メイエンドルフは「アルギルダスの支援と支持を受けた彼は、コンスタンティノープルから独立し、キエフの歴史的な管区を本拠とする全ルーシ*教会を構築する過程にあった」と考えている。[27] ただ、彼は最終的に廃位された。彼の最期について、その詳細は分からない。[28]

西の〔リトアニア占領下の〕諸教区をスズダリ地方の支配下に保持するという政策は、モスクワ大公に利益をもたらした。このことの証拠が必要であれば、小ロシア地域の府主教座の三度目の廃止がもたらした迅速な政治的結果を考慮すれば十分である。一三四九年に、つまりヴォルィニとガリチアの主教区がモスクワの教会に戻って二年後であるが、この時ヴォルィニとガリチアを支配していたリトアニアのリュバルタス・ゲディミノヴィチ公は、モスクワ大公セミョンのもとに使節を派遣し、和平及び姪との結婚を求めてきたのである。[29] リュバルタスの兄アルギルダスも同じ一三四九年にセミョンに対し、セミョンの妻の姉妹（トヴェリのアレクサンドル・ミハイロヴィチの娘ユリアニヤ）との婚姻の許可を求めた。[30] リュバルタスの行動は兄と歩調をあわせようとしたものだったようだ。この年、リトアニア人はストレヴァの戦い（一三四九年二月）でチュートン騎士団に粉砕されたばかりか、もはやリトアニアの同盟者ではなかったポーランド王カジミェシ三世がガリチア全域を支配下に置き、更に事実上、全ヴォルィニを大百日戦争（一三四九年九―一二月）で占領したことに鑑みれば、[31]〔奪われたガリチアとヴォルィニの教会組織を管轄するフェオグノストやその拠点であるモスクワとの関係の強化は、リトアニアにしてみれば〕全く不思議ではなかった。ただ、このような形になったにせよ、それでもなお、小ロシアがモスクワと一時的であれ提携したことは、セミョンと彼の高位聖職者〔フェオグノスト〕にとっては勝利であった。

フェオグノストの教会政策は疑いなく政治的な利益をあげたのである。

フェオグノストは一三五三年三月一一日に死去した。三カ月前に彼は念のために、クリャジマ河畔のウラジーミルの主教としてアレクシー・ヴャコントを任じていた[32]。チェルニゴフのボヤーレの息子であったアレクシーは世俗の洗礼名をセミョンと言った。彼の代父はイヴァン一世であり、セミョンはモスクワの宮廷で養育された。モスクワのボゴヤヴレンスキー修道院においてアレクシーの名で剃髪を受け、彼は最終的にはフェオグノストばかりか、イヴァンの息子セミョン公のひいきも得ており、この公が遺言状を作成した際（一三五三年三／四月）には証人として名を連ねている[33]。彼がウラジーミル主教に任じられてまもなく、フェオグノストと大公により、コンスタンティノープルへ使節が送られた。これはアレクシーを府主教として任じることを求めるものだった[34]。使節はフェオグノストの死後、かなりの時間を経てから帰国したが、その際には「皇帝［ヨハネス・カンタクゼノス］と総主教［フィロテオス］の書簡を携えて」、また「主教アレクシーに、聖なる総主教により［府主教として］叙任されるためにコンスタンティノープルに来る」ようにとの命令も携えていた[35]。アレクシーは一年間、コンスタンティノープルに滞在し、一三五四年にようやく帰国した。

アレクシーの叙任に皇帝と総主教が同意したことは、疑いなくモスクワにとっての勝利であり、リトアニアにとっては後退を意味した。しかし、一三五四年一二月、ヨハネス・カンタクゼノスは退位し、義理の息子であるヨハネス五世パレオロゴスに代わった。フィロテオスも前任者の総主教カリストゥス（在位一三五四—六三年）に代わった。これは一つのことを招きうる動きであり、実際にそうなった。すなわちアルギルダスへの態度の変化である。こうして、アルギルダスが推薦する候補者であり、彼の妻ユリアニヤの親類であり、トヴェリ・ボヤーレの息子でもあったロマンが[36]「リトアニア府主教」としてコンスタンティノープルで叙任されたのである[37]。

殆どの同時代のロシア年代記は、もちろん、モスクワによりしっかりと検閲されており、それらがロマンの活動について殆ど、或いは全く言及していない点は当然のことである。モスクワのトロイツカヤ年代記は彼の名前にすら言及していない。しかし、一三五五年にはロマンとアレクシーがそれぞれの管轄地域を確定するためにコンスタンティノープルに行ったことが分かっている。トヴェリの年代記（ロゴシ年代記）は単に「彼らの間には大きな争いがあった」こと、「ギリシア人が彼らから多くの贈り物を［得た］」ことを伝えている。後者は、目的達成のために両府主教が大規模な贈賄という手段に訴えていたことをはっきりと示している。更に、あまり助けにならないものの、この年代記は、次の年に「府主教アレクシーがコンスタンティノープルからルーシ*の地に戻り、ロマンがリトアニアとヴォルィニの地に戻った」ことを付け加えている[38]。しかし、ロマンの管区は一三五五―五六年に、カリストゥスにより、以前のリトアニア府主教区（つまり、黒ルーシ*、ポロツク、トゥーロフ）に加え、「小ロシア地域の諸主教区」（つまり、〔本来の〕リトアニア外部でありながらもアルギルダスが完全に支配する領域を事実上意味する）であると定められた[39]。

アレクシーは「キエフと全ルーシ*の府主教」の称号を保持していたものの、アルギルダスの支配地においてロマンの管理下に置かれた領域の維持・拡大を殆ど抑えられなかった。コンスタンティノープルから帰国すると、二人の府主教はそれぞれのやり方を進めた。今や「大胆にも」「キエフと全ルーシ*の府主教」を名乗り始めたロマンは、キエフのその館に座し、「管区に多くの混乱と問題をもたらした[40]」。彼がキエフにどの程度の間滞在したのかは不明である。一三六二年に死を迎えるまでのロシアにおけるロマンの活動について、ロシア史料における唯一の情報は、一三六〇年に彼が、「最も尊敬すべき府主教アレクシーと全く親密な関係を持たぬまま、憤慨しながら、また恥を知らずにトヴェリに到来した。彼は何も自分の意志通りには出来なかった。……そしてトヴェリ主教フョードルは彼に会わず、彼に敬意も払わなかった。しばらくして、彼はリトアニアに帰還した」というものだけである[41]。

一三五六年に二度目のコンスタンティノープル訪問からの帰還した後の五年間におけるアレクシーについては、もう少しだけ知られている。一三五七年に彼はクリャジマ河畔のウラジーミルを訪れ、そこでトヴェリ問題への対処について多くの時間を費やした。すなわち競合する二人の〔トヴェリ公国内の分領〕公、ホルム公フセヴォロド・アレクサンドロヴィチとカシン公ヴァシーリー・ミハイロヴィチ（後者は「良き主教」と呼ばれた親モスクワ派のトヴェリ主教フョードルにより支持された）が自分たちの争いの解決について、アレクシーの判断に委ねたのである（以下三二〇—三二一頁）。同年、彼はウズベクの寡婦タイドゥラの原因不明の病気を治療するためにサライに向かった。[42]一三五八年にはキエフにいた。キエフに向かう旅において、彼は当初、トヴェリ主教フョードルを伴っていた。後者は主教区内の諸公間の争いで大いに悩んでいた。フョードルは退位を願い出ていたが、アレクシーは「愛を以て彼に指示し」、辛抱してコロムナからトヴェリに戻るよう説得した。[43]アレクシーは一三六〇年までキエフに滞在した。[44]この間、一三五九年にモスクワ大公イヴァン二世が死去したが、その埋葬にも参加しなかった。彼は一三六〇年にモスクワに戻り、一三六一年に、長く辛抱してきたフョードル（最終的に修道院に入った[45]）に代えて新主教を任命するためにトヴェリを訪れた後、再びモスクワに戻った。モスクワでは、彼は摂政役として必要とされていた。すなわち、一三五九年に父イヴァン二世の跡を継いだドミトリーが、当時一一歳に過ぎなかったのである。

〔この頃〕総主教カリストゥスがロマンに対して心変わりをしたことは疑いない。またアレクシーの正当な称号と領域をロマンが侵害している、という報告がコンスタンティノープルまで届いていたに違いない。ともかく、ロマンの死（一三六二年）の後、〔アレクシーが〕受けた傷は元通りになった。合法的であれ非合法であれ、ロマンの支配下にあった全領域、言い換えれば、リトアニアと小ロシア地域の二つの府主教区、そして更にはロマンが管轄権を主張していたその他の土地は、今や公式にカリストゥスによって府主教アレクシーに返還された。[46]少なくとも三年間は、広大になったアレクシーの府主教区は安泰であり、一三六四年にコンスタンティノープルの〔アレクシーにとっての〕大庇護者であるフィロテオスが総主教としてカリストゥスから交代した後には、なおのことそうであった。

しかし、アレクシーのもとでの正教会の統一は長くは続かなかった。流動的な南西ロシアの政治状況が新局面に入ろうとしていた。一三四九年のカジミェシ大王によるガリチアとヴォルィニの占領（上述一九六頁註31）の後、小ロシアは要領を得ない三年間の小競り合いを経験し、リトアニア人とポーランド人の双方が〔一三世紀初頭の〕ロマン・ムスチスラヴィチの旧公国〔の領域〕を出来る限り支配下に置こうと試みた。その後、最終的に一三五二年、妥協が成立した。すなわちカトリックのカジミェシ王はガリチアの大部分（リヴォフ、ガーリチ、ペレムィシリ、サノク）を支配し、未だ異教徒であったリトアニアのゲディミナスの子孫たちは、ヴォルィニ（ウラジーミル、ルツク、ベルズ、ホルム）の支配者と認められた。[47] 一四年の間、多かれ少なかれ、この状況は変わらなかった。しかしポーランドでは小ロシア全域《レグヌム・ガリキアエ・エト・ロドメリアエ》を征服する準備が進んでいた。一三六六年にカジミェシが侵攻した。二カ月でヴォルィニの殆どが、先に奪われたガリチアと同じく、彼の手中に落ちた。

ポーランド人による南西ロシアの併合は、この地域の教会行政にかかわる限り、一つのことを意味していた。すなわち正教住民に対する府主教アレクシーの支配に対し、王から異議を唱えられる、ということである。但し、ほぼ四年間は何も生じなかった。ロシア史料は不気味にも沈黙している。すなわちカジミェシの侵攻への言及は一言もない。また府主教は、一三六二年にリトアニアにより占領されたキエフは言うに及ばず、彼の管区の西部に打ち込まれたくさび〔カジミェシの侵攻のこと〕の状況を調査するために何かを始めたわけでもないようだ。一三六六―七〇年の間にアレクシーが行ったこととして記録されるのは、一三六八年にドミトリー公がトヴェリのミハイル・アレクサンドロヴィチ公をモスクワに召喚するのを助けたこと（以下三二一―三二三頁）、この年のリトアニアとトヴェリによる最初のモスクワ侵攻の際、クレムリに避難したこと、そして一三七〇年にはニジニ・ノヴゴロドでスズダリのボリス・コンスタンチノヴィチの息子に洗礼を施したことだけである。[48] カジミェシも、また今やモスクワに攻撃を仕掛けているアルギルダスも、小ロシアの信徒に対するアレクシーの宗教上の指導を阻もうとはしなかった。つまり、一三七〇年まで[49]は、何も生じなかったのである。ところがこの一三七〇年、カジミェシは総主教フィロテオスに、「ルーシ*人の法が混沌に陥らないように、また消え失せないようにするため」[50]に、王の候補者であり、恐らく西ロシアの主教の一人であったアントニーを小ロシア地域の府主教に叙任するよう求める書簡を書いた。書簡は、アントニーが叙任されない場合には、「ルーシ*人にラテン信仰への洗礼を強要する」という脅しで終わっている。[51]

脅しは実際、コンスタンティノープルにとってとても現実的に見えたに違いない。というのも、ヴォルィニとガリチアの住民の大多数は正教徒だったものの、それまでにかなりのラテン〔カトリック〕信徒が居住していたからである。リヴォフだけでも二つのカトリック修道院と四つの教会があった。[52] また、その数が疑いなく増えていたことも不安材料であった。フィロテオスは、一三六四年に総主教座に復帰した後、六年にわたり、リトアニアのアルギルダスと戦うドミトリー・ドンスコイを強力に——彼にとってこれは目立った行為だった——支援し、またアレクシーの権威の主張を行ってきた。すなわちフィロテオスは、アルギルダスの迫害によって一三四七年に殉教した三人のリトアニア人キリスト教徒のアレクシーによる列聖を承認、許可した。[53] また一三七〇年七月には彼は多くの書簡を書いた。宛先はドミトリー・ドンスコイ、アレクシー、「ルーシ諸公」、ノヴゴロド大主教アレクシーである。また二通の破門状を書いた。こちらはロシアにおけるアルギルダスの同盟者に宛てたものであった。[54] これら全てから、総主教が確固としてモスクワの聖俗の支配者の側に身を置いていたことに議論の余地はない。しかし、〔上述の〕カジミェシの書簡を受け取り、彼は降参したようである。一三七二年五月に総主教座会議は、「いと聖なるガーリチの府主教座に」「小ロシアから来た」「神に愛されるアントニー主教」の任命を確認する決定を出した。この決定は興味深いことに、アントニーの府主教座の実際の範囲について不明確だった。すなわち、「ホルム、トゥーロフ、ペレムィシリ、〔ヴォルィニの〕ウラジーミルのいと清き主教区」を含むことになっていたが、ルツクについての言及がない。更に、これら四主教区（或いは恐らく府主教区全体を意味するのかも知れない）に対する監督は、「目下進行中の紛争が解決されるまで、そして平和が訪れ、そして戦いが終

わるまでである」とされている。(55)

その三カ月後、自分の立場の転換を正当化するために、フィロテオスはアレクシーに書簡を書いた。府主教に対する愛と敬意からなる大げさな表現の後、彼は「そこ〔つまり小ロシア〕に住む全てのキリスト教徒を見捨て」、彼らを「教えと霊的な世話をしないままに」放っていることで、〔アレクシーへの〕不平を述べている。彼の告発は更に具体的である。「汝は数年にわたって小ロシア《ミクラ・ローシア》を見捨てているので、……現在小ロシアを支配するポーランド王カジミェシが、他の諸公と共に、そこから主教〔つまりアントニー〕と書簡を送ってきた。この書簡の述べるところ、全ての地に法がない、というのも高位聖職者がここにはいないので、法が混沌としている、という。それ故、我々は〔高位聖職者として〕良き人物……主教アントニーを選んだ」と。彼は「ルーシ人*をラテン信仰に洗礼させる」というカジミェシの脅しを繰り返し、ガーリチ府主教区（そしてウラジーミル、ペレムィシリ、ホルム）へのアントニーの任命と派遣を、それが行われなかったならば生じるであろうこと〔ラテン信仰への改宗〕を問いながら正当化している。ともかくフィロテオスは付け加えている。「汝は悩むべきである。というのも、起こったこと全ては汝の失敗だからである」と。アルギルダス〔恐らくカジミェシの間違い〕が送ってきたアレクシーの政治的行為に対する苦々しい手紙の内容を繰り返しつつ、総主教はアレクシーに、小ロシアの府主教区の全ての問題を議論するためにコンスタンティノープルに来るよう、或いは使節を送るよう求めて書簡を終えている。(56)

府主教アントニーがガーリチに到着した時、またその後で何が生じたのかは不明である。ロシア史料は沈黙している。また総主教座も、それ以上、彼について記録していない。カジミェシさえ、アントニーに対する関心を失ったように見える。そしてフィロテオスが事実上、王の要求に従い、またアントニーを叙任したにも拘わらず、ロシア人を「ラテン信仰に」洗礼するという脅しは現実化し始めた。一三七二年に教皇グレゴリウス一一世はクラコフ大司教にアントニーの府主教区（ガーリチ、ペレムィシリ、ウラジーミル、ホルム）にラテン司教を任じるよう命じ、また「分派〔すなわち正教の〕主教」を排除するよう命じた。命令は一三七五年に実行され、アントニーはその館からの退去を強要された。彼の最終的な運命は不明である。(57) こうして恐らく、アレクシーは再度、彼のロシア全域の〔正教の〕主教区に対する宗教的監督を回復出来た。

しかし、回復は、それが実際に回復と呼べるものであったとしても、一時的なものであった。というのも、一三七三年、或いは七四年の初めに、新たな人物がキエフに到着したからである。この者はキエフと全ルーシ*の府主教の権威を過激に再解釈し、最終的に、モスクワ、リトアニア、ポーランドの間での新しい平和的関係を確立することになる。これがブルガリア人キプリアンであった。

彼は総主教フィロテオスにより、東欧、特に府主教アレクシーにかかわる部分で、その混乱を調査して鎮めるための特別使節として派遣された。ロシアの年代記のまばらな言及から判断する限り、彼は若干の成功を収めた。アルギルダスの信頼を勝ち取り、恐らく大公ドミトリーとアレクシーのそれも勝ち取った。(58) 彼の任務は完了し、コンスタンティノープルに戻った。その際、恐らく、リトアニアと小ロシアのために別個の府主教を任命したいというアルギルダスの新たな要求を携えていた。或いは単純に、ロシアの府主教区内部でのお粗末な状況に関する詳細な報告書を携えていた。(59) 一三七五年一二月二日、総主教フィロテオスはキプリアンを府主教に任じた。一三八〇年の総主教座会議の決定によると、(60) 彼は「キエフとリトアニア人の府主教」の称号を「小ルーシ《ミクラ・ローシア》*とリトアニア人の府主教」の称号と共に与えられた。また一三八九年に出されたキプリアンびいきの〔総主教座会議の〕決定によると、「キエフ、ルーシ《ローシア》*、リトアニア人の府主教」はアレクシーの死という条件で、「全ルーシ*の府主教」になることになっていた。(61) 本当の称号がいずれであれ、それは「キエフと全ルーシ*」ではなかった。というのも、アレクシーは未だ矍鑠《かくしゃく》としていたからである。キプリアンはキエフに直行し、そこに一三七六年六月九日に到着した。(62)

続く二年間のキプリアンの活動については殆ど分からない。ただ、彼自身の〔後の〕証言によると、この時期の〔モスクワ大公〕ドミトリーに対する彼の態度は模範的だった。「私の口から一言も大公ドミトリーに反対する言葉が出たことはない。彼の妃にも私は反対しなかった。……行動においても、言葉においても、考えにおいても、私は大公に対して罪をなしていない。……私は心から彼を愛しており、彼とその所領の幸福を祈っていた」と。(63) リトアニアにおける彼の行動も模範的だった。

私は多くのキリスト教徒を苦しい拘束から解放した。……私は聖なる教会を建て、キリスト教を確立し、教会の所領を回復し、全ルーシの府主教座がこれを獲得するために数年をかけた。リトアニアのノヴゴロドクは長い間廃れていたが、私はこれを復興し、十分の一税と村を府主教座のために獲得した。ヴォルィニの地で、どのくらいの間、ウラジーミルの教区は主教なしで空位だったのか。しかし、私は主教を叙任し、この地域を復興した……。(64)

言うまでもなく、ロシアの年代記にはこのことの裏付けはない。これに関連したキプリアンに関する情報は、ノヴゴロド第一年代記の一三七六年の記事にのみ、見出される。

この冬、府主教キプリアンがリトアニアから使節を送ってきた。使節はノヴゴロド大主教に宛てた総主教の文書を携えていた。使節は、「総主教フィロテオスが私〔キプリアン〕を全ルーシ*の地の府主教として祝福した」と述べた。ノヴゴロドはこの文書の内容を聞いた後、使節に答えた。「大公のもとに〔その文書を〕送って下さい。もし大公があなたを全ルーシ*の地の府主教として受け入れるならば、我々にとってもあなたは府主教である……」と。ノヴゴロド人の返答を聞いたものの、府主教キプリアンはモスクワの大公のもとに人を派遣しなかった。(65)

当時、大公に対するキプリアンの感情は、少なくとも見かけ上は友愛的かつ友好的であった。しかし、明らかにそうした感情は、同じ〔友愛、友好という〕形でキプリアンに返ってきてはいなかったのである。

（1）モンゴル襲来前の最後の府主教はギリシア人のヨシフであった。彼は一二三七年にニカイアから到着した（*NPL*, pp. 74, 285）が、彼の活動については何も知られていない。彼がモンゴル襲来時にニカイアに戻ったのか、それともキエフで亡くなったのかも分からない。一二四〇年から一二五〇年の間に、ロシアに府主教がいたのかどうかも不明である。しかしながら、一二四五年のリヨン公会議には謎の「ルーシ*大主教ピョートル Quidam archiepiscopus de Russica, Petrus nomine」が列席していた記録が残されている。Matthew of Paris, in Matuzova, *Angliyskie srednevekoviye istochniki*, p. 124; Stökl, 'Kanzler', pp. 165–6.

（2）Stökl, 'Kanzler' を見よ。

（3）Podskalsky, *Christentum*, pp. 299–301 を見よ。

（4）*PSRL*, vol. 1, cols. 472–3.

（5）Fennell and Stokes, *Early Russian Literature*, pp. 120–1.

（6）日付と場所についてはShchapov, *Vizantiyskoe i yuzhnoslavyanskoe pravovoe nasledie*, pp. 183–4 を見よ。

（7）Podskalsky, *Christentum*, p. 300.

（8）ニコン年代記においてのみ、言及されている（*PSRL*, vol. 10, p. 161）。

（9）*TL*, p. 349. マクシムのウラジーミルへの転居についてはOstrowski, 'Why Did the Metropolitan Move' を見よ。

（10）*PSRL*, vol. 10, p. 166.

（11）ニフォントと最初の小ルーシ*府主教座についてはFennell, *The Emergence*, pp. 68–9, 125; Meyendorff, *Byzantium*, pp. 91–3 を見よ。

（12）Paszkiewicz, *Jagiellonowie*, p. 317 n. 5.

（13）詳細はFennell, *The Emergence*, p. 73 n. 2 を見よ。

(14) Veselovsky, *Feodal'noe zemlevladenie*, p. 332.

(15) ピョートルの『聖者伝』については Kuchkin, '"Skazanie"' を見よ。

(16) Fennell, *The Emergence*, p. 126.

(17) ゲディミナスの義理の息子ボレスワフは、一三二五年にヴォルィニとガリチアの支配者となった時、正教徒となり、ユーリー（二世）の名を得た。

(18) Fennell, *The Emergence*, p. 128. しかしながらメイエンドルフは総主教座に現存するリストを「若干疑わしいもの」と呼び、フョードルが実際に叙任されたことを疑っている。*Byzantium*, pp. 154–5.

(19) *NPL*, p. 343.

(20) リトアニア語でリュバルタス。これは異教徒としての名である。正教改宗後のキリスト教名はドミトリーである。

(21) 日付（一三四五—四六年）については Meyendorff, *Byzantium*, pp. 159–60 を見よ。またゴルビンスキー（*IRTs*, vol. 2, I, pp. 157–8）も参照せよ。こちらは一三三七—三八年説を採る。

(22) *RIB*, vol. 6, app., cols. 17, 19. カンタクゼノスの書簡の訳については Meyendorff, *Byzantium*, pp. 280–2 を見よ。

(23) Giedroyć, 'The Arrival', pp. 15–17.

(24) *APC*, vol. 1, pp. 72, 143, 147.

(25) Ibid., p. 147.

(26) *TL*, p. 371.（フェオグノストによる、スズダリ主教としてのダニールの叙任）。一三五二年にノヴゴロド大主教モイセイは皇帝と総主教に対し、フェオグノストによって行われた、或いは引き起こされた（と彼が主張する）「不利益」と「暴力」について、不平を述べている（*NPL*, p. 363）。

(27) Meyendorff, *Byzantium*, p. 166.

(28) フェオドリトの活動に関する情報は、ノヴゴロド大主教宛ての総主教の書簡（一三五四年七月）に由来するものだけである。このなかで総主教は、もしフェオドリトがその主教の位階を捨てないならば、彼は破門されることになると彼〔大主教〕に知らせている〔当時、大主教はフェオドリトの正統性を認めるべきかどうかで揺れていた」。*APC*, vol. 1, pp. 350–1; *RIB*, vol. 6, app., col. 61.

（29）*TL*, p. 370.

（30）興味深いのは、セミョンが彼の義理の姉妹をアルギルダスに嫁に出す前に、まずフェオグノストに話を持ちかけたことである。Ibid.

（31）ノヴゴロド第四年代記一三四九年の記事の恐らく誇張された説明を見よ（*PSRL*, vol. 4, I, p. 279）。「クラコフの王［カジミェシ大王］がヴォルィニの地に到来し、巧妙にこれを奪い、キリスト教徒に多くの悪をなし、神が許さないラテン信仰にキリスト教〔正教〕教会を改宗させた」。後の年代記はこの記事を繰り返している。例えば *PSRL*, vol. 25, p. 177. 小ロシアへの侵略については Knoll, *The Rise*, pp. 140–2 を見よ。

（32）*PSRL*, vol. 15, I, col. 62; *TL*, p. 373. アレクシーはそれまで、ウラジーミルにおけるフェオグノストの「代官」であった。ここにはマクシムが一二九九年にキエフから府主教座を移して以来、主教はいなかった。

（33）*DDG*, p. 14.

（34）*PSRL*, vol. 15, I, col. 62; TL, p. 373.

（35）*PSRL*, vol. 15, I, col. 63; TL, pp. 373–4.

（36）*PSRL*, vol. 15, I, col. 61.

（37）Meyendorff, *Byzantium*, pp. 168–9 を見よ。トヴェリ（ロゴシ）年代記の一三五四年の記事に依拠すると、アレクシーとロマンは両人同時に任命された。「コンスタンティノープルで*全ルーシの地の二人の府主教、アレクシーとロマンが任じられ、両者の間には激しい敵意が存在した……」。*PSRL*, vol. 15, I, col. 62.

（38）Ibid., cols. 64–5.

（39）実際には、決定は単に「ポロツクとトゥーロフが、府主教座であるノヴゴロドクと一緒に」（*APC*, vol. 1, p. 426; *RIB*, vol. 6, app., col. 75）と宣言しているだけである。しかし恐らく「ノヴゴロドク」には*黒ルーシ全域が含まれている。Meyendorff, *Byzantium*, p. 170 を見よ。

（40）*APC*, vol. 1, p. 428; *RIB*, vol. 6, app., col. 77.

（41）一六世紀のニコン年代記においてのみである。*PSRL*, vol. 10, p. 231. しかしメイエンドルフ（*Byzantium*, p.

186）を見よ。彼は一三六〇年にアレクシーが出発した後、「キエフの座を奪い」、「彼の権力をブリャンスクにまで広げた」と述べる。*APC*, vol. 1, p. 428; *RIB*, vol. 6, app., col. 79 を見よ。「彼はブリャンスクという、より大きなロシアの管区を欲した」。

（42）*PSRL*, vol. 15, I, col. 66; *TL*, p. 375.

（43）*PSRL*, vol. 15, I, col. 67; vol. 10, p. 230.

（44）*TL*, pp. 376, 377. 恐らく、次いでロマンは一三五八年以前にキエフを去った。一三八〇年の総主教文書によると、キエフに到着したアレクシーはアルギルダスにより逮捕されたが、うまく逃げ出した（*RIB*, vol. 6, app., col. 167）。しかしながらロシアの年代記は一つもこれに言及しない（トロイツカヤ、ニコン等）。アレクシーが「約二年の間投獄されていた」とするN・S・ボリソフの説を参照せよ（*Russkaya tserkov'*, p. 80）。Skrynnikov, *Gosudarstvo i Tserkov'*, p. 14 を見よ。

（45）*PSRL*, vol. 15, I, cols. 70, 72.

（46）Meyendorff, *Byzantium*, p. 171; *APC*, vol. 1, pp. 525–7; *RIB*, vol. 6, app., cols. 91–7.

（47）Knoll, *The Rise*, pp. 153–5.

（48）*TL*, pp. 386, 388, 391（そしてその他のほぼ同時代の諸年代記）; *PSRL*, vol. 4, I, p. 295.

（49）或いは一三六九年。カジミェシの推薦候補者アントニー（総主教による彼の叙任は一三七一年五月のカジミェシ宛てのフィロテオスの書簡で確認されている）は「長い間」コンスタンティノープルで過ごしたようだ。*APC*, vol. 1, p. 578; *RIB*, vol. 6, app., col. 129 を見よ。

（50）*APC*, vol. 1, pp. 577–8; *RIB*, vol. 6, app., cols. 125–8; Meyendorff, *Byzantium*, p. 287.

（51）Ibid.

（52）Knoll, *The Rise*, p. 173.

（53）彼らの殉教については *PSRL*, vol. 25, p. 177 を見よ。列聖と遺骸の一部のコンスタンティノープルへの移送については Meyendorff, *Byzantium*, pp. 187–8 を見よ。同じく本書323—324頁を見よ。

（54）六文書は *APC*, vol. 1, pp. 516–25; *RIB*, vol. 6, app., cols. 97–123 で公刊されている。「*ルーシの諸公宛て」書簡と

第一の破門文書の英訳は Meyendorff, *Byzantium*, apps. 2 and 3, pp. 283–6 にある。

（55）総主教座会議の決定は *APC*, vol. 1, pp. 578–80; *RIB*, vol. 6, app., cols. 129–33 で刊行されている。Meyendorff, *Byzantium*, pp. 191–2 を見よ。

（56）*APC*, vol. 1, pp. 582–3; *RIB*, vol. 6, cols. 141–3.

（57）Meyendorff, *Byzantium*, p. 193 n. 60. オボレンスキーは、アントニーが「モルダヴィア教会のために……二名の主教を任じた後」、一三九一年に亡くなったとする説を採る。Obolensky, 'A Late Fourteenth-Century Byzantine Diplomat', pp. 301–2, 311 を見よ。もしこれが同じアントニーであるなら、彼は一三七五年以降にモルダヴィアで任務を行っていたのかも知れない。プロホロフは、一三八二年にアントニーがまだガーリチの府主教であったと考えているが、この見方の裏付けを出せていない（*Povest'*, p. 170）。カルタショフとゴルビンスキーの両者はアントニーが一三九一年–九二年に死去するまで、ガーリチにいたと考えている（*Ocherki*, p. 337; *IRTs*, vol. 2, I, p. 342）。

（58）一三七四年初頭に一時的な和平がトヴェリとモスクワの間で結ばれた。そして三月九日にキプリアンはアレクシーと共にトヴェリ入りした（*PSRL*, vol. 15, I, col. 105）。

（59）一三八九年の総主教座会議の決定（明らかにキプリアンに好意的）によると、アルギルダスとその同盟者たちはコンスタンティノープルに使節を送り、「別の高位聖職者［つまり府主教］を与えるよう」求め、これが聞き入れられないならばラテン信仰を受け入れるという脅しをかけた〔かつてのカジミエシと同様に〕という。一三八〇年の決定（キプリアンに敵対的）によると、キプリアンは「アルギルダスから総主教に」書簡（彼によると、彼自身が作成した！とのこと）を運び、彼が府主教に任じられるべきであると求めたという。両方の決定の一部は *APC*, vol. 2, pp. 14, 18; *RIB*, vol. 6, app., cols. 171, 181; Meyendorff, *Byzantium*, pp. 304, 306 で刊行されている。

（60）*APC*, vol. 2, p. 120; *RIB*, vol. 6, app., col. 203; Meyendorff, *Byzantium*, p. 307.

（61）Ibid.

（62）日付については、ラドネシのセルギー宛ての彼の第二書簡を見よ。Prokhorov, *Povest'*, p. 199; Meyendorff, *Byzantium*, p. 296.

(63) Ibid.

(64) Prokhorov, *Povest'*, p. 200; Meyendorff, *Byzantium*, p. 297.

(65) *NPL*, p. 374は一四七九年のモスクワ集成で繰り返されている（*PSRL*, vol. 25, pp. 192–3)。ニコン年代記の一三七六年の記事（*PSRL*, vol. 11, p. 25）と比較せよ。こちらではノヴゴロドでの逸話は省略されているが、ドミトリー・ドンスコイは「[キプリアンを]受け入れずに、『余には府主教アレクシーがいる。府主教が存命しているのになぜ汝は任じられたのか』」と言った。キプリアンはモスクワからキエフに行き、そこに居を定めた」とされている。つまりキプリアンが自らモスクワに行ったと推測されている。Prokhorov, *Povest'*, p. 53を見よ。

〔訳註1〕 本書では基本的には、地域名としては小ロシアを使う。但し府主教の称号等の史料語については「小ルーシ」を使うこともある。

第一二章　府主教キプリアン

一三七八年二月一二日に、今や齢八〇を越えていた府主教アレクシーが遂に亡くなった。彼は後に列聖されるが、それは一四四九年、〔本書の一四章に登場する〕府主教としてのヨナの初仕事だった[1]。アレクシーの死により、ロシア、リトアニア、ビザンツにおける政治上の諸事件、また教会の諸事件からなる一二年間の混沌と大変動が始まった。この時期には、我々を困惑させるような〔世俗や教会政治上の〕方向転換が幾度も生じ、また無秩序や暴力も生じた。またこの一二年間には、モスクワ大公ドミトリー・ドンスコイとその同盟者はママイ軍を〔打ち破り、ママイ軍を〕無秩序の状態へと陥らせた（一三八〇年）が、他方でモスクワはハンのトクタミシュにより占領された（一三八二年。上述一八三頁を見よ）。またこの時期、大公は、自分の高位聖職者に対して一貫した政策を貫き得ない状態に度々陥った。更に総主教たちも異なるタイプの者へと次々と交代した。そして*「大ルーシ《メガラ・ローシア》の」「全ルーシの」「キエフと全ルーシの」「キエフとリトアニアの」*「小ルーシの」といった称号付きの府主教たちも交代した。これらの称号はあまりに曖昧で、かつ混乱させるものであり、これらが正確に何を意味するのか、その理解は困難である。彼らはまた、モスクワ、キエフ、リトアニア、ハン国、コンスタンティノープルの間を驚くべき速さで旅しており、その結果、彼らが何を狙って〔旅をした〕のか、彼らがなぜ逃げたのか、彼らを追いかけたのが誰であるのか、といった問題について知ることがしばしば不可能になっている。またこの一二年の間、様々な義務や忠誠というものが規則性も理由もないままに反故にされ、教会法は混乱した聖職者たちにより殆ど無視され、加えて誤解されることも度々生じた。キプリアンは高潔な性格と目標を有したという点で現代の殆どの歴史家からお墨付きを得ているものの、その彼でさえ、同時代史料を見る限り、決して常に汚れなき人物であったわけではない。

キプリアンは、アレクシーが死去したという知らせが届くと、キエフからモスクワに向かった。ところが、大公ドミトリーはキプリアンがリトアニアへ共感を持ち、またこれと繋がっているのではないかと深く疑っていたようである。大公はキプリアンを逮捕させ、「冒瀆、侮辱、愚弄、窃盗、飢饉〔を生じさせた〕」の容疑をかけて「暗闇の中、裸で、僅かな食事だけを与えて」拘禁し、最終的に追放した(2)。その後、ドミトリーはまずトロイツキー修道院の院長セルギーにアレクシーの後任に就くよう説得したがこれに失敗し、次いで大公の聴罪司祭で、同時代史料ではミチャイ(恐らく、彼の俗名と思しきドミトリーに由来して付けられたあだ名)として知られるミハイルを府主教の候補者に指名した。この点で大公は、総主教フィロテオスの後継者のマカリオスによって支持された。マカリオスはアレクシーの死を耳にするや否や〔モスクワのドミトリーに〕書簡を送り、キプリアンを「ルーシ《ローシア》の府主教」として受け入れぬよう警告し、そしてミチャイを叙任のためにコンスタンティノープルに送るよう求めた(3)。

キプリアンは、モスクワでの酷い扱いを受けて、コンスタンティノープルへ行くことにした。南へ向かう道中、彼は修道院長セルギー(ラドネシの)とフョードルに書簡を送り、ロシアにおける彼の過去の活動を正当化し、大公による彼の扱いについて不満を述べ、「これらの行為を企んだ全ての者」を破門し、またミチャイの振る舞いにも嫌悪を顕わにした(「修道士が府主教座を占め、高位聖職者の衣服と頭巾を着用している」)。更に、彼はロシアにおける自分の首位権を主張し(「私の兄弟アレクシーが亡くなったので、私こそが彼を引き継ぐ高位聖職者なのである。[全ルーシの] 府主教座は私のものである」)、自分が「神、聖なる総主教、偉大な教会会議の保護を求めてコンスタンティノープルに向かっている」ことを知らせている。[4]

一三七八年から七九年にかけての冬に、まずはキプリアンがコンスタンティノープルに出発した。そして七九年の春に目的地に到着した彼は、「帝国及び総主教座においてあらゆる種類の混乱」が生じていることを知った。彼の強力な後ろ盾であった総主教フィロテオスは皇帝アンドロニコス四世により一三七六年八月までに投獄されていて、その一年後には亡くなっていた。代わってマカリオスがアンドロニコスにより、教会法に則ることなく、また教会会議にも依らずに総主教に選ばれていた。キプリアンは〔後に〕作成した、非常に自伝的でもある『モスクワの府主教ピョートル伝』において、マカリオスについて、「邪な形で……教会会議で選ばれることなく不条理な形で叙任されたのであり、……皇帝ただ一人の願いに基づいて、大胆にも気高き総主教の座にありついたのである」と述べている。[5] コンスタンティノープルでキプリアンを待ち受けていたのは、暖かな歓迎とはほど遠いものだった。というのも、上述のように、マカリオスは既に大公ドミトリーに宛てて、キプリアンを「ルーシ《ローシア》の府主教」として、つまりアレクシーの後任として受け入れぬよう警告し、他方でミハイル（ミチャイ）を叙任のために送るよう求めていたからである。しかしまもなく彼の運命に変化が生じた。一三七九年七月一日にアンドロニコス四世の父で、息子により二年前に廃位されていたヨハネス五世パレオロゴスが〔投獄先から〕逃亡に成功し、そのまま八月にコンスタンティノープルを奪回したのである。政府が変わり、マカリオスは退位させられた。キプリアンは教会会議に出席出来たことを喜んだ。「皇帝〔アンドロニコス〕に任じられたマカリオスは神の裁きによって総主教座会議にて廃位され、悪名高き者であるとして、排除と投獄刑が宣言された。私や他の主教たちはその総主教座会議に参加し、まさに排除を決める文書に署名した」という。[6]

一方、モスクワではミチャイが今や府主教の館に住んでいた。彼は自分が府主教として叙任される前に、少なくとも主教に任じられるべきであると判断した。彼は大公に、教会法に従えば、「五―六名の主教が……主教を任じることが出来る」ことを話した。[7] その結果、ドミトリーは主教たちを招集した。スズダリとニジニ・ノヴゴロドの主教ディオニシーを除いて、誰も「ミチャイについて、敢えて反対をする者はなかった」。しかし、修道院長であったラドネシのセルギーと密な関係を持ち、また恐らくはキプリアンにも近かったディオニシーは、「大公を叱責し、『このようなことがなされるのはおかしい』と述べた」という。口論はディオニシーに対するミチャイの叱責で終わった。「主教に過ぎない汝が……私から祝福を求めなかったことは適当でない。……汝は私について、配慮に値するとは考えなかった。汝は、私が誰であるのか、分かっているのか。私は府主教区全域で力を有しているのである」と。ディオニシーは「汝は私に対していかなる力も有していない。汝は私のところに来て、私の祝福を求め、そして汝は私に叩頭すべきである。というのも、私は主教であり、汝は「単なる」司祭なのだから」と反論した。最後は「私は今は反論しない。コンスタンティノープルから私が戻るまで待ちなさい」というミチャイの言葉で終わっている[8]。

ミチャイは大公の印が捺されただけの白紙の羊皮紙を数枚、予めドミトリーより受け取った上で、七月にコンスタンティノープルに出発した。彼の一行は大人数からなっていた。ドミトリーの代理人として大公の貴族会議の上位メンバー〔Iu・V・コチェヴィン・オレシェンスキー〕、府主教宮廷の六名のボヤーレ[訳註1]、二人の通訳、三名の掌院、そして大勢の聖俗の構成員が含まれた[9]。容易ならざる旅――〔ハン国内の〕ポロヴェツが居留する地域でミチャイはママイにより捕らえられ、短期間であるが拘留された――の後、一三七九年九月に一行はコンスタンティノープルに近づいた。ところが突如ミチャイは「病気にかかり、海上で亡くなった」。彼の遺骸は埋葬のためにガラタ地区、ジェノアが領有していた金角湾の右岸に運ばれた。そこは直近に廃位されたアンドロニコス四世が避難先としていた場所であった。こうして、ミチャイによるアレクシーの管区の〔引き継ぎ〕要求は終わった。

ミチャイの死により、彼の随行団は混乱に陥った。当時、多くの者が〔ミチャイの死に〕不審を感じたことはほぼ間違いなかろう。一六世紀のニコン年代記は、モスクワで流れたと思しき噂を繰り返しながら、大公ドミトリーが後に「ミチャイは絞め殺された」と幾人かから聞いたことを記録している。更に年代記は、「しかし別の者は、彼は溺死させられたと言っている。というのも全ての主教、掌院、典院、司祭、修道士、ボヤーレ、人々は府主教としてのミチャイを見たくなかったからである」と続けている。[10]ミチャイの随行団はミチャイが殺害されたのではないかと疑ったのか、或いは知っていたのか。この問いに答えることは難しい。ただ、その答えがどうであれ、いずれにせよ、大公だけが［彼の任命を］望んでいた。ともかくこの段階で彼らは、しかるべくモスクワに帰還し、或いはドミトリーや主教たちからの続く指示を待つのではなく、随行団内の三人の掌院のなかから一人が大公の府主教候補者として送り出されるべきであると無断で決めてしまった。三人の内の誰が選ばれるのか。このことで彼らが合意に至らなかったことは驚くに値しない。ある人々は、モスクワの諸共住制修道院の上級監督者であった掌院ヨアン[11]（「イヴァン・ペトロフスキー」）に投票した。彼は、スズダリのディオニシーやラドネシのセルギーと同じく、ロシアの静寂主義運動の共同提唱者だった（以下二九三―二九五頁を見よ）。[12]しかし［府主教宮廷の］ボヤーレらはピーメン[13]［「ペレヤスラヴリの掌院」[14]］を選び、ヨアンを逮捕した。最終的にピーメンは、大公の印章が捺されただけの白紙の羊皮紙を使用した。これはドミトリーが軽率にも随行団に提供したものだった。こうしてピーメンは「皇帝と総主教に宛てたルーシ*の大公からの」書簡を作成した。「私［ドミトリー］はあなた［皇帝及び総主教］にピーメンを送ります。彼を私のために府主教に任じて下さい。というのも、彼はルーシ*で私が選んだ唯一の候補者であり、彼以上の人物は見つけられなかったからである」という書簡である。[15]

マカリオスの後継者ネイロスは、一三八〇年六月にようやく任命された。彼と総主教座会議の構成員は、全員でないにせよ、マカリオスがドミトリーに対し、実際にはミチャイを送るよう求めていたことを知っており、それ故にピーメンが僭称者であることに気づいていたに違いない。だが同じ一三八〇年六月に、結局、偽造文書を受け取った。こうしてピーメンは「キエフと大ルーシ*《メガラ・ローシア》の府主教」に正式に選ばれた。[16]総主教の布告によると、ロシアからの使節――ミチャイの随行員――は、キプリアンの叙任は教会法に基づかないものである、というのも当時アレクシーはまだ生きていたからである、と主張したという。しかし教会会議に出席していたキプリアンは、自分の称号こそが「キエフと大ルーシの府主教」となるべきであると主張した。ニカイアの静寂主義者のテオファネスは、〔以前の総主教〕フィロテオスによる〔キプリアンの府主教〕任命を正当であるとしてキプリアンを擁護したが、キプリアンは「小ルーシ《ミクラ・ローシア》とリトアニア」の府主教に格下げされた。更にピーメンより先に亡くなった場合、キプリアンの管区はピーメンに引き渡すという旨の付記がなされた(17)。

実のところ、キプリアンは一三八〇年の教会会議での議事進行の早い段階で、すなわちピーメンの叙任の決定前に、「誰にも知らせずに秘密裏に逃亡した」(18)。これは大公ドミトリーとママイとの大会戦の前夜であった。この時までに、モスクワ政府の政治的見解は根本的に変わっていた。ドミトリーとその多くのロシアの同盟者は、ヴォジャ川でのモンゴルに対する勝利（一三七八年。上述一八三頁を見よ）の記憶に鼓舞され、またアルギルダスの二人の息子ポロツク公アンドレイ（一三七七年）とトルブチェフスク公ドミトリー（一三七九年）が最近になって〔モスクワへ〕亡命してきたことに勇気づけられ、一三八〇年九月初頭にママイがモスクワに遠征した際には、これを迎え撃つ準備が出来ていた。もしママイの同盟者にして、アルギルダスの息子でもあったリトアニア大公ヤゲウォ、リャザン公オレーグが約束した軍事支援を提供していたなら、結果は全く異なったものとなったであろう。しかし実際には両者ともクリコヴォ原に現れなかった。メイエンドルフは、キプリアンが一三八〇年夏にコンスタンティノープルからリトアニアに直行し、ヤゲウォにママイ軍を援助しないよう助言したという状況はあり得るのか、という問いを立てた。だが彼も指摘するように、そうした助言が模索、或いは与えられたという証拠はない(19)。ただ、これから見るように、キプリアンに対するドミトリーの態度はクリコヴォの戦いの後に、厳しい敵対から温かな友情の関係に急変した。

ドミトリーはミチャイの死とピーメンの任命の知らせを耳にすると立腹し、キプリアンを求めてキエフに使者を送ることにした。大公は、聴罪司祭にしてラドネシのセルギーの甥でもあり、更に近しい助言者だったフョードルにキプリアンを連れてくるよう命じた（セルギーもフョードルも明確にキプリアンを支持していた）。一三八一年五月二三日、キプリアンはモスクワの「自分の府主教座」に到着した。「全ての鐘が鳴らされ、人々が彼に会いに来た。大公ドミトリー・イヴァノヴィチは彼を栄誉と愛を以て迎えた[20]」という。彼が府主教座に戻った事実は、ドミトリーが彼を――総主教の承認なく、こうして極めて非教会法的に――「キエフと大ルーシ*、リトアニア、小ルーシ*の府主教」に指名したことを示唆するだろう。遂にキプリアンは目的を達したかに見えた。すなわち、スズダリ地方のロシアの全ての正教と、リトアニア或いはポーランド支配下にあった南、南西ロシアの全領域の統合の達成である。全てが一人の府主教のもとに入った。

モスクワに広がった新たな雰囲気――ラドネシのセルギーとその甥フョードルの増大する権勢、ハン国に対する敵意の高揚、単一の府主教区の回復、大公の慈悲心等々に現れている――のなかで、少なくとも当面の間、全てがキプリアンに都合良く進んだ。彼と院長セルギーはドミトリーの甥〔正確には従兄弟の子〕、イヴァン・ウラジミロヴィチに洗礼を施した。また彼は自分自身でも『モスクワ府主教ピョートルの聖者伝』〔ピョートル死後に書かれた版を基礎にしたもの〕を執筆した（上述二一三頁）。そしてピーメンが最終的に一三八一年秋に「キエフと大ルーシ*の府主教」としてコロムナに姿を見せた時、大公は「彼の受け入れを望まず」、これをすぐに逮捕して屈辱を与えた。ピーメンは流刑に付され、投獄された[21]。

しかしキプリアンの幸運は長続きしなかった。今やサライの主人となったハン、トクタミシュがママイの逃亡部隊を打ち破り、〔訳註2〕一三八二年夏の終わりにはヴォルガを越え、モスクワに軍を進めた。ドミトリーは即座に行動した。「ハン〔ツァーリ〕に手を上げることもなく」、彼は、ピーメンが投獄されていたチュフロマのそば、モスクワからは遠方のコストロマに向けて出発した。トクタミシュが首都に到着する前、「〔モスクワの〕人々は集会を開き、府主教と大公妃に対して略奪を行い、彼らをかろうじて町から追い立てた[22]」。モンゴル人はモスクワを焼いて略奪を行った後に撤退し、ドミトリーは首都の残存者のもとに帰還した。一〇月七日、トヴェリでモンゴル人の撤退を待っていたキプリアンも帰還した。

キプリアンがモスクワで再会することになったドミトリーは、前年、温かく彼を歓迎したドミトリーとは全くの別人だった。ロゴシ年代記は単純に「秋にキプリアンが修道院長アファナシーを引き連れてモスクワを去り、キエフに行った」と述べている。[23] このアファナシーというのはラドネシのセルギーの弟子だった。後代の別の年代記は、キプリアンに対するドミトリーの怒りを示唆する。「というのも、包囲の際にモスクワに残らなかったからである」と。[24] トクタミシュ接近時にドミトリー自身が大慌てで逃走したことを考慮するなら、これは信じがたい。一方で、ある史料は、「大公ドミトリーはキプリアンを追放した」と、また「これ以降、府主教座には混乱が生じた」と述べている。[25]

キプリアンがモスクワを去った事情がどうであれ、一つだけ確かなことがあった。ドミトリー・ドンスコイのハン国、キプリアン、ピーメンのそれぞれに対する態度は、クリコヴォの戦いに先立つ反モンゴル的好戦性が盛り上がった時期、そして彼が全ルーシ*の府主教座の支援に熱心であった時期が過ぎた後、完全に逆転してしまった。トクタミシュの撤退の後、多くの北東ロシア諸公が正式に彼らの勅許を更新、或いは確認するためにハン国に赴いた。一方でドミトリーは、ソヴィエトの歴史家I・B・グレコフによると、クリャジマ河畔のウラジーミルの大公国について、ヤルルィクを付与されたという。[26]

ドミトリー・ドンスコイの豹変のなかでも、最も予期出来なかったことは、突如ピーメンを正当な府主教と認めたことである。一三八二年の秋、ドミトリーは「流刑からモスクワに戻るよう」ピーメンのもとに人を遣わし、「栄誉と愛を以て彼を受け入れた」。[27] 再度、府主教座は分裂した。「キエフと全ルーシ」或いは「キエフと大ルーシ*」はピーメンのもとにあり、一方でキプリアンは、その座はキエフにあり、またモスクワからの逃亡後に彼が仮にキエフに留まり続けていたとしても、〔訳註3〕〔キエフという語のない〕「小ルーシ*とリトアニアの府主教」というかつての称号に戻った[28]。

ピーメンのロシアにおける活動は、最初の二年半の在位期間については殆ど何も分からない。彼がスズダリ地方の外部に旅したとか、そもそもキエフに行ったことを示すものは何もない。ただ、そうした状況は、キエフが当時キプリアンの居住地だったと仮定すれば、驚くに値しない。ピーメンが一三八二年の秋に、以前修道院長を務めたことのあるペレヤスラヴリ・ザレスキーで小規模の教会会議を招集した可能性はある。というのも、彼がロストフとズヴェニゴロドの主教を伴って、この町でサライ主教にサヴァを叙任したからである[29]。一年後、一三八三年から八四年にかけての冬、彼は更に二人の主教を叙任した。スモレンスクのミハイルとペルミのステファンである。後者はラドネシのセルギーと近しい間柄だった。外見上は全てが穏やかだった。しかし、ピーメンに対する抗議がなかったとすれば、それもまた驚くべきことである。実際のところ、抗議は存在した。今回、それはラドネシのセルギーの修道制の信奉者たちから生じた。すなわち、未だに大公の聴罪司祭であった甥のフョードル、そしてスズダリとニジニ・ノヴゴロドの主教ディオニシーであった。

周知の通り、一三七九年の段階でディオニシーは一介の主教であり、ミチャイが府主教選出者として選ばれた後にはこれに反対し、更にドミトリーをその選択で非難するほどにむこうみずの性格だった。彼はこの時、ミチャイの叙任を阻止すべくコンスタンティノープルに行く計画を立てた。ドミトリー大公は力ずくでこれを押さえようとした。しかしディオニシーは、大公の許しなしでは出発しないと約束しながらも、また最も尊敬された修道院長セルギーを聖なる保証人として指名しながらも、まもなく出発した[30]。コンスタンティノープルでは、彼は総主教ネイロスの知遇を得た。ネイロスは彼の主教区を（「スズダリとニジニ・ノヴゴロド、そしてゴロジェツ」の）大主教区に格上げし、誉れの品（四つの十字架付きの祭服）と聖遺物を与えた[31]。一三八二年の末、彼はモスクワに帰還した。

ディオニシーは北東ロシアで、すなわちスズダリとニジニ・ノヴゴロドの自分の管区、そしてプスコフで半年を過ごした（総主教はプスコフでストリゴーリニキの異端（以下三〇二頁を見よ）の調査を、また「地方修道院の共住修道制度を確立する」よう命じた）[32]だけであった。一三八三年七月末、ドミトリー・ドンスコイは、明らかに一三七九年に約束を反故にされたことを忘れて、「*ルーシの府主教区の運営に関して」ディオニシーをセルギーの甥の院長フョードルと共にコンスタンティノープルに派遣した[33]。ディオニシーがすぐさま大公の信頼を享受するようになり、また同時にピーメンの評判をおとしめたことは疑いない。

ひとたびコンスタンティノープルに入ると、ディオニシーは本格的に総主教ネイロスに影響を及ぼし始めた。そしてピーメンの様々な悪行について、またピーメンを排除しようとする大公の望みについて総主教に伝えた。一三八九年の総主教座の法文書によると、*ルーシ府主教座のお粗末な状況に関するディオニシーのレポートは、予想通りの効果を発揮した。「ピーメンに関して調査し、実際に彼が詐欺と偽文書に基づいて叙任されたことが明らかな場合には彼を廃位するために」、二人のギリシア人府主教を長とする使節のモスクワ行きが決定された。二名の府主教は、ピーメンの有罪が露わになるというありうる事態の際にはこれを破門し、これをディオニシーに代えるという権限を与えられていた[34]。

一三八四年初めにディオニシーは、院長フョードルを後に残してロシアに出発した。モスクワへの道中、彼はキエフに立ち寄ったが、ここですぐさま、アルギルダスの数多くの息子の一人であるキエフ公ウラジーミルにより逮捕された[35]。そして一三八五年一〇月一五日に死去するまで獄中生活を送ることになった。キプリアンは恐らく当時キエフにいたが、彼がディオニシーの投獄と死に何らかの形で関わったとする確証はない[36]。

一三八四年から八五年にかけての冬、院長フョードルと二人の府主教を含むギリシア使節団はモスクワに到着した。彼らはピーメンの問題を審議し、彼に対する全ての告発は正当であると結論づけた。そしてピーメンを破門し、その上で彼にコンスタンティノープルに行くよう命じた[37]。五月九日に、ピーメンはコンスタンティノープルに旅立ち、まもなくキプリアンを含むギリシア使節団がピーメンの後を追った。また一三八六年か八七年には、府主教座の問題のもつれを解くために院長フョードルもドミトリーの命でピーメンの後を追った。[38] 大混乱と混沌が三年間続き、その間の殆どの時期、ロシアには府主教がいなかった。フョードルは、ドミトリー・ドンスコイからの依頼——彼の任務は「ピーメンに対する多くの告発」について〔大公に〕報告するばかりか、恐らく、総主教座会議で彼の廃位を確認することだった——に従事せず、突然、方向転換をして、廃位させられた府主教と共に歩む〔鞍替えする〕ことにした。両者は〔コンスタンティノープルではなく〕トルコ占領下のボスポラス東岸に行き、そこでピーメンは彼の以前の敵〔フョードル〕にロストフ大主教の地位を与えて報いた。そして両者は〔教会会議で〕欠席のままで共に廃位され、総主教の命令で破門された——ピーメンはこれで二度目の破門である。[39]〔ところがそのまま〕彼らは一三八八年七月にロシアに帰国した。ピーメンは未だに「大ルーシ*の府主教」として、あたかも問題は何もなかったかのように振る舞い、彼の権威は、見たところ、大公と主教たちに受け入れられた。フョードルの大主教就任も、公然と疑問視した者はいなかった。

しかし、ピーメンのロシアでの生活は短期で終わった。一三八九年に新総主教のアントニオス——ネイロスは前年に死去した——が以前のピーメンの廃位を再確認し、キプリアンが今や「唯一のルーシ*の府主教である」と宣言した。[40] ピーメンはこの決定がなされてすぐにコンスタンティノープルに旅立った。一三八九年九月一一日に、再度、本人不在のままで廃位され、彼はカルケドンで亡くなった。[41]

一方で皇帝ヨハネス五世によって小ロシアへ短期間派遣されていたキプリアンは、コンスタンティノープルに戻った。[42] 彼は「キエフと全ルーシ*の府主教」として復帰し、ドミトリーとピーメンが今や亡くなったことを知って、[43] ピーメンの最後の旅に付き添った二人のギリシア人府主教と多くのロシア人主教（ロストフのフョードルも含む）に付き添われ、一三八九年一〇月一日にコンスタンティノープルを発った。一三九〇年三月六日に、一行はモスクワに到着し、新大公ヴァシーリー一世により「栄誉を以て」迎えられた。[44] そして「府主教区の混乱（myatezh`）は終わり、キエフ、ガリチア、全ルーシ*の単一府主教区が存在した」のである。[45]

キプリアンは最後の一六年間に、多くのエネルギーをポーランドとリトアニアとの関係の拡大と強化のために費やした。モスクワ到着後、最初に記録された彼の仕事は、ヴァシーリー一世とソフィヤの結婚式（一三九一年一月九日）を司ることだった[46]。これは、一三八七年の小ロシアへのキプリアンの短期の訪問の結果だろう[47]。というのもソフィヤは、アルギルダスの甥ヴィタウタスの娘であったからである。ヴィタウタスは一三九二年にポーランドのウワディスワフ二世ヤゲウォによりリトアニア大公と認められることになった。その後、程なくしてキプリアンは、トヴェリの支配者ミハイル・アレクサンドロヴィチ公の招きで、主教エフフィミーを廃位するためにトヴェリに行った。この主教は、管区内で生じた、具体的には判然としない教会の「騒乱」（myatezh）に責任があった。またかつてのモスクワの敵ミハイル・アレクサンドロヴィチ（リトアニアとの緊密な同盟者であり、またアルギルダスの義理の兄弟でもあった）がキプリアンに示した特別の友好的態度と親愛の情は、この地方年代記（ロゴシ年代記）においてはっきりと強調されている[48]。

二度、彼はポーランドとリトアニアに長期で滞在した（一三九六―九七年、一四〇四―〇六年）。このうち、最初の訪問時、キプリアンはヴィタウタスによって奪われたばかりの都市スモレンスクに行って、主教を任命したばかりか[49]、ポーランドとリトアニア領域における一年半の滞在中にヤゲウォ及びヴィタウタスと緊密な関係を結び、また彼らと正教とラテン教会の合同の計画について議論した。教会会議が「ルーシ*」――といってもここでは「リトアニア」を意味するのだろう――で開かれるべし、と提案する一通の書簡が総主教に宛てられている。しかしながら、この計画は何も生み出さなかった。コンスタンティノープルはトルコ人により固く包囲されており、両者は時と場所を誤っていると返事を書いた。総主教はキプリアンとヤゲウォに対し、ギリシア人がそうした会議へ参加したくても、道は閉ざされていた。代わりに彼はポーランド王がその義理の兄弟であるハンガリーのジグモンド王と共にトルコ人に抵抗するギリシア人を助けに来るよう、キプリアンに王を説得するよう求めている。[50] ポーランドとリトアニアへの二度目の訪問時には、キプリアンは、恐らく、リトアニアの首都ヴィリニュスにて、「大いなる誉れと共に」ヴィタウタスにより受け入れられ、後にはヤゲウォとヴィタウタスにより「ミリュブラ（ミロリュバ＝ルブリンのことか？）の町で」も受け入れられた。彼はこちらでも再度「大いなる誉れ」を受け、贈り物を受け取った。[51] 二度の会合の目的は、残念ながら明らかでない。そしてキプリアンの教会関係の仕事で分かるのは、彼がウラジーミル（ヴォルィニの）で主教を任じたこと、またトゥーロフでは、ヴィタウタスの求めに応じて主教を解任したことだけである。[52]

キプリアンは亡くなるまでの一六年間にヤゲウォやヴィタウタスと良好な関係であった。また遂に「キエフ、ガリチア、全ルーシ*の単一府主教区」が成立したとする年代記作者の一三九〇年の熱狂的な記事がある。しかし、それにも拘わらず、ヤゲウォとヴィタウタスが支配する地域の正教徒住民の全体的な教会行政の責任を誰が有するのかという問いは、控えめに言っても、これまで通りに曖昧だった。「リトアニアの府主教区」は、キプリアンのもとにあったようだ。少なくとも反証はない。そして上述のように、リトアニアが保持していたスモレンスクの主教を彼が叙任したことを我々は知っている。しかし、小ロシア（或いはガリチア）は全く別問題だった。

ガリチア、そしてヴォルィニの殆どの地域にカジミェシ王が侵攻（一三六六年）した後、一三七一年にアントニーが小ロシアの府主教に任命されたこと、またその彼が一三七五年に管区を捨てることを余儀なくされたことが想起されるだろう。続く五年の間、誰が府主教区を担当したのか。これについて述べることは難しい。しかし、一三八〇―九一年までは、キプリアンが、自分の管区を監督しながらも、少なくとも名目上はガーリチの府主教でもあったようだ。[53]

ポーランドやリトアニアとキプリアンとの親密な関係は一三九〇年代初頭には存在したかも知れない。しかし一三九一年になるとヤゲウォは突然、そして恐らく一方的に、ルツク主教ヨアン（あだ名ババ[54]）をガーリチ府主教に指名した。予想出来ることだが、キプリアンは総主教アントニオスに抗議した。しかし、一三九三年にヨアンは総主教及びキプリアンにより廃位されたものの、(55)彼は何らかの支配を小ロシアの主教区に行い続けた。その後、一三九六―九七年のヤゲウォと〔キプリアンと〕の接触の結果と思われるが、一三九七年になるとこの問題は一時的に解決されたようである。総主教はヤゲウォにヨアンを府主教座から排除するよう求め、更にベツレヘム大主教を総主教代理として小ロシアとモルダヴィアに派遣した。(56)この代理人の仕事は「管区を見回り、……モルダヴィアとガーリチの聖なる府主教区を総主教代理として調査する」ことだった。(57)

一三九八年の任務の時、ベツレヘム大主教は小ロシアとモルダヴィアで何を行ったのだろうか。いつ、そしてどのように主教ヨアン・ババは、極めて不法に保持していたガーリチの管区から最終的に排除されたのか。キプリアンは、一四〇六年九月一六日に死去するまでに、小ロシアを彼の府主教区の一部に戻すという要求を上手く通すことが出来、その結果として最終的にキエフと全ルーシの一体的な府主教区を回復したのか。残念なことに、これらの質問にある程度の確実さを以て答えることは出来ない。というのも、どういうわけか史料は――通常はロシア・ビザンツ間の教会外交の解明に非常に役立つギリシア史料さえも――モスクワ、リトアニア、ポーランドの支配者に忠誠を誓う諸地域における全正教徒の監督というキプリアンの願いに関心がなかったようなのである。

（1） Golubinsky, *Istoriya kanonizatsii*, pp. 74–75.

（2） キプリアンは、トロイツキー修道院の院長セルギーとその甥でシーモノフ修道院院長であったフョードルに宛てた書簡においてやや立腹した調子で彼の扱いを描いている。キエフからモスクワ入りする途上では、彼は「私は息子である大公と会うためにモスクワに向かっている。そして平和と祝福をもたらすのである」とも書いた。両書簡は Prokhorov, *Povest'*, pp. 195–201 で刊行されている。英訳は Meyendorff, *Byzantium*, pp. 292, 293–9 にある。

（3）　一三八九年の総主教文書を見よ（*APC*, vol. 2, pp. 116–29; *RIB*, vol. 6, app., cols. 193–207. 英訳は Meyendorff, *Byzantium*, pp. 307–10）。ミチャイの背景とモスクワにおける興味深い行動（アレクシー逝去の際「彼は大公の許可を得て府主教館に移り、正装姿となった」）については *PSRL*, vol. 15, I, cols. 125–7 を見よ。マカリオスと彼の様々な人物との政治的な結びつきについては、Meyendorff, *Byzantium*, pp. 208–9; Prokhorov, *Povest'*, p. 64（「総主教フィロテオスとロシア政策で反対の立場を取った」）を見よ。一三八九年の総主教文書「[マカリオスが]これら全ての出来事の真の原因だった」（Meyendorff, *Byzantium*, p. 308）も見よ。

（4）　Prokhorov, *Povest'*, pp. 198–201; Meyendorff, *Byzantium*, pp. 296, 298–9. セルギーとフョードルは明らかに彼らに宛てられたキプリアンの第二の書簡の内容を是認している。すなわち一三七八年一〇月一八日にキプリアンはキエフから両者に彼らの反応に満足していると書いている。両者へ宛てた第三の書簡については、Prokhorov, *Povest'*, p. 202 を見よ。

（5）　キプリアンが編んだ『府主教ピョートルの聖者伝』は Prokhorov, *Povest'*, pp. 205–15（特に p. 214 を見よ）で刊行されている。

（6）　キプリアンによる『府主教ピョートルの聖者伝』。Ibid., p. 215. 彼は少々早まって「*全ルーシの府主教」と署名している。Meyendorff, *Byzantium*, p. 213 を見よ。

（7）　しかしながらメイエンドルフは、「教会法（第一全地公会議第四カノン）は当該地域の府主教による確認なしで主教たちの叙任を認めなかったが、主教たちの会議は『総主教の認可を求めずとも』府主教を叙任出来た」と指摘する（Ibid., pp. 215–16）。トヴェリ（ロゴシ）年代記には、ミチャイが府主教として、総主教による叙任の回避を試みたとする説明はない。彼は明らかに、単に主教への叙任を欲していた。

（8）　*PSRL*, vol. 15, I, cols. 126–7.

（9）　詳細は Ibid., cols. 128–9 を見よ。

（10）　*PSRL*, vol. 10, p. 40.

（11）　「モスクワのキノヴィアルフ、つまり共住修道制の監督者」。Ibid., vol. 15, I, col. 130.

（12）　Prokhorov, *Povest'*, p. 89.

（13）*PSRL*, vol. 15, I, col. 130.

（14）Ibid., col. 129.

（15）Ibid., col. 130.

（16）一三八〇年の総主教文書（*APC*, vol. 2, pp. 12–18; *RIB*, vol. 6, app., cols. 165–83; Meyendorff, *Byzantium*, pp. 303–6）を見よ。

（17）Ibid.

（18）*APC*, vol. 2, p. 17; *RIB*, vol. 6, app., col. 179; Meyendorff, *Byzantium*, p. 305.

（19）Ibid., pp. 223–4.

（20）*PSRL*, vol. 15, I, cols. 131, 142.

（21）Ibid., cols. 131–2, 142–3.

（22）Ibid., cols. 143–4; II, col. 441. ドミトリーの臆病と思しき振る舞いを矮小化するために、ニコン年代記は「公とそのボヤーレの間の衝突と言い合い、ママイとの戦いの結果としての……軍の疲弊」に言及してドミトリーの正しさの根拠とする。Ibid., vol. 11, p. 72.

（23）Ibid., vol. 15, I, col. 147.

（24）ソフィヤ第一年代記（Ibid., vol. 5, p. 238）とモスクワ年代記の一四七九年写本（Ibid., vol. 25, p. 210）。そしてエルモリン年代記（Ibid., vol. 23, p. 129）とリヴォフ年代記で（Ibid., vol. 20, p. 204）繰り返されている。

（25）スズダリ年代記のモスクワ・アカデミー写本（*MAK*）: Ibid., vol. 1, col. 537. この写本の史料と起源についてはFennell, ‘K voprosu ob istochnikakh’ を見よ。また Dmitriev, ‘Rol’ i znachenie’, p. 219 と比較せよ。

（26）Grekov, *Vostochnaya Evropa*, p. 166. 彼はこれを確認する史料に言及しない。

（27）*PSRL*, vol. 15, I, col. 147. Ibid., vol. 15（1st edn.）, col. 442 と比較せよ。こちらでは、ドミトリーが「栄誉を以てピーメンをトヴェリからモスクワに移し、彼は*全ルーシの府主教になった」とされている。『ミチャイの話』に従えば、ピーメンは一年後（或いは一夏の後？）に「チュフロマからトヴェリに移」されたという（Ibid., vol. 15, I, col. 132）。しかしなぜ、誰の命令で彼が他でもなくトヴェリに移されたのかは記されていない。

（28）プロホロフは「ガリチア」（つまり小ロシア）がまだ府主教アントニーのもとにあったという説を採る（*Povest'*）。ただ、一三八〇年の総主教文書ではキプリアンが「小ルーシ*とリトアニアの府主教」になるとされている。本書216頁を見よ。

（29）*PSRL*, vol. 15, I, col. 147; *TL*, p. 425. メイエンドルフは彼がトクタミシュと良好な関係を結んだ外交官であって、その結果、サヴァの任命が可能になったと考えている。しかし、彼をハンとの良き外交官と見なすための証拠はない。*Byzantium*, pp. 229–30.

（30）*PSRL*, vol. 15, I, cols. 127–8, 137.

（31）Ibid., cols. 147–8.

（32）Prokhorov, *Povest'*, pp. 172–3.

（33）*PSRL*, vol. 15, I, col. 148.

（34）Meyendorff, *Byzantium*, p. 308. ディオニシーが以前にコンスタンティノープルで府主教に叙任されていたことに疑いはない。結局、ピーメンとキプリアンは教会法に基づいて府主教に選ばれた。しかしロゴシ年代記はドミトリー〔ディオニシーの間違い〕が「コンスタンティノープルでルーシ*の府主教に任じられた」と述べている（*PSRL*, vol. 15, I, col. 149）。プロホロフはネイロスが実際にはディオニシーを府主教に叙任したと考えている（*Povest'*, pp. 175–6）。

（35）*PSRL*, vol. 15, I, col. 149.

（36）メイエンドルフの見方（*Byzantium*, p. 233）とオボレンスキーの見方（'*A Philorhomaios anthropos*'）を見よ。ゴルビンスキー（*IRTs*, vol. 1, II, p. 223）とカルタショフ（*Ocherki*, p. 332）の両者は彼がディオニシーの死に関わっていると考えている。ドミトリエフは（'Rol' i znachenie', p. 219）ウラジーミルを「キプリアンの庇護者」と呼ぶがプロホロフ（*Povest'*）は曖昧にキプリアンの関与をほのめかす。

（37）一三八九年の総主教文書（*RIB*, vol. 6, app., pp. 213–14; *PSRL*, vol. 15, I, col. 150）。

（38）「府主教区の監督について」（*PSRL*, vol. 15, I, col. 152）。

（39）*RIB*, vol. 6, app., cols. 215–18. ピーメンの普通でない振る舞いについて、あり得る説明は Prokhorov, *Povest'*, pp.

180–1; Meyendorff, *Byzantium*, pp. 234–5 を見よ。

（40）一三八九年の総主教文書。*APC*, vol. 2, pp. 127–8; *RIB*, vol. 6, app., col. 223, and Meyendorff, *Byzantium*, pp. 309, 310.

（41）ピーメンのコンスタンティノープルへの最後の旅とその死については Meyendorff, *Byzantium*, pp. 235–8; Prokhorov, *Povest'*, pp. 181–7 を見よ。

（42）彼の訪問のありうる目的――リトアニアとポーランドとのクレヴォでの交渉に由来する東ヨーロッパの状況調査――については、Prokhorov, *Povest'*, p. 179 を見よ。アルギルダスの子でハンガリーのラヨシュの娘ヤドヴィガと結婚したリトアニアのヨガイラ（ポーランド語でヤゲウォ）は、ポーランドとリトアニアの王になった（一三八六年）.

（43）ドミトリー・ドンスコイは一三八九年五月一九日、ピーメンは同年九月一一日。

（44）*PSRL*, vol. 15, I, cols. 157–8.

（45）Ibid., vol. 1, col. 537.

（46）Ibid., vol. 11, p. 124.「結婚式が行われた……ヴァシーリーがソフィヤと……キプリアンの手により……」。トヴェリとトロイツカヤ年代記は式におけるキプリアンの存在に言及しない。一三九四年にはヴァシーリー一世が妹マリヤをアルギルダスの息子ルグヴェニ（リトアニア語でレングヴェニス）・セミョンに与えたことに注意せよ (Ibid., vol. 15, I, col. 164)。

（47）メイエンドルフは、キプリアンが「[ヴィタウタス] とモスクワ大公国との同盟を準備し」、これがヴァシーリーとソフィヤとの結婚に結実したと考えている。*Byzantium*, p. 244.

（48）*PSRL*, vol. 15, I, cols. 159–60.

（49）Ibid., vol. 11, pp. 162, 164.

（50）Golubinsky, *IRTs*, vol. 2, I, pp. 338–9; Meyendorff, *Byzantium*, pp. 252–4; Halecki, *From Florence*, pp. 23–5. キプリアンとヤゲウォの総主教宛ての書簡は伝来しない。総主教アントニオスの返信は *APC*, vol. 2, pp. 280–2, 282–5 を見よ。

（51）　*PSRL*, vol. 11, pp. 191, 192.

（52）　Ibid.; *TL*, p. 459.

（53）　メイエンドルフによると（*Byzantium*, p. 202 n. 11）、総主教ネイロスは一三八一年に新府主教をガーリチに任命した（名前は不明）。しかし、キプリアンが一三八〇年から少なくとも一三九一年までガーリチ府主教でなかったことを示すロシア、ギリシア史料は全くない。

（54）　*APC*, vol. 2, pp. 284; *RIB*, vol. 6, app., col. 307.「ババ」は「女性」「産婆」「ペリカン」のあだ名になりうるものである。

（55）　アントニオスは、ヨアンはコンスタンティノープルに来たものの、彼の府主教区の問題が討議される総主教座会議には出席しなかったとキプリアンに書いている（一三九三年一〇月）。アントニオスはキプリアンに対し、彼を追放し、主教の位階を剝奪し、ルツクには別の者を主教に任じるよう命じている（*APC*, vol. 2, pp. 282–5; *RIB*, vol. 6, app., cols. 303–10）。ウワディスワフ二世ヤゲウォへのアントニオスの書簡（一三七九年一月）も見よ。この書簡で総主教は王に対し、ヨアンがガリチアから去るべきであるとした上で、キプリアンのもとに行って頭を下げて許しを請うことを求めている（*APC*, vol. 2, pp. 280–2; *RIB*, vol. 6, app., cols. 297–302）。

（56）　大主教ミハイルへの総主教アントニオスの指示を見よ（*APC*, vol. 2, pp. 278–80; *RIB*, vol. 6, app., cols. 291–8; Meyendorff, *Byzantium*, p. 250）。一三九七年にキプリアンはヨアン・ババの代わりとなる新主教をルツクに任命した可能性がある。「ルツクのフョードル」某が一三九七年頃にトロイツカヤ年代記で言及されている（*TL*, p. 448）。この者も一四〇一年までに主教サヴァに交代した（*PSRL*, vol. 11, p. 185）。大主教ミハイルの三度のロシア行き（一三九三、九七、一四〇〇年）についてはObolensky, 'A Late Fourteenth-Century Byzantine Diplomat', pp. 300–3, 310–15を見よ。一四世紀末のモルダヴィア教会についてはIbid., pp. 310–12を見よ。

（57）　*RIB*, vol. 6, app., col. 309.

〔訳註1〕　公の世俗の臣下たちの位階制度に習い、当時の府主教座でも俗人の勤務者について位階制度が導入されていた。

〔訳註2〕 原史料では「ツァーリ」。当時のモンゴルのハンはロシア人からはツァーリ（皇帝）と呼ばれていた。著者は便宜上、ここではハンと訳している。

〔訳註3〕 この点は研究史上不明。

第一三章　府主教フォーチー

キプリアンの後継者であったギリシア人府主教のフォーチー（フォティオス）は、道徳心が強く、また決断力のある人物であった。彼は疲れを知らぬほどその管区の統合に努め、リトアニアのヴィタウタスの介入を容認しなかった〔後述〕。また彼は一度だけ、自分の管轄に手を出したとしてモスクワ大公ヴァシーリー一世を非難したことはあったものの、総じて言えば、ヴァシーリー一世とは良好な関係を結んだ。そしてヴァシーリーの息子にして相続人〔ヴァシーリー二世〕を反抗的な叔父ユーリー〔・ドミトリエヴィチ〕との戦いにおいて忠実に支援し、概して、モスクワ大公国をしっかりと支え続けた。

ひたむきで実務的なフォーチーには、二つの大目標があった。第一に、「府主教の館」の財産を、言い換えるなら、国家（つまり大公）や個々の俗人が彼や前任者たちに寄進した土地財産（以下二九八―三〇二頁を見よ）を回収して保護することだった。[訳註1] 第二に、ロシアにおける、またポーランドやリトアニアに併合された地域における全ての正教徒を直接彼の管轄下に入れ、この状態を保持することだった。

既にキプリアンの死の時点で、ヴァシーリー一世はその使者をコンスタンティノープルに送り、「キエフと全ルーシ*の聖なる主教が旧習に従って任命される」[1] ことを求めたが、この時、ヴィタウタスは自分の候補者がキエフと全ルーシ*の府主教か、或いは、こちらの方が可能性が大きいだろうが、リトアニアの府主教として、そして恐らくはガーリチの府主教としても任じられるよう試みた。[2] そして一四世紀初頭にリトアニアに併合された旧ポロツク公国の主教フェオドシーが〔ヴィタウタスが推す候補者として〕コンスタンティノープルに派遣された。しかし、彼を待ち受けていたのは、フォーチーが容赦なく侮蔑的に話すところによると、屈辱的な、断固たる拒絶であった。賄賂を手渡そうとする試みも効果がなかった。

おお、ポロツクの偽主教よ、府主教キプリアンが聖性に包まれて亡くなった時、汝は府主教に〔任じられようとして〕〔コンスタンティノープルに〕行ったのではなかったのか。答えてみよ。呪われし者よ、汝は自分で、どれほどの金銀を任命の対価として約束したのか、知っているであろう。賄賂によって〔汝の任命〕に影響を及ぼすことが可能であったなら、汝は手ぶらで帰っては来なかっただろう。しかし大きな非難を受け、恥をかいた。汝は「汝の金銀が汝を破綻させるように！」と言われて、追い立てられたのである。[3]

フォーチーは一四〇八年九月一日に府主教に任じられた。丁度一年後に彼はキエフに到着し、半年をそこで過ごした。当時、ヴィタウタスとの関係が正確にはどうであったのか。この問いに答えることは難しい。後に（一四一五年）ヴィタウタスが述べたところでは、フォーチーを受け入れたいとは思わなかったものの、「彼が余と共にあり、また「キエフの」教会に配慮することに同意したので」、余は彼をキエフの府主教として受け入れた」という。[4] もしこれが本当であるなら、少なくともフォーチーはその約束を守ろうとしたようである。というのも、彼は一年間（一四一一年秋―一二年秋まで）をキエフと南西ロシアで過ごしたことが知られるからである。[5] しかし、ヴィタウタスにとって、これでは不十分だった。府主教との衝突が迫った。

ニコン年代記はフォーチーの活動を相当な長さで記録し、また明らかにこれに共感している。このような特徴を有する年代記が語るところによると、問題は一四一四年秋に生じた。多くの「不敬な者どもがフォーチーに対して立ち上がり、フォーチーを中傷して大公に訴え出た」。同時に彼らはフォーチーがキエフを蔑ろにしている、という不満を伝えた。

元々、全ルーシ*の府主教たちはキエフをその管区として保有し、全ルーシ*の府主教としてその位に就いていた。しかし現在、キエフは価値のない状況になり、全てがキエフからモスクワに持ち去られた。そして府主教フォーチーも「聖ソフィヤ」教会の全ての装飾品をモスクワに運び、彼は重税と容赦しない重い貢納によってキエフと「キエフの」全ての土地を荒廃させた。

ヴィタウタスは、リトアニアばかりかガリチアを含め、[6]この地の全ての正教の主教たちを招集し、彼らに対し、別の府主教をキエフに任じるよう命じた。しかし主教たちはこれに従うことを望まなかったので、ヴィタウタスは彼らにフォーチーに対する不平を書面にして送ることを強要した。主教たちは「その父にして主人であるフォーチー」に逆らうことを望まなかったものの、彼らは書簡を府主教に送った。この文書は、恐らくヴィタウタスが気乗りしない主教たちに口述し、それに基づいて作成された。そしてフォーチーがキエフ、そしてその信徒を蔑ろにしていること、また貴重品を聖ソフィヤ〔聖堂〕からモスクワに運んだことを批判している。聖ソフィヤの全ての財産や「府主教に属す全ての都市と地域、村」の財産目録の作成を開始したヴィタウタスは、こうした書簡の送付を喜んだ。彼は今や、再度、彼が推す府主教候補者を出そうとした。

フォーチーはヴィタウタスの意図を知ると、コンスタンティノープルに行くことに決めた。それはいかなる代償を払っても、「リトアニアとガリチア」という別の分離府主教区の設置を防ぐためだった。しかしまず、彼は状況を調査するために、そして可能ならヴィタウタスと和を結ぶためにキエフに入った。しかし彼はヴィタウタスにより逮捕され、手持ちの品を奪われた後、モスクワに帰還させられた。次いでヴィタウタスはキエフの府主教座所領をパンたち〔リトアニア貴族〕に分配し、フォーチーの代官たちから財産を奪った上で、彼らをモスクワに送り返した[7]。ニコン年代記は、当時の府主教座の土地所有を詳しく説明しながら、最後に更に某サヴァ・アヴラミエフの例を取り挙げて、道徳的な結びの言葉を付け加えている[8]。このサヴァは、フォーチーを「略奪した者」の一人であり、伝えられるところでは、実際にフォーチーに対する反対運動を始めた人物の一人であった。そしてモスクワでおよそ定期的に生じた火事の一つ（一四一四年）の際に、「火が雲のようにフォーチーの館の最上階から下りてきて、彼〔サヴァ〕は生きたまま焼かれた」という[9]。

ヴィタウタスの次の行動は、彼の主教たちを再度招集し（一四一五年）、彼らに府主教を選出させ、これを叙任のためにコンスタンティノープルに送ることだった。幾人かはこれに反対した（曰く「フォーチーと和解する方が良い」）が、ヴィタウタスは彼らに口出しを禁じた。そして府主教キプリアンの弟子であったブルガリア人グリゴリー・ツァムブラクが将来のキエフ府主教（つまり、キエフとリトアニア人の府主教）として選出された。このグリゴリーはここ八年の間、何らかの立場でリトアニアに滞在していたが、その活動についても、またその地位（仮に何かの地位にあったにせよ）については、全く情報がない。ただ彼は、主教ですらなかったようである。

グリゴリー・ツァムブラクは〔フォーチーに対する〕告訴状と共にコンスタンティノープルに送られた。ヴィタウタスは一三八六年に再びカトリックの洗礼を受けたこともあり、殆ど成功を期待していなかった。結局のところ、フォーチーは総主教により直接任じられた人物だったからである。だから、グリゴリーが「皇帝と総主教により[10]」拒絶されたことは当然のことであった。この時、ヴィタウタスに残されていた唯一の方法は、この地方の主教会議で、コンスタンティノープルに認可を求めずにグリゴリー・ツァムブラクを任じることだった。ただ、これはそれほど楽なことではなかった。同じ九人の主教が再度招集され、「ブルガリア人グリゴリー・ツァムブラクをキエフ府主教として選ぶ」よう命じられた[11]。主教たちは再度、キエフの地が今やヴィタウタスの手中にあるにせよ、既に単一の府主教区があること、また「一つの管区内に府主教が二人存在するのは」正しくないことを根拠にして反対した。ヴィタウタスは脅しに訴えた。「もし余の府主教［グリゴリー］を余のキエフの地のために選ばないのなら、恐ろしい死が汝らを襲うだろう」と。こうして、主教たちに選択の余地はなくなった。一四一五年一一月一五日に、リトアニアのかつての府主教座都市ノヴゴロドクに主教たちは集まり、「その意思に反して、ブルガリア人グリゴリー・ツァムブラクをキエフの府主教に任命した」。次いで主教たちは再度ヴィタウタスにより、今度は自分たちの行為を正当化する合同書簡を書くことを強いられた。この興味深い文書は再び、フォーチーに対する不満――フォーチーによるその教会とキエフの地の無視、「荒廃と冷淡な態度」、信徒の世話をしないこと――を列挙している。そしてあけすけに、しかし比喩のつもりで、「我々はフォーチーをキエフの府主教区から既に追放し、駆逐した」とか、「ヴィタウタスに服するリトアニアとルーシ*の全諸公、全てのボヤーレ、高官たち、全ての掌院、典院、敬虔な修道士が出席した」教会会議において、グリゴリーが「聖なる我々のキエフの教会と全ルーシ*の府主教に任命された」と宣言している。彼らの行為を正当化するために、主教たちは教会法を引用する。「主教たちが教会会議で府主教を任じるのは正しい。これは聖なる教会法に書かれていることである。すなわち二人か三人の主教が按手により叙任すること、つまり任命することはあり［うる］」と。また彼らは主張を裏付けるために、ブルガリアとセルビア、そして更に身近なところで一二世紀の「キエフ大公イジャスラフの治世における」府主教クリムの事例を参照している（上述七五―七六頁）[12]。

　主教たちの書簡にはすぐにモスクワで反応――それも大きな反応――があった。フォーチーは書簡を書いて激しく非難し返したが、そこには相当の怒りに満ちた痛烈で長い非難が含まれ、また聖書や教会法からの大量の引用がなされ、更に侮辱の言葉といらだちが満ちている[13]。書簡には〔下級〕聖職者や教区民も書簡の宛先人に含まれている。悪と偽の司牧者についての長い前置きの後、フォーチーはその怒りを二つの主要な目標に向けた。グリゴリー・ツァムブラク、そして彼を任命した惨めな主教たちである。彼曰く、グリゴリーは総主教により破門され、またアナテマ〔訳註2〕を受けており、不当に任じられた教会に彼がもたらしたものは、破壊、混乱、腐敗だけであった。次いでリトアニアの主教たちが、まずはグリゴリーを任命したことで、またそれにより「コンスタンティノープル、カトリック［つまり普遍的な］、そして使徒教会から送られた主教の他に、別の主教を受け入れない(14)」という誓いを破ったことで非難されている。彼は信徒たちには、「深い落胆と悲しみに陥った」彼〔フォーチー〕を慰めるよう請うている(15)。そして一連の長い、過ちを犯した聖職者——特に高位聖職者——に対する破門に関するありとあらゆる教会法、また「府主教、大主教への主教たちの服従の要求」に関する教会法が次々と引用され、その後でフォーチーは、皆が「神の教会の統合のために」祈ることを推奨している——これは、言い換えれば、分裂前のキエフと全ルーシ*の府主教区に戻るための祈りである。

ここで注目に値するのは、現実の全ての「問題と災い」の元凶であるリトアニア大公に対し、フォーチーが一言も非難の言葉を向けていない点である。しかし、フォーチーが、主教の大半が渋々行動したこと、また重苦しい脅しのもと、ヴィタウタスの要求に従ったに過ぎなかったことに気づかなかったわけがない。フォーチーはツァムブラクの任命という上述の、彼にとっては残念な話において、ヴィタウタスが果たした大きな役割についての言及を避けたその理由は単純に、キエフと全ルーシ*の唯一の司牧者であるフォーチーのもとにいずれ戻ることになるであろう多くの正教徒をまさにヴィタウタスが抱えていたこと、またそのようなヴィタウタスを敵に回すことを望まなかったことに求められるのだろう。

エウテミオスの後継者である新総主教ヨセフ二世は、フォーチーの書簡を受け取るとすぐに返答をよこした。これは恐らく一四一六年のことである。フォーチー宛ての返答書簡の言い回しは所々で幾分曖昧であるものの、それにも拘わらず、総主教による非難は、グリゴリーに対するあからさまなそれに加え、彼を任命した主教たちにも向けられていた。但し主教たちの個人名は挙げられず、間接的に言及されただけである。総主教が指摘するところ、グリゴリーは、特にロシアにおける事情を扱うために特別に招集された教会会議により再度破門され、またアナテマを受けた。しかし主教たちについては、明らかに争乱に巻き込まれた側〔その意味で救いの余地がある人々〕であった〔とされている〕。というのも、総主教曰く、ツァムブラクが追放された暁には、「我々は会議においてその地でキリスト教徒［つまりリトアニアの主教たち］に対する破門をどのように解除すべきかを考えねばならないので、汝［フォーチー］は急いで余のもとに来るべきである」と述べているからである。そして書簡の最後で、彼は「これらの主教たちが汝の前で自己を改める、というのがよろしい」と付け加えている。また、ヴィタウタスにはいかなる非難も向けられていない。それどころか実際は真逆である。総主教ヨセフは「聖なる皇帝と余は、大公ヴィタウタスにこの件で考え直すよう書いた。彼は知的な君主であるので、生じていることを彼が正し、［地位から］解任された者〔グリゴリー〕を追放することを望む」と書いている。(16)

しかし、フォーチーの要求や総主教の非難にも拘わらず、グリゴリーはその死を迎えるまで排除されなかった。任命後四年が経っても、ヴィタウタスを後ろ盾とする、正教信徒の司牧者としての彼の地位は盤石であった。その上、ロシア史料に見出されるところの、グリゴリーを任じた主教たちのリストが正しいと仮定出来るなら、全員ではないにせよ、ポーランド支配下の小ロシア（ヴォルィニとガリチア）の殆どの主教もグリゴリーの保護下に入ったことがわかる。今やヴィタウタス支配下の広大なロシアの地、またポーランド王であるヤゲウォ朝のワディスワフが領有する南西のロシアは、再度、キエフとモスクワの「全ルーシ府主教区」*から分離したのである。(17)

グリゴリーの晩年については、彼がローマとコンスタンツ公会議に派遣されたことの他は、何も知られていない。(18)ニコン年代記が一定の想像を加えて描くところでは、彼が最後にヴィタウタスに会ったのは一四一七年（一四一八年の誤記）九月であった。彼はそこでヴィタウタスに尋ねている。

「大公よ、いかなる理由で、あなたはギリシアの信仰でなく、ポーランドの［ラテンの］信仰を奉じていらっしゃるのでしょうか」。ヴィタウタスは答えた。「汝が余ばかりでなく、余のリトアニアの地の全ての民がギリシア信仰を奉じる姿を見たいのであれば、ローマに行き、教皇や賢人たちと議論せよ。そして汝が議論に勝利すれば、余はギリシア信仰を奉じ、ギリシアの慣習に従おう。だが議論に勝利出来ないなら、余は余の地のギリシア信仰を奉じる民全員を西の信仰に変えることにしよう」と。そこで大公はグリゴリーをパンたちと共にローマの教皇のもとに送った。[19]

トルコとの戦いにおける緊急支援を求める皇帝マヌエル二世の代表団も参加していたコンスタンツ公会議において、グリゴリーは教皇マルティヌス五世との非常に和やかな議論を行った。しかし彼はここから何も得られなかった。グリゴリーはコンスタンツから、恐らくはローマを経由して一四一八年にリトアニアに帰国した。教皇を出し抜く、或いは議論で勝利することが出来ないまま、であった。伝えられるところ、グリゴリーはヴィタウタスに信仰を変えるよう、三度目の説得を行った。この時、大公は、彼の全ての正教徒をカトリックに改宗させるという「脅し」を忘れていたようで、単に無駄話に興じたようである。[20] ともかく、ツァムブラクは一四一九年の冬に死去し、再度、リトアニアとガリチアの府主教区はフォーチーの手元に戻った。再び府主教区の分裂は解消され、統合がなった。

〔グリゴリーの死に〕先立つ時期、ヴィタウタスは、スズダリ地方の外部にある管区〔リトアニアや小ルーシの主教区〕を無視、また荒廃させているとしてフォーチーを批判することを適切であると見なしていた。しかし、生涯の最後の一二年（一四一九—三一年）においては、彼は全ルーシの府主教としての〔フォーチーの〕南西における活動には不平を口にしなかったようだ。というのもこの時期のフォーチーは、自分の府主教区の辺境を巡回し、そして恐らくは管理することにも熱心かつ精力的に取り組んでいたからである。一四二一年と二二年に、彼は丸二年の間モスクワを離れ、「リトアニア地方」やポーランドが領有していたガリチアの町々をめぐった。彼はモスクワ彼が訪れた町のリストから、彼の驚異的な旅、そして彼と同行者が踏破した長大な距離が分かる。彼はモスクワから、ノヴゴロドクに旅をした。これはフォーチーの管区内でリトアニアが領有する領域における座の所在地である。そこから彼の旅程はキエフ、スルツク、マズィル、ガーリチ、リヴォフ、ウラジーミル（ヴォルィニの）、ボリソフ、ドルツク、ムスチスラヴリ、スモレンスク――つまりヴィタウタスの広大な東方帝国とヤゲウォの小ロシアにおける多くの主要都市を回ったのである。(21) 彼の前にも後にも、ロシアの府主教で、管区巡回で数千キロを踏破した者はまれである。彼が訪問地で何を行ったのかは殆ど分からないのだが、彼の旅程の最初と最後の都市における状況は例外である。すなわちノヴゴロドクとスモレンスクで彼は大公ヴィタウタスと会見し、彼の管区の問題について彼と話したようだ。

一四二三年に彼はヴィタウタスと会談のために再度スモレンスクを訪れた。(22) この頃、既にヴィタウタスは、彼の正教徒臣民の宗教指導者であるフォーチーと和解していた。フォーチーは、〔ヴィタウタスにとっての〕同盟者である義理の息子、モスクワのヴァシーリー一世の右腕でもあった。両者の生涯の末、一四三〇年の出来事の〔年代記記事の〕なかで、両者が共通の目的に向かって団結していたことが〔上述の二度の会談に続き〕またも描かれている。この時、ヴィタウタスはフォーチーを自分のリトアニア王としての戴冠のために首都ヴィリニュスに招いた。(23) この戴冠は実際には行われなかった。スプラシル年代記の語るところによると、王冠がヴィリニュスに運ばれないよう、ポーランド人が画策したという。ウワディスワフ二世ヤゲウォ、モスクワのヴァシーリー二世、ローマの枢機卿を含む、著名な多くの客人が帰途についた後、ヴィタウタスはフォーチーを更に一一日間、彼のそばに留め置いた。その後のモスクワへの帰路、フォーチーはノヴゴロドクに立ち寄った。そしてそこで彼は、一四三〇年一〇月二四日にヴィタウタスが死去したことを知った。(24) 八カ月後、一四三一年七月二日、フォーチーはモスクワで死去した。彼はクレムリンのウスペンスキー聖堂で、キプリアンの墓のそばに埋葬された。(25)

（1）一四一五―一六年のリトアニアの主教たちに宛てたフォーチーの回状を見よ。*RIB*, vol. 6, col. 330.

（2）Ibid., col. 329. フォーチーの書簡でヴィタウタスの名が挙げられているわけではない。しかし彼をおいて他に宛先人に該当する者はなかろう。

（3）Ibid.

（4）*AZR*, No. 25, p. 36.

（5）リトアニアのスプラシル年代記によると、彼はキエフでセヴァスチヤンをスモレンスク主教に任じ、ルックでトゥーロフ主教エフフィミーを任じ、［一四一二年］八月一日に「ガーリチを発ってモスクワに向かった」。*PSRL*, vol. 35, p. 55.

（6）チェルニゴフ、ポロツク、ルツク、ウラジーミル（ヴォルィニの）、ガーリチ、スモレンスク、ホルム、チェルヴェニ、トゥーロフである。Ibid., vol. 11, p. 223.

（7）ニコン年代記（Ibid., pp. 223–4）。

（8）Kloss, *Nikonovskiy svod*, pp. 51–4 を見よ。

（9）*PSRL*, vol. 11, p. 224. この話には、フォーチーに対する別の誹謗者の話が続く。この度の誹謗者は商人で、〔誹謗のせいで〕モスクワで火事に遭って脚が麻痺してしまったが、フォーチーに告解をした後、奇跡的に回復したという。

（10）Ibid., p. 225.

（11）Ibid., p. 227（一四一六年の記事）。グリゴリー・ツァムブラクのキエフ府主教への選出に関して、リトアニアの主教たちが作成した正当化のための教会会議の書簡（一四一五年一一月一五日）において（*RIB*, vol. 6, cols. 309–14）、八名の主教だけが署名している。チェルヴェニとガーリチの主教は言及されていないが、ペレムィシリ主教がリストに加えられている。本書233頁註6と比較せよ。

（12）リトアニアの主教たちの会議書簡（*RIB*, vol. 6, cols. 309–14）、またそれに近い、ニコン年代記所収版の書簡（*PSRL*, vol. 11, pp. 226–30）を見よ。

（13）*RIB*, vol. 6, cols. 315–56 に刊行されている。

(14) Ibid., col. 328.

(15) Ibid., col. 330.

(16) Ibid., cols. 357–60.

(17) グリゴリー・ツァムブラクは二カ所で「キエフ、ガーリチ、全ロシア〔原文ママ〕の府主教である卑しきグリゴリー・ツァムブラク」、「キエフとリトアニアの全域の府主教」という形式で署名している。Golubinsky, *IRTs*, vol. 2, I, p. 384 n. 1.

(18) コンスタンツ公会議については *The Council*; Halecki, 'From Florence', pp. 28 ff. を見よ。

(19) *PSRL*, vol. 11, p. 233.

(20) 元々異教徒であったヴィタウタスは最初に正教の洗礼を受けた。一三八六年にヤゲウォと共にカトリックに再改宗した。

(21) 旅路の史料はスプラシル、及びスルツキー年代記（*PSRL*, vol. 35, pp. 56, 78）を見よ。

(22) Ibid., vol. 11, pp. 238–9.

(23) Ibid., vol. 35, p. 57.「ポーランド人」はここでポリャネという興味深い言葉で呼ばれている。

(24) Ibid., vol. 12, p. 9. Zimin, *Vityaz'*, pp. 42–3.

(25) *PSRL*, vol. 12, p. 10.

〔訳註1〕とりわけ一四世紀九〇年代の教会の混乱期に多くの教会財産が奪われたとされている。

〔訳註2〕教会からの完全な分離を意味する。通常は呪詛を伴う。秘跡（サクラメント）と礼拝からの排除を意味する破門とは区別された。

第一四章　府主教ヨナとイシドール、フィレンツェ公会議

フォーチーの座は、彼の死後ほぼ六年にわたり空位のままであった。これは驚くに値しない。というのも、六年間の殆どはヴァシーリー二世とその不穏な敵ガーリチ公[訳注1]ユーリー及び三人の息子との血なまぐさい内戦の第一段階にあたっていたからである。この第一段階で、ヴァシーリーはモスクワ大公の玉座を二度失い、そして二度再獲得した。彼には、皇帝や総主教に府主教を要求する時間も機会も殆どなかった。他方で皇帝や総主教は、むしろ、ローマとの何らかの合同の可能性を探ることで手一杯だった。この合同により西方からの軍事援助を最終的に獲得することに期待したのである。

とは言っても、ロシアでは、恐らく一四三二年後半には候補者の選択の準備が始まっていた。ここで選ばれたのはリャザンとムーロム主教のヨナであった。彼は、一四三三年三月には既に府主教候補者であると称している[1]。彼は明らかに主教会議で〔候補者に〕選ばれた[2]。しかしヴァシーリー二世が一四三四年に玉座を再獲得するまでは次の段階には進めなかった。そして再獲得が実現した後にも、更に遅れが生じた。最終的に一四三五年の末、ヨナはようやく叙任のためにコンスタンティノープルに派遣された。だが彼は遅すぎた。彼が到着した時には既に、コンスタンティノープルの聖デメトリオス修道院の院長で、才能豊かで、かつ非常に行動的で冒険心のあるイシドールが総主教によりキエフと全ルーシ*の府主教に選出、叙任されていた。ただそうした事情にも拘わらず、

ヨナによると、「イシドールが神の意志で亡くなるか、或いは他のことが彼に生じるかした時」には、ヨナが「ルーシ*の府主教になる」[3]と総主教及び「神の聖なる会議」によって宣言されたという（キエフの正教リトアニア公であるアレクサンドル・ウラジミロヴィチ宛ての書簡。一四五一年一月三一日以前）。ヴァシーリー二世は皇帝コンスタンティノス一一世への書簡（一四五一／五二年）の中で、ヨハネス八世と総主教ヨセフの〔ヨナに対して述べた〕言葉を引用している。「それでは汝はどうするのか。汝は我々のところに遅れてきた。我々は別の者をいと聖なる府主教区に任じており、今やどうしようもない。イシドールが既にルーシ*の府主教なのであり、汝、ヨナは自分の管区、リャザン主教区に戻るがよい。そして神の意志がイシドールの死を運命付けるか、或いは他のことが彼に生じるかした時には、その時はヨナよ、汝が彼に続いてルーシ*で府主教を継ぐが良い」[4]と。ヨナに付き添われて、イシドールは一四三七年四月にモスクワに到着した。

ロシア人が内戦による混乱により、コンスタンティノープルにおけるヨナの承認と叙任に間に合わなかった一方で、リトアニア人は正教徒臣民の主教指導者〔府主教等〕を再度獲得することに前向きだった――恐らく、モスクワのフォーチーの後任探しでもあった。ウワディスワフ二世ヤゲウォの弟シヴィトリガイラ（ロシア語でスヴィトリガイロ）はヴィタウタスの死後、リトアニア大公に任じられていたが、この彼がスモレンスク主教ゲラシムを叙任のためにコンスタンティノープルに派遣した[5]。一体どうしてスモレンスク主教が選ばれたのか、誰が彼を選んだのか、彼の管区の構成はどうだったのか（キエフと全ルーシ*か、リトアニアか、リトアニアとガリチアか）。こうした問いに確かな答えを出すことは出来ない。我々が知るのは、彼が一四三四年に府主教として帰国したこと[6]、恐らくは総主教ヨセフによる叙任を受けたこと、またこのゲラシムがノヴゴロド大主教エフフィミー二世を一四三四年五月に叙任したこと、それは、ニコン年代記によると、「キエフと全ルーシ*の府主教フォーチーの死後、モスクワに府主教がいなかった」[7]からであったこと、更には次の年にゲラシムはパトロンのシヴィトリガイラによりスモレンスクで逮捕され、ヴィテプスク（旧ポロツク公国内）で四カ月投獄され、最終的にシヴィトリガイラの命令で、ヴィタウタスの弟にしてシヴィトリガイラの競合者ジギマンタスとの「裏切りの関係」を理由に火刑に処されたこと[8]、以上が全てである。ただ、この不運なゲラシムの管区はどこであったのか。最も確実と思しき答えは「リトアニアの府主教」である。というのも、総主教がシヴィトリガイラの任じた人物を〔全ルーシ府主教に〕叙任し、そのことによってヴァシーリー二世の怒りを招く、という危険を犯すことはまずあり得ないと思われるからである。総主教には、〔オスマン帝国と戦う〕不運なギリシア人に対するヴァシーリーの金銭及び国際的な支援を手放すことはまず出来なかった[9]。

ゲラシムが配属された管区がどうであれ、総主教ヨセフにより正式に全ルーシ*の府主教に叙任されたイシドールはモスクワに到着した。ビザンツの観点からすると、彼はモスクワに派遣するのに理想的候補者だった。彼の博識、言語能力、顧問官や外交官としての能力は多くの者に知られていて、かつ称賛されていた[10]。更に、彼は異宗派との間で教理に関する議論を経験していた。彼は一四三三年に皇帝により、バーゼル公会議における教会合同に関する論議に加わるために派遣されていた。ギリシア人は彼の知性に畏怖しており、イシドールの敵のスズダリのシメオンさえも同様の意見を述べている。このシメオンは、一四三七年に府主教のイタリア行きに同行し、その後フィレンツェ公会議についての説明を書いた際「ギリシア人は彼を他の多くの府主教や哲学者よりも優れていると見なしている」と認めている[11]。

以前のバーゼル会議での経験、またフェラーラ・フィレンツェ会議における彼の驚異的な〔合同派への〕寝返りと思しきもの、更に最終的なラテン教会への献身、といった点を考慮すると、ロシア到来時に彼は既に、内密であるが、ローマとの合同の忠実な支持者だったとする仮説には納得がいくように思えるかも知れない。しかし、その当時、ロシアでは誰も彼の信仰が厳格であることを疑わなかった。府主教としての彼の後継者であるヨナは、後に、一四六一年にスモレンスク主教ミサイルに宛てた書簡の中で、正教をローマに従属させるというイシドールの計画を誰も知らなかった、と主張している[12]。また確かに、ヴァシーリー二世は当初、イシドールを府主教として受け入れることを嫌がっていた。一四四一年の総主教メトロファネスへの書簡の中で、「もし余が元々の正教キリスト教を守らず、余の心中に神への恐れを持たぬ〔教会の命に背く〕ような存在であったなら、余は〔総主教の意向に逆らい、〕彼を決して喜んで受け入れることはなかった」と述べている。但し、この言い方は、イシドールが親ローマ派の高位聖職者ではないかと疑われていたから出てきたものではない。単純に、ヨナがコンスタンティノープルで相手にされなかったからである。

余が彼の受け入れに同意――しかし単なる同意である――したのは、単純に皇帝使節の懇願、そしていと聖なる総主教の祝福の結果に過ぎない。しかし彼の極度の悲しみと謙遜が余をとらえた時、余は彼を父にして教師として大きな名誉と熱狂を以て受け入れた。……余の以前のいと清き府主教たちと同様に。そして彼はその一人であると考えていた。そして最終的に本当は、彼によって何が行われることになるかを知らなかったのである。(13)

モスクワ到着時、イシドールが教会合同の成就を目指して働くことを既に決めていたかどうかは分からない。しかし、いずれにせよ、確かに彼は出来る限り早く公会議に参加するためにイタリアに向けて出発することを切望していた。皇帝と総主教はこの会議に参加するために、既にコンスタンティノープルからの出発を決めていた。ロシアの年代記によると、ヴァシーリー二世はイシドールが第八のラテン公会議に出発するのを阻止し、彼ら〔ラテン〕の異端によって間違った方向に導かれないようにするためにあらゆる手立てを尽くしたという。(14)またヨナも「私の主にして息子である大公ヴァシーリーが彼に行かぬよう説得したものの、彼〔ヴァシーリー〕は彼〔イシドール〕を止めることは出来なかった」(15)。しかし、年代記作者とヨナの両者は、イシドールの「正教に対する裏切り」が発覚した後にこれを書いており、両者の言うところの酷い背信行為が行われたことをこの上なく強調したがっていた。もちろん、ヴァシーリーが単純に、一四三〇年のフォーチーの死後に積み上がっていた教会の仕事の山を処理するために、出発を延期するようイシドールを説得した可能性もある。

一四三七年九月八日、「信仰を強化し、正教において教会を統合する」ことをヴァシーリー二世に約束した後、[16]イシドールはモスクワを出発した。一〇〇名からなる彼の一行は一名の主教、すなわちスズダリのアヴラーミー、そして多くの聖職者からなっていた。主教アヴラーミーの随行者には、論争的なことで知られる『フィレンツェ会議の話』を書いた修道士シメオンや書記が含まれていた。[17]恐らく、ロシア人による最初期の西欧描写である『フィレンツェ会議への旅』の匿名の著者もこうした書記の一人であった。[18]

フェラーラへは僅か一年かからずに到着した。[19]ロシアにおける三カ所の中継地（トヴェリ、ノヴゴロド、プスコフ）とリガでの八週間の滞在、[20]全体でおよそ八カ月だった。モスクワを去る際には急いだものの、イシドールはその目的地に明らかに急ぐことなく進んだ。フェラーラに到着すると（一四三八年八月一八日）、彼は皇帝と総主教、両者の一団が三月初頭以来、待っていたことを知った。スズダリのシメオンが語るところによると、ロシア使節を待っていたという。しかし彼らは西欧の諸侯をも待っていた。彼らこそが、合意に達したならば、トルコ人に対する軍事作戦を援助する者たちであった。だが彼らは〔会議に〕来なかった。[21]ギリシア人の期待は結局、裏切られた。

西欧の支配者たちが参加せず、またロシアの使節が遅れるなか、一四三八年四月九日に公会議が始まることが公式に決まった。最初の数カ月は、煉獄の問題が議論された。これはギリシア人にはあまり関係がなく、また大部分のギリシア人にはおぼろげにしか理解出来ない問題であった。合意にこぎ着けられなかったことは当然である。両者共に特に行き詰まって、困惑していたように見える。ロシアの一団が到着してから重要な議論が始まった。すなわち「フィリオクェ」の問題である。これは全てのテーマの中で群を抜いて重要なものになるはずだった。一四三八年一〇月八日から一四三九年一月一〇日まで、主にフィリオクェの語の信条への追記をめぐって多くの話し合いがもたれた。主な登場人物は、ラテン・カトリック側では枢機卿のチェザリーニ、ギリシア側ではエフェソス府主教マルコスとニカイアの〔府主教〕ベッサリオンだった。フィリオクェは追記か、或いは説明なのか。明らかに、議論は全く進まなかった。問題の核心部分、すなわち聖霊の発出という教理の問題に切り替えがなされねばならない、とする決議が年の暮れまでに出された。その後、一四三九年の初めに、春に公会議をフィレンツェに移すことが教皇エウゲニウス四世から提案された。以前に生じた疫病が、ここに来て再度流行の兆しを見せており、これを避けるため、とのことだった。

フィレンツエでは、聖霊は父からか、或いは父から子を通じて発出しているのか、或いは父と子からか、という焦眉の問題に関する論議は一四三九年三月二日から六月二日まで続いた。ギリシア側の主導者であるベッサリオン、イシドール、そして世俗の哲学者ゲオルギオス・スコラリオスは次第に合同派の立場に変わっていった。会議を成功させるためには、正教会がラテン・カトリックの見方を受け入れるしかない。このように彼らは認識しつつあった。反合同派の立場は断固としてエフェソスのマルコス、モネンバシアのドシテオスやヘラクレアのアントニオスといった府主教たちにより擁護された。皇帝ヨハネス八世は西欧がトルコの手からビザンツを救ってくれることを切望し、ラテン人と合意するよう高位聖職者たちを説得するために、可能な限りのあらゆる手立てを行った。

一四三九年の盛夏の時期、ギリシア人にとっては苦しい数カ月が経過していた。度々の曲折する議論、常に高度に専門的な神学論争、そして資金と食料の不足があり、ギリシア人は遂に帰国を願い始め、そしてすぐにもローマとの合同文書に署名する構えであった。一四三九年七月五日の日曜日、皇帝に率いられた全てのギリシア人は合同宣言に署名した。全員というのは、つまり、最後まで頑なだったエフェソスのマルコスを例外として、である。高齢で弱々しい総主教ヨセフ二世は、恐らく署名することになったであろうものの、丁度一カ月前に死去したことにより、ラテン人へ屈服せずに済んだ。会議に参加した唯一のロシア主教であるスズダリのアヴラーミーは署名したが、彼に同行したスズダリ人のシメオンの説を信じることが出来るなら、署名は無理強いの結果だった。『フィレンツェ会議の話』のなかで、シメオンは、アヴラーミーは「[署名を]望まなかったが、府主教イシドールが彼を逮捕し、一週間投獄した。その後彼は強いられて署名した」[22]と書いている。この話については、他に裏付けは存在しない。

ギリシア人を合同に署名するよう説得したことで、責任者たちは大きな見返りを得た。教皇エウゲニウスは府主教ベッサリオンを枢機卿に、また彼に、コンスタンティノープルに残るなら年金を三〇〇フロリン、教皇の宮廷に来るなら六〇〇フロリンを与えることを約束した。イシドールも同じく枢機卿、そして「リトアニア、リヴォニア、ロシア地域における、そして府主教としての汝の権利の手中にあるレチェ[ポーランド]の諸国家、管区、領域、場所における」教皇の代理とされた。[23]ベッサリオンは確実に合同派ギリシア人の指導的立場の人物の一人であり、とりわけフィレンツェにおけるフィリオクェに関する教理の議論においてその役目を果たした。しかし、イシドールはフィレンツェで聖霊の発出に関する神学討論には殆ど参加しなかった。ただ最終段階に向けて、合同への署名にまだ躊躇するギリシア人を説得する役目を果たした。スズダリのシメオンによると、彼は教皇の寵愛を受けていた。「イシドールほど教皇に愛された府主教はいなかった」という。[24]

ギリシア人がコンスタンティノープルに帰還した時、町は混迷を極めていた。多くの住民が合同に抗議した。他方で合同を強要する決意を十分にもった者もいなかった。実際、合同派のメトロファネス二世(在位一四四〇—四三年)がヨセフ二世の代わりに総主教に任じられた。しかし彼や彼の後継者グレゴリオス・マンマス(在位一四四三—五一年)は礼拝において教皇の名を挙げ、また公会議の決定を公布し、合同派主教を叙任する他は、ほぼ何も出来なかった。変化はなかった。またメトロファネスが総主教に就いた直後に書いたように、「我々のあらゆる習慣において、キリストの聖なる体の聖なる祝賀において、その他の聖務において、聖なる信仰告白の朗読において」も変化はなかった。[25]他方で合同署名者の幾人かは撤回し始めた。特にヘラクレアの府主教アントニオス、トレビゾンドの府主教ドロテオス、エフェソスのマルコスの弟子にあたるゲオルギオス・スコラリオスである。最後に挙げたゲオルギオスは、一四五〇年に剃髪し、修道士としてゲンナディオスを名乗った。しかし、合同派にとって最大のダメージが妥協なきエフェソスのマルコスによって与えられた。彼は疲れを知らず、合同支持者を攻撃した。ジョセフ・ギルは書いている。

　彼の文章に広がる熱狂的熱意と誠実さ、教会の伝統的信仰への献身、西欧の嘘と異端で伝統信仰を汚すことに夢中になっていると彼が見なした者に対する嫌悪と蔑視。こうした全ての印象は、既に合同を拒否した者を非常に勇気づけ、そしてまだ躊躇している多くの者を彼の側に引き込んだに違いない。というのも彼はギリシア人が既によく通じているテーマを繰り返しているからである。ギリシア人はラテン教会を悪であると確信するような弁護者が発する熱烈な言葉など、殆ど必要としなかった。東も西も、彼〔マルコス〕を合同の最大の障害と見なしていた。彼は、フィレンツェ合同への署名をはっきりと拒絶した唯一のギリシア高位聖職者だった。それ故、行為が一貫しており、非難を受けにくい唯一の者だった。そしてこれら全てを伴いつつ、生活の高潔さにより彼は讃えられたのである。だから追随者や同胞への彼の影響が非常に大きかったのは不思議でない[26]。

　人々は合同により提起された問題に悩み、論じ合ったものの、しかし現実においてコンスタンティノープルの住民を悩ませていたのは差し迫ったオスマン・トルコの災いであった。教皇の約束により、軍事支援への期待は高まった。しかし一四四四年、ヴァルナにおいてスルタン・ムラト〔二世〕により同盟軍は壊滅させられ、教皇エウゲニウス四世が提唱した十字軍は終わった。その後、支援の望みはなかった。ヨハネス八世が一四四八年に死去し、新皇帝である弟コンスタンティノス一一世パレオロゴスが自分の運命を合同派に託したにも拘わらず、西欧からの僅かな海軍も陸上の部隊も期待出来なかった。いずれにしても、同時代のギリシア史家ドゥーカスは、合同反対派の海軍の大元帥ルカス・ノタラスを描く際に、「教皇のミトラ〔冠〕よりスルタンのターバンの方が良い」[27]という言葉を彼に述べさせている。ノタラスを支持する多くの市民がこの見方を共有していたことは疑いない。コンスタンティノープルは一四五三年五月二九日にトルコ人の手に落ちた。修道士ゲンナディオス（ゲオルギオス・スコラリオス）は、裕福なトルコ人により買い入れられ、トラキアのアドリアノープルに連れられ、その後一四五四年一月に首都に戻された。そしてスルタンにより、ヨセフ二世以来最初の非合同派総主教として任じられたのである。[28]

府主教にして枢機卿、更に教皇全権特使となったイシドールは、一四三九年九月六日にフィレンツェを発った。フェラーラへの往路では距離の割に長い時間がかかったが、モスクワへの復路はおよそその二倍の日数を要した。彼の帰途は緩慢に見える。このようなことになった理由について、その解明は困難でない。第一に、イシドールは一四四一年に帰国する以前に、モスクワの諸権力が全て——モスクワに受け入れられないであろう役割をイシドールが演じたこと——を知っている、という事実に既に気づいていた。すなわちスズダリのシメオンも、トヴェリ大公の使節フォマも、イシドールと衝突して一四三九年一二月にはヴェネツィアから逃げており、[29]シメオンは実際ノヴゴロドに避難し、最終的にはイシドールの捕虜になってモスクワに送られることになったものの、[30]フォマの方は恐らく一四四〇年初めにトヴェリに到達した。そこから公会議に関する情報はモスクワに伝わったはずである。更に、スズダリ人と思しき『フィレンツェ会議への旅』の著者は、一四四〇年八月にイシドールの随行者たちをヴィリニュスに残して出発し、一カ月後にモスクワに入った。イシドールは、モスクワで自分が受け入れられるかどうかについて恐れていたことだろう。第二に、彼は、ロシアの自分の府主教区に向かう前に教会の、そして疑いなく政治的な仕事をかなりの規模でハンガリー、ポーランド、リトアニア、ポーランド支配下のガリチアで抱えていたことも遅滞の理由である。

イシドールはヴェネツィアで三カ月を過ごした（一四三九年九月一五日から一二月二七日）。次いで彼はザグレブ経由でブダに入り、そこから「ポーランド、リトアニア、ドイツ［つまりチュートン騎士団］領、そしてロシアの全正教キリスト教徒に」回状を出した（一四四〇年三月）。回状は幾分退屈な声明を含んでいた。これは両教会が今や合同され、ラテン人からの正教の分離はもはや存在するべきでないことを確認していた。彼は、ラテン地域に住むギリシア人はラテン教会に行き、ギリシア地域に住むラテン人はギリシア教会に行くよう説得した。というのも、ローマ教会の洗礼とギリシア教会の洗礼は等しく効果があるからである。また、礼拝時の種入りパンと種なしパンの使用に関する古くからの不一致を回避するために、両教会は両方のパンを用意するよう指導している。回状は信仰告白や教皇の首位権についてはうまく避けていて、全くそれらに言及していない(31)。

ポーランドに短期間滞在した後、イシドールはガリチア・ヴォルィニ地方に移動した。拠点としてのリヴォフで彼は一四四〇年夏の前半を過ごし、ベルズ、ホルム、ガーリチ、カメネッツを訪れた。八月半ばにはリトアニアの首都ヴィリニュスにいた。そして半年間、彼の府主教区のうち、リトアニア支配下の領域で活動した。彼は明らかにしばらくの時間をキエフで過ごし(32)、その後スモレンスクに入った。ここで彼は〔先に帰国した上述の〕不運なシメオンを捕らえた。リトアニアの公一門に属し、アルギルダスの孫でもあったスモレンスク公ユーリー・セミョノヴィチ＝ルグヴェネヴィチは、会議を否定的に描くシメオンの叙述を好まなかったのだが、この公がイシドールの命令を受け、ノヴゴロドにいたシメオンに〔彼をキエフに招き入れるために〕使者を派遣した。シメオンは「キリスト教徒としての公」を信頼し、何も害がなされないことを〔事前に〕確認したが、〔スモレンスク〕到着後すぐに投獄された。「彼は二つの枷を私にはめ」〔と彼は書く〕、「私は素足でまた小さなジャケットを羽織って一冬を過ごした。寒さ、飢え、のどの渇きに苦しんだ」という(33)。

枷をはめたままのシメオンを引き連れ(34)、イシドールは一四四一年三月一九日の日曜にモスクワに帰還した。シメオンとロシア年代記作者たちの記録を信じるなら、イシドールの入市は野暮な、そして極度に挑発的なものだった。「大きな誇り、嘘、ラテン〔・カトリック〕の横柄さを伴い、彼はラテンの十字架と銀の司教杖を自らの前に掲げながらこれらを持ち運んできた……。十字架に頭を下げぬ者があれば、彼はそうした者どもを司教杖で打つよう命じた。これは教皇の面前で行われていることと同じである」[35]。三一年の後、既に代替わりした後の別の教皇の使節として枢機卿アントニオ・ボヌブレがイヴァン三世の将来の妃、パレオロゴス家のゾエ（ソフィヤ）を伴ってモスクワに入った時も、これ見よがしに十字架を先頭にしていた。大公の助言者の幾人かはイヴァンにこう言った。「我々の地でこれほどラテン信仰が称えられたことはなかった。イシドールだけがこれを試み、そして滅んだ」と[36]。

伝えられるところでは、イシドールは更に傲慢な態度を取ることになった。「府主教は神の母の［就寝〔ウスペンスキー〕］聖堂に入り、礼拝を行い、まず教皇エウゲニウスを、正教の総主教には言及することなしに称えた[37]。そして礼拝の最後に彼の長輔祭――この後に一四五八年に合同派の「キエフ府主教」になるグリゴリーである[38]――に「第八公会議〔フェラーラ・フィレンツェの公会議〕の信条を大きな声で読み上げる」よう命じた。この時大公には教皇からの書簡が渡された。曰く「東方教会は今や我々と一つになった」のであり、これは「汝の、全ルーシ*の府主教にして使徒座の使節でもあり、我々の聖なる兄弟であるイシドールのおかげである。我々は敬虔な心で、この府主教イシドールを、彼の正義と教会の利益のために受け入れるよう求める……」と[39]。

これらのことはどの程度、現実であったのか。述べることは難しい。更に評価が難しいのは、シメオンやモスクワの年代記作者が伝える次の出来事である。シメオンによると、ヴァシーリー二世は「府主教の欺瞞を認識し」、俗人にはそうした権利はないにも拘わらず、イシドールから霊的な位階を剝奪するよう命じた。「このような、魂に有害な異端の罪で、モスクワの町や彼の全領域からイシドールを追放する」よう命じた、という[40]。年代記作者は更に話を進める。モスクワへの到着とクレムリでの礼拝から三日が経ち、イシドールは逮捕され、チュードフ修道院に監視付きで留め置かれたという[41]。ゴルビンスキーが指摘するように、イシドールの合同支持は恐らく、ヴァシーリーや彼に近い者たちにとって、意外ではなかっただろう。また同じくヴァシーリーが、イシドールが教皇の名を挙げたことやエウゲニウスの書簡に不意を突かれて立腹した、ということもなかっただろう。結局、信条を変えたり、フィリオクエを挿入したり、また種なしパンを礼拝で使用したり、或いは教皇の首位権や煉獄の教え、司祭の独身性を認めたりすること――これらがロシア人に〔イシドールの到着後、〕義務づけられるであろうことを、〔従前の情報からヴァシーリーらは〕分かっていたのである。

明らかに、シメオンと年代記作者は、モスクワにおけるイシドールの迎え入れの叙述において、事実をねじ曲げ、彼らの偏見に基づいて説明を脚色している。このことの確認が欲しいなら、フィレンツェからの帰還後、大公に対するイシドールの立場に関する同時代記録の一つ――すなわちトヴェリのボリス・アレクサンドロヴィチとヴァシーリー二世との協定のテクスト――を見るだけで良い。その信憑性には全く疑いがない。この〔協定の〕合意の内容はここで触れないが、冒頭の語だけ明らかにしておこう。すなわち協定が「キエフと全ルーシ*の府主教である我々の父、イシドールの祝福を以て」結ばれたと述べられているのである。[42] 残念なことに、文章には日付がない。しかし一四三九年七月に生じたウルグ・ムハンマドのモスクワ進軍について[43]、また一四四一年九月二二日に死去したヴァシーリー二世の従兄弟、ドミトリー・ユリエヴィチ美麗公〔同名のドミトリー（シェミャカ）の弟〕への言及がある。[44] このことは、第一に、この協定が一四四一年三月に〔イシドールが〕モスクワに帰国した後に結ばれたこと、第二に、一四四一年三月一九日から、モスクワを永久に去った九月一五日まで、幾分かの間、ヴァシーリー二世は、イシドールを、彼が後に呼ぶような異端的背教者ではなく、全ロシアの合法的府主教として認めていたことを示唆するだろう。

大公の年代記作者は、ヴァシーリーの優れた正教性の誇張に相当に力を入れており、「モスクワへの到着の日にイシドールが司った運命的な礼拝」に続く彼らの出来事の説明において、大公を信仰の偉大なる擁護者として称えている。「狼の如きどう猛なイシドールの異端」をすぐさま見抜いたのは、大公だった。[45] 一方で「諸公やボヤーレ、多くの他の者たち――特にルーシ*の主教たち――は黙って、まどろみ、また寝入っていた」。ここで「神のように賢く、キリストを愛する君主であるヴァシーリー・ヴァシリエヴィチ大公が……イシドールを辱め、彼を司牧者や教師でなく、不道徳かつ有害な狼であると呼んだ」。この時にようやく、「その時に目覚めたルーシ*の主教全員と諸公とボヤーレ、高官たち、キリスト教徒の大多数が意識を取り戻し……イシドールを異端と呼び始めた」という(46)。

それでイシドールは、ニコン年代記が語るところでは、モスクワ到着後三日して逮捕された(47)。大公の一四七九年のモスクワ集成(48)はさほど正確でない。すなわち、単純に、ヴァシーリー二世が彼に向けて読み上げられた教皇エウゲニウスの書簡の内容を耳にした後、イシドールの異端を認識し、「彼の祝福の受け入れを拒絶し」、彼を異端的なラテンの詐欺師と呼び、急いで彼をその座から追放するよう命じた。また聖使徒と聖なる父たちの七つの公会議の、神の聖なる教会法に従って調査が終わるまで、彼をチュードフ修道院に留め置くよう命じた、とする(49)。両年代記は最終的に、「夏が終わった後(50)」の九月一五日に(51)、イシドールが二人の弟子グリゴリー(将来のキエフの合同派府主教)とアファナシーを伴って逃亡し(52)、まずトヴェリに行ったとする。そしてトヴェリでは、プスコフ年代記によると、彼は大公ボリス・アレクサンドロヴィチにより軟禁され(53)、次いでリトアニア(ノヴゴロク)経由でローマに行ったという(54)。イシドールはヴァシーリーの黙認のもとで「逃亡した」ように見える。一四七九年のモスクワ集成は、彼が「盗賊のように夜間にこっそりと逃亡した」ことを描き、「大公ヴァシーリー・ヴァシリエヴィチはこれを追いかけるために誰も送らなかったし、誰も彼を引き戻そうとしなかった」と付け加えている(55)。ヴァシーリー二世は一四四一年に総主教メトロファネス二世に宛てて、彼が「異端の合同派」であることを殆ど疑わないままに書簡を書き、ロシアの候補者(つまりヨナ)を地方の主教会議で任じる許可を求めた。書簡の調子は、後の反ラテン・カトリックのロシアの論争書物に比べて穏やかである。すなわち、「異端」「背教者」「アレイオス派(アリウス派)」(!)、「ネストリオス派」(!)といった、ヨナがイシドールと弟子のグリゴリーを中傷する際に使われる激しい言葉は書簡にない(56)。しかし更に重要なことは、ヴァシーリーがイシドールの投獄や「逃亡」に全く言及していないことである。大公が描くところによると、イシドールがフィレンツェから帰還し、彼が自らを教皇全権特使と呼び、同じく「ラテンの、キリストの両足が一つに重ねられて一本の杭を打たれている、そのようにキリストが彫刻された十字架」を大公の前に運んだ。[57] そして「教皇」の名を挙げて祈り、「ローマ教会とローマ教皇に我々を従わせ」、また教皇の書簡を携えてきたという。ヴァシーリーが言及した唯一の行為は、六名の主教からなる会議を招集したことである。[58] 彼らこそが「イシドールの全ての行為は……異質であり、神と聖なる教会法から離れていると結論づけた」のである。その結果、「神を愛する我々父祖の地の主教たちによる」ルーシ*の府主教の任命を求めて、今回コンスタンティノープルへ使節を送ることになった、という。[59] 但し、実際にはこの書簡は送られなかった――総主教も合同の調印者ではないかという疑いがモスクワで生じたのだろうか？――しかし二年後、再び書簡が書かれ、これはメトロファネスの後任で、別の合同派グレゴリオス三世マンマスを宛先人とした。[60] ところが、これもコンスタンティノープルに送られなかった。[61]

ロシアにおけるイシドールの最後の日々について、我々の知る出来事は以上が全てである。ここから、何が結論づけられるのだろうか。何が生じたのだろうか。彼は実際にモスクワ到着して三日でヴァシーリー二世によって廃位されたのだろうか。もしそうなら、大公は主教の助言や合意なしで、つまり教会法に基づかずに行動したのだろうか。もしイシドールが廃位されたなら、彼はいつ、ヴァシーリー二世とトヴェリのボリス・アレクサンドロヴィチとの協定に署名したのか。そしてなぜ、ヴァシーリー二世は総主教メトロファネスへの書簡の中で、彼が行った追放、或いは逮捕への言及を避けたのだろうか。また実際、イシドールはヴァシーリーにより、或いはトヴェリへの逃亡後にボリス・アレクサンドロヴィチにより、本当に逮捕、或いは軟禁されたのか。[62] 以上の疑問への回答がどうであれ、ともかくイシドールは明らかにヴァシーリー二世にとっては迷惑な存在だった。大公はともかく、しきりに彼から解放されたがっていたように見える。

しかしなぜか。証言の多くが非常に論争含みの性質を帯びていることを考慮すると、受け入れうる唯一の推量は次の通りであろう。すなわち、ヴァシーリー二世はその生涯のこの段階で――内戦の最中でありながらも、一四三四年のモスクワの玉座の回復と一四四五年のウルグ・ムハンマドによる捕囚の間という比較的穏やかな時期において――フェラーラやフィレンツェで生じた細かい神学論争に関心がなく、また総主教より先に教皇の名を挙げるといったことにも関心がなかった。大公が望んだのは、府主教区への彼の元々の候補者、つまりリャザン主教ヨナが教会の首長に任命されることであった。事実、総主教宛て書簡で言及される六名の主教は、イシドールを断罪して追放するためでなく、府主教としてのヨナを認可するよう、コンスタンティノープルを説得するために招集された、というのはありうるように思われる(63)。

ではなぜヨナの任命にはこれほどの時間――〔一四四一年に〕イシドールがモスクワから去った後、七年以上の時間――がかかったのか。まず、コンスタンティノープルの二人の総主教、メトロファネス二世（在位一四四〇―四三年）とグレゴリオス三世マンマス（在位一四四三―五一年）が、皇帝ヨハネス八世と同じく、双方共に熱心な合同派であった。それ故、モスクワがヨナの任命を望んでいたことを両者が知っていたかどうかは別にして、イシドールの交代は歓迎されなかっただろう。両総主教の見るところ、イシドールこそが未だに正当なロシア府主教だった。第二に、大公の行く手を、対処の難しい諸事件が遮っていた。すなわち一四四二年にヴァシーリー二世とその従兄弟ドミトリー・シェミャカとの間で内戦が再燃した。一四四二年から四三年には、破滅的な疫病、日照り、飢饉が生じた(64)。一四四四年の冬にはモンゴル人がニジニ・ノヴゴロドとムーロムに再び姿を見せた。一四四五年七月にはロシアの軍はスズダリの戦いでモンゴル人に完敗し、ヴァシーリー二世は捕虜となった。莫大な身代金を払って解放された後、ヴァシーリーはモスクワに帰還した。そして一四四六年二月にはトロイツキー修道院に軽々しくも巡礼を行った。彼の不在の間にドミトリー・シェミャカがモスクワの支配者として取って代わることになる。ヴァシーリーはここで盲目にされ、ウグリチに流されて投獄され、シェミャカを大公と認める誓いを立て〔させられ〕た後に、極北のヴォログダに送られた（一四四六年九月）。その後、民衆の支持が戻ってくると、ヴァシーリーはキリロ・ベロオーゼロ修道院にてシェミャカに対する誓いからの赦免を得た後、トヴェリ公ボリスと協定を結び、多くの同盟者の支援を受けて、一四四七年二月一七日に再度モスクワ入りを果たした。盲目にされて一年と一日後のことだった。これが事実上の内戦の終結だった。ドミトリー・シェミャカは北方に逃げ、政府の軍によりしつこく苦しめられた後、ノヴゴロドに逃げ込んだ。そしてここで一四五三年に毒殺されることになる。(65)

ヴァシーリーが、「府主教候補者〔ヨナ〕」を完全に信頼していたこと――ともかく一四四六年までは――は疑いなかろう。一四四六年、ヴァシーリーの運命がどん底を迎えていた時期、ヨナはシェミャカの陰謀に巻き込まれ出した。ヴァシーリーが〔シェミャカの〕軍事力により〔巡礼先の〕トロイツキー修道院から〔モスクワに〕連れ出される（一四四六年二月一三日）や否や、同じく修道院にいたヴァシーリーの二人の息子、すなわち六歳のイヴァン（後のイヴァン三世）と五歳のユーリーは、付き添いに伴われてユーリエフに、次いでムーロムにうまく逃げることが出来た。彼らはここを避難場所とし、多くの大公のボヤーレや、スタロドゥブ公家の子孫であり、最も信頼出来るヴァシーリーの支持者でもあったリャポロフスキー家が集まった。イヴァンとユーリーが自分に対する恐るべき敵対の震源地にならぬよう、ドミトリー・シェミャカは狡猾な手段で彼らをムーロムからおびき出すことにした。彼自身の立場はこの時には極めて不安定だった。「というのも、全ての民が彼の支配に憤っていたからである。……そして玉座に座る大公〔つまりヴァシーリー〕を見たいと願っていた」という。そこでシェミャカはヨナに使者を送り、「彼に府主教の地位を約束して言った。『父よ、あなたの管区〔つまりリャザンとムーロム〕に行き、あなたの領帯〔訳註2〕の下で〔つまり彼らの安全の保証人として〕大公の子供たちを連れてきて下さい』と。私は彼らを大事に思っており、彼らの父である大公を釈放し、彼らの求めに足りる世襲地を彼らに与えましょう」と。ヨナはムーロムに行き、リャポロフスキー家の人々や大公のボヤーレにシェミャカの提案について、要点を伝えた。ボヤーレらは、もしヨナに子供たちを委ねることを拒絶した場合、シェミャカ自身が到来して子供らを奪い、「彼が望むことを彼らに、彼らの父である大公に、そして我々全てに対して行い」、またムーロムを占領するだろう、と考えた。そしてその後、ヨナに「彼の領帯の下で子供たちを連れて行くことの許可に同意した」。ヨナは子供らと共に、ドミトリー・シェミャカが待ち受けるペレヤスラヴリ・ザレスキーに行った（一四四六年五月六日）。ところがシェミャカは、子供らをモスクワに戻す代わりに、更に北方のウグリチに送るよう命じた。そこは彼らの父が投獄されている場所だった。[66] シェミャカはモスクワに帰還すると、彼の約束の一部だけは守って、「モスクワに行き、府主教の館に入るよう」〔ヨナに〕命じた。

シェミャカの行動がモスクワで人々の広範な怒りを引き起こしたことは驚くに値しない。シェミャカの支持者の多くが彼を見捨てた。ヨナ（或いは年代記作者はこれをヨナの発言としているが）は、絶えずシェミャカを非難した。

汝は約束を破った。汝は私に罪を犯させ、恥を掻かせた。汝は［大］公を釈放すべきであるのに、彼の子供たちを父と共に投獄している。汝は私に約束し、彼らは私の言う通りにしたのである。そして今、私は偽りのなかに浸かっている。彼を解放し、私の魂と汝の魂からこの重荷を取り除きなさい……。[67]

上述のように、一四四六年九月にヴァシーリー二世はウグリチから解放された。一四四七年二月に彼はモスクワに凱旋した。

一四四六年から四七年の複雑な出来事におけるヨナの役割について、その評価は簡単でない。まず、府主教ではない、大公の年代記に由来する一四七〇年代初期の写本には完全にヴァシーリーの立場から、そして生き生きと記される叙述があるが、これは決して不偏不党のものではない。[68] これは生じたことに関する「大公の」見方なのである。事実、一四四六年二月のヴァシーリーの屈服と目つぶしに関する先の叙述は、あらゆる点から見て、後日にヴァシーリーが年代記作者に書き取らせたヴァシーリー自身の回想である。[69] ここで与えられた構図には、ヨナを良く見せようとする意図は殆どない。すなわち彼は、シェミャカが命じたことを行った。そして子供の安全を保証したものの、彼らをウグリチのヴァシーリーの獄にまで運んだ。子供たちの安全に関する自分の保証を破ることをヨナに強いた——領帯の保証などその程度のものであった——いかなる力〔つまりシェミャカ〕についての言及はない。そしてヨナが彼に「モスクワに行き、府主教の館に入る」よう命じた時も、ヨナは彼に従った。シェミャカの支持者が「大公に利するように」シェミャカから距離を取り始め、シェミャカ自身が少なくともその立場のもろさを認識した時にやっと、ヨナは「主教や貴族ら」と大公を釈放するよう申し出ることについて相談し始めたのである。この時にようやく年代記作者は、シェミャカをその裏切りについて非難したとして、肯定的な観点からヨナを描いているのである。

　一四四六年のヨナとシェミャカとの関係に関する年代記の話について、その最初の部分を描いた人物は、ヨナによるヴァシーリーの子供たちの取り扱いを不忠義の証拠と見なしたことは明らかである。[70] しかし、一四四七年二月のヴァシーリーの権力復帰の後、また部分的には一四四八年一二月の府主教としての彼のヨナ任命後の部分の話について言えば、シェミャカに対する〔ヨナの〕態度は、当然のことながら、明確に敵対的である。つまり、ヨナの態度に関する叙述が公式の「大公の」叙述の路線に近づいたのである。このことを示す極めて決定的な証拠がある。一四四七年一二月二九日、ノヴゴロドとトヴェリの主教を除いた形で、ヨナを含むロシアの主教たちがシェミャカに書簡を送り、その中で彼を「別の信仰、異教の支持者、他の地と関係を持ったことで、更に「ヴァシーリー二世」とその年端のいかぬ子供たちを殺害し、また全ての正教キリスト教を根絶やしにすることを計画したことで非難し」ている。最後に、更に別の悪事を列挙しながら、主教たちはシェミャカに「大公の意思に服従し、悔い改めるよう」呼びかけている。彼らはシェミャカに服従を求めて二三日間（「神現祭以後二週間」）の期限を設け、受け入れない場合には破門すると脅した。[71] もちろん、イニシアチヴはヨナにあったのではない。彼は「府主教候補者」〔叙任前であるのであくまで候補者〕としての格付けにも拘わらず、書簡に署名した主教リストの三番目に過ぎなかった。しかし、彼が正式に府主教に選ばれるや否や、彼は「リトアニアの諸公、パンたち、ボヤーレ、代官、人々に」自分の登位を知らせたばかりか、ドミトリー・シェミャカを支持しないよう警告している。「息子たちよ、汝らはドミトリー・ユリエヴィチが原因で生じたことを、またどれほどの悪と我々の地の破壊が引き起こされたかを、更にどれほどのキリスト教徒の血が流れたかを知っているであろう」と。用心し注意深くあるよう彼らに請いながら、ヨナは書簡を終えている。これは「全てが神の栄光のため、またキリスト教を破壊せぬようにする」ためであった。[72] およそシェミャカが避難場所としてノヴゴロドに留まっていた時期（一四五二―五三年）に、ノヴゴロド大主教エフフィミーに宛てたヨナの書簡の一つで、再度シェミャカが批判されている。すなわち〔ヨナが〕シェミャカに「純粋に悔い改め」、モスクワに使節を送ることを求めたにも拘わらず、ヨナが不満げに述べるところによると、シェミャカは、「秘密裏に、そして傲慢にも文書を何通も〔支援者等に〕送っていた。しかし彼の罪や責任については、相応しい言葉を一つも〔ヨナに〕送らなかった」という。[73]

一四五三年のシェミャカの死後にさえ、ヨナは彼に対する攻撃を継続し、ロシアの修道院において彼を賛美することを禁じている。これにひどく立腹したのがボロフスクの聖母生誕修道院の院長パフヌーチーだった。彼はシェミャカを一生涯尊敬し続けた者で、また友でもあった。そこで彼は「〔彼の修道士たちに〕ヨナを府主教と呼ぶ事を禁じた」のだった。ヨナは院長の命令を撤回する命令を出したが、パフヌーチーはこれを拒絶し〔モスクワに連れ出されて獄に繋がれ〕た。だが最終的に彼は許され、修道院に戻った。しかし彼はそれでも「死の時までシェミャカを賛美し続けた」のだった。[74]

では、内戦の最終段階において、本当のところ、ヨナはどのような役割を果たしたのか。彼はシェミャカが権力にあった時、ヴァシーリー二世に不義理を働いたのか。彼は、ヴァシーリーの子供たちをウグリチに送ることで彼の信頼を裏切ったのか。また長く待たされていた〔正式な〕府主教の地位を与えるというシェミャカの約束により、こうしたことを行ったのか。月並みの答えであるが、以上の問いに対する答えは更なる証言が明るみに出ない限りは分からない。ただ、ほぼ疑いないのは、一四四七年二月のヴァシーリー二世のモスクワ帰還後にも、シェミャカや彼の近しい同盟者であったモジャイスク公イヴァンの両人が、ヨナを彼らの安全を保証する人物と見なしていたことである。というのも、一四四七年六月に、彼らはある文書のなかで「我々の年長の兄である大公に、……愛と共に、また『我々の地において我々の父〔すなわちヨナ〕の府主教在位中は、〔大公が〕我々に彼のもとに出頭するよう命じない』とする条項付きの協定と共に」自分たちが受け入れてもらえるかどうかについて、可能性を探っているからである(75)。

ヨナの活動について、最も寛容な説明は一四四六年の危機的な数カ月に、彼の行動に選択の余地はなかった、というものであろう。盲目にされ、ウグリチに投獄されているヴァシーリー、また一時的に、再度シェミャカに有利なように揺れ動く内戦の動きのなかで、シェミャカが彼に命じたこと以外の選択肢があったのだろうか。一方、現代の学者は、ヨナの二枚舌や裏切りの告発について、非常に厳しく糾弾する。例えば、ルリエーはヨナの「ガーリチ諸公〔つまりシェミャカら〕の世襲地との明らかな結びつき」について、『聖者伝』に依拠しながら、ヨナがこの地で生まれたことに言及する(76)。またヨナの「対立する両陣営の間の奇妙な中間的立場」について、また一四四七年秋のシェミャカの「裏切り」について話す(77)。他方でジミーンは彼を「府主教就任の約束と引き替えに、十字架の誓いを破り、ヴァシーリー二世の子供をシェミャカに引き渡し、次いでヴァシーリーの五度目にして最後の権力掌握後、やっと本当に実際にヴァシーリー二世に仕えた者」と描いた。加えて、ジミーンはついでに「この世の強者というものは、疑わしい噂の立っている支持者たちを愛する。というのも彼らは〔噂を払拭しようとして〕常に必死で権力に尽くそうとする人々だからである(78)」とまで述べている。

一四四八年一二月一五日、ヨナは遂に府主教の地位に登り詰めた。〔訳註3〕任命はモスクワで行われた。四名の主教（ロストフのエフレム(79)、スズダリのアヴラーミー、コロムナのヴァルラーム、ペルミのピチリム）が彼を選出した。ノヴゴロド大主教とトヴェリ主教は不在だった。彼らは単純に「任命に同意する文書」を送った。主教会議によっても、大公によっても、コンスタンティノープルへの言及はなかった。モスクワ、そしてキエフと全ルー*シの教会は、リトアニア及び小ロシアの管区を含め、自治教会になったのである。

（1） *RIB*, vol. 6, col. 521 に「いと清きルーシの府主教に指名された主教ヨナの祝福」とある。Ya・S・ルリエーはヴァシーリー二世とヨナとの書簡の殆ど（全て *RIB*, vol. 6 で公刊されている）の信頼性を「相当に疑って」いる。これらはフォーチーの死後、一四四八年のヨナの府主教任命までの教会の出来事を、またフィレンツェ公会議と府主教イシドールの「背教」に対する両者の反応を描いている。Lur'e in: *Slovar' knizhnikov*, vol. 2, I, pp. 109–12, 420–6, 449–50; *Dve istorii*, § 8.9 を見よ。しかし、この文書（No. 61）が本物であることを疑う理由はないように見える。これは一四三三年一一日の日付のあるニジニ・ノヴゴロドの洞窟修道院宛のヨナの業務文書である。

（2） 皇帝コンスタンティノス一一世宛てのヴァシーリー二世の書簡（一四五一或いは五二年）を見よ。*RIB*, vol. 6, No. 71.「我々は我々の母親（ヴィタウタスの娘、リトアニアのソフィヤ）と……ルー*シの大公、地方の諸公、リトアニアの地の君主である大公、我々の地の主教たち、全ての［聖職者たち］、ボヤー*レたち、ルーシの地の全ての民と会議を開き、［そして彼を］選んだので、我々は皇帝ヨハネス［八世］と総主教ヨセフ［二世］に……使節と共に我々の父ヨナを送った（cols. 578–9）。シニツィナはこれを「全国会議の萌芽」とする。Sinitsyna, 'Avtokefaliya', p. 133.

（3） *RIB*, vol. 6, col. 561.

（4） Ibid., col. 579.「リトアニア諸公とパンたち」に宛てたヨナの回状（一四四八年）（Ibid., cols. 539–40）も見よ。ルリエーはヨハネス八世とヨセフの言明をあり得ないとし、メトロファネス宛てのヴァシーリー二世の書簡にはそれがないことを指摘する（Ibid., cols. 525–36）。*Slovar' knizhnikov*, vol. 2, I, p. 111 を見よ。

（5） *PL*, vol. 1, p. 40; vol. 2, p. 43.

（6） Ibid., vol. 1, pp. 41–2; vol. 2, pp. 44, 128.

（7）*PSRL*, vol. 12, p. 20. *NPL*, p. 417（「大主教エフフィミーが、府主教ゲラシムにより任命［された後に］ノヴゴロドに到着した」）も見よ。
（8）*PL*, vol. 2, p. 45 を、また更に混乱した内容ではあるが Ibid., p. 131 も参照せよ。
（9）しかし、彼がフォーチーの後任に任じられたとする見方を支持する若干の証言がある。（a）『聖エフフィミーの聖者伝』で、ゲラシムが「キエフと全ロシア〔ママ——訳者註〕の府主教」と呼ばれている、（b）彼のスモレンスク到着に関するプスコフ第一年代記の説明が「しかし彼は［自分の管区の？］モスクワに行こうとしなかった。ルーシ諸公がルーシ*の地の大公国をめぐり戦い、争っていたからである」と結論づけている（*PL*, vol. 1, p. 42）、（c）ノヴゴロド第一年代記のルーシ*府主教リスト（*A se rustei mitropolity*）において、そこにはリトアニアやガリチアの府主教は一人も列挙されないにも拘わらず、フォーチーの次の最後の府主教としてゲラシムの名がある（*NPL*, p. 163）。ルーシ*府主教の他のリストには彼の名は欠けている。例えばシメオノフ年代記（*PSRL*, vol. 18, p. 22）では「……キプリアン、フォーチー、イシドール……」である。ルリエーは一四―一五世紀の全ルーシ*年代記に関する著述で、ゲラシムは全ルーシ*府主教として任じられたことを示唆している。*Obshcherusskie letopisi*, p. 114; *Dve istorii*, p. 104 § 8.3 を見よ。Alef, 'Muscovy and the Council of Florence', p. 393 n. 32; Zimin, *Vityaz'*, p. 84 も見よ。
（10）Golubinsky, *IRTs*, vol. 2, I, p. 423 n. 1.
（11）スズダリのシメオンの『フィレンツェ第八会議の話』は Popov, *Istoriko-literaturnyy obzor*, pp. 344–59（この箇所は p. 346）で公刊されている。
（12）*RIB*, vol. 6, cols. 659–60.
（13）Ibid., cols. 530–1.
（14）*PSRL*, vol. 25, p. 253; vol. 6, p. 152; vol. 12, pp. 23–4.
（15）*RIB*, vol. 6, col. 660.
（16）Popov, *Istoriko-literaturnyy obzor*, p. 345.
（17）本書244頁註11を見よ。

(18) Kazakova, ‘“Khozhdenie”’; *PLDR, XIV-seredina XV veka*, pp. 468–93.

(19) 詳細な道程は匿名の『フィレンツェ会議への旅』のなかで記録されている（本頁註18を見よ）。

(20) 「リトアニア諸公とパンたち」に宛てた回状（一四五九年）において、ヨナは、リガでイシドールがどうやって「十字架を持ったラテンの司祭たちと会っていたのか」、「今や府主教になった長輔祭グリゴリーを連れて」彼らの教会に入ったか、「ローマのやり方で礼拝を行ったか」を描いている。彼は「我々の長老たち……やそこにいた俗人たち、これを見てしまった者やこれについて彼に問いかけてきた者を投獄し、拷問にかけた」。更に彼は自らを「教皇特使にして枢機卿」と名乗った。*RIB*, vol. 6, No. 85, cols. 636–7. この、結局は不確かな情報のみに基づくリガでのイシドール活動の叙述は割り引いて考慮されるべきである。イシドールはフィレンツェ後に教皇特使にして枢機卿になった。回状の全体的目的は、宛先人にイシドールとその弟子グリゴリーの悪事について警告することであった。このグリゴリーは、合同派総主教グレゴリオス・マンマスにより「キエフ府主教」として一四五八年にローマから派遣されたものである。

(21) 西欧の諸侯については Gill, *The Council*, pp. 131 ff. を見よ。

(22) Popov, *Istoriko-literaturnyy obzor*, p. 354.

(23) Gill, *The Council*, pp. 299–300, 358.

(24) Popov, *Istoriko-literaturnyy obzor*, p. 351.

(25) Gill, *The Council*, p. 351.

(26) Ibid., p. 356.

(27) ドゥーカスが引用した彼の実際の言葉は Ibid., p. 375 n. 6 を見よ。

(28) Runciman, *The Fall*, pp. 154–5.

(29) Popov, *Istoriko-literaturnyy obzor*, p. 353.

(30) Ibid.

(31) *PSRL*, vol. 25, p. 258; vol. 12, pp. 36–8 を見よ。

(32) このキエフ公アレクサンドル・ウラジミロヴィチは一四四一年二月にイシドールに書簡を書いたのだが、それはあたかも彼がまだキエフに滞在しているかの如き内容である。*AI*, p. 488; Golubinsky, *IRTs*, (vol. 2, I, p. 448 n. 1; *PSRL*, vol. 25, p. 258; vol. 12, p. 39 を見よ。

(33) *Popov, Istoriko-literaturnyy obzor*, p. 355.

(34) シメオンはヴァシーリー二世がイシドールを「追い払った」後に釈放され、トロイツキー修道院に送られた。恐らくそこで彼はフィレンツェ会議に関する著述を書いた、或いは書き終えた。

(35) Popov, *Istoriko-literaturnyy obzor*, pp. 355–6; *PSRL*, vol. 25, p. 258; vol. 12, p. 40 も参照のこと。

(36) *PSRL*, vol. 25, p. 299.

(37) Popov, *Istoriko-literaturnyy obzor*, pp. 355–6. トヴェリ年代記によると、彼はまた「モスクワ大公ヴァシーリーより先に皇帝の名を挙げた」という（*PSRL*, vol. 15, col. 491）。

(38) 本書264頁註20を見よ。

(39) *PSRL*, vol. 25, p. 259; vol. 12, pp. 40–1.

(40) Popov, *Istoriko-literaturnyy obzor*, p. 357.

(41) *PSRL*, vol. 12, p. 41.

(42) *DDG*, No. 37, p. 105.

(43) *PSRL*, vol. 25, p. 260. Cherepnin, *RFA*, p. 124 を見よ。ジミーンによると、この協定はイシドールがフェラーラに向けてモスクワを発つ前に署名されたという。*Vityaz'*, pp. 86, 88.

(44) *PSRL*, vol. 26, p. 194; vol. 25, p. 261.

(45) Ibid., p. 259.

(46) Ibid., vol. 12, p. 41.

(47) Ibid. 大斎期の十字架跪拝の水曜、つまり三月二二日の水曜である（一四四一年にとっては正しい日付である）。

(48) 一四七九年のモスクワ集成は府主教の宮廷ではなく大公の宮廷で編集された。Lur'e, *Obshcherusskie letopisi*, pp. 122 ff. を見よ。

(49) *PSRL*, vol. 25, p. 259.

（50）Ibid., vol. 12, p. 41.
（51）Ibid., vol. 25, p. 261.
（52）トヴェリ年代記によると、「ムスリムの［つまりタタールの］衣服を着用していた」という。Ibid., vol. 15, col. 491.
（53）Ibid., and *PL*, vol. 1, p. 46; vol. 2, pp. 47, 135.
（54）*NPL*, p. 422; *PSRL*, vol. 12, pp. 42–3; vol. 25, p. 261.
（55）Ibid., p. 259; vol. 6, p. 162.
（56）たとえば、*RIB*, vol. 6, cols. 621, 638, 642（教皇フォルモススとの比較有り）, 646, 654.
（57）ロシア正教の十字架では、キリストの二本の足には別々に杭が打たれている。
（58）ロストフのエフレム、スズダリのアヴラーミー、リャザンのヨナ、コロムナのヴァルラーム、サライのヨフ、ペルミのゲラシムである。
（59）*RIB*, vol. 6, cols. 525–36.
（60）Ibid., cols. 529–30 を見よ。
（61）キエフ公アレクサンドル・ウラジミロヴィチに宛てた書簡（一四五一年一月三一日以前）で、ヨナは恐らくメトロファネス宛てのヴァシーリー二世の書簡を参照して、「［この書簡を］送る相手がいなかった。皇帝はそうした［書簡を送るべき］者でなく、総主教も同じである。彼らは誤った考えを持ち、ラテン人に接近している」と書いた（Ibid., col. 559）。Belyakova, 'K istorii', p. 154 を見よ。
（62）彼が自宅で逮捕されたという情報はプスコフ年代記に見出される。トヴェリ年代記によると、「彼はトヴェリに逃げた」が、それは大公ボリス・アレクサンドロヴィチの許に向かうためであった。このボリスが彼を屋敷に匿い、そして逃がした。*PSRL*, vol. 15, col. 491.
（63）ルリエーの意見では、ヴァシーリー二世にイシドールから離れるよう説得したのは大主教エフフィミー二世だという。ノヴゴロド大主教として、彼には合同の危険を恐れる理由があった。またルリエーは、エフフィミーが一四三九年にヴェネツィアからノヴゴロドに逃亡した時にシメオンの『フィレンツェ第八会議の話』を「提供した」とも考えている。これについてはルリエーとの私信に基づく。但し、本書250頁及び265頁註34を見よ。
(64) Zimin, *Vityaz'*, pp. 96–7.
(65) 内戦のその後の段階の諸事件についてはCrummey, *The Formation*, pp. 73–4; Zimin, *Vityaz'*, pp. 100 ff. を見よ。
(66) 一六世紀のリヴォフ年代記には、一四七〇年代初めに存在したと想定される仮説的な集成〔ルリエーらが内容を想定している——訳者註〕に見出されるバージョンと比較すると明らかになる、興味深い追記がある（本頁註69を見よ）。「……ドミトリー・ユリエヴィチ〔シェミャカ〕は……リャザン主教ヨナを大公の息子たちを連れ出すためにムーロムに派遣した。……彼は行って彼らを捕らえたが、ドミトリー公は彼らを毛皮で巻いてヴォルガ川に投げ込もうとした。しかし主教ヨナがそれを遮り、『私は十字架に誓って彼らを連れてきたのだ。汝が十字架に背くなら神からもっと大きな傷を負うことになろう』と言った。すると彼はそれを聞き入れ、彼らに何もせず、ただウグリチの父の許に送った」と。*PSRL*, vol. 20, p. 260.
(67) Ibid., vol. 26, p. 204.
(68) Ibid., pp. 203–4; vol. 27, pp. 111–12; cf. vol. 25, pp. 266–7（一四七九年のモスクワ集成。これは一四七〇年代初頭に存在したとされる想定上の集成にさかのぼる）。Lur'e, *Obshcherusskie letopisi*, pp. 147–9を見よ。
(69) *Slovar' knizhnikov*, vol. 2, I, p. 111.
(70) シェミャカの非難の話は、後代の——そしてぎこちない——追記であろう。
(71) *AI*, No. 40 (quoted pp. 79, 81–2).
(72) *RIB*, vol. 6, No. 64, cols. 541, 542. この文書はリトアニア人に宛てた二つの書簡を合わせて一つにしたもののようである。
(73) *AI*, No. 53, p. 102.
(74) *Poslaniya Iosifa Volotskogo*, pp. 365–6; Zimin, *Krupnaya feodal'naya votchina*, pp. 44–5. しかしヨナを承認しない別の人物、ヴァシーリー二世のボヤーレであったヴァシーリー・フョードロヴィチ・クトゥーゾフは、府主教としてのヨナの祝福の受け入れを、「〔ヨナが〕信用出来ない」が故に拒絶した。一六世紀末の『階梯書』で描かれるところによると、この拒絶の結果、クトゥーゾフはモスクワのウスペンスキー聖堂でこの上ない歯の痛みに襲われた。彼はヨナに呼び出され、ヨナが聖餅（プロスフォラ）を彼に与え、彼に教えを説き、突然彼の頬を打った。ヴァシーリー〔・クトゥーゾフ〕は「悲しいかな、彼は私の最後の歯をダメにした！」と喚いた。しかし歯の痛みは消え、彼は神とその聖なる人すなわち偉大なる主教ヨナを称えて帰宅した」（*PSRL*, vol. 21, p. 514）. ヨナは地方では一四七二年に、完全に〔つまりロシア全域に通用する聖人としては〕は一五四七年に列聖された。

（75） *DDG*, No. 46, p. 141; Cherepnin, *RFA*, p. 141 を見よ。

（76） *Dve istorii*, pp. 107–8, § 8.3

（77） *Slovar' knizhnikov*, vol. 2, I, p. 423.

（78） *Vityaz'*, p. 207.

（79） 即位の際、ヨナはエフレムの主教区を大主教区に格上げしたが、それは「フョードルが以前大主教であった」からであった（修道院長フョードルのピーメンによる〔大主教への〕任命については本書221頁を見よ）。*PSRL*, vol. 26, p. 208 を見よ。

〔訳註１〕 前述の通り、このガーリチはモスクワ北方の小都市ガーリチのこと。

〔訳註２〕 礼拝の際に着用する首からかける帯（ストール）。

〔訳註３〕 著者のこれまでの述語使用法に基づけば、原語 appointment は叙任ではなく任命である。

第一五章　一二三八―一四四八年のロシア教会とモンゴル

一

〔いわゆる〕キプチャク・ハン国による支配の初期段階において、モンゴル人はロシア諸公およびその世俗の臣下による政治活動を厳しく監督し続けた（上述一七〇―一七一頁）。その一方で、教会に対する態度は全く異なっていた。すなわち教会には寛容と庇護という態度が示されたのである。モンゴル人は祖国においてキリスト教（主にネストリオス派）、マニ教、仏教、イスラームといった既成の信仰と緊密に接触して暮らしていた。そのようなモンゴルから到来した彼らは、聖職者や聖者を尊重した。実際、チンギス・ハンは、モンゴル法の口述法典であるその大ヤサにおいて、あらゆる宗教が等しく尊重されるべきであり、またいかなる宗教も優遇されてはならないと定めた(1)。サライに本拠を置いた一三世紀のハンたちも、一人の例外を除き、全ての宗教は等しく真実であると考える寛大な異教徒〔キリスト教徒からの見方〕であって、あらゆる民を一つの神に結びつけていた。また、ベルケ（在位一二五六―六六年）はイスラームを受け入れたことによって〔モンゴルの土着宗教を奉じる〕異教徒ではなかった唯一のハンだったが、彼にはキリスト教に対する敵意が著しく欠けていた。またモンゴル人の到来前に〔ステップで活動した〕ポロヴェッ人と同様に、多くのハンはキリスト教徒の妃を得ていた。ノガイ、モンケ・テミュル、トクタ、ウズベクがそうだった。またウズベクの妹はモスクワ公にして、ウラジーミルの大公でもあったユーリーに嫁いでいた。

ハンたちがロシア教会に示した寛容はどのようなものだったのか。教会に対する意図的な迫害、その内部行政への介入、教会財産の差し押さえは禁じられ、少なくとも実行されなかったことは言うまでもない。もちろん、侵害が全くなかった訳ではない。だがそれらは概して偶然のものであり、恐らく例外的でさえあった。この時期の教会の上級職の任命人事へモンゴル人が首を突っ込んだとする証明可能な事例はない。またモンゴル人に非友好的・非協力的な高位聖職者を解任したり、逆に友好的な候補者を高位聖職者に推したりする試みはなかった。ハンたちは、何よりまず、教会がモンゴルの課税を免除されたり、教会財産がロシア及びモンゴルの世俗の介入から守られたりすることによって、教会がこうした庇護から経済的に利益を得られるよう取り計らったのである。

ハンたちが府主教に与えた、或いは彼を通して教会に与えた特権の本質を理解するためには、ハン国が府主教たちに発給したヤルルィク、或いは勅許状、特権文書について、少しばかり考察せねばならない。現在まで、ロシア語に訳された形で六通のヤルルィクが伝来している。この翻訳ヤルルィクは一四世紀に作成され、一四世紀末か一五世紀初頭に一つの勅許集に束ねられた。最も古い日付のものはモンケ・テミュルのヤルルィク（一二六七年八月一日）であり、最も新しいものはトゥラクのもの（一三七九年）である。この勅許集には全ての勅許状が含まれている訳ではなく、モンケ・テミュル以前の二通を含む、少なくとも五通が〔本来は存在したものの、勅許集には〕欠けていると想定されている。モンケ・テミュルのヤルルィクを見てみると、事実、「最後の「つまり以前の」ハンたちが司祭と修道士に特権を与えたが……、余は彼らの勅許状〔の内容〕を変更していない」と記されている。(2) 全てのヤルルィクが勅許集に揃っていない理由は、勅許集自体に添えられている結びの覚書から分かる。それによると、「他にも、神を認めないハンたちが教会に送った多くのヤルルィクがあった」のだが、府主教座で発見された全てのヤルルィクのうち、「幾つかのものは翻訳困難な言語で書かれていたから、我々には翻訳出来なかった」という(3)。

最初期のヤルルィク、つまりモンケ・テミュルと彼の先任者たちが教会に与えたそれらは、ハンの役人たち（バスカク、皇子たち、軍司令官、貢税徴集人、下級役人）が侵してはならなかった教会の特権を単純に列挙している。特権は「貢税、関税、犂税［耕作地にかかる税］、ヤム［モンゴル駅伝制の維持］、戦争税《ヴォイナ》［モンゴル軍への新兵供給の代替税］、食糧供給《コルム》……」の免除、という内容であった。更に、教会財産、つまり「土地、水、果樹園、ブドウ、引き臼」には〔世俗役人は〕手出しすべきでないこと、「奪われたもの〔教会財産等〕があれば、それは返却されるべきこと」もヤルルィクに記されている。教会で雇用される「職人、鷹匠、漁師」について言えば、彼らには「関わってはならず、また彼らを衛兵の見張りのもとに置くことも認められない」とされている。また聖職者の信仰を貶める者は有罪とされ、死刑に処される、と定められた。更に、司祭の兄弟や姉妹が食料や住居について、司祭本人に依存している場合には、ハンの寛大な処置は彼らにまで及んだ。すなわち司祭とその兄弟姉妹は同じ特権を享受したのである。言うまでもなく、モンケ・テミュルも、そして恐らくは彼以前のハンたちも、こうした気前の良さに対し、府主教や聖職者からの若干の見返りを期待した。ただ、そうは言っても、ハンたちが求めたのはたわいのないもの——祈禱と祝福——に過ぎなかったようである。「真心を込めて彼らは我々と我が種族のために神に祈り、また我々を祝福すべきである」とある(4)。

勅許集で伝わる残り五通のヤルルィク（そのうちの幾つかは以前の伝来しない勅許を参照している。例えば一三〇八年四月一二日の日付のある府主教ピョートルへのハン・トクタの勅許がそれに当たる）について言えば、それらはモンケ・テミュルの規定と殆ど変わりがない。確かに、若干の特権が加えられ、それらの侵害を禁じられているモンゴルの役人の数も増加し、或いは特定されている（例えば、「万人長、千人長、百人長、十人長」、「上級の財務役人《ダロギ》」）のではあるのだが(5)。

このような内容を有するヤルルィクは、その後の時代〔一六世紀〕になると、教会にとって、〔別の観点から〕更に重要視されることになった。伝来した元々の翻訳ヤルルィクに、〔教会は勝手に〕内容を追加し、新たな節も加えた。またハン・ウズベクから府主教ピョートルに発給されたと称す偽のヤルルィクさえ作成した。偽造の目的はもちろん、教会の土地所有権を保護し、また道徳的にそれを正当化する根拠としてのこの勅許状を利用するためであった。一六世紀半ばの府主教マカーリーは彼の土地の一部が世俗化〔国家による没収〕されようとしていた時、これを防ぐ努力を行った。そしてイヴァン四世に、「不敬なツァーリ〔つまりハン〕の……多くは、聖なる教会や聖なる修道院から何も奪うことはなく、敢えて不動産を動かそうともしなかった。……それどころか彼らはヤルルィクを聖なる府主教たちに与え……、そして〔修道院や教会を〕彼らの治世が終わるまで、侵害したり移動させたりすることを人々に禁じた」ことを想起させた。現存するヤルルィクを列挙した後、〔府主教〕ピョートルへウズベクが与えた〔とされる偽の〕ヤルルィクに特に言及しつつ、マカーリーは「ツァーリよ、聖なる教会や修道院に大きな庇護を示すことは、どれほどあなたに相応しいことだろうか。あなたはそれらの不動産を奪うべきでない。それどころか、ご自身が同じ位の庇護を教会や修道院に与えるべきである」と声を上げている(6)。貪欲な国家から非常に果敢に彼らの権利と土地の不可侵を守ったマカーリーやその他の人々が、まず初めに元々の翻訳ヤルルィク集から着想を得た、というのはかなりの確率であり得るようだ。というのも、このヤルルィク集には次のように書かれているからである。「聖なる教会はまさに今日まで、不信心者や異端者から施しを受けてきた。しかし、正教の諸公や貴族たちよ。裁きの日に蛮人によって恥をかかされぬようにするために、聖なる教会に慈愛を示すよう励みなさい。というのも、主は福音書で次のように述べているからである。『南の女王が今の時代の人々と共に裁きの場に立って、彼らに罪を定めるだろう。なぜなら彼らはヨナの宣教によって悔い改めていないからである』〔訳註1〕と」(7)。

しかし〔後代の話はさておき〕、一二四二―一四四八年の間、つまり二〇六年の間にロシア教会に対するモン

いわゆるキプチャク・ハン一覧

（本章に関わるハンを中心に）

＊在位期間については著者の意見を尊重した。

バトゥ（1224–55/56年）
サルタク（1256年）
ウラクチ（1256年）
ベルケ（1256–66年）
モンケ・テミュル（1266–82年）
トゥダ・モンケ（1282–87年）
トゥラ・ブカ（1287–90年）
トクタ（1290–1312年）
ウズベク（1312–42年）
ティニベク（1342年）
ジャニベク（1342–57年）

ゴルの態度に変化がなかったとは想像すべきでない。そうではなかった。〔モンゴルの〕態度は政治状況、ハンの気質、ハン国に対する教会の態度の変化に合わせて変わった。モンケ・テミュルの文書が忠実に以前の文書を、つまりバトゥ（在位一二二四—五五／五六年）とベルケ（在位一二五六—六六年）の文書を反映していると推定するならば、我々は、一二四二年のハン国設立以降一二八一年の府主教キリルの死まで〔モンゴル支配の初期段階〕のハンたちによる教会の取り扱いに関して、かなりはっきりした考えを持つことが出来る。ベルケのイスラームへの改宗に関する、或いは一二六二年のスズダリ地方でのモンゴルの徴税役人に対する民衆蜂起がサライと教会との関係に影響を及ぼしたとする証拠は一つもない。(8)〔モンゴルによる〕反キリスト教的行為が行われたとする唯一の証言としては、ムスリムに「背教した」修道士ゾシマの興味深い事例がある。彼は一二六二年にハンの使者の配下としてキリスト教徒を攻撃し、恐らくは聖職者からの徴税も試みた人物だった。(9)しかしこれは例外的な事例である。ベルケが教会に対する支援を縮小したとする証拠もない。実際、一二六二年に府主教キリルとモンゴル権力は、サライ自体に新主教区を設置し、某ミトロファンを最初の主教として任じた。(10)これは、教会とモンゴル人の双方にとって非常に重要な動きだった。というのも、主教は府主教と総主教の間ばかりか、ハンとビザンツ皇帝との間の使節でありうる、またあったからである。更にこの使節は大公にとってモンゴルの出来事に関する貴重な情報源になったからである。[11]
　モンゴルの特権が次の時期に、つまり一三世紀の八〇年代以降、そして一四世紀を通じてどの程度変化したのかを判断するのは、現存するヤルルィクからは困難である。但し、〔伝来しないものの〕、府主教ピョートルに宛てたハン・トクタ（在位一二九〇―一三一二年）の文書が存在したことは確実である。このことは伝来する二通のヤルルィクのテクストからはっきりと分かる。[12]この〔トクタの〕文書は、あらゆる義務と税からのピョートルの自由〔つまり免除〕を確認している。しかし、この自由が、以前のハンたちが教会に与えた自由よりも、多少なりとも教会にとって好ましいものであったかどうかについては、何も示していない。不運なことに、〔その次の時期、〕府主教ピョートル或いはフェオグノストに宛ててウズベク（在位一三一二―四二年）が交付したヤルルィク、或いは府主教フェオグノスト或いはアレクシーに宛ててジャニベク（在位一三四二―五七年）により発行されたヤルルィクは伝来しない。しかし、ハンと府主教との関係が、ウズベク治世や、またジャニベクの治世の一時期に、以前よりも悪化したというのはありうる。すなわち、ウズベクの治世の初期、サライのハンたちとノガイ・ハン国との間の長期の戦いが終わった後、キプチャク・ハン国の強化が行われたのである。[13]またウズベクがイスラームに改宗したことにより、彼のキリスト教の臣下に対する最初の不寛容な態度が生じたことだろう。ウズベクの兄弟〔著者の間違い。正しくは息子〕にして後継者ジャニベクの〔伝来しない〕ヤルルィクについて言えば、その内容は、ウズベクの寡婦タイドゥラのヤルルィク（特に府主教フェオグノストに宛てた一三五一年二月四日付けのそれ）の分析から推測される限りにおいて、ウズベクの先任者たちよりも、教会とその雇い人の寛大なる保護という点において、僅かに劣っているようである。[14]
　諸年代記は、ジャニベクの統治開始時のハンと府主教との緊張した関係について鮮明に証言している。これは、教会が〔それ以前の〕ウズベクの治世において苦しんでいたことのはっきりした証言である。一三四二年に大公セミョンを含む多くの諸公が新ハン〔ジャニベク〕のもとに表敬のために、また勅許を更新するために訪れた際、府主教フェオグノストもこれに同行した。府主教のこの同行も恐らく、単純に新ハンに頭を下げ、ヤルルィクを更新するためだったが、しかしノヴゴロド第四年代記によると、「教会管轄民《ザ・プリチト・ツェルコヴヌィ》」の諸問題を解決するためでもあった[15]。ニコン年代記では更に次のように付け加えられている。「というのも府主教と主教はその教会管轄民のための特権状を［以前から］持っていたからである」と[16]。フェオグノストの訪問理由――「教会管轄民」つまり教会に属すあらゆる人々の特権について議論する、或いは単に新しい「ツァーリ」に敬意を表して特権状を更新する――が何であれ、ノヴゴロド第一年代記に含まれる最も早い時期の見解は、はっきりと詳細に、モンゴル人が府主教たちへ与えた粗末な扱いを描いている。

この年、府主教フェオグノストはハン国の異教のツァーリ、ジャニベクのもとに行った。すると〔ハンの配下の〕カランタイがハンの前で彼に罪を着せた。そして彼は略奪され、捕らわれ、拷問を受けた。そして彼らは「毎年、我々に貢税を払え」と言った。しかし彼はそれを断り、彼らに六〇〇ルーブリの賄賂を渡し、無事にロシアに帰還した[17]。

一三四二年に府主教フェオグノストに対する敵意が上述のように初めて示された後、ある時期に、モンゴル人と教会との関係は好転した。これはハン国の衰退をも意味していた。既に一三四〇年代末から巨大なハン国の分裂があらわになっており[18]、年代記は、一三五七年のジャニベクの死後、二三年にわたりハン国を荒廃させることになる「大動乱」が、既に彼の治世の末に始まっていたことを記している。同年、府主教フェオグノストはサライに召喚された。彼はそこでウズベクの寡婦タイドゥラを原因不明の病気から救い[19]、モスクワに「安全かつ平穏に」帰還し、また確実に贈り物を得ていた。またジャニベクの死を綴る写字生は、彼を「良きハン」と呼ぶほどだった[20]。

最後の翻訳ヤルルィク——府主教ミハイル・ミチャイ宛てのハン・トゥラクのそれ——が出された一三七九年までに、ウズベク時代以前にロシア教会が保持していた特権は回復された。しかし〔ロシア〕国家とハン国との関係が変わり、時代も変わった。トクタミシュの衝撃的なモスクワ占領の一〇年後、一三九二年にヴァシーリー一世はニジニ・ノヴゴロド、ゴロジェッツ、メシチェラ、タルサに関して、これまでの自領地に加える形で追加的に勅許を与えられた。このようにして、ハン国へ払うべき貢税について新たな負担を背負い込んでしまった大公は、国家がモンゴルから課されたこの貢税支払いの負担を〔軽減しようとして、〕府主教管轄下の一部の荘園からも何とかして税を引き出そうとした。二人のロシア人研究者が述べるように、「ハンへの貢税支払いのために国家がロシア教会へ課税することが初めて法制化された」のである。[21] 一二年後、ヴァシーリー一世は府主教キプリアンとの合意に達した。これは史上初めてハン国への貢税支払いへの教会の関与を規定したものだった。「余〔大公〕がタタールに貢税を払うべき時、教会の人々は義務を果たすべきである。また余が貢税を払わない時、教会も義務を果たさない」。[22]

ハンが教会に与えた特権を侵害しようとする大公権力のこうした最初の、手探りで行われた侵害の試みは、教会、或いは少なくとも府主教にとって脅威だったはずである。実際、そうした前代未聞の行為があったからこそ、教会は〔防衛策として〕勅許文書〔ヤルルィク〕を翻訳し、またこれに警句を書き加えることになった可能性がある。「……正教の諸公や貴族よ。裁きの日に蛮人によって恥をかかされぬようにするために、聖なる教会に慈愛を示すよう励みなさい」と（上述二七二頁を見よ）。

ロシアの主教も、また修道院の増加に伴ってますます数が増加する修道院長も、モンゴルの庇護のおかげで彼らに莫大な利益が上がっていることを良く理解していた。具体的に言えば、免税、あらゆる「教会管轄民」についての税や労役の免除、また国家やモンゴル〔の役人たち〕の干渉からの保護である。しかし、少なくとも一三八〇年以降になると、確かにトクタミシュ（一三八二年）、ティムール（一三九五年）、エディゲ（一四〇八年）の脅威が訪れたにも拘わらず、主教や修道院長たちは、「タタールのくびき」の終焉がそれほど遠くない未来にやってくるのだろうと、またこれからの教会は国家の反モンゴル政策の中で国家と協力せねばならないと意識せざるを得なかったのである。

二

前述のように、モンゴル人がその勅許で求めた唯一の見返りは、ロシアの聖職者が「真心を込めて我々と我が種族のために神に祈り、また我々を祝福」することだった。聖職者がこれを行ったことに疑いはない。府主教ピョートルの死（一三二六年一二月）、そして彼の列聖（一三二七年初頭）の後まもなく書かれた『府主教ピョートルの死の物語』において、親モスクワの著者は、ピョートルがその最後の礼拝において「敬虔なるツァーリ［つまりハンたち］と敬虔なるイヴァン公、同じく今は亡きツァーリたち、そしてあらゆる諸公のために祈りを捧げた」ことを記録している。(23)

しかし、教会はその祈りによってのみ、モンゴル人の庇護に報いたのではなかった。一三〇九年にデスナ川上流、〔モスクワから見て〕南西の小公国ブリャンスクの支配者ヴァシーリー・ロマノヴィチ公が叔父スヴャトスラフ・グレボヴィチにより追放された。父ロマン・グレボヴィチと同様、ヴァシーリーはハン国の支援で、またハン国に服従してブリャンスクを支配していた。〔追放後〕彼は急いでハン・トクタに訴えた。ハンはヴァシーリーに軍を供与した。他方でスヴャトスラフによるブリャンスク支配は不人気だった。それは恐らく、彼が古くから公国の敵であったリトアニアとの和解を試みたからである。結果として〔町で〕反乱が生じた。この時、ヴァシーリー公は既にモンゴル軍を手元に有していた。このようなあまりに憂慮すべき状況が生じ、その結果、高位聖職者が仲裁に入る余地が生まれた。新たに任じられた府主教ピョートルがやって来た。誰が彼を招いたのか。反乱を起こした町の住民か、スヴャトスラフか、或いはヴァシーリーか。これは分からない。しかし、府主教は明確にヴァシーリーの側に立ち、スヴャトスラフに対し、甥と合意するか、戦いをせずに町から去るよう説得した。スヴャトスラフはこれを拒絶した。〔その結果〕スヴャトスラフは戦いを始めたものの、ブリャンスクの住民に裏切られて、その後〔モンゴル軍により〕殺害された。ヴァシーリーはモンゴル人と府主教に支持され、公国の支配を回復した。(24)

非常に興味深いことに、ブリャンスクは三〇年の後、同様の出来事の舞台になった。今回はピョートルの後継者、府主教フェオグノストが関与した。一三三三年にヴァシーリーの兄弟で、モスクワの忠実な支持者だったブリャンスク公ドミトリー・ロマノヴィチが、リトアニアが守るスモレンスクをモンゴルの大軍を率いて攻撃した。遠征はドミトリーの敗北で終わった。彼はブリャンスクで〔上述の〕スヴャトスラフ・グレボヴィチの息子に当たるグレプ・スヴャトスラヴィチにより殺害された。グレプの政策は、彼の父のそれと同じく、リトアニアとの協調を志向していた。それ故、一三三九年にリトアニアが保持するスモレンスクに対するロシア・モンゴル合同軍が結成された際、ブリャンスクからはこれに一つの部隊も参加しなかった。ところがブリャンスクの住民は、三〇年前の彼らの父たちと同じくリトアニアを愛しておらず、一三四〇年一二月六日に「民会を招集し、グレプ・スヴャトスラヴィチ公を殺害した」(25)。グレプの敵の側により〔町に〕呼び出されたと思しき府主教フェオグノストについては、年代記において、住民を宥めることが出来なかったと記されている。その他に彼は何を行ったのか。これについては言及されていない。ただ、彼が、ピョートルが〔三〇年前の〕類似の状況で行ったこと——公をモスクワに従わせようとしたことは疑いない。ドミトリー・ロマノヴィチは再度ブリャンスクの玉座に収まり、〔モスクワ公〕セミョンとハンはこれに満足した。(26)

府主教たちはモンゴル人のために祈った。また大公たちがモンゴル人へ抵抗しないよう、或いは実際には恭順の意を示すようにと時折これを方向付けたりした。このようにして教会は〔その影響力によりモンゴルを含む〕世俗権力の役に立つことを証明し、かつハン国の庇護に対して報いた。だが、やり方は祈りや方向付けばかりでなかった。教会は、文書や物語などの言葉を注意深く操ることによって、イデオロギー的に、微妙ながらモンゴル人に関する公的な意見に影響を及ぼすことが出来た。

三

当時の文学の大部分は、聖職者でないにせよ、ともかく教会と密接な協力関係にある者の手で作成されたと想定出来る。このような文学を詳細に調査すると、確かに間違いない一定の傾向が明らかになる。年代記の記事、軍記物或いは聖者伝的叙述において、我々は、モンゴル人を悪人でなく、反キリストでもなく、時にはロシア人の敵でもないと描く傾向を幾度も見出す。もちろん、これは、北東ロシアやハン国におけるモンゴルを描く箇所で、ハンとその様々な配下が常に善意ある者として描かれているわけではない。そういったことではない。上述のように、ノヴゴロド年代記は一二五九年の「告発された」〔モンゴルの〕調査役人を、「強者の肉を食べ、ボヤーレの血を飲むために」神が送り込んだ「砂漠から来た野獣」と描いた（一七六頁）。また一三世紀末の大激戦からなる混乱期において、ロシア諸公が露骨にモンゴル軍を彼ら自身の政治目的のために利用した時、年代記作者は、「異教のタタール」によって与えられた被害を悲しんでいる。例えば、一二九三年に「デュデンの侵寇」、つまりアレクサンドル・ネフスキーの息子アンドレイにより兄ドミトリーに対抗するために引き起こされ、導かれたと言われる軍であるが、これがトロイツカヤ年代記において、一一―一二世紀以来のロシア人に知られるあらゆる災いにおいて使われる決まり文句を伴って描かれている。すなわち「彼らはウラジーミル［の町］を奪い、

［聖母就寝］教会を強奪し、聖堂の見事な銅の床を引きはがし、彼らは書籍、イコン、霊験あらたかな十字架、聖杯を奪い……村や修道院を荒廃させた。また彼らは修道士を辱め、司祭の妻を強姦した……」と。[27] ただ、不幸な一三世紀最後の二〇年に生じたことに関するこの描写、そしてモンゴルの怪物性に関する他の殆どの描写は、破壊的な襲撃を受けたドミトリー（ネフスキーの〔存命中の〕年長の子）の支持者の視点から描かれたものである。そしてここでの敵意はモンゴル人よりもアンドレイに向けられており、ロシア諸公に対する告発なのである。

年代記作者は一二八一年の年代記記事で、モンゴル軍を率いたアンドレイによる最初のスズダリ地方への侵入を描きつつ、その末尾で、異教徒がもたらした悲しい苦しみの話を「我々多くの者と大きな罪のせいで悪が生じた」という言葉で締めくくっている。[28] 一二二三年に生じたロシア人とモンゴル人との最初の戦いを描く『カルカ川の戦いの話』では、以上のような天罰という考え方がはっきりと表明されている。この『話』は、「我々の罪のせいで知らぬ人々がやってきた……」という使い古した定型文で始まっている。そして「それで我々の罪のせいで神が我々に混乱をもたらし、多くの人々が滅びた」というまるきり同じような記述で終わっている。同時に、「イシュマエルの神なき民」と「呪われた」ポロヴェツ人（両者は本当の元凶として描かれる）は、キリスト教徒であるロシア人に対する彼らの罪のせいで彼ら〔ポロヴェツ人〕自身の手で罰せられている。この話の導入部の最後で、著者は極めてあけすけである。「そして彼ら［ポロヴェツ人］は、神といとも清き聖母の天罰により殺されて死んだ。これら呪われたポロヴェツ人によってルーシの地に多くの悪がなされたから」であり、この理由で、神は、非常に寛大であるものの、キリスト教徒の血を贖《あがな》うために神なきイシュマエルの民であるクマン人［つまりポロヴェツ人］の壊滅を望んだのである」。そしてモンゴルの使節がロシアに到来し、自分たちがポロヴェツ人と戦っていることをロシア人に伝え、更に自分たちと和を結んで〔ポロヴェツ人と手を切るよう〕説得に来た時、使節はロシア人にこう言った。「我々は異教のポロヴェツという我々の奴隷にして馬丁どもと戦うために、神により派遣されてやってきた[29]」。

アレクサンドル・ネフスキーの『聖者伝』はほぼ確実に一二八〇年代初頭に府主教キリル二世により書かれたものであるが、ここにもモンゴルに対する上と同様の態度が見出される。今回、モンゴル人は全く否定的に描かれていない。ハン国へのアレクサンドル・ネフスキーの最初の訪問に関する叙述の冒頭で、ハン・バトゥについて、次のように描かれている。「当時、東の国にとある力のあるツァーリがいた。神が彼に多くの民を服従させたのである」。モンゴル人が神に由来する役目を演じていることを更に強調するかのように、年代記において作者は、バトゥの使者にアレクサンドルに対して次のように述べさせている。「アレクサンドルよ、おまえは神が多くの民を私に従わせていることを知っているか」と。他方でバトゥはアレクサンドルと対面した際に、殆ど騎士道的な言葉で描かれている。ここには、「汚い」「三度告発された」「悪の」といった後代の文学でモンゴル人に付される侮蔑的な形容辞がない。「ツァーリ」とモンゴル人は出しゃばることのない、ある種の善意ある勢力と見なされた。丁度、彼らがカルカ川の戦いの叙述において見なされていたのと同じ構図である(30)。

一四世紀前半にスズダリ地方各地に送られた多くのモンゴルの懲罰遠征は、同時代の年代記作者により公平に、冷静に、客観的に扱われた。そして彼らの急襲は、「彼らは非常なる悪、損失を与え、多くの被害を生じさせた(31)」といった慣例的なものを越える形で描かれることはなかった。つまりおどろおどろしい、或いは感情的な言葉は滅多に使われなかった。また悪事を行う者たち〔モンゴル人〕は、「どう猛な」「悪の」といったありふれた形容辞の他には、何も与えられなかった。モンゴル人はそこでは、出しゃばることなく、召喚された時に前面に出てきて、人の道を踏み外したロシア人が犯した「悪事」を是正する準備が出来ていた。ある意味で、もちろん、これはエリョーミンが伝統的な中世ロシアの歴史哲学と呼んだものの反映だった(32)。つまり、一一世紀や一二世紀の年代記に見出されるような災害や大惨事に対する伝統的態度だった。最初期の年代記作者には、大きな民族的災難について、当該民族を護持する神が激怒した結果であるとか、あれこれの諸公によって行われた悪に対する天罰であるとして説明し尽くす傾向があった。異教の侵攻者は「神の笞《むち》」と見なされ、「天罰が異教徒の侵攻により我々に下された。というのもこれは神の咎だからである」といったような文言は初期の年代記にしばしば生じている。

しかし一四世紀前半にモンゴル人は、教会人によって単に、逸脱したキリスト教徒を打つ咎と見なされていただけではない。彼らは何度も、言ってみれば彼らの側に神がいる形で描写された。彼らは神と協働しており、神の配下でもあった。幾度も「神とツァーリによって報いられた」という言葉が公、とりわけハン国から帰還したモスクワ公を描く際に使われた[33]。例えば、一三二六年九月から二七年八月までウラジーミル大公だったトヴェリ公アレクサンドル・ミハイロヴィチは、一三三九年にハン国で非業の死を遂げた。そしてモスクワの年代記作者は素っ気なく彼とその息子の処刑を記録した後、サライより帰還したモスクワ諸公の勝利を強調している。「一〇月二八日にトヴェリのアレクサンドル・ミハイロヴィチ公とその息子フョードルがハン国で殺害され、彼らの肉体はバラバラに引きちぎられた」と。しかし〔モスクワの〕セミョン公と二人の弟は愛をこめてルーシに送り返され、彼らは神とハンに愛されてハン国からルーシに到着した[34]。

ロシア人を扱う際にモンゴル人を無罪とし、また時々アレクサンドル・ネフスキーの『聖者伝』におけるバトゥを想起させるような騎士道的な光の下でモンゴル人を描く。年代記作者のこうした傾向を示す例は十分にある。例えば、一三二五年にトヴェリ公ドミトリー・ミハイロヴィチがハン国においてモスクワ公ユーリーを「ハンの許しなしで」殺害した。ある年代記作者はこの時のウズベクの義憤と不満を強調している。すなわちドミトリーは「寵を失い」、またユーリーの遺体をロシアに運び、「モスクワの彼の世襲領地に埋葬するよう」命令が出された[35]。次の年、「ハン・ウズベクはドミトリー公を……大公ユーリー殺害のかどで処刑するよう命じた」。ハンのそうした行為は、彼が「トヴェリの全諸公に大きな怒りを抱いた」という事実で説明されている[36]。こうした見え透いた虚偽の動機付けが何故生じたのかは分からない。これが年代記作者の無知を示すのか、或いは熟慮の上での事実隠蔽だったのか。ただ、いずれにせよ、これは、モンゴル人に対するあらゆる道徳的非難を喜ばない年代記作者の意思をはっきりと暴くものである。年代記作者が我々を信じさせようとするところでは、過失はロシア人の側にあるのである。

再度、一三三九年のトヴェリ公アレクサンドル・ミハイロヴィチの処刑につながる事件について話そう。全ての事実を地道に調査すると、事実としては、アレクサンドルは、モスクワのイヴァン一世から教唆されたハンにより、熟慮の上で政治の舞台から排除されたことが明らかになる。(37) しかし、比較的中立かつ客観的なノヴゴロド第一年代記が伝えるところでは、非難は然るべき場所、すなわちウズベクとイヴァンに向けられている。(38) その一方でモスクワにおける説明では、誰がアレクサンドルを殺害したのかについての言及がなく、残された読者が殺害者の正体を想像することになる。他方でトヴェリの版は、モスクワの検閲を恐れ、慎重にイヴァンを暗示するあらゆる要素に言及せず、またウズベクからあらゆる罪を取り除いている。実際、一三三七年のアレクサンドルとウズベクとの衝突を描く時、トヴェリの年代記作者はアレクサンドルがウズベクに反対したかどで自らに死の準備が出来ていることを告白するという場面を描いている。そしてそれを聞いたウズベクは寛大にも彼を殺さずに命を助け、公国に復帰させた。(39) このシーンは後のニコン年代記では分量が増やされ、装飾された。「そしてウズベク・ハンは彼〔アレクサンドル〕の言葉の美しさと謙虚さに驚かされ、彼は自分の諸公に言った。『トヴェリのアレクサンドル・ミハイロヴィチ公がその慎ましい知恵によりいかに彼自身を死から救ったかを見よ』」と。(40) 次年にウズベクがアレクサンドルを再度ハン国に召喚した時、年代記作者は陳腐な聖者伝的言い回し――悪魔の挑発――に頼っている。すなわち責任は「非常に狡猾な悪の助言者、つまり悪魔に」転嫁されたのである。この悪魔が、ハンの前でアレクサンドルに濡れ衣を着せるよう、不特定の「善なき人々」を駆り立てたことになった。(41)

一四世紀初頭の教会著述家のモンゴル人に対する一般的態度を顕著に示す例は、一三一七―一八年のトヴェリ公ミハイル・ヤロスラヴィチの処刑に関する様々な説明に見出される。(42) この説明から祈り、頓呼法、聖書の引用、モノローグ、問答、感情的形容句など、後代に加えられた付着物をはぎ取るならば、我々にはミハイルの裁判と処刑に関する事実に基づく、客観的な説明だけが残される。ミハイルは裁きにかけられ、全くもっともらしい三点の罪が特に明示され、それで有罪とされた。ハン・ウズベクも彼の使節カウガーディ（後になると「呪われた」「無法の」「敬虔でない」等といった形容辞で装飾される人物）も、彼らの標準的な役割を越えた形では登場しない。ましてや、一方で最高主権者や裁判官、他方で証人兼検察官などという形では描かれていない。実際、ミハイルがハン国に到着すると、ウズベクは極端なほどに品行方正に振る舞う者として記録されている。すなわちミハイルに護衛をつけ、「誰も彼に危害を加えることが出来ないようにした[43]」。一方で処刑後、ユーリー・ダニロヴィチはミハイルの遺体に十分な敬意を払わなかったことでカウガーディから叱責された。すなわち「カウガーディは地面に投げ出された彼の真裸の肉体を見て、ユーリー公への憤怒を伴って言った。『あなたの年長の兄はあなたの父と同じではないのか。なぜ彼の肉体は地面に横たえられているのか』[44]」と。我々が信じさせられているところでは、本当の敵はモンゴル人ではなかった。そして殺人に関わったのはロシア人（「ロマネッツという名の[45]」）だった、と記されている。またモンゴル人及びロシア人はミハイルのテントを不法に略奪し[46]、ミハイルの貴族に至っては、主人の遺骸をロシアに運ぶ途中、出会った敬虔な商人たちを「無慈悲に」扱った〔悪役として〕と描かれているのである[47]。

一三二七年、アレクサンドル・ミハイロヴィチの大公としての短い「統治」の最後の数日に、ウズベクは突如、従兄弟チョル・ハン麾下のモンゴル軍をトヴェリに送った。トヴェリの居住者は、かなりの挑発と迫害を受けた後に蜂起し、チョル・ハン、彼の部隊、町の全てのモンゴル商人を虐殺した。モンゴル人の虐殺とこれに続くモンゴルからの血なまぐさい制裁に関する様々な説明においては、たとえモンゴル人が純粋に侵略的な役割を演じたことが描かれる際においてさえ、モンゴル人に対する受動的で殆ど寛大とも言える〔著者の〕態度がはっきりと現れている。〔伝来する〕全ての三つの主な年代記の説明（トヴェリ、ノヴゴロド、モスクワそれぞれの観点からの説明）は〔モンゴル人に対する〕驚くほど曖昧な態度を取っている。すなわち、モンゴル人がロシア人の罪のせいで神により送られたある種の公平な懲罰軍であることを示しているだけなのである。モスクワの筆に由来するそうした言葉は理解出来るだろう。しかし、トヴェリの聖職者が、事実上トヴェリ公国を滅ぼした敵〔モンゴル人〕に敵意を示さないことには驚かざるをえない(48)。

もちろん、一四世紀前半の出来事を扱うテクストにおいて、我々は確かに、モンゴル人が不浄で、悪で、異教徒で、好色であるなどと描写される場合を知っている。また彼らは反キリスト教的傾向を有す存在であると積極的に描かれている。しかし、そうした描写は、たとえ存在したにせよ、およそ同時代のテクストではない。例えば、一三二七年のチョル・ハンの派遣の叙述において、明快で、定型句だらけの、そして完全に不確かな場面がある。これは続く事件を理由づけるために、叙述の一つに挿入されたものである。「不道徳で、呪われていて、あらゆる悪の扇動者でキリスト教徒を破滅させる者」であるチョル・ハンは、〔年代記作者の手により〕ウズベクに対し次のように述べさせられている。「主人であるツァーリよ、あなたがお命じになるのでしたら、私はルーシに行ってキリスト教を滅ぼします。またその公を殺害し、あなたの前に公妃と子どもを連行します」と(49)。他の版では、トヴェリの全ての公を殺害し、彼自身や他のモンゴル人をロシアの玉座に着け、全民衆をイスラームに改宗させる計画を有するチョル・ハンが登場する(50)。ところがよく調べてみると分かるだろう。これらの悪の態度、不道徳な意図（非常にあり得ない）、反復的な定型句の大半は、後の、一五世紀半ば頃に加えられた改竄部分である。このころになると、モンゴル人に対する教会人の態度は、一四世紀前半の態度と完全に異なっていたのである。

四

一三五〇年代以降の時期で、同時代、或いはおよそ同時代に書かれたロシア年代記を見てみると、〔モンゴル人に対する〕調子が変わっていることに気づくだろう。モンゴル人の行為の弁明、ハンたちの騎士道的な事例、彼らが寛大であるとする描写は消え去っている。もはや書き手たちはモンゴル人に対して道徳的非難を控えることはなく、また諸公がハン国から帰国する際にも、「神とハンから恵みを受ける」ことはなかった。[51] モンゴル人は今や真っ黒に、また「呪われた異教のムスリム」「神無きイシマエルの子ら」「悪魔じみた不敬なハガルの子ら」等々の侮蔑的な形容辞で塗り固められた。騎士道や寛大さの代わりに、詐欺、裏切り、不誠実が見出される。もちろん、それでもやはり、神は異教徒の侵攻という形でロシア人の罪を罰したが、疫病や大災害によっても罰した。[52] また〔モンゴル軍が〕単に撤退した場合も含め、逃亡するモンゴル人を神が追い立てるという形の記述が現れた。すなわち、強力なティムール（「呪われ、また神無きテミル・アクサク」）が一三九五年に突然リャザン国境に去った時、「彼らを追い立てたのは我々でなく、慈悲深い神だった。神こそがその見えざる力で彼らを追い立てた」のであった。[53] これは丁度、一三八〇年のクリコヴォの戦いで、神が「その見えざる力でハガルの子らを恐怖に陥れた」とされた事例、[54] またピヤナ川にてブラク・テミルが敗北後にハン国へ逃げたのが「神の怒りによって追い払われた」とされた事例と同じである。[55]『エディゲの侵略の話』（一四〇八年）の導入では、著者は「狼の如きハガルの子ら」の狡猾さと計略が、「我々を罰し、また棒で我々の逸脱に対処する神」によるものだったと説明している。[56]

新たな精神が広まった。モンゴルを庇うかのような教会の声は、実際の所、消えてしまった。神は様々な罪を犯したロシア人に対し、トクタミシュ、ティムール、エディゲを派遣することで罰を与えたかも知れない。しかし今や時代は変わり、もはや神が敵の側にあることを示す必要は全くなくなったのだった。

（1） 大ヤサについては Vernadsky, *The Mongols*, pp. 99–110; Okhotina, 'Russkaya Tserkov'', pp. 70–1 を見よ。

（2）バトゥ或いはその息子サルタク、孫のウラクチ、または一番あり得るのは弟ベルケ（一二五八―六六年）の名で出された文書であろう。Pliguzov and Khoroshkevich, 'Russkaya tserkov'', pp. 89–92 を見よ。文書は *PRP*, vol. 3, pp. 465–71 で公刊されている。
（3）*PRP*, vol. 3, p. 471.
（4）Ibid., pp. 467–8.
（5）Ibid., p. 470.
（6）*LRD*, pp. 129–36.
（7）*PRP*, vol. 3, p. 471. 引用部はマタイの福音書一二章四二節と四一節の合成である。
（8）諸蜂起については Fennell, *The Crisis*, pp. 119–20 を見よ。
（9）Ibid.
（10）*PSRL*, vol. 1, col. 476. ミトロファンの正体は明らかでない。恐らく彼は以前――或いは同時に――南のペレヤスラヴリの主教だった。というのも、一二六九年にミトロファンがスヒマを受け入れ、修道院に入った時、「府主教［キリル］が*ルーシの［つまり南の］ペレヤスラヴリとサライの主教にフェオグノストを任命した」からである。*TL*, p. 330.
（11）Golubinsky, *IRTs*, vol. 2, I, pp. 41, 61 を見よ。
（12）ベルディベクのヤルルィク（一三五七年）とトゥラクのそれ（一三七九年）である。*PRP*, vol. 3, pp. 471–2, 478.
（13）Pliguzov and Khoroshkevich, 'Russkaya tserkov'', pp. 93–4. いわゆるキプチャクとノガイのハン国間の衝突については Fennell, *The Crisis*, pp. 144–5 を見よ。
（14）Pliguzov and Khoroshkevich, 'Russkaya tserkov'', p. 94; *PRP*, vol. 3, pp. 477–8 を見よ。
（15）*PSRL*, vol. 4, I, p. 275.
（16）Ibid., vol. 10, I, p. 215.
（17）*NPL*, p. 357. カランタイは恐らくジャニベクの宮廷のモンゴル人役人であった。この版はノヴゴロド第四年代記（*PSRL*, vol. 4, I, p. 275）、エルモリン年代記（Ibid., vol. 23, p. 107）、一四七九年のモスクワ集成（Ibid., vol. 25, p. 175）において、あまり重要でない異文を伴って写された。ニコン年代記所収の話では、「一部のロシア人が」「府主教フェオグノストについて中傷し」、「彼は多くの収入、金銀、あらゆる富を有している。彼はあなたに毎年貢税を納めるべきである……」と言ったという（Ibid., vol. 10, p. 215）。トヴェリのロゴシ年代記では、一三四四年の記事において、フェオグノストが「教会の人々のために」ハン国を訪問したと、またジャニベクにより「酷く苦しめられた」ことが記録されている。しかしこれは明らかに一三四二年の彼のサライ行き（同じ年代記で詳細無しで記録されている）に関するものである。Ibid., vol. 15, I, cols. 55, 54 を見よ。

（18） Spuler, *Die Goldene Horde*, p. 107 を見よ。

（19） *TL*, p. 376; *PSRL*, vol. 25, p. 180; vol. 10, p. 229. ジャニベクが彼の息子にして後継者のベルディベクにより殺害されたというような意味で年代記に見出されるこの情報を、シュプラーは信用していない（*Die Goldene Horde*, p. 108 n. 40）。

（20） 良きツァーリ（*PSRL*,* vol. 25, p. 180）。ニコン年代記は「ハンのジャニベクがキリスト教徒に対し非常に好意的で、多くの特権をルーシの地に与えた」と付け加えている（Ibid., vol. 10, p. 229）。

（21） Pliguzov and Khoroshkevich, 'Russkaya tserkov'', p. 99.

（22） Ibid., p. 98.

（23） Kuchkin, '"Skazanie"', p. 77 を見よ。ハンに対する「敬虔な」という形容辞は、控えめに言っても奇妙である。これは後代の解釈であろう。

（24） *PSRL*, vol. 10, p. 177; *TL*, pp. 353–4.

（25） *TL*, p. 364; *PSRL*, vol. 15, I, col. 53.

（26） Fennell, *The Emergence*, pp. 201–3 を見よ。

（27） *TL*, p. 346. アンドレイによるモンゴル軍の利用に関する一二八一年、八二年、八五年の記述も参照せよ（*TL*, pp. 338–9, 339; *NPL*, pp. 325–6）。

（28） *TL*, p. 339.

(29) *NPL*, pp. 61–3, 264–7.『話』についてはFennell and Stokes, *Early Russian Literature*, pp. 81–8を見よ。
(30) アレクサンドル・ネフスキーの『聖者伝』についてはIbid., pp. 107–21を見よ。
(31) 例えば、一三一五、一六、一八年の記事（*PSRL*, vol. 1, col. 529）、一三二一年の記事（Ibid., vol. 10, p. 187; vol. 15, I, col. 41）、一三二二年の記事（Ibid., vol. 10, p. 188; vol. 18, p. 89; vol. 25, p. 163）、一三二五年の記事（*NPL*, pp. 97, 340; *PSRL*, vol. 25, p. 167）、一三三八年の記事（Ibid., vol. 15, I, col. 48）を見よ。
(32) Eremin, 'Povest'', pp. 51 ff., 64 ff.
(33) 例えば、一三二九年の記事（二度）（*TL*, pp. 362–3）、一三四四年の記事（*PSRL*, vol. 15, I, col. 56; *TL*, p. 367）がある。一三三四年の記事（*PSRL*, vol. 10, p. 206）、一三三六年の記事（Ibid., vol. 15, I, col. 47）と比較せよ。
(34) *TL*, p. 363. アレクサンドルの父ミハイルの殺害の説明の一つ（『大公ミハイル・ヤロスラヴィチの殺害』）において、ミハイルは一三一七年にこう言わせられている。「親愛なる従兄弟よ、神とハンが汝に大公国を与えるなら、余は汝にこれを譲ろう」と。*Otdel rukopisey Rossiyskoy Gosudarstvennoy Biblioteki, Troitskoe sobranie*, No. 671, fo. 115v.
(35) *PSRL*, vol. 10, p. 189.
(36) Ibid., p. 190.
(37) Fennell, *The Emergence*, pp. 167 ff. を見よ。
(38) Ibid., p. 167; *NPL*, pp. 349–50.
(39) *PSRL*, vol. 15, I, col. 48.
(40) Ibid., vol. 10, pp. 207–8.
(41) Ibid., vol. 15, I, cols. 48–9. 今回ニコン年代記は単に「ある人々がアレクサンドル公について……ハン・ウズベクの前で中傷した。……」と述べている。この箇所の二文前の文がイヴァンのハン国到着に言及しているので、誰が「ある人々」であるのかについて、殆ど疑いはなかろう。Ibid., vol. 10, p. 208.
(42) この話の基本的な写本の版については本頁註34を見よ（『殺害』と略す）。またソフィヤ第一年代記の版（*PSRL*, vol. 5, pp. 207–15）はこれに近い。Fennell, 'The Ermolinskij Chronicle', pp. 33–8; idem, 'Princely Executions' を見よ。

（43） *Ubienie*, fo. 133 を見よ。
（44） Ibid., fo. 138.
（45） Ibid., fo. 137v.
（46） Ibid., fo. 138.
（47） Ibid., fo. 139v.
（48） 様々な史料に関する詳細な研究は Fennell, 'The Tver' Uprising' を見よ。
（49） *PSRL*, vol. 15, I, cols. 42–3.
（50） *PSRL*, vol. 25, p. 168 を見よ。
（51） しかしながら *PSRL*, vol. 15, I, col. 164 を参照せよ。そこでは一三九六年の記事でヴァシーリー一世がモスクワに戻った時、「神とハン［トクタミシュ］により［玉座に］ついた」とされている。
（52） たとえば *PSRL*, vol. 15, I, col. 76（一三六四年の疫病）; col. 97（大火災）。
（53） Ibid., vol. 15（1st edn.）, col. 454.
（54） Ibid., vol. 15, I, col. 139; *TL*, p. 420.
（55） *PSRL*, vol. 15, I, col. 85.
（56） Ibid., col. 178. Lur'e, 'Povest' o nashestvii Edigeya', in *Slovar' knizhnikov*, vol. 2, II, pp. 197–201 を見よ。
〔訳註1〕神の教会に慈愛を示さない者は後に裁かれる、という意味。

第一六章　教会と修道院の土地所有

一

一五世紀後半、そして一六世紀の多くの時期を通じて、教会の土地所有の問題がロシア社会で次第に大きな役目を演じることになった。まず、教会の内部において、一方で教会の土地所有権を守ろうとする人々と、他方で修道院の土地所有は修道院の堕落と「修道士の破滅」を招く、或いは招きうる〔が故に土地所有はよろしくない〕と主張する人々がいた。ロシア教会はこうしたいわゆる「所有派」と「非所有派」の衝突によって分断されていた。しかし、これとは別に、教会は国家からも激しい攻撃を受けていた。修道院や府主教、主教によって蓄積された膨大な土地は、土地に飢えた大公の食欲を刺激していたのである。

では、どのようにして、修道院や高位聖職者は広大な所領を獲得したのか。まずは修道院について考えてみよう。上述のように、モンゴル襲来以前の時期においては、修道院が不動産に恵まれていたことを示す記述史料は殆ど存在しない。もちろん、実際には、キエフ洞窟修道院のように、大半の修道院はその経営を下支えするために、種々の方法で土地を得ていた。このことに疑いはない。しかし、修道院や、またそれには劣るものの、主教座の土地所有が本格的に展開したのは一四—一五世紀であった。これは修道院そのものが発展し、広がっていった時期である。

この時期、ロシアの修道院は規模においても数においても拡大したが、これは、まずはモンゴルの侵略とその後ハン国が行った全面的支配の結果であった。またもちろん、果てしなく続く破壊的で、かつ不毛に見える内戦や権力闘争の結果でもあった。この内戦や権力闘争は、一三世紀の第四四半期から一四世紀第一四半期にかけて、ロシアを引き裂いた。人々は男も女も、日々の生活で生じた我慢出来ぬストレスから逃れようと、宗教生活や修道院の規律に頼った。それればかりでない。多くの者が単純に戦争での死や捕囚を避けようとして避難所に逃げ込んだ。もちろん、そうでない、単に一時的な理由で修道生活へ流入する俗人も無数に存在した。例えば、一四世紀のロシアで度々流行して大混乱をもたらした疫病から逃れるためである——修道院は、多くの場合、あらゆる種類の医療が提供されうる唯一の場所だった。また世俗生活、キャリア上の失敗、失寵、家の掟から逃れるためでもあった。更に、法や様々な賦役や税を回避するため、またモンゴル軍の徴募を避けるためでもあった。単純に院長の噂——高潔さや、時には貪欲さ——も、度々、新たな修道者を修道院共同体に引き寄せた。とりわけ修道院は、何よりもまず、国家であろうが不信心者であろうが、外部の干渉からの安全な避難所、そして庇護の保証を多くの人々に提供出来た場所であった。一旦修道院の壁の中に入ると、人々は自分の身が安全であることを理解出来た。外の世界はもはや脅威でなかった。更に、修道生活の選択は必ずしも剃髪を伴うわけではなかったことを指摘せねばならない。ラドネシの聖セルギーの『聖者伝』によると、例えば、聖トロイツキー修道院が新たに受け入れた者は、当人が院長に剃髪を求めない限り、まずは「全ての修道院の規則を学び終えるまで、丈のある黒の平服を着用し、十分な時間を他の修道士と過ごす」ことを命じられたという。その後ようやくセルギーは「全てにおいて試練を経た者として、この者に修道服をまとわせ」、彼を剃髪した後、マントと頭巾《クロブク》を授けた。そして「彼の生活が清らかで、その天職において優れている場合に、彼［セルギー］はその者に［最上級の剃髪

である」聖なるスヒマを許した〔訳註1〕」のである。(1)

修道士が増えてくると、修道院の数も増加した。修道院が修道院を産んだ。修道士は、時に単身で、時に集団で、院長との論争の末に、或いは修道院規則の厳格さや、逆に緩慢さへの不満を口にして、〔それまで生活した〕修道院を去った。また修道士は単に安寧を求めて、自分たちの隠遁場所に去ることもあった。その一方で、諸公や裕福な俗人は、自分たちの土地に全く新しい〔修道〕共同体を構築するためにその富を使った。彼らはそこに自分たちの名入りの追悼碑を残すことを、また一族の墓所となって永久に祈りを捧げてくれる場を建てることを願ったのである。

一四―一五世紀には、一つの母修道院を起点として修道制が拡大していく事例が幾つか生じた。最も注目に値する例は、ラドネシの聖セルギーが開いたトロイツキー修道院に由来する修道施設の増加であることは疑いない。ロストフのとある零落ボヤーレがモスクワから北北西に四七ヴェルスタに位置するラドネシ村に移住したのだが、その息子ヴァルフォロメイ・キリロヴィチが一三三七年になって近隣に隠遁の場所を設け、一三四〇年代初めには剃髪を受けてセルギーと改名した。およそ一〇年の後、多くの兄弟〔修道士〕がこの場に加わり、セルギーは司祭に叙任され、その後、修道院長になった。この頃、最初の教会の名に因んでこの場所はトロイツキー修道院と呼ばれた。この場所は多くの者を引きつけ、その名声は高まった。最終的に総主教フィロテオスと府主教アレクシーの求めに従い、セルギーは、かつての院長フェオドシーのように（上述一〇一―一〇二頁を見よ）、修道院に共住制規則を導入した。

セルギーの弟子や縁故者の多くは、セルギーの例に従い、隠棲の地に適した遠方の土地を求めて出発した。それはしばしば、厳しい環境にあって荒涼とした北方の地域であった。セルギー自身と同じく、彼らのもとにも修道士が集まった。彼らは房に住み、小共同体を形成した。これが修道院に成長する。こうしてセルギーが蒔いた種から多くの隠棲の場が生まれて大きく育ったのである。同時に、トロイツキー修道院の修道士はコロムナ、セルプホフ、ズヴェニゴロド、そして特にモスクワに入り、彼ら自身の修道施設を建設した。これがまた、更に多くの修道院が建設されるための起点になった。正確な数は具体化しづらいが、偉大なロシアの歴史家クリュチェフスキーは、一四世紀から一五世紀には二七の隠棲用の庵、町中の八の修道院がセルギーのトロイツキー修道院とその子修道院から生じたと見積もっている。[2]

一三九二年にセルギーが亡くなってから四年の後、シーモノフ修道院の元典院キリルがノヴゴロドの北方六〇〇ヴェルスタ〔露里〕にある白い湖の地域（ベロオーゼロ）に出発し、隠修用の庵を建てた。これは後にロシア北方で最大の修道院に、また一五－一六世紀における北方森林地帯の修道院による植民活動の中心にも成長する。キリルの同行者フェラポントは一五ヴェルスタ離れた場所に非常に過酷な場所を見出し、そこに隠修用の庵を建てた。これは北方の主要な修道院の一つになった（フェラポントフ修道院）。キリルのもとにはやがて地域の農民とシーモノフからの修道士が到来し、庵は共住制修道院に成長した。キリルは、シーモノフ修道院の規則を土台にして新しい規則を作成し、その厳格な遵守を求めた。一四二七年にキリルが亡くなった後、少ししてからパホミー・セルブ〔セルビア人〕が修道院に到来し、その後、キリルと親しかった彼の信奉者二名を情報源として、一四六二年にキリルの『聖者伝』を執筆した。この二名というのは、修道院長カシアンとマルティニアン（後にフェラポントフ、そしてトロイツキー修道院の院長になる）である。この『聖者伝』によると、修道院での生活は厳しく、修道士は各自の房で水を飲むことさえ許されなかった。また食堂でも蜜酒やワインは厳しく禁じられた。また施しを求めて院外に出ることも許されなかった。キリル自身も修道院の土地所有がもたらす害悪について厳しい見方を取っていたと伝えられる。キリルの高い名声は、彼が死後二〇年ほどで列聖されたことばかりでなく、彼の修道院が、その教会（聖母就寝教会）の名ではなく、むしろ彼の名で呼ばれた（キリロ・ベロオーゼロ修道院）ことに現れている。[3]

一五世紀にヴォルガ川を越えた北方の地に生じた修道院の多くは、ベロオーゼロのキリル自身には辿れないにせよ、キリロ・ベロオーゼロ修道院とは密接な関係がある。フェラポントの修道院は一五世紀に隠遁者たちを引き寄せ、近隣には彼らの小屋や洞窟が増加した。その遥か南の、ヴォログダやコストロマの深い森林地域も、無数の隠修士を引き寄せた。そのうちの幾人かは完全に孤立して生活した。例えば、オブノラの聖パヴェル（オブノラ川流域のパヴェル）は、彼の『聖者伝』によると、修行の房を建てる以前の数年の間、ライムの木のくぼみに住んだという。その後、今度はこの房が兄弟〔修道士〕を引きつけることとなり、ここから厳格な共住制修道院が生じた（パヴロ・オブノラ修道院）(4)。

キリルの修道院の南東、クベンスコエ湖の東岸近く、岩からなる島には、一三世紀のスパソ・カメンヌィ修道院が建っている。伝来する最古の院長の名はディオニシーである。彼はドミトリー・ドンスコイの治世にアトス山から到来した。多くの修道共同体がクベンスコエ湖地域に、特に彼の弟子のディオニシー・グルシツキー（一四三七年死去。一五四七年列聖）により建設された。後者は湖の岸辺にあった古い修道院を再興し、次いでグルシツァ川沿いに庵を建てた。そこから少なくとも七つの共同体が湖のそばに作られた。スパソ・カメンヌィ修道院とキリロ・ベロオーゼロ修道院との結びつきは一五世紀半ばに、後者の院長カシアンがスパソ・カメンヌィに移り、その院長になった時に進展した。

更に北方では、キリロ・ベロオーゼロ修道院の二人の修道士が植民とキリスト教の普及のための別の拠点を築いた。カルガポリ地域にオシェヴェンスキー修道院を建てたアレクサンドル・オシェヴェンスキー（一四二七―七九年）と、サヴァチーである。後者は、ラドガ湖にヴァラーム修道院を建てたゾシマと共に、白海のソロフキ島にソロフキ大修道院を創建した。

残念ながら紙幅の関係で、ロシアにおける修道生活の拡大についての調査はここで終わる。しかし、トロイツキー、キリロ・ベロオーゼロ修道院、そしてこれらの子孫に当たる修道院の素描は、修道的植民が一四―一五世紀のロシアでどのように生じたのかについて、若干の知識を与えてくれるものと見込まれる。

二

ロシアの修道院は、どのようにして土地財産を獲得したのか。上述のように（二七〇頁以下を見よ）、モンゴル人は世俗――モンゴル人を含む――の干渉から教会財産を守るために多くのことを行った。モンゴル人は修道院所領の保全を妨げようとせず、そのことは修道院の拡大を促すことになった。他方で世俗の土地所有者はそうした特権を享受せず、それ故に恐らくは自分の所領の保全を願って、惜しみなく修道院に所領を寄進した。言うまでもなく、彼らの行動が常に〔宗教的〕無関心に基づいていた、というわけではない。多くの寄進が「魂の供養のために」行われた。つまり修道士が寄進者の死後、その魂のために、期限付きか無期限か――時には存命中のみ――で、祈りを捧げる保証をする。そうした保証を得て、寄進者は条件付き或いは無条件で土地を寄進したのである。貪欲な修道院長たちは、惜しみない寄進は人の魂を救済するとして寄進を煽り立て、その結果、土地所有者から修道士の手中へ莫大な土地財産が流入した。そしてモンゴル襲来の最初のストレスや内戦の危険が収まった時でさえ、この慣習は残り続けたのである。一六世紀初頭に、ヴォロコラムスク修道院のヨシフは世俗の「お得意先」であった公妃マリヤ・ゴレニナに宛てて、土地、金銭、種々の贈り物の見返りとしての様々な「追悼」――故人への祈禱《パニヒダ》や故人への連禱《ザウポコイヌイエ・エクテニ》――について、詳細に説明する必要に迫られた。彼は注意深く「皆も、そしてあなたもご存じのことでありますが、司祭は何らかの礼拝やパニヒダを無償で行うわけではありません」と書いた(5)。実際、世俗から修道院への土地の移転〔つまり寄進〕はあまりに多かった。それ故後にイヴァン三世の治世以降、国家（つまりモスクワの大公、ツァーリ）は、以後その承認なしで「魂のために」土地を遺贈することを抑え込もうとし(6)、また既に寄進された土地についてはこれを買い戻そうとした。これらに関しては一定の証拠が存在する。

しかし、修道院に土地を寄進するという個々人や時に国家の気前のよい行為は、常に宗教的動機に基づいていたという訳でもなかった。寄進者、特にそれが公が寄進者である場合、気前の良い寄進には、他の理由、すなわち経済的、政治的理由も存在した。実際のところ、修道院にとって、土地所有は唯一の一般的に公認された収入源だった。修道士の扶養費用にあてるための、言ってみれば「任意の寄付」――十分の一税、手数料、税――は、ロシアでキリスト教が展開した最初の段階から存在してきた。しかしそれらは決して信頼に足る、また一般に用いられる類いの扶養手段でなく、教会上部にとって、単に補足的な収入源にしかならないことが多かった。それ故、修道院が公や土地所有者の領地に存在したり、或いは彼らのイニシアチヴで建てられた場合、当該の公や土地所有者には、その修道院に生活手段を保証し、そのために自分の所有物から土地やその他の付属物を付与する義務があるとしばしば考えられた。同じく、諸公には、自領地内に建てられた貧しい或いは戦争で被害を被った修道院を、ルガ――金銭その他、通常はパンや塩、蠟、蜂蜜、小麦粉――或いは不動産の寄進で扶養する義務があった。また、自立出来ない社会階級――貧民、物乞い――の扶養は、同じく国家の責務から除かれて〔教会の責務とされて〕いた。「教会の富は貧者の富」とは、教会財産の擁護者と敵対者が幾度も繰り返し言い続けた言葉であった。また国家が修道院へ土地分与を行う場合、純粋なる博愛以外の目的を有していたことに殆ど疑いはない。修道院、特に植民を伴う修道院に対し、無人で未耕作の土地を与えることで、その領域は肥沃になり、収穫高も上がる。これは諸公にとって望ましいことであった(7)。同じく、豊かな土地を寄進しておけば、特に身内同士の衝突の際に、修道院の政治的支持を得ることが出来る、という利点もあった。

修道院による所領の獲得は、常に受動的だったというわけではない。全く異なる。修道院領への土地の引き渡しを記録した文書のうち、一四世紀以降に作成されたものにおいては、修道院長が〔修道院への土地〕移転の過程とかなりの数の獲得手段に関心を示していたことがありのまま記録されている。土地の没収や〔修道院の〕所有権の最終的確認に始まり、直接購入や、また高利によって支払い能力のない債務者を疲弊させ、破産に追い込み、こうして抵当に入った土地を合法的に獲得する実践に至るまで、である。

イヴァン一世以降の時期、一方でモスクワ国家の「結集」〔訳註2〕が、また他方では〔諸公やボヤーレの〕私的所有地の細分化と解体が進んだ。この時期は、所領の蓄積という点では、修道院にとって最も利益が上がった時期だった。というのも、モスクワの支配者がその政治目的のために、修道院による土地蓄積を鼓舞、支援したからである。またそればかりか、大小世襲地が、増え続ける諸世代の相続人の間で常日頃から分割・再分割された結果として分解してしまい、これを虎視眈々と狙う修道院の〔ターゲットになり、〕実際、修道院は現実に非常に富裕になったからである。修道院は通常、分解の結果として生じた世襲地という果実を積極的に収穫する必要は殆どなかった。修道院は単に果実が自分の手に落ちてくるのを待てばよかった。一四―一五世紀に生じた五つの所領の分解を論じた単著において、ヴェセロフスキーは、所領断片化の過程を明らかにしたばかりか、かつて豊かだった土地所有者の子孫たちが貧困になり、その土地財産を修道院が器用に獲得していく過程も明らかにしている。例えば、ペレヤスラヴリ・ザレスキー地区に存在したヤコフ・ヴォローニンの巨大な所領は、一四世紀後半にはおよそ二五〇〇デシャチーナ(六七五〇エーカー)に達していたが、彼の息子と孫たちの間で分割され、またこの二世代だけで個別ばらばらにトロイツキー修道院に売却、或いは遺贈されてしまった。(8)

三

府主教の土地所有は殆ど知られていない。ましてや主教のそれについては、残念ながらもっと分からない。〔モンゴル襲来後最初の府主教である〕キリル二世が府主教として土地を所有していたとすれば、それらはせいぜい南ロシアに存在しただろう。また南西ロシアに存在した可能性もある。彼の後任のマクシムは初めて北方で「府主教所領」をとして一定の領地を得たようだ。一二九九年にクリャジマ河畔のウラジーミルに到着後、彼は空位であったロストフ主教区にウラジーミルの主教を移動させ[9]、〔その結果、マクシムが〕ウラジーミル主教区に属していた所領を引き継いだ可能性がある[10]。次の府主教ピョートルについては、彼がオカ川右岸のアレクシンというやや遠方の土地を購入したこと以外には何も知られていない[11]。

フェオグノストとアレクシーが指導者だった時期、つまり府主教と大公とが相互に支え合い、また緊密に協力した時期、北東ロシアにおける府主教領の拡大は主に公の寄進に依るものだったと思われる。しかし恐らくは土地の購入によっても増大した。こうした所領に関して、またこれらの所領と大公との関係に関する殆どのことは、〔一四世紀の〕とある公式文書から知られる。この文書は明らかに、以後、新たに任命された府主教とモスクワの支配者との間で結ばれるあらゆる協定のためのひな形になったものである。またこの文書は、ヴェセロフスキーが述べるように、事実上、「府主教領」を「半自立的臣従公国」に変えるものであった[12]。これは、一方で府主教領における府主教の法的及び財政的権利を定め、他方で府主教の配下にいる、国家権力による口出しを制限した。戦争が生じた場合のみ、後者は大公の指揮のもとで勤務せねばならなかった。すなわち「戦争の際、余、大公が自分の馬に乗るならば、府主教のボヤーレや勤務人も出撃する。但し、余、大公の旗の下で府主教の司官の下に入る」とされた[13]。

フェオグノストとアレクシーのもとで「府主教所領」が拡大した時期には、所領はクリャジマ河畔のウラジーミル地域（つまり以前のウラジーミル主教の旧領）とモスクワ公国に存在した。つまり、元々のモスクワ公国及び、一三八九年のドミトリー・ドンスコイの死までに〔モスクワに〕併合された領域内である。トヴェリ、リャザン、ヤロスラヴリ、そしてノヴゴロド領にも、府主教座による記録された〔土地の〕取得はない。一方、スズダリ、ニジニ・ノヴゴロド、ゴロジェツについて言えば、府主教が〔これらの地域で〕土地を獲得するのは一五世紀後半以降のことである。

一四世紀最後の二二年間、そして一五世紀に入ってからの四八年の間、国家からの土地寄進は事実上干上がった。この時期、府主教は大公よりも全地総主教〔つまりコンスタンティノープル〕の利益を考えて活動しており、その一方で国家は教会に対し政治的、或いはイデオロギー的支援をそれほど求めなかった。更に、教会は純粋にモスクワ大公が抱える諸問題に比較的無関心であることが多かった。このことを考慮すれば、国家からの土地寄進が干上がったことは驚くに値しない。またこの七〇年の間には、府主教位が空位、或いは長旅で不在という長い時期があった。ただそうは言っても、現実を見てみると、府主教キプリアンは一三九九年にロストフ公国のカラシ・スヴャトスラヴリ地区を獲得している。但しこれはヴァシーリー一世との間で、府主教ピョートルが購入したオカ川のアレクシンを代わりに譲渡した結果であった。そして記録に残る限り、その他には、キプリアンが大公、諸公、個人から得たものはない。

ギリシア人府主教フォーチー（在位一四〇九—三一年）は、キプリアンと全く異なる技量を持つ人物だった。抜け目のない経営と「真のビジネス感覚」により、彼は、アレクシー後の一二年間、つまり教会の混乱期に破壊或いは略奪された多くの府主教領について、その強化と回復に取り組んだ。これはキプリアンがしっかりと取り組めなかった、或いは実行しようとしなかった仕事である。遺言状においてフォーチーは、府主教管区の土地所有者が破滅的状況であったことを描く。彼はこの状況を〔ギリシアから〕モスクワに到着して初めて知ることになった。「私が、キエフと全ルーシ*の府主教であった兄弟キプリアンの死後、この最も清き府主教座に着座した時、『府主教の館』には何もないことが判明した。至る所に荒廃と破壊、散逸があった。控えめに言っても、私はこの点でひどく苦しんだ(14)」。ニコン年代記は彼の努力を鮮明に描く。

府主教フォーチーは府主教座の獲得物や収入を再度確認し始めた。彼は浪費されてしまったもの全て、諸公やボヤーレにより破壊され、或いは高利貸しによって着服されてしまった全て——村、領域、金、キリストとそのいと清き母親、聖なる偉大な奇跡成就者であるピョートルとアレクシーの館に払われるべき税——を探し始めた。そしてこれら全てを彼らから取り戻し、……全ルーシの聖なる府主教座に確保した。金銭、土地、水、村、領域である(15)。

再度、遺言状において、彼は多くの獲得物について話している。それらの全てを彼は大公の保護に委ねた。

あなた［ヴァシーリー二世］の偉大なる国家の世襲領地において、また他の土地や大公国、リトアニア人の土地において、高貴にして敬虔なる諸公やボヤーレたちであれ、貴顕《きけん》［ここでは主に下級の貴族・士族の意］や商人であれ、正教キリスト教徒が、男女を問わず、罪の償いのためにキリストとそのいと清き母親の家に寄進を行った結果として私の所有となった物品は何であれ——金、銀、真珠、宝石、銀の器、土地、水〔訳註3〕——のこれら全てを私は息子である大公ヴァシーリー・ヴァシリエヴィチとあなたの息子、孫たちに委ねる。これら全てが保持され、また誰によっても干渉されないようにするためである。というのも、これら全ては神とそのいと清き母親、神の母、［府主教の］館に対し、キリスト教徒たちの罪の［浄化のために］与えられたものだからである(16)。

疑いなく、フォーチーは、諸公、ボヤーレ、商人、有産者から、土地財産——そして他の富も——集めることに成功した。彼の所領は、モスクワ、ウラジーミル、ズヴェニゴロド、コロムナ、コストロマといった大公国の様々な地域《ウエズド》に分散している。しかし、非常に奇妙なことがある。フォーチーとヴァシーリー一世及びヴァシーリー二世との間では協力や友好の関係が結ばれたにも拘わらず、両大公とも、土地どころか一コペイカさえ府主教に与えなかったようなのである。与えたことを示す情報がないのである。モスクワ大公たちが行った唯一の寛大な行為は、ヴァシーリー二世のそれであったようだ。彼はフォーチーに対し、「ウラジーミル地域において大公が所有する一集落の購入を許可した(17)」。恐らく、ヴェセロフスキーが指摘するように、「モスクワ政府は既に財を蓄えた府主教を富ます必要を感じなかった」のだろう(18)。同じく、大公は、極めてタフな仕事屋［フォーチー］

には大公の所領や宝物庫からの寄進は必要ないと感じたのだろう。上述のように（一三二頁）、ニコン年代記はフォーチーにかなりの共感を表明し、また彼の気前の良さを強調した。「彼は多くの品々を購入した。……不幸な者、貧しい者に与えるためである」[19]。更にフォーチーは、ネヴィンスキー・ヴヴェデンスキー修道院に一つの村と六つの小村を与えて援助したことでも知られる。この修道院は府主教領の所有物であり、彼自身が建設したものである[20]。

フォーチーの死から一四四八年のヨナの府主教任命に至るまでの間、府主教座の土地所有の状況については何も分からない。しかし、内戦中、或いは府主教イシドールの短い在位中における所領の増加はありそうにない。

他方で、修道院所領の増加は、教会の土地所有権に対する道徳的な抗議を引き起こさずにはいられなかった。既に一四世紀第四四半期に、教会の土地所有に対する抗議がはっきりと現れた。一三七〇年代、八〇年代に異端とされた分派であるいわゆるストリゴーリニキが[21]、ロシア教会における〔聖職者の〕叙任は〔手数料を支払うが故に〕聖職売買に当たるとして、教会ヒエラルヒーの正当性を否定した。彼らはそのことにより有罪とされる。このストリゴーリニキを断罪した主たる聖職者であるペルミの偉大な宣教師にして主教のステファンによると、彼らは聖職者を貪欲であるとして非難し（「彼らは多くの所有物を集めている」）、また「死者のために〔埋葬式の際に〕歌うこと、また供養を行うこと、死者の魂のために贈り物を受け取ることは有益でない」と人々に教えていたようである[22]。更にステファンは、「ストリゴーリニキは今日の主教と司祭について、次のように話している。主教や司祭の礼拝は無価値である。というのも、彼らは物の獲得を控えず、キリスト教徒から所領を得て、また生ける者や死者のために捧げ物を得ることを控えることがないからである」と主張している。

四

「タタールのくびき」の当初、ハンたちが与えた特権は、修道院に——そして恐らくは府主教の所領にも——一定程度の安全を保証した。しかしモンゴルの注意が行き届かなくなり、保護が効果的でなくなった時、教会はどのようにして「瀆神者」から土地を守ったのか。

修道院は土地の獲得ばかりか処分をも行う無制限の法的権利を有していた。しかしながら当初より、土地所有者たる修道院長は、府主教や主教と同じく、彼らの土地に対する合法的な権利だけでは足りないと考えていた。物理的な防衛は〔聖職者や修道士には〕不可能だった。一四二七年七月九日に、ベロオーゼロ修道院の院長キリルはヴァシーリー二世の叔父にあたるアンドレイ・ドミトリエヴィチに宛てて、遺言状を送った。修道院はアンドレイの公国内にあったからである。その遺言状の中でキリルは「あなたの貧しき者である我々は、神とそのいと清き母親とあなたの文書を除けば、我々を攻撃する者から身を守る術を持たないのである」と述べている[23]。だから、教会財産の侵害に対する道徳的防衛が必要であった。そして少しずつ、教会人は彼らの土地が不可侵であり、また譲渡不可能であることを理論化し始めた。

教会の財産所有が道徳的に問題がないことを保証するには、多くの方法があった。法文書が作成され、署名され、副署され、確認された。また「神の聖なる教会を侵害する者に対する」偽の教会法が作成され、第五全地公会議の父たちがそれを定めたとされた（「力ずくで教会財産を奪う者は侵害者である。そうした者には聖なる教会法はアナテマを付す[24]」）。アナテマの脅しは教会財産の侵害計画者を制止するために広く使われたことに疑いはない。聖者伝にさえ、教会財産の略奪者に降りかかった恐ろしい運命に関する逸話が散見される[25]。

ではこれらの侵害者、「神の聖なる教会を侵害する者」とは誰のことなのか。高位の聖職者や修道院長の不平をただ検討しさえすればそれは理解出来る。教会財産の大概の侵害行為は、イヴァン三世治世に先立つ時期においては、地方の個別的な特徴を有していた。また各々の事例において、行われた侵害を回復するには教会の活動で十分対応出来たことが理解出来る。すなわち、侵害行為は地方の諸公によって行われていた。彼らが修道院領を不法に取り込み、遠征で教会を破壊し、不当な税を聖職者に求めたのである。一五世紀の侵害者たちは大抵、土地を貪欲に求める分領諸公だった（特にノヴゴロドでは）。彼らは不動産市場において諸修道院間と激しく競合していたのである。そしてこれらの事例はまだ、教会に対する国家からの脅しの例でなく、〔諸公の〕個別の侵害行為であり、殆どの場合、当該の教会権力により簡単に解決された。そしてそれだからこそ、一五世紀前半までは、教会は土地の獲得、保持、処分権について、これを煮詰めて公式に理論化する必要を見出さなかった、という指摘には驚くべきでないのである。教会財産の不可侵性や不可譲性に関するあらゆる種類の理論が初めて完全な形で表明されたのは、一六世紀初頭であった。というのも、この時にようやく、教会所領には危険——もはや地方の個々人の侵害ではなく、土地に飢えた国家による世俗化〔つまり没収〕の危険が迫っていたことが明らかになったからなのである。

（1） *PLDR, XIV–seredina XV v.*, p. 338.

（2） Klyuchevsky, *Sochineniya*, p. 249.

（3） 聖キリルについては Borisov, *I svecha*, pp. 280 ff.; Fedotov, *Svyatye*, pp. 143 ff.; Klyuchevsky, *Drevnerusskie zhitiya*, pp. 158–61 を見よ。

（4） オブノラのパヴェルについては *Slovar' knizhnikov*, vol. 2, I, pp. 313–17 を見よ。

（5） *Poslaniya Iosifa Volotskogo*, p. 181.

（6） Golubinsky, *IRTs*, vol. 2, I, p. 636; Pavlov, *Istoricheskiy ocherk*, pp. 120, 140, 141, 142; Veselovsky, *Feodal'noe zemlevladenie*, p. 91 n. 1 を見よ。

（7） 一四―一六世紀の修道院が植民活動で果たした役目については Klyuchevsky, *Sochineniya*, pp. 244–62; El'yashevich, *Istoriya*, ch. 6 を見よ。

（8）Veselovsky, *Feodal'noe zemlevladenie*, pp. 165–9.
（9）ロストフ主教座におけるシメオンの後継者である主教タラシーは一二九五年にロストフとウスチュークの公コンスタンチン・ボリソヴィチによりウスチュークで捕らわれ（殺害され？）たように見える（*PSRL*, vol. 1, col. 527; vol. 37, p. 71）。しかしニコン年代記一三〇四年の記事を見よ。そこでは「この年、ロストフ主教タラシーが亡くなった」とある（Ibid., vol. 10, p. 230）。
（10）*PSRL*, vol. 1, col. 528; vol. 10, p. 172; *TL*, p. 348.
（11）Veselovsky, *Feodal'noe zemlevladenie*, pp. 332–3, 337; *PSRL*, vol. 10, p. 230（「聖なる奇跡成就者ピョートルの町アレクシン」)。
（12）Veselovsky, *Feodal'noe zemlevladenie*, pp. 334–6, 339 n. 2. この文書は *PRP*, vol. 3, pp. 421–3 で公刊されている。
（13）*PRP*, vol. 3, pp. 422–3.
（14）*PSRL*, vol. 12, p. 14.
（15）Ibid., vol. 11, p. 213.
（16）Ibid., vol. 12, p. 14
（17）*AFZ*, No. 226, p. 200.
（18）Veselovsky, *Feodal'noe zemlevladenie*, p. 388.
（19）*PSRL*, vol. 11, p. 213.
（20）Veselovsky, *Feodar'noe zemlevladenie*, p. 358.
（21）この言葉の意味については Klibanov, *Reformatsionnye dvizheniya*, pp. 133–6 を見よ。
（22）*AED*, p. 241.
（23）*AI*, No. 32, p. 62.
（24）ヴォロコラムスクのヨシフのものとされる「修道院から何かを奪ってもそれは罪にならないと多くの人々が話すのを耳にした」という表題の小論文を見よ。Malinin, *Starets*, app., No. 20.
（25）この「多くの人々が話すのを耳にした」という論文において、ヨシフは一一世紀のロストフの聖レオンチーの

『聖者伝』を引用しながら、神によりボヤーレのザハールに下った罰を描いている。このザハールはロストフ主教座の一部の土地を奪ったのであった。同じくヨシフは、洞窟修道院の聖フェオドシー、大エウティミオス、セルビアの聖ステファンの『聖者伝』を引用している。


〔訳註1〕修道士として最高の段階に達したことを意味する。尚、厳密に言えば、スヒマには二つの段階がある。通例、修道者はまず前段階に当たる小スヒマを認められ、その後、最終段階の大スヒマ修道士となる。

〔訳註2〕具体的には近隣諸公国の吸収による拡大のこと。

〔訳註3〕いわゆる水利権や漁業権のこと。

第一七章　政治と教会

一

キエフ時代には、国家生活への教会の関わりは比較的穏健で、また主に調停や平和維持の活動に限定されていた。しかしその後、教会の役割は著しく増大した。聖職者、特に高位聖職者の影響力は、教会自体の成長——教会や修道院の数、また富、特に高位聖職者や修道院の土地財産の増加——と共に増大した。殆どの諸公は教会権力を無視出来なかった。それは、「タタールのくびき」の初期の数十年においては教会がモンゴルの庇護下にあったからである。また一四世紀後半以降には、国家が全体的な反ハン国政策のために教会の支持を必要としたからである。加えて、支配者がその政治目的のために聖職者の支援に依存する場面もまれではない。諸公間の軍事活動が次第に膠着状態に陥ったり、或いは単に成功し損なったりすることは頻繁に起こったが、特にこうした状況において聖職者への依存が生じた。教会は多くの有効な武器を手元に有していたからである。具体的に言えば、道徳的説得、宗教的な脅し、破門、追放、アナテマ、〔聖職者の名での〕安全保障証の発行——そして実際には故意に保証は反故にされた——、教会の閉鎖、宣誓、宣誓解除の許可、契約の締結、そして締結の差し控えであった。それ故、諸地域の支配者たちが自分たちの宗教指導者に依存する手法を学んだこと、また支配者の成功や失敗の多くが、聖職者が彼らに行った支援の規模次第であったことは、驚くに値しない。

一二七〇年、地方の衝突における武器として、初めて教会が活発に利用された。これはアレクサンドル・ネフスキーの弟、ヤロスラフ・ヤロスラヴィチがウラジーミル大公だった時期である。戦争勃発寸前の緊張関係がノヴゴロドとの間で五年間続いた後、ヤロスラフは、この町の歴史に残る数多くの蜂起の一つに直面することになった。彼は、スズダリ地方からの大軍を率いて、町の南で威嚇するようにノヴゴロド人と対峙した。そしてロシア人の間での軍事衝突によくありがちなように、交渉による衝突の回避が試みられた。しかしノヴゴロド人はヤロスラフの妥協案を受け入れる雰囲気になく、戦う準備が出来ていることを表明するだけだった。だが、ヤロスラフは最後の武器を持っていた。府主教キリルからの伝言がノヴゴロド人に送られた。これは「神が余にロシアの地の大主教職を委ねた。神や余の言葉に耳を傾けた方が良い」という言葉で始まっていた。キリルは次いで、戦いを避けるよう彼らを説得した。この時の説明は同時代のノヴゴロド第一年代記で記録されている。この説明をした者は明らかにヤロスラフを嫌っており、「キリスト教徒の血を流すことを神はお許しにならなかった」という言葉で説明を終わりにしてしまっている。しかし、この出来事に関する〔ノヴゴロド第一年代記とは〕別の説明においては、流血を禁じた府主教の命令が付け足され、更に「もし汝がこれを行わないなら（つまり従わないなら）、私は汝に重荷を課し、私の祝福を差し控える」と、つまり言い換えれば「汝を破門する」と述べたことになっている。言うまでもなく、脅しは有効だった。ノヴゴロドは戦わずに降伏した(1)。

この、キリルによる破門の脅しは、一二四〇年から一三〇〇年の間で、教会人をロシア国内政治を動かすための純粋な道具として使った唯一知られる権力行使の例である。この時期、他にも類似の事件があったことは疑いないが、ただ、それらは記録されなかった。キリルの後を継いだ府主教マクシムについて言えば、一二九九年から一三〇五年の彼の死までの間、つまり彼が北東ロシアに滞在した時期において、彼とロシアの諸権力との関係については殆ど何も分からない。しかし彼は疑いなく、一三〇二年以降に生じた諸公間の非常に複雑な競合に完全に通じており、またトヴェリとモスクワがウラジーミル大公位を求めていることに気づいていた。マクシムは一三〇三年のペレヤスラヴリ会議に出席していたことが記録されている。この会議には、権力を求める主要な競合者が参加していた(2)。そして一三〇四年に大公アンドレイ・アレクサンドロヴィチが死去した際、マクシムは、モスクワのユーリー・ダニロヴィチが勅許を求めてハン国に向かうことを阻止しようとした。サライに向かう途中で、ユーリーは「キエフと全ルーシ*の聖なる、そして記憶されるべき府主教によりウラジーミルの町に留め置かれた。府主教は強く懇願し、「私は、あなたが得たいと願う場所が得られるよう、大公ミハイルの母親である大公妃オクシニヤ［クセニヤ］と共に保証する〔ので大公の位はあきらめよ〕」と言って、彼をハン国に行かせぬよう努めた」のである。だが、マクシムの努力は無駄に終わった。というのも、ユーリーは取り合わずに、またトヴェリ人による待ち伏せを切り抜け、ハン国にうまく到達した。しかしハン国では、現実には〔彼でなく〕トヴェリのミハイルに勅許が与えられた(3)。

府主教ピョートルの政治分野への介入は理解しやすい。一四世紀の殆どの後継者のように、彼は、トヴェリとリトアニアとの関係に関しては、揺らぐことなくモスクワの側に付いた。これは驚くに値しない。上述の通り（一九〇—一九一頁）、彼は実際のところ、ウラジーミル大公であるトヴェリのミハイル・ヤロスラヴィチの反発を受けて、モスクワ諸公の武器になることを余儀なくされた。コンスタンティノープルの皇帝と総主教は、予期せぬことに、またどういうわけか、ミハイルが推す府主教候補者よりもピョートルを好んだのである。そして北東ロシア到着後のピョートルの最初の記録された活動はブリャンスクへの介入だった。親リトアニア派のスヴャトスラフ・グレボヴィチ公に対し、甥のヴァシーリー・ロマノヴィチ公を支援したのである（上述二七七—二七八頁）。このことにより、トヴェリの権力は〔ピョートルに対する〕疑念を持つことになったであろう。だが、ピョートルがその政治的忠誠を捧げる相手を明示したのは、トヴェリ主教が公然とピョートルをシモニアで告発した後であった。トヴェリ主教は疑いなく大公により駆り立てられていた。一三一一年、ペレヤスラヴリ教会会議（一三一〇年か一一年）でピョートルは自分に対する〔上記の〕告発に勝利し、これを退けることに成功し、彼ははっきりと自分がトヴェリとモスクワのどちらにつくかを示すと同時に、彼の国事への介入がどれほどモスクワのユーリーに役立つかを顕わにした。オカ川とヴォルガ川の合流地点に位置し、当時ユーリーの手の内にあったニジニ・ノヴゴロドは、大公ミハイルが奪うにしてもあまりに力のある戦略拠点であった。そこでミハイルは、「ニジニ・ノヴゴロドとユーリー公に戦いを仕掛けるために」大軍（「多くの兵たち」）を送った。ただ司令官は――よりによって――一二歳の息子ドミトリーであった。ところが遠征軍はピョートルによりウラジーミルで足止めされることになった。単純なことであるが、彼が遠征への祝福を拒絶したのである。三週間の後、府主教のために考えを変えたのか、ドミトリーは軍を解散し、兵たちは帰国した。(4) 府主教の拒絶は、ヴォルガとオカの東の門〔にあたるニジニ・ノヴゴロド〕を支配しようとするミハイルの試みを無力化するのに十分であった。

ピョートルがトヴェリに対立する際に同じく効果的だったのが、彼の管轄下にあった高位聖職者たちの〔人事的〕処理である。厄介なトヴェリ主教アンドレイは、ペレヤスラヴリでピョートルを有罪とすることに失敗した後にも、〔ピョートルの〕不当行為の告発を粘り強く続け、総主教を彼の側に付ける試みさえ行っていた。このアンドレイが一三一六年に突如、主教座を去った。これは〔アンドレイのパトロンの〕ミハイル公がノヴゴロドの出来事に手一杯であった時に生じた。そしてアンドレイは修道院に入った。ここで大胆にもピョートルの影響を推論するのは、それほど強引ではなかろう。実際、アンドレイの後任としてすぐにヴァルソノフィーが府主教により任じられた。またペレヤスラヴリ会議に参加していた主教の中にはロストフ主教シメオンがいた。彼はアンドレイを除くと唯一の名前が判明している出席者で、かつアンドレイの同志でもあった。このシメオンはアンドレイによる〔ピョートルに対する〕シモニアの告発に重みを加えるために呼ばれていたのだが、彼も会議の直後、その主教座を離れ、場所は分からないがどこかに去った。彼に代わってピョートルは自分の側近プロホルを任じた。このプロホルは後にウラジーミル教会会議（一三二七年）において、ピョートルの列聖の際に、ピョートルを称える演説を行っている。(5) ピョートルが叙任した第三の主教、ノヴゴロド主教のダヴィド（一三〇九年）の場合、一三一四年のノヴゴロドにおいてミハイル・ヤロスラヴィチ公の代官が逮捕された際、これを大主教の館に拘留することで、〔当時ハン国にいた〕ミハイルを苦しめることになった。(6)

全体として、トヴェリのミハイル公がその治世末の七年間に処理せねばならなかった多くの政治危機がある程度、ピョートルの影響と権力に帰されると言っても誇張でなかろう。

二

一四世紀から一五世紀前半までのロシア教会を率いた全府主教のうち、最も政治的に活発であり、かつ〔モスクワ公〕イヴァン一世やセミョン傲岸公と最も協力しあったのが、ピョートルの後継者フェオグノストだった。(7) 彼は民族的には同一のロシアの領域にあった競合する管区（小ロシアとリトアニアの府主教区）の設立に執拗に反対し、またモスクワの同盟者であるブリャンスク公ドミトリー・ロマノヴィチを、親リトアニアの従兄弟グレプ・スヴャトスラヴィチ（両者については上で述べた）との争いにおいて支持したとみられる。(8) ただ、以上のことを別にすれば、彼が幾度も行ったのは、モスクワ諸公をトヴェリやリトアニアとの戦いにおいて援助したことだった。

府主教としてロシアに到着した直後から、フェオグノストはその政治的気概を示すと共に、更に自分が説得役の姿をした武器としていかに効果的に使いうるかをも示した。一三二七年、大公アレクサンドル・ミハイロヴィチがその故郷のトヴェリに滞在中、モンゴルのハン・ウズベクがチョル・ハン麾下の攻撃軍をこの町に派遣し、これが町を占領した。占領軍に対し、町で蜂起が生じた。以上のことを想起されたい。(9) その結果、トヴェリにおいてチョル・ハンは殺害され、彼の軍は壊滅した。モスクワのイヴァン〔一世〕公はこのことをハン国に〔自ら〕通報した。イヴァンは、大公の座をめぐる自分の競合者〔アレクサンドル〕が、最高勅許の唯一の発給者〔ハン〕の信用を失う姿を見ることを長く切望して待ち構えていたのである。イヴァンはフェドルチュク麾下の五万の兵を率いてハン国から帰還した。彼らはアレクサンドルをハン国に連行する明確な命令を受けていた。しかし〔この軍により〕トヴェリが占領された時、アレクサンドル・ミハイロヴィチは、当時リトアニアの影響を強く受けていたプスコフに何とか逃げのびた。なぜイヴァンとモンゴル軍はこの時プスコフへの遠征に失敗したのか。説明は難しい。恐らく、プスコフはトヴェリから遠すぎた。また恐らくプスコフは難攻不落と見なされていた。或いはフェドルチュクの部隊はトヴェリ市や北東ロシアの他の諸都市（もちろんモスクワは除く）の破壊で満足しており、戦利品と捕虜を得て、単純にハン国への帰国を望んでいたのだろう。ウズベクの命令を実行出来ず、イヴァンはまず外交を試みた。彼がプスコフへ派遣した使節はノヴゴロドの大主教モイセイだった。プスコフは彼の管区内にあったのである。使節がプスコフの公に伝えたメッセージは、「〔アレクサンドルに〕ハン国に行くよう命じる」というものだった。しかし使節は素っ気なく追い返された。そこでイヴァンはプスコフに対し、大軍（「全ての*ルーシの地の」）を派遣した。地域紛争でよくあったように、交渉は軍事攻撃の前段階だった。しかしこうした脅しは無駄だった。プスコフ人はリトアニアからの支援を疑わず、アレクサンドルに対し、町に留まるよう説得した。しかしこの時までに、〔イヴァンの〕軍には府主教フェオグノストが加わった。そして非常に用心深い戦士であったイヴァンは、プスコフ急襲の試みは危険であると判断し、究極の武器の使用を決めた。「彼は、アレクサンドル公を力で町から追い立てることを不可能と判断し、そこで府主教フェオグノストに助けを求めた。そして府主教はアレクサンドル公と全プスコフに呪いと破門を発した」のである。

フェオグノストのアナテマは——或いはアナテマの脅しは——アレクサンドルにプスコフを去らせるという点においてのみ、成功した。府主教、大主教、そしてもちろんイヴァンもアナテマの脅しがアレクサンドルをモスクワ軍に屈服させることを望んでいた。しかし、アレクサンドルを引き出すことは簡単ではなかった。彼はイヴァンへ大人しく服従し、或いはハン国へ向かう代わりに、プスコフをこっそりと抜け出し、彼が安全と見なしたリトアニアに避難した。イヴァンには、プスコフからの忠誠の誓いの申し出を受け入れる以外になかった（「全プスコフが老いも若きも、主人よ、あなたに誓う」）。そしてフェオグノストとモイセイの祝福付きでプスコフとの「永遠の平和」が締結された。[10]

　程なく、フェオグノストは再度、プスコフの出来事に巻き込まれることになった。[11] 一三三一年三月、彼は〔ノヴゴロド〕大主教候補〔として地元ノヴゴロドで選ばれていた〕ヴァシーリー・カレカを呼び寄せるために、使者をノヴゴロドに送った。府主教はヴァシーリーをヴォルィニ地方のウラジーミルの主教に任じようとしていたのである。当時この地でフェオグノストは、再発した小ルーシ*府主教区の問題に従事していた。[12] ところがどういう訳か、ヴァシーリーはすぐに出発せず、三カ月もこれを先延ばしにした。一部の年代記（ノヴゴロド第四年代記、一四七九年のモスクワ集成、エルモリン年代記）によると、ヴァシーリー及び随伴のノヴゴロドの名門ボヤーレ二名は「リトアニア領（恐らくはリトアニアが占領しているポロツク）」に向かう途上、大公ゲディミナスにより留め置かれたという。そして無理矢理に、ノヴゴロド領の北部に位置する若干の重要な地域の相続権をゲディミナスの息子ナリマンタスに与えることに同意させられたという。[13] これは将来のノヴゴロド大主教〔ヴァシーリー〕と彼の党派が行った、通常はあり得ない譲歩である。ただ、彼らに何らかの圧力がかけられたかどうかの判断は困難である。事件を記録する年代記は、全てが同じ矛盾した表現（「ゲディミナス公が平和的に（！）彼らを捕らえた。そしてそうした圧力のもと、彼らは公の息子ナリマンタスにラドガ、オレホフ、コレラ、カレリヤの地［の権利］を与えた」）を使っている。他方で、ヴァシーリーの従者の一員だったと思しき、この時期のノヴゴロド年代記（ノヴゴロド第一年代記）を書いた作者は、単純に一三三一年の記録からこの出来事を消し去っている。これは、大主教候補者の評判を守る、或いは彼自身の信用失墜を避けるための行為だったのだろう。

フェオグノストは明らかにヴァシーリー・カレカがゲディミナスに譲歩したことを知らないまま、正式に彼をウラジーミル（ヴォルィニの）で叙任した。しかし、ヴァシーリーがノヴゴロドに帰還する際、プスコフからの使節団がフェオグノストの館に到着した。これはゲディミナスと「全リトアニア諸公」、更に——よりによって——トヴェリのアレクサンドルによって派遣された使節団であった。アレクサンドルは今や、プスコフに帰還していたのである。使節団の目的は、これに同行しているアルセニー某をプスコフの最初の主教に任じてもらうことにあった。フェオグノストが即座にこの要求をはねつけたことに驚きはない。プスコフに別個の主教区を創設することは容認出来ないことだった。新主教区の設置は、この不安定な管区領域をノヴゴロド大主教の支配から解き放つことになり、また、西にチュートン騎士団領、南にリトアニア支配下のポロツク公国に囲まれるならば、このプスコフ主教区が将来の「リトアニア府主教区」の獲物になることは目に見えている。フェオグノストは、一三二九年或いは三〇年に現職のリトアニア府主教が亡くなった時、この府主教座を閉鎖したばかりだった[14]。その上、ノヴゴロド第一年代記が指摘するように、プスコフは「アレクサンドル公をリトアニアから受け入れ、彼を公の座に就けたことでノヴゴロドに対する誓いを破っていた」。更に、アルセニーをまさに「アレクサンドル公やゲディミナス、……全リトアニア諸公」が後援することは容易に想像出来た。もちろん、フェオグノストは使節をさっさと追い返した[15]。

一三三九年、ハン国においてアレクサンドル・ミハイロヴィチが突然殺害された[16]。トヴェリはこれまで、北東ロシアにおいて無視出来ない勢力であったが、この殺害事件はトヴェリの最終的な失墜を意味した。その後この公国は更に分裂して、弱体化が一層進んだ。というのも当時アレクサンドル・ミハイロヴィチの父〔ミハイル〕の一〇名以上の男子子孫が存在しており、その全員がトヴェリ地方の様々な領域を有していたか、それを要求していたからである。結局、一三三九年、アレクサンドルの弟コンスタンチンがトヴェリに復帰した。彼はかつて、アレクサンドルがリトアニアとプスコフに逃亡していた際、大人しく中立的に、またイヴァン一世に従順にトヴェリを支配したことがあったのだが、復帰後のコンスタンチンは、このイヴァン一世の末期とその息子セミョン傲岸公の治世初期にモスクワと関係を絶ち、服従の気配を示そうとしなかった。このようなトヴェリはその後、いがみ合う零細諸公が増したことにより衰退と弱体化に向かうのだが、他方で、ここには教会もうまいやり方で一枚嚙んでいた。

フェオグノストのトヴェリ中立化への貢献はかなりのもので、また着実なものであった。一三四三年か四四年に、彼は後に「善良なフョードル」として知られることになるフョードルをトヴェリ主教に任じ、一三四二年に死去した前任者（名は同じくフョードル）と交代させた。この選択は重要だった。というのも新主教フョードルはカシンの「聖トロイツァ［修道院？］」[17]から来たからである。カシンは、熱烈な親モスクワ派のヴァシーリー（アレクサンドル・ミハイロヴィチの弟）の世襲領地だった。一三四六年にコンスタンチンが死去すると、トヴェリに対するハンの勅許は、トヴェリ系諸公の年長者であるヴァシーリー公にではなく、アレクサンドル・ミハイロヴィチの息子であるホルム公フセヴォロドに与えられた。この非常に複雑な局面で、フョードルとフェオグノストははっきりとヴァシーリーの側に付いた。そして一三五七年にヴァシーリーとフセヴォロドの間で衝突が再燃した際、フョードルと府主教アレクシーは躊躇せずにヴァシーリーを援助した[18]。事実、一三四九年に巧みにフセヴォロドをトヴェリの玉座から追い立て、ヴァシーリーをトヴェリ大公位に就けたのは主教フョードルだった。フョードルの主教在位中の最後の政治活動としては、一三六〇年に府主教アレクシーのライバルであるリトアニアと小ロシアの府主教ロマンがトヴェリを訪問した時に、フョードルがロマンの「栄誉を称える」どころか、ロマンに話すことさえも拒絶したことが挙げられる。これは驚くに値しない[19]。

トヴェリ問題に対するフェオグノストの妥協なき態度は、一三四七年にフセヴォロドの姉妹マリヤとモスクワ公セミョンの結婚に対する彼の反応からよく分かる[20]。セミョンにとっては三度目になるこの結婚は、確実に政治的に、そして——恐らく道徳的にも——フェオグノストには受け入れられなかった。トヴェリのロゴシ年代記によると、結婚式は府主教に知らせずに秘密裏に行われた。府主教は真実を知った時、彼は結婚に祝福を与えることを拒否したばかりか、抗議してモスクワの諸教会を閉鎖した。[21] 最終的に妥協が成立した。セミョンは男子子孫を得ようと妻を望んだ——最初の結婚から生まれた二人の息子は幼少時に亡くなった——一方で、フェオグノストは、彼のいらだちにも拘わらず、大公から離れることはほぼ出来なかった。それ故、「霊的な息子である大公セミョン・イヴァノヴィチとの何らかの霊的な相談」の後、[22] 既成事実に対する総主教の祝福を求める一通のメッセージが莫大な賄賂と一緒に総主教に送られた。フェオグノストは、セミョンの再々婚は政治的には容認出来ない失態と見なしたものの、これを受け入れざるを得なかった。ただ、上述のように（一九四頁）、彼は、小ロシアの管区の「キエフと全ルーシ*」の府主教区への再統合という、〔賄賂に対する〕十分な見返りを総主教から得た。

一三三〇年代、そして四〇年代におけるモスクワの第一の政敵、つまりはっきり言えばトヴェリとリトアニアに対するフェオグノストの敵意について、更なる証拠が欲しければ、一三四〇年代初めのノヴゴロドへの彼の対応を考えれば十分である。イヴァン一世の治世末、ノヴゴロドは政治的にどっちつかず〔親モスクワと親トヴェリ・リトアニアとの間で〕の状態にあった。イヴァンの代官は、恐らく〔ノヴゴロドの〕ボヤーレたちの中で親リトアニア派が圧倒的に優越を占めた結果、町から撤退した。一三四〇年にセミョンがまだハン国にいて、ウラジーミル大公の勅許の獲得を待っていた時、ノヴゴロドの河川賊《ウシクイニキ》が北方のベロオーゼロ公国を攻撃した。これは、この地の公が少し前にトヴェリとリトアニアの反モスクワ連合から抜けた報復だった。[23] セミョンははっきりと、この活動は独立に向けたノヴゴロドの戦術であると見なした。一三四六年一〇月にセミョンが大公に就任して最初の行動の一つは、軍を招集して、モスクワにいる府主教フェオグノストと共に〔ノヴゴロド南方の〕トルジョークに進軍することだった。ノヴゴロド人は、戦闘開始前の慣習である講和の打診が破綻することを見込んで、トルジョークの守りを固めた。そうしておきながら、急いで交渉も開始した。大主教ヴァシーリーが率いる代表団は、モスクワの権威がノヴゴロドを再び覆うことに反対であったものの、今や殆ど大公と府主教の両権威の議論と説得力に抵抗出来なかった。ノヴゴロド人には、もちろん、和を請う以外に選択肢はなかった。リトアニアからはいかなる助けも期待出来なかった（ナリマンタスは弱々しい同盟者であることが判明し、またゲディミナスには介入の意思はなかった）。当然ながら、協定は「古い文書に基づいて」作成され、ノヴゴロドに代官を派遣した後、セミョンは軍を率いてモスクワに帰還した[24]。

ここで、つまりモスクワのノヴゴロド支配の再確立において、フェオグノストの役割は正確には何であったのか。評価は難しくない。協定の条件が決まるや否や、彼は一団と共にノヴゴロドに入ったのだが、これがあまりに大勢だったため、ノヴゴロドの年代記作者は支出や生じた問題に不平を漏らしている。「食料と贈り物を提供しなければならなかったので、大主教と修道院にとって厄介だった」と[25]。フェオグノストは町にほぼ二年間滞在した。この二年の間に、モスクワの影響力は増加したと言って良い。というのも、フェオグノストの随行者のせいでノヴゴロドの支出は多大になったとは言え、大主教と府主教は友好的に協働したようだからである。例えば、一三四二年に市長ヴァルフォロメイ・ミシニチの息子ルカが北ドヴィナ川流域に無責任な遠征を行った。これは広大なノヴゴロド北方帝国内のザヴォロチエ地域におけるミシニチ家の拡大を狙ったものだった。この時、フェオグノストとヴァシーリーの双方が遠征隊に祝福を与えることを拒否した――因みにこれは、一二四〇年以降一四四八年までの時期で、主教の介入が全く効果を及ぼさなかった唯一の事例となった[26]。ただ、概して言えば、フェオグノストはその在位期間を通じて、セミョンのノヴゴロド支配の強化に多大に寄与をした。

三

モスクワ公国の強化にとって、フェオグノストは主に府主教座の防衛と統合において貢献した。一方で、次のアレクシーは、ニジニ・ノヴゴロドの問題の解決や更にトヴェリ、リトアニアに対する直接の政治活動で貢献した。ロシアの全ての正教徒に対し権威を保持しようとし、そして勝利した。こうしたフェオグノストの戦いとアレクシーのそれとは異なった。上述のように、後者の場合、時にリトアニアとポーランドの保護下に入った信徒やモスクワに敵意を持つ正教府主教たちや改宗を目論むラテン司教から礼拝を受けていた信徒を守ることは、目立った形では殆ど行わなかった。これは気力に欠ける態度だった。彼は府主教ロマンのリトアニアとガーリチ府主教区の閉鎖とはほぼ無縁だった――この閉鎖は、一三六二年にロマンが死去した結果、総主教カリストゥスにより行われた（上述一九九頁を見よ）。またアレクシーは、一三五〇年代、そして六〇年代にカジミェシ〔三世〕により併合された土地における教会の状況（上述二〇〇頁以下を見よ）について、全く調査を行わなかった。更に、アントニーが一三七二年にガーリチ府主教に任じられたが、アレクシーはこれを止める手立てを何も講じなかった（上述二〇〇頁を見よ）。事実、総主教フィロテオスはアレクシーを「〔小ロシアの〕全てのキリスト教徒を見捨てている」と、また南西ロシアを「無法状態」に、また「高位聖職者のいない」状況に置いていると非難するまでに至っている（上述二〇一頁を見よ）。しかしアレクシーは、モスクワに有利な形でニジニ・ノヴゴロド問題を扱ったり、また息を吹き返したトヴェリや永遠の敵リトアニアからモスクワを守ったりすることとなると、真の気概を見せた。今や確立されたモスクワ公ダニールの子孫の権力を熱心に支持する、という気概である。

アレクシーが国政を指導する高位聖職者に変わった背景には、恐らく、彼が相続した環境――ヴャコント家はボヤーレの家系――が、そしてイヴァン二世が事実上彼を九歳の息子ドミトリー（将来のドミトリー・ドンスコイ）の摂政に任じたことがあった(27)。

アレクシーが直面した最初の政治的難題は、巨大で不規則に広がるスズダリ、ゴロジェッツ、ニジニ・ノヴゴロドという半自立公国の問題だった。これは元々、アレクサンドル・ネフスキーの弟アンドレイ・ヤロスラヴィチの世襲領地であったが、東半分に当たるニジニ・ノヴゴロドとゴロジェッツは一三三二年にアンドレイの曾孫〔孫とする説もある〕アレクサンドル・ヴァシリエヴィチの死後、一時的にイヴァン一世の手に渡っていた。しかし、一三四一年にアレクサンドルの弟コンスタンチンが、恐らくはハン・ウズベクにより、全ての三つの地域の支配者として承認され[28]、その際には「ニジニ・ノヴゴロド大公」の称号を帯びた。この地域の自立した支配者はこれ以降、この称号を使用し続けることになる。ここから新しい大公国の興隆が始まった。すなわち、六年後、この大公国は最初の主教ナファナイル（ナサニエル）を得た[29]。一三五三年には、失敗に終わったものの、ニジニ・ノヴゴロドはウラジーミル大公国の勅許をイヴァン二世と競うほどにまで強大化した。

一三六〇年代初頭、ハン国において「大動乱」（上述一八一―一八三頁を見よ）が始まると、府主教アレクシーはニジニ・ノヴゴロドでの出来事へ介入し始めた。一三六〇年、すなわちドミトリー・ドンスコイがモスクワの玉座を相続した後であるが、コンスタンチンの第二子ドミトリーが突如〔ハンから〕ウラジーミル大公の勅許を付与された。二人のドミトリーの間でかなりの立ち回りが生じた後、最終的には一三六二年、モスクワのドミトリーにヤルルィクが与えられ、また彼とドミトリー・コンスタンチノヴィチとの間である種の和平が結ばれたのである。この和平は後に王朝結婚により堅固にされた[30]。しかし、ニジニ・ノヴゴロド公ドミトリーの弟ボリスが、皆が大公の勅許獲得に没頭している状況を利用して、そしてハン国からの直接の援助と励ましを受けて、密かにニジニ・ノヴゴロドに定着した。リトアニアのアルギルダスの娘を妃に迎えていたボリスは、今や兄ドミトリーは言うに及ばず、モスクワの諸権力にとってもまた、ニジニ・ノヴゴロドに一番落ち着かせたくない人物であった。

一三六五年に危機は頂点に達した。ドミトリー・コンスタンチノヴィチはニジニ・ノヴゴロドの座を自分の正当なる座と見なしていたので、これを得ようとしたのである。しかしボリスはサライ〔ハン国〕からの信任状を盾に、兄の要求を頑として聞き入れなかった。ここで府主教の出番になった。まず使節がニジニ・ノヴゴロドに派遣されたが、ボリスはその言に耳を傾けなかった。次いで府主教はニジニ・ノヴゴロドとゴロジェッツの主教区をその主教（スズダリ主教アレクシー）の管轄下から外した。ボリスとの共闘を疑ってのことであろう。最終的に、聖トロイツキー修道院の院長、ラドネシのセルギーがボリスにモスクワ行きを説得するために派遣された。しかし、偉大なセルギーの説得力も効果はなかった。そこでセルギーは府主教アレクシーと大公ドミトリー・イヴァノヴィチの言葉［指示］に従い、「［ニジニ・ノヴゴロドの］全ての教会を閉鎖した」。ロシア史上二度目（上述三二五―三二六頁を見よ）の教会閉鎖は、こうして話し合いが失敗した際に使用されたのである。今回はうまくいった。ボリスは、ニジニ・ノヴゴロドへの軍を率いていた兄と会談した。「ボヤーレと共に彼は〔兄に〕［忠誠を］誓い、彼に屈服し、和平を求め、［大公国を］彼に明け渡した」。(31)

トヴェリに対するアレクシーの対応は一三五四年の彼の就任直後に始まった。今やトヴェリは、〔モスクワの〕イヴァン二世のウラジーミル大公への即位以来、混乱の中にあった。〔先代のモスクワ公〕セミョン傲岸公とハン・ジャニベクが展開させた内戦は、〔トヴェリ〕公国が二人の競合者が率いる集団に割れるという結果に終わった。すなわちアレクサンドル・ミハイロヴィチの弟で親モスクワ派であるカシン公ヴァシーリーが率いる集団と、アレクサンドルの息子で親リトアニア派のホルム公にして、一三四八年以降トヴェリ大公であったフセヴォロドの集団である。上述のように（一九八―一九九頁を見よ）、府主教アレクシーはまず第一に一三五七年に両陣営間の衝突に巻き込まれ出した。この年、フセヴォロドはクリャジマ河畔のウラジーミルに行ったのだが、これは府主教に対し、叔父ヴァシーリー公の振る舞いについて訴えるためであった。この叔父は明らかに甥との間で結ばれた若干の契約その他を破っていた。ところが結果は、トヴェリ年代記が慎重に伝えるところによると、「府主教アレクシーの指示により」、ヴァシーリーは、〔モスクワの〕イヴァン二世と和平を結ぶことになった。イヴァン二世はそれまでの治世の最初の四年の間に、フセヴォロド率いる親リトアニア陣営を援助していた。(32) この和平はアレクシーが促した重要なステップだった。というのもこれは、リトアニアに対するイヴァン二世の態度の完全な転換を意味し、またイヴァンの政策路線を二人の前任者〔父イヴァン一世と兄セミョン〕と同じにしたからである。そして、更に多くのことが生じることになる。

一三六五年に黒死病がトヴェリを襲った。トヴェリ諸公の中で最初に亡くなったのはアレクサンドル・ミハイロヴィチの甥〔訳註1〕で、子供を残さなかったセミョンである。彼はドロゴブシの小公国を寡婦と従兄弟のミハイル・アレクサンドロヴィチに遺した。一三六六年一月にはホルムのフセヴォロド・アレクサンドロヴィチと彼の二人の弟が亡くなった。府主教による支援を疑わなかったカシン公ヴァシーリーは、ミハイル・アレクサンドロヴィチを「セミョン公の世襲領地のことで」告訴した。しかしアレクシーがこの件を担当させたトヴェリ主教ヴァシーリーは、ヴァシーリー公でなくミハイルを勝訴させてしまった。結局、ドロゴブシは合法的にセミョンからミハイルに遺贈されたのである(33)。次の年、主教ヴァシーリーは、この案件で下した裁きのことで大きな苦しみに苛まれることになった。彼は府主教の廷吏によりモスクワに召喚され、アレクシーにより裁かれ、「多くの困難と苦しみ」を被ったという(34)。

ミハイルの勝訴は、必然的に、トヴェリにおける緊張関係を高め、また今やトヴェリ大公であるミハイルとモスクワとの間で大きな争いが始まった。一七世紀の史料によると(35)、モスクワの人々は一三六七年に、「府主教アレクシーの助言に基づき」、モスクワの古い木造のクレムリ（城塞）の代わりに、石造の要塞の建設に着手した。同時に、モスクワは「大公ミハイル・アレクサンドロヴィチに圧力を掛け」始め(36)、その結果、ミハイル公はすぐに補強のためにリトアニアへと出発した。モスクワとトヴェリとの持久戦が始まった。カシン公ヴァシーリーの部隊ばかりか、モスクワ軍もミハイル・アレクサンドロヴィチの支持者を幾度も攻撃し始めた。

一三六七年の秋、ミハイル・アレクサンドロヴィチはトヴェリに帰還した。彼の軍は今やリトアニア軍で補強されていた。ミハイル公がまず行ったのは、叔父ヴァシーリーに対応するためにカシンに行くことだった。しかし彼は、ヴァシーリーの使節及び、トヴェリ主教ヴァシーリー――彼は府主教により少し前に正式に叱責されたばかりであった――に会い、何らかの形で和解することに同意させられてしまう。

今やモスクワは、ミハイル・アレクサンドロヴィチとリトアニアとの結びつきが危険であることをはっきりと意識した。ミハイルの排除が決まった。ここで大公と府主教は、敗北のリスクを避けるため、トヴェリの領域に軍事的に攻撃するのではなく、ミハイルとその縁故者たちを「和平について」話し合うためにモスクワに招いた。ミハイルは危険を感じ、彼の身の安全が保証されないままで旅をしようとはしなかった。しかしモスクワ権力は軍や護衛無しで彼をクレムリンにおびき出すことを画策し、ロシアにおける教会の最高指導者であるアレクシーの名で、安全通行証を発行した。これはミハイル公に対する手出しを誰にも認めない、最も神聖で冒すべからざる担保文書だった。

この「悪魔の計画」（トヴェリ年代記はこう呼ぶ[37]）は実現した。「神と［府主教の］十字架宣誓を信用した」ミハイルは、アレクシーの罠にかかった。モスクワに到着すると彼は同行したボヤーレもろとも「逮捕され、無理矢理に拘禁された」。ところが彼はまもなく釈放された。これは、府主教がその詐欺について、考えを改めたからでなく、モンゴルの使節がモスクワに接近しているという情報が伝わったからだった。聖俗両権力は、モスクワとトヴェリの間で生じた国際問題に、ハン国がこの段階で介入することを全く予期していなかったのである。

府主教の二枚舌に対する憤慨が広まった。アレクシーの後継者キプリアンの考えを代弁しているトロイツカヤ年代記さえ、ミハイルの怒りを記録している。「彼は、他のあらゆる者よりも真の主教であると信じていた府主教に対し、不平を述べた」と[38]。リトアニアのアルギルダスも一三七一年に総主教フィロテオスに書簡を送り、アレクシーの狡猾さについての不満を述べた。「彼らは余の義理の兄弟であるミハイルを［彼の安全について］の誓約によって［モスクワに］招き、府主教は、ミハイルが自由に行って帰ることが出来ると言って、彼からあらゆる恐れを取り除いた。しかし彼は逮捕された[39]」と。アルギルダスに対するフィロテオスの返答は伝来しないが、総主教は同年、アレクシーに対して書簡を書き、ミハイルへの態度のことで叱責した。「汝の不祥事やトヴェリの王〔原文ママ〕ミハイルとの衝突について、何も良いことを聞かない。……彼の父、教師として、彼と和解するよう努力しなさい。彼が何らかの形で汝に罪を犯したにせよ、彼を許し、息子として受け入れなさい。そして他の諸公と汝が有しているような和平を結びなさい」[40]と。

言うまでもないことであるが、トヴェリ及びリトアニアとの紛争で、アレクシーもまた破門を使用した。これは脅しと言うよりも、むしろ「信仰の敵、十字架の敵」の側に立った者、つまり一三六八年のアルギルダスの最初の〔モスクワ〕侵攻に参加したロシア諸公に対する懲罰としてである。悪の根源はトヴェリのミハイル・アレクサンドロヴィチであったが、スモレンスクのスヴャトスラフ・イヴァノヴィチもアレクシーのアナテマの対象になった。アレクシーを通じて、その管轄地域の政治的出来事によく通じていた総主教フィロテオスは、破門を追認した。一三七〇年六月、モスクワのドミトリーへの忠誠を反故にして、「敬虔でないアルギルダス」と同盟を結んだ全てのロシア諸公に対し、総主教は書簡を出した。「[彼らは]至聖なるキエフと全ルーシ*の府主教により破門されたので、……謙虚なる我々［フィロテオス］も……彼らを破門の状態に置いている。というのも、彼らはキリスト教の聖なる共同体に反した行動を取ったからである」と。諸公が府主教に罪を悔いた時（と彼は付け加える）、総主教より赦しを得ることになろう[41]。スモレンスクのスヴャトスラフの「裏切り」は明らかに、より悪質と見なされた。というのも彼は、フィロテオスより、別の手紙を受け取っているからである。その中で、公は「十字架への誓いに背き、……キリスト教徒に対し、アルギルダスと一緒になって戦いを始めた」として非難されているからである。このため、総主教は続けて「キエフと全ルーシ*の至聖なる府主教であり、我々の愛しき兄弟にして、共同聖務執行者が汝を教会より追放したのである。彼はこれをよく、また公正に行った[42]」と述べている。再度フィロテオスは、彼もまたスヴャトスラフを教会より追放したこと、彼への罰はアレクシーが彼の後悔について総主教に知らせた時に解除されることを確認した。

モスクワの政策へのアレクシーの関与について、更に証拠が欲しければ、三名のリトアニアの殉教者エウスタフィー（エウスタティオス）、アントニー、ヨアンの列聖について考えるだけでよい。アルギルダスの宮廷にいたこれら三名のキリスト教徒は、一三四七年にアルギルダスの命令で処刑された。伝わるところでは、これは、彼らがアルギルダスの異教信仰と慣習の受け入れを拒絶した結果であった。[43] 彼らを列聖したのはほぼ確実に府主教アレクシーだった（恐らく一三六四年）。これには総主教フィロテオスの祝福も加わった。但しその証拠は一七世紀に由来することには注意が必要である。[44] とは言え、フィロテオスが実際に列聖を承認し、一三七四年に三名の遺骸の一部が総主教の要求でコンスタンティノープルの聖ソフィア聖堂に運ばれたことは確実である。[45]

四

一四四八年以前のキエフと全ルーシ*の府主教について、更に二名の府主教がその「霊的な武器」をモスクワの更に続く願望のために使用したことで知られる。キプリアンとフォーチーである。

キプリアンは、政治分野における自分の全活動のなかで、一度だけ、目的を達成するために破門に頼った。ただ、これは、国家の目標というよりも、彼の目標だった。これは一三九一年、キプリアンがノヴゴロド人を説き伏せるためにノヴゴロドに来た時に生じた。ノヴゴロド人は六年前、府主教裁判の受け入れを拒絶し、また大主教が告発された場合にも府主教にはその裁判権はないと宣言することで、事実上、モスクワからの教会の自立を宣言していた。キプリアンはノヴゴロドに二週間滞在し、彼の案件について町の住民と議論し、決定（府主教裁判を拒絶し、また裁判のためにモスクワの法廷に出頭せよとする府主教の要求も拒絶する）を取り下げるよう――言い換えれば、ノヴゴロド教会は府主教への旧来の法的従属に従うべし、とノヴゴロド人を説得したのである。伝統的な府主教の裁判特権のノヴゴロド人による拒絶は、もちろん、府主教の金庫におけるかなりの収入減を意味した。ただ、これはキプリアンの主な関心事でなかった。彼の関心は教会の統合にあった。そこで彼は利用出来る最強の手法を使った――ノヴゴロド人を破門したのである。府主教は「彼らの［大］主教ヨアンと全ノヴゴロド人を、彼らが神より委ねられたことを踏みにじったとして、祝福せずにノヴゴロドから去った」[46]。総主教も確認した破門は、二年の間、厳格に効力を持ち続けた。もちろん、ノヴゴロド人がこれを守るかどうかは別の問題である。[訳註2] 大主教の年代記は破門の効果について、全く言及しない。少なくとも、一三九四年に、キプリアンはコンスタンティノープルから上位の教会の代表団を伴って［ロシアに］帰国した。この時に大主教は降参し、府主教の要求を飲んだ。キプリアンは「全ての大ノヴゴロド」と共に「彼を祝福した」[47]。

上述のように、キプリアンはモスクワ、リトアニア、ポーランドの間の平和的関係を構築するために休むことなく働いた。彼がリトアニアのヤゲウォ家のヨガイラ（後のポーランド王）に、クリコヴォの戦いの前夜に、ママイ軍に加わらぬよう説得したというのもありうるかも知れない（上述二一六頁）。また一三九一年に彼は恐らく、ヴァシーリー一世とヴィタウタスの娘ソフィヤとの婚姻について交渉し、確実にこれを司った（二二二頁）。更にほぼ確実なのは、一三八四年にキプリアンがヨガイラとドミトリー・イヴァノヴィチとの協定の背後にいたことである。協定の目的は、ヨガイラとドミトリーの娘との結婚であった。この計画が実現すれば、メイエンドルフが正しく述べたように、歴史の流れは変わっただろう[48]。しかし、一方でこれらの事例の全てにおいて、キプリアンがその目的を達成するために使ったであろう手法については、何も分からない。

非常に精力的だった府主教、フォーチーについては、我々は既にヴィタウタスに対する彼の相反する態度について論じた。またリトアニアとガーリチの府主教座にリトアニアの息のかかった部外者が任じられることを防ぎ、そのようにして彼が自分の管区を守る戦いを進めたことについても論じた。しかし、国家の政治生活における活発な仲裁人としては、一四二五年のヴァシーリー一世の死去時に、彼は本領を発揮したことが知られる。

状況は緊張していた。ヴァシーリーの唯一の息子、ヴァシーリー二世は、当時僅か九歳だった。年長者の、既に五〇歳の叔父で、ズヴェニゴロドとガーリチ［南西ロシアでなく、モスクワ北方のガーリチ］というひどく離れた二つの分領を有していた公でもあった[49]ユーリー・ドミトリエヴィチは、ドミトリー・ドンスコイの遺言に従って、自らを大公位の正当な相続人であると考えた（一八四―一八五頁を参照）。しかし、ヴァシーリー〔二世〕・ヴァシリエヴィチには多くの支持者がいた。リトアニア大公ヴィタウタスの娘であった母ソフィヤ、ヴァシーリーの三人の叔父アンドレイ、ピョートル、コンスタンチン、そして父に忠実であった府主教フォーチーが、玉座の要求をユーリーに全く認めようとしなかったのである。主導権はフォーチーが握っていた。ヴァシーリー一世が亡くなったその晩、彼はボヤーレのアキンフ・オスレビャチェフをユーリーの西の拠点都市ズヴェニゴロドに送り、彼をモスクワに召喚した。しかしユーリーは拒絶した。そしてモスクワに行く代わりに、遠方の、北東の世襲領地ガーリチに出発した。また時間を稼ぐために、彼はヴァシーリーに聖ペテロの日（六月二九日）までの一時的な休戦を申し出て、急いで軍の立ち上げに取りかかった。そこでモスクワ軍はコストロマに派遣され、他方でユーリーの軍はニジニ・ノヴゴロドに集められた。但し、中世ロシアの内戦でよく見られたように、ここでは何も生じなかった。どちらも戦いを仕掛けなかった。ユーリーはガーリチに籠もり、モスクワ軍はモスクワに戻った。これは単に、互いが自己の軍事力を示した場に過ぎなかった。しかし、両者とも戦いを放棄したわけではなかった。

再度時間を稼ぐため、ユーリーは別の一時的な休戦、今回は一年の休戦を提案した。この申し出には殆ど効果はなかった。フォーチー、ヴァシーリー、ヴィタウタスの娘ソフィヤ、ヴァシーリーの三人の叔父、祖父ヴィタウタス、そして「全ての諸公、ボヤーレ」もが、国策決定の最高会議としか呼ぶことの出来ないような場を開き、大公国にとっての大きな脅威になっているユーリーとその三人の息子にどう対処するかを決定した。[50]そして「彼らの父である府主教フォーチーをユーリー公の許に派遣する」運びになった。年代記が主張するところでは、フォーチーには「躊躇がなかった。彼は和平を求めて喜んでガーリチに向かった」。その途上、彼はヴォルガ河畔のヤロスラヴリに立ち寄った。これは、疑いなく、それまで中立的だった多くのヤロスラヴリ諸公の支持を取り付けるためだった(51)。

ガーリチに到着すると、フォーチーの随行者と同程度の、非常に多くの〔ユーリーの〕臣下が待ち受けていた。これはユーリーがフォーチーに圧力を掛けるために集めた者たちだった。そしてまもなく、両者間の交渉は決裂した。ユーリーに対し、フォーチーはヴァシーリーと和平を締結するよう説得した。これは「彼と大公との間での流血を避けるため」だった。しかしユーリーには更に新しい一時休戦の用意があっただけだった。戦争を準備するための時間が、またハン国からヤルルィクを得る交渉をする時間が必要だったのである(52)。

対話の決裂により、フォーチーは最終兵器である破門の使用を選択するに至った。激怒した府主教は「ユーリー公」と彼の都市の祝福を拒否し、出発した。彼が出発すると、ガーリチで黒死病が流行りだした。ユーリーの軍に大量の死者が出ることが見込まれ、また疑いなく、住民と聖職者によりフォーチーにその破門の解除を請うよう説得されて、ユーリー公は馬でモスクワに戻るフォーチーの後を追った。そしてガーリチ湖の対岸、隣村のパシンコヴォで彼に追いつき、恭順の意を示した。フォーチーはガーリチに戻り、ユーリーと町を祝福し、対話を再開した。今回、フォーチーは成功を収めた。ユーリーはモスクワに使節を派遣し、そこで和平協定が締結された。ただ、そこには留保条件があった。ユーリーは、「自分からは大公位を求めず」、つまり軍事力を用いては求めず、「ハン［の意思］に従う」ことに、すなわち、ハンが選んだ者がウラジーミル、大ノヴゴロド、全ロシアの大公になることに同意したのである(53)。ただ、このことは、少なくとも、当面の間の平和を意味した。これが完全にフォーチーの外交に起因するのか、或いは疫病の悲惨な拡大がユーリーにとって事実上、戦争を不可能にしたのか。これは答えに窮する問題である。ただ、ともかく、フォーチーの存命中に、叔父と甥の深刻な争いは生じなかった（府主教は一四三一年に死去した）(54)。また一四二八年には「我々の父で、キエフと全ルーシの府主教フォーチーの祝福により」不可侵協定がヴァシーリー二世とユーリーの間で結ばれた(55)。ユーリーは大公である甥から「弟」と呼ばれることに同意した。フォーチーの努力のおかげで、二名の競合者の間に今後六年間の不可侵が定められた。激しい内戦が活発化するのは、このフォーチー死後だった。

府主教を除いて、この時期で唯一、歴史家（全員ではないが多くの歴史家によって）により「その政治活動によりロシアの歴史の流れに影響を及ぼした」として持ち上げられている教会の人物がいる。トロイツキー修道院の院長、ラドネシのセルギーである。彼は疑いなく、その「祖先」とも言えるキエフ洞窟修道院の院長フェオドシーのように、ロシア修道制の流れに深く影響を及ぼした。しかし、国家の政治生活への介入については、彼が「若いモスクワ国家の命運へ……関与」(56)したことに言及する前に、若干の注意が必要となる。

国家の諸事件における仲介役としての彼の評判は、一三六五年のニジニ・ノヴゴロドの諸教会の閉鎖のエピソード、一三八五年のリャザン公オレーグへ使節として派遣され、これをうまくやり遂げたこと、そして一三八〇年のクリコヴォの戦いの前夜にドミトリーを鼓舞したという実績に基づいている。

上述のように（三一九―三二〇頁）、セルギーは、ボリス・コンスタンチノヴィチに公国の玉座を明け渡すように話を付けるためにニジニ・ノヴゴロドに派遣された。この公国は、本来、兄ドミトリーに属すべきものだった。口頭での説得が失敗に終わった時、セルギーは町中（恐らくは公国中の）の全教会を閉鎖した。そして脅しをかけるためにドミトリーが軍を率いて地平線上に現れた時、ボリスは玉座を断念した。しかしながら、ニコン年代記で伝わるこの出来事の叙述では、セルギーが教会を閉鎖するに当たって、特に府主教と大公の代理人として活動していたと述べられていることに留意せねばならない。「府主教アレクシーと大公ドミトリー・イヴァノヴィチの指示に従って」、封鎖命令が出されたのである。(57)また実際のところ、ボリスがセルギーの禁令の結果として戦いをあきらめたとする史料は一つもない。恐らく、ボリスを屈服に追いやったのは、諸教会の閉鎖とドミトリーがモスクワからの援軍で強化された軍を率いて接近しているという事実との組み合わせだった。

二〇年後の一三八五年、セルギーは別の融和任務のために出発した。今回手を焼かせていたのはリャザン公オレーグであった。彼はこの年の三月に、クリコヴォの戦いの前にママイと同盟を結んだだけでなく、モスクワ南部国境都市であるコロムナを攻めてこれを奪ったのである。コロムナは一四世紀〔初頭〕以前には、リャザン公国の都市であった。セルギーは今や齢六三を数えた。今回の問題の解決は明らかに容易ではなさそうであった。というのも、「この時より前に、多くの人々が［オレーグのもとに］行ったものの、彼を宥めることは出来なかった」からである。同時代の年代記はこのように語っているのである。しかし今回、強圧手段は必要とされなかった。「穏やかな会話と落ち着いたスピーチ、そして説教の言葉を以て……彼は長時間にわたって良き魂、平和、愛について彼と話した」。その結果、ドミトリー・ドンスコイが望んだ全てが実現した。すなわち「オレーグ公は、どう猛さを優しさに代え、……非常に聖性に満ちた人により、惨敗を喫した」のであった。彼はモスクワと恒久の和平を結んだばかりか、息子のフョードルの妃にドミトリーの娘ソフィヤを迎えた(58)。

「歴史の流れに影響を及ぼした者」、「モスクワ公の代理人」、ドミトリー・ドンスコイに「きっかけを与えた者」、「彼のひらめきの源」といったセルギーの評価の多くは、もちろん、彼をクリコヴォの戦いの前段階における指導的役割を演じた者として描く伝説に基づいている。中世ロシアの戦士たちが外敵と戦った場合、――通常勝利の戦い――その説明において、諸公は殆どの場合、修道院長、主教、或いは府主教に祝福されることなしに、また良き戦いを進められるよう鼓舞されることなしには出陣していない。一三八〇年のドミトリー・ドンスコイもそうだった。

様々な史料において――但し同時代史料は一つもない――ドミトリーはトロイツキー修道院を訪れ、彼が神なき人々に対し軍を進めるかどうかについて修道院長セルギーに意見を求め、そして彼により祝福され、彼から戦うことを鼓舞され、予言的に勝利を保証された、というように描かれている。更に院長は彼に二人の「修道士」（ペレスヴェートフ〔ペレスヴェートの間違い〕とオスリャビヤ）――実は修道士どころか戦い慣れした戦士であった――を、戦いで公を助けるために提供した。戦いの後、ドミトリー・ドンスコイは帰還し、セルギーに感謝して、聖トロイツキー修道院のそば、ドゥベンカ川のわきに、後に修道院に組み込まれることになる教会を建てた。

こうした話の多くは、一五世紀の様々な版で伝わる『ドン川の戦い』の話や、『ラドネシのセルギーの聖者伝』に元を辿ることが出来る。[59] セルギー伝の原型は「至賢なる」エピファニーにより書かれたが、これは残存せず、我々が知っているのはパホミー・ロゴフェト、或いはパホミー・セルプとして知られる者により再執筆された一五世紀の再編集版である。これらの様々な説明に含まれる詳細の多くは、明らかに不正確である。日付は間違っている。幾つかの事実も矛盾している。例えばドミトリーは、聖トロイツキー修道院に一三八〇年八月一八日の日曜日に到着したと言われているが、しかし実際には、この年の八月一八日は月曜日である。またドゥベンカ川の教会と修道院は一四七九年一二月一日に建設され、献堂されたのであり、クリコヴォの戦いのすぐ後ではない。またノヴゴロド第四年代記にあるこの戦いについての詳細な話によると、戦いの前にドミトリーを祝福したのはコロムナ主教ゲラシムである。[60] セルギーは単に祝福を含む書簡と「タタールと戦うべし」とする指示を送ったに過ぎなかった。これは戦いの直前に届いている。[61] エピファニーのセルギー伝に多くを依拠する『ママイとの戦いの話』では、ドミトリー・ドンスコイは二度、府主教キプリアンを訪ねたとされている。最初、ドミトリーは「不信心な人々を贈り物で喜ばせる」ことを助言され、二度目は「主の名のもと、彼らに刃向かう」ことを助言された。[62] しかし実際のところ、キプリアンは当時キエフかリトアニアにいた（上述二一六頁）。となると、あるロシアの中世史家が最近示唆したように、ラドネシのセルギーの行為として非常に讃えられている祝福、つまり、クリコヴォの戦い前夜のドミトリー・ドンスコイへの祝福は生じていなかった、ということになるのだろうか。そして仮に祝福がなされていたにせよ、これは〔クリコヴォではなく〕二年前のヴォジャ川の戦いの前に生じたことなのだろうか。[63]

だから、我々は中世ロシアの教会と国家の緊密な相互関係の歴史において、聖セルギーの役割が過大評価されていることに気づくべきだろう。結局のところ、初期のロシア教会の歴史における彼の大きな貢献は、ロシア修道制の発展と拡大に大きな影響をもたらしたことである。聖セルギーについては、政治的な影響よりも霊的なそれの方が上回っていたのである。

（1）*NPL*, pp. 88–9, 320–1. また *PSRL*, vol. 25, p. 149; vol. 23, p. 88; vol. 20, p. 167; vol. 10, p. 149 を参照せよ。
（2）*TL*, p. 351.
（3）ユーリーを止めるマクシムの試みは、ハン国で一三一八年に生じたミハイルの死の説明の一つで言及されている。*PSRL*, vol. 5, p. 207; vol. 25, p. 161 を参照。また Kuchkin, *Povesti*, p. 227 を見よ。トヴェリ人によるユーリーの待ち伏せについては *PSRL*, vol. 25, p. 393; vol. 23, p. 96; vol. 10, p. 174 を見よ。
（4）*TL*, p. 354.
（5）Kuchkin, "“Skazanie”", pp. 66–67.
（6）*NPL*, p. 94, 335. 本書191頁を見よ。
（7）フェオグノストについての全く異なった見方については Borisov, *Tserkovnye deyateli*, pp. 42–60 を見よ。ボリソフはフェオグノストの「外交的巧妙さ」、「ビザンツ的狡猾さ」、「モスクワの諸事件への無関心」（!・）、そして「ロシア中央集権国家形成を抑制するような影響」について話す。
（8）*小ルーシ府主教区の閉鎖（一三三一、四七、四九年）とリトアニアのそれの閉鎖（一三三〇年以後）については本書192頁以下を見よ。一三四〇年のブリャンスクでの対決については、本書277―278頁を見よ。
（9）トヴェリにチョル・ハンが派遣された想定可能な理由については Fennell, *The Emergence*, p. 109 を見よ。
（10）*PL*, vol. 1, pp. 16–17.
（11）モイセイは一三三〇年にノヴゴロドの管区から引退したが、一三五二年のヴァシーリーの死に際して復位した。
（12）本書193頁を見よ。
（13）*PSRL*, vol. 4, I, pp. 263–4; vol. 25, p. 170; vol. 23, p. 103. トヴェリ年代記やノヴゴロド第一年代記にはこの出来事

に関する言及はない。

(14) 本書195—196頁を見よ。

(15) *NPL*, pp. 343–4; *PSRL*, vol. 4, I, p. 264; vol. 25, p. 170; vol. 23, p. 104. 一三三一年の諸事件について、更に詳しい解説は Fennell, *The Emergence*, pp. 130–134 を見よ。

(16) Ibid., pp. 164–9; Fennell, 'Princely Executions', pp. 15–17 を見よ。

(17) *PSRL*, vol. 15, I, col. 55.

(18) トヴェリにおける諸公間の争いの詳細については Fennell, *The Emergence*, pp. 227–39 を見よ。

(19) 本書198頁を見よ。後に、一三六〇年にフョードルは引退してトヴェリのオトロチ修道院に入り、一三六六年にそこで死去している。フョードルについては Klibanov, *Reformatsionnye dvizheniya*, pp. 135ff. を参照。

(20) セミョンの最初の妃は一三四五年に死去している。二度目の妃は一三四六年に父親のもとに送り返された。これは恐らく性的不感症のせいである (Fennell, *The Emergence*, p. 206 n. 2)。それ故、三度目の結婚は不義の結婚であった〔二番目の妻は離婚せずに送り返したので〕。

(21) *PSRL*, vol. 15, I, col. 57. トヴェリ・ロゴシ年代記による。言うまでもなく、モスクワの史料（つまりトロイツカヤ年代記と一四七九年のモスクワ集成）では言及されていない。

(22) Ibid., vol. 10, p. 218.

(23) Fennell, *The Emergence*, pp. 244–5.

(24) Ibid., pp. 245–8.

(25) *NPL*, p. 353.

(26) Ibid., pp. 355–6. Bernadsky, *Novgorod*, p. 17 も見よ。

(27) *RIB*, vol. 6, app., col. 165.

(28) 「この年（一三四一年）、コンスタンチン・ヴァシリエヴィチはニジニ・ノヴゴロドとゴロジェツの大公の座に座った」。*PSRL*, vol. 15, I, col. 54.

(29) Ibid., cols. 57–8; *TL*, p. 369. 名称は単に「スズダリ主教」だが、ニジニ・ノヴゴロドとゴロジェツはほぼ確実にその管内だった。Presnyakov, *Obrazovanie*, p. 262 n. 2 を見よ。

（30）ドミトリー・ドンスコイはドミトリー・コンスタンチノヴィチの娘エフドキヤ（エフドキシア、指小形アフドチヤ）と一三八七年一月に結婚した。*PSRL*, vol. 15, I, col. 83; *TL*, p. 384.

（31）この出来事の説明は年代記によって異なっており、また混乱している。完全で（そして年代的に最も良い）説明は、ニコン年代記のそれである（*PSRL*, vol. 11, pp. 2–5）。Presnyakov, *Obrazovanie*, pp. 265–71 を見よ。

（32）イヴァン二世が即位した一三五四年から五七年にかけて行われたリトアニアとの和平政策（及びハン国との敵対政策）については Fennell, *The Emergence*, pp. 296–7 を見よ。

（33）*PSRL*, vol. 15, I, cols. 78–9, 81.

（34）Ibid., col. 84.

（35）Golubinsky, *IRTs*, vol. 2, I, p. 200 n. 2 を見よ。

（36）*PSRL*, vol. 15, I, col. 84.

（37）Ibid., col. 87. しかし——当然のことだが——モスクワのトロイツカヤ年代記には存在しない（*TL*, p. 386）.

（38）*TL*, pp. 386–7.

（39）*APC*, vol. 1, p. 580; *RIB*, vol. 6, app., col. 135; Meyendorff, *Byzantium*, p. 288.

（40）*APC*, vol. 1, p. 320–1; *RIB*, vol. 6, app., col. 157; Meyendorff, *Byzantium*, p. 290.

（41）*APC*, vol. 1, pp. 523–4; *RIB*, vol. 6, cols. 117, 119; Meyendorff, *Byzantium*, pp. 285–6.

（42）*RIB*, vol. 6, app., cols. 121, 123.

（43）*PSRL*, vol. 5, p. 226; vol. 25, p. 177; vol. 23, p. 109; vol. 20, p. 185.

（44）Golubinsky, *Istoriya kanonizatsii*, p. 70 を見よ。

（45）更に詳細は Meyendorff, *Byzantium*, pp. 187–8, 特に n. 8 を見よ。

（46）*PSRL*, vol. 10, pp. 126–7; *NPL*, pp. 384–5.

（47）*NPL*, p. 387; Meyendorff, *Byzantium*, pp. 246–8. 一三七八年のラドネシのセルギー宛て書簡において、キプリアンが、彼のモスクワ到着時になされた彼の「逮捕、投獄、不名誉、あざけり」に対する反応が「こうした行為を企んだ全ての者〔つまりドミトリー・ドンスコイとその助言者たち〕を破門した」と述べたことに注意せよ。本書211—212頁を参照せよ。また Skrynnikov, *Gosudarstvo*, pp. 63–4 を参照せよ。

（48） Meyendorff, *Byzantium*, p. 248. この結婚は成立しなかった。ヤゲウォはハンガリー王ラヨシュの娘ヤドヴィガと結婚し、ポーランド王になった。取り決めについては Cherepnin, *RFA*, p. 51 を見よ。

（49） つまり、メリャの地のガーリチを南西ロシアのガーリチと混同してはならない。

（50） ヴィタウタスが実際にモスクワにいたのか、単純に会議から通知がいっただけなのかは、年代記の文言からははっきりしない。*PSRL*, vol. 26, p. 183; vol. 25, p. 246 を見よ。

（51） 「彼は洗礼者ヨハネの聖誕の日〔七月二四日〕にヤロスラヴリに到着した。……しかし彼はイヴァン・ヴァシリエヴィチ公と食事を共にしただけだった。ヤロスラヴリ諸公は彼〔フォーチーに対し〕彼らと共に朝の礼拝を聞くよう請うた。……しかし彼はガーリチに出発した」。Ibid.

（52） Zimin, *Vityaź*, p. 35.

（53） *PSRL*, vol. 26, p. 184; vol. 25, p. 247.

（54） 一四三〇年に、恐らくフォーチーとヴァシーリー二世がヴィタウタスに招かれてリトアニアに滞在していた時（本書239頁を見よ）、ユーリーは「大公ヴァシーリー・ヴァシリエヴィチとの約束を反故にした」。戦いは記録されていない。*PSRL*, vol. 26, p. 186; vol. 23, pp. 146–7.

（55） *DDG*, No. 24, pp. 63–7.

（56） Fedotov, *Svyatye*, pp. 140–1.

（57） トロイツカヤ年代記（一四〇八年に府主教キプリアンの宮廷で完成）とその主要史料であるトヴェリ・ロゴシ年代記がこの話に言及していないことに注意せよ。一四七九年のモスクワ集成（*PSRL*, vol. 25, p. 183）は、単にドミトリー・ドンスコイがセルギーを送ったと、またセルギーが「教会を閉鎖した」と述べるだけである。ニコン年代記だけが、セルギーの教会閉鎖がアレクシーとドミトリーの指示であったと述べている（*PSRL*, vol. 11, p. 5）。

（58） *PSRL*, vol. 15, I, cols. 150, 151. ニコン年代記によると、リャザン行きとオレーグとの和平交渉をセルギーに説得したのはドミトリー・ドンスコイだった。*PSRL*, vol. 11, pp. 86–7.

(59) セルギーの『聖者伝』の様々な版については Müller, 'Einleitung', in *Die Legenden*, pp. v ff. を見よ。『聖者伝』のテクストは *PLDR, XIV-seredina XV v.*, pp. 256–429 を見よ。様々な文学的な話は *Skazaniya i povesti*, *passim* を見よ。

(60) *PSRL*, vol. 4, I, p. 315.

(61) Ibid., p. 316.

(62) *Skazaniya i povesti*, pp. 28, 29.

(63) Kuchkin, 'Dmitriy Donskoy i Sergiy Radonezhskiy'; Skrynnikov, *Gosudarstvo*, pp. 77 ff. を見よ。クチキンの見方に対する反論は Borisov, *I svecha*, pp. 223–30 を見よ。

〔訳註1〕ウラジーミル大公、トヴェリ公で、プスコフへ逃亡した上述のアレクサンドル公のこと。

〔訳註2〕つまり破門されたにも拘わらず礼拝や洗礼等の教会の儀式を行うことは現実には可能だった。

訳者あとがき

本書は *John Fennell. A History of the Russian Church to 1448.* Longman. London and New York, 1995 の全訳である。

著者ジョン・フェンネルは一九一八年にイギリスで生まれ、ケンブリッジのトリニティ・カレッジで学んだ後、第二次大戦後の一九四七年にはケンブリッジ大学でスラヴ語の講師、五六年にはオクスフォード大学の教員となった（八八年退職）。そして九二年に亡くなるまで、中世ロシアの歴史に関わる著述を多数残し、西欧における前近代ロシア史研究者の代表的存在と見なされている。本書はそのフェンネルの「遺著」である。

ただ、編者の解説にあるように、原書は著者の遺稿をもとに出版されたものであり、厳密に言えば、完成した著作ではない。しかし、中世ロシアに通じた研究者の「お墨付き」を得ていることに加え、訳者としても翻訳の価値があると判断し、出版を目指すことにした。とりわけ、我が国におけるロシアの教会史、それも前近代のそれについては、文献の数において非常に貧しい状況であるばかりか、学問的に良質な研究書が少ないと言わざるを得ない。この点は、類書としてN・ニコリスキー『ロシア教会史』、またN・ゼルノーフ『ロシア正教会の歴史』と比較されたい。とりわけ、史料の引用と注記が著者の叙述に説得力を与えているという点で、本書が上述の二書とは大きく異なっていることが理解できるだろう。また、単に正教会の歴史を知りたいというだけでなく、自分でも調べてみたいと考える読者にも対応できるという意味でも、本書には翻訳の価値があると考えている。

しかし、このような事情があるとは言え、なぜ五〇〇年以上も前の出来事で叙述が終わっているロシアの教会に関する歴史書が今、邦訳としての出版に値するのだろうか。

冷戦が終結して既に四半世紀が経過し、世界が「グローバル化」に突き進み、或いはこれを受け入れざるを得ない状況の中で、様々な地域でこれを背景とする軍事的な紛争・或いは文化・経済的な覇権争い等が活発化している。「グローバル化」とは、聞こえはよいが、それは多くの場合、欧米、とりわけ英米のスタンダードに世界の国や地域が合わせていくという過程でもある。その際には、当然ながら、世界中の様々な国や地域に住む人々が紡いできた価値観や文化的な創造物が、スタンダードにそぐわないという理由で切り捨てられ、廃絶され、また遅れたものとして批判されたりもしている。イスラームや中国、そしてロシアのそれもまたしばしばスタンダードでないとして、度々、「民主的でない」等のレッテル張りの対象とされていることは周知の通りである。しかしながら、そうしたレッテル張りの妥当性はさておき、世界中の人々はそれぞれが独自の歴史を歩んできたのであり、その中で彼らなりの論理をもってそれぞれの社会を構築してきたことは言うまでもない。彼らには彼らなりの事情があるのだ（「だから彼らに正当性があるのだ」というわけではもちろんない）。そしてその事情を説明してくれるのが、まさに歴史である。歴史を知ることで、彼らの事情を知ることが出来、彼らへの理解が深まり、「グローバル化」が今後も進むにせよ、非スタンダードに対する理解やそれに基づいた配慮のある、温かな、そして理性的な対応が可能になる。

ロシアの場合、その政治・社会構造の形成に多大なる影響を及ぼしたのがビザンツに由来する正教会であった。カトリック圏という、古くは教皇と皇帝との二元的な楕円権力構造で語られてきた世界を歩んできた地域と、ビザンツの世俗権力の基本構造を有形無形の形で支えてきた正教会のもとで歴史を歩んだロシアとでは、多くの点で価値観が異なることは全く不思議でない。ロシアの政治・社会構造を「おかしなもの」「民主でない」などとレッテル張りをすることは容易いが、それは畢竟、一方的な見方であり、その押しつけは衝突にしか結びつかない。本書は、改めてロシアを深く理解したいと考える読者に、その政治・社会構造の形成において大きな役割を果たした正教が導入され、これが浸透し、最終的にビザンツ教会より独立してロシア正教会が成立するまでの時期について叙述することで、ロシアに特徴的な政治・社会構造の形成過程を説明するものである。

本書が扱う時期は、まさにビザンツから、その後のロシア国家の政治・社会構造の理念が流入した時期であった。そしてとりわけ、キリスト教がそれを媒介した。いや、正確には、キリスト教と一体となって流入したというべきだろうか。ここで導入されたキリスト教は、正教という、（カトリックよりも）世俗権力との密接な関わりを歴史的に取り結んできた宗派であった。帝政ローマ末期のコンスタンティヌス大帝以来、東のキリスト教はそうした環境の中で成長し、これがルーシ地域（おおよそ現在のヨーロッパ・ロシア、ウクライナ、ベラルーシ地域にあたる）に伝わったのである。その後、正教会はビザンツが滅亡する一四五三年に至るまで、ルーシ、そしてロシアにビザンツ式の政治・社会構造のあり方を示し続けることになる。それを媒介したのが、まずは府主教を初めとする高位聖職者たちであった。特に当初の時期、彼らの多くはビザンツから到来し、またビザンツのエージェントであることも稀ではなかった。彼らはその行為や執筆物を通じて、ルーシに多くを伝えることになる。ルーシの側でもまた、ビザンツが文化的な先進地域でもあったこともあり、多くの場合にキリスト教文化という形をとったビザンツの文化を貪欲に吸収した。本書でも描かれたように、多くの文献が伝来し、翻訳され、地域内に伝播し、その伝播はビザンツ的な思考をルーシ各地に浸透させていったのである。こうして、本書が扱う時期のルーシには世俗君主と教会権力とが、調和的、あるいは一体的であることを理想とするような政治・社会構造の理念が浸透していったのである。

このことは、その後のルーシ、そしてロシアの政治・社会構造のあり方に決定的な影響を及ぼした。本書から明らかな通り、一四四八年にロシアの主教会議は、コンスタンティノープル総主教の許可を得ることなく、府主教にヨナを任命した。その五年後にコンスタンティノープルがオスマン朝の手で陥落したこととも相まって、一般にはこの出来事を以てロシア正教会が成立したと理解されている。そしてこの時期以降、徐々にロシア国家とロシア正教会は関係を更に深めて行くのだが、それは、端的に述べるならば、国家に対して教会が徐々に従属的な立場となっていく形をとったということである。本書の続編で書かれるはずであった時期、特に一六世紀には、教会は国家権力、君主権力の正統性を理論化してこれを支えることになる。その後、もちろん紆余曲折はあったものの、ロシア国家は一八世紀のピョートル改革期に総主教座（当時のロシア教会は総主教座教会になっていた）を廃止し、代わりに宗務院を設置し、教会を国家の一機関といってよい地位に落とし込んだ。一九世紀になると、教会は、帝政ロシアの「正教、専制、国民（民族）性」のスローガンの一部となるまでに国家と切り離すことの出来ない存在になった。現在のロシアにおける正教会の地位も考えてみるとよい。ロシアの政治・社会構造の深層を理解するには、本書が扱う時期の教会史を理解する必要があると言えるのである。

とはいえ、正教会は、政治・社会構造の形成という事象にのみ影響を及ぼしたわけではない。ビザンツ文化を刺激としながら、ルーシでは独自の文化が花開くことになる。著者が第八章の最後で聖ボリス・グレプの物語やフェオドシー伝を引き合いに出しながら、特にモンゴル来襲以前の時期について述べているように、この時期のルーシの文化は独特な形で輝いていた。後のステレオタイプ的な聖者伝ではなく、型にはまらない生き生きとした描写が散見される。同じく本書で挙げられたいわゆる『キリクの質問状』の内容やその問答の形式も同様である。さらに本家とは異なるかたちの「キリスト教文化」が出来上がっていったことも見過ごすべきではない。やはり本書に登場した「二重信仰」のように、キリスト教は土着の民衆文化と結合し、瘋癲行者《ふうてんぎょうじゃ》の出現や現在のマースレニツァのようなロシア人の民衆的な祭とも結びつき、これはキリスト教文化という形で残ることになったのである。

こうしたキリスト教文化と民衆文化の結合は、キリスト教世界のあらゆる地域で生じたことではあるが、ロシアにおける結合においては、恐らく、コンスタンティノープルの下部組織で有りながらも距離的に離れているという独特の状況も関係していた。教理の中心である総主教が自ら進んでルーシ地域に介入することは例外的であり、形式上はビザンツ教会の下部組織であったルーシの教会にある程度の自由裁量権が与えられた。加えて次第にルーシ出身の聖職者が増える中で、民衆文化への対応にも柔軟性が表れてきたように思うのである。

また、近年の状況に引きつけて話せば、本書後半部で正教会の重大な問題になるリトアニア府主教区、ガーリチ府主教区の改廃、さらに教会合同の問題は、今日のロシアとウクライナとの政治衝突の淵源の一つとなっている。リトアニアやポーランドの下で長い時間を過ごした現在のウクライナ地域では、本書で述べられたように、モスクワ教会からの自立が世俗権力の主導で幾度も試みられ（言うまでもなく、これはウクライナ人の民族的目標としてではない）、一四五八（或いは五九）年にリトアニア支配下の正教会はモスクワの府主教の下から独立する。その後、一六世紀末のブレスト合同を経て、今日のウクライナ地域には、伝統的正教の儀式は保持したままでカトリックに親和的な立場が「浸透」していくことになる（この「浸透」の評価については様々な立場があるが、訳者は重大視している）。その意味で、この時期の歴史過程は、現在のウクライナ、そしてこれを現在支えている西部ウクライナのナショナル・アイデンティティの歴史意識と結びついているのである。

更に現在進行中のウクライナの内戦においても、正教会の一つの特色が表出しているように思われる。キエフの総主教座のもとにあるウクライナ正教会が、「神は我々と共にある」と述べてウクライナ軍の戦いを正当化する一方で、ドンバス側ではモスクワ総主教座に服属するウクライナ正教会の聖職者が兵士を祝福している。ここには、歴史上の様々な場面で国家と密な関係を結んできた正教会が有する一つの行動パターンが顕著に現れているのではなかろうか。

本書で扱われる時期の教会史の理解は、訳者の考えでは、少なくとも以上のような物事の理解に結びつくと言えるだろう。

＊＊＊＊＊

さて、以下では本書の内容について、注意すべき点として、特に四点だけ言及しておきたい。

まず本書を読むに当たり、著者が主題、そして本書のタイトルとしても「ロシアの」教会史を書いている点には注意が必要である（これは訳者が苦労した点でもある）。現在の研究書では、本書がカバーする歴史空間について、「ロシア」という語を使う研究は殆どないと言って良かろう。それは、この時期にはまだロシアは存在しなかったからである（ギリシア語でのこの地域に対する名称の「ローシア」は別とする）。現在では「ルーシ」を使うことが普通である。それにも拘わらず、著者がロシアを使う理由は、まずは古くからある歴史学上の伝統的使用法や彼自身の前の叙述との整合性を考慮してのものであったと思われる。国民国家形成史として発展した近代の〈ロシア帝政期の歴史学〉において、現在のウクライナ、ベラルーシの領域を含むルーシ国家はまさにロシアの祖であった。その結果、学問伝統のうちに、キエフ時代を念頭においた叙述においてさえ、ロシアという用語が使われることになった（例えば「キエフ・ロシア」）。本書のテーマは「ロシア史」の枠内で語られるべきものであったのだ。そうした伝統は、言ってみれば無批判に継承されることにもなった。フェンネルについて言えば、一九六三年の大著『モスクワのイヴァン大帝』の場合は、叙述で扱う時代に鑑みて、本文中でこの地域をロシアと呼ぶことが許されたにせよ、更に遡った時期を扱った一九八三年の『中世ロシアの危機　一二〇〇―一三〇四年』でも、本文において「ロシア」が使われている。歴史叙述は現在のアイデンティティ意識に基づく創作活動でもあるから、決して「中世ロシア」という言葉を使ってはならないとか、またロシアという語を本文に出してはならない、などと訳者は言うつもりはない。しかし、フェンネルの場合は、上述の伝統に依拠して本書を書いていることをまずは述べておきたい。特に著者が史料中の「ルーシ」を意図的に「ロシア」に変えてしまっている箇所があることは、仮にこれが本書を読む易くするための便宜的な変更であったとしても、批判されるべき点であろう。こうした問題の解決方法については、例えば、比較的近年に刊行されたケンブリッジの『ロシア史』三巻本の第一巻冒頭では編者のモーリン・ペリーが王朝を基準としたアプローチを提案していることをここで紹介しておこう。

また本書に特徴的な叙述としては、第四章の教会の経済・財政的側面への言及がある。こうした方面の研究は、我が国におけるカトリック教会の歴史研究、またロシアにおける教会史研究では進められているものの、我が国の正教会に関わる研究では十分に触れられてこなかったと言って良い。ソ連時代の研究成果でもあるこうした教会の経済的側面を見ることにより、教会の運営は、信徒の信仰心だけで可能になったのではなく、それを支える物質的側面が、本書の別の箇所でも述べられたように、諸公その他からの下賜や寄進、また税や裁判の免除、あるいは教会裁判権が生み出す各種の手数料によって支えられていたことを明らかにするものである。

もう一点、本書で特徴的なのは、第一三章で描かれるモンゴル支配と教会との関わりに関する叙述である。モンゴルが教会を保護したことについては一般的によく知られるものの、ヤルルィク等を使って具体的にその内容が跡づけられ、またモンゴルの態度も、教会のモンゴルに対する態度も変化していたとする点は興味深く、またこれには訳者も同意できる。ただ、ヤルルィクに描かれる内容と現実との関係については、まだまだ検討の余地があるように思われる。さらにこの章の第二節に描かれるブリャンスクをめぐる争いとモンゴルの教会保護との関係についても検討の余地があるのではなかろうか。

最後に、学問的に明らかに不誠実と感じる点についても言及しておく必要がある。第八章におけるボリス・グレプの物語を扱う際の引用において、著者の英訳では教会スラヴ語の原文と比べて、議論の上で重要な形容詞が幾つか欠落している。そしてそうした状況の英訳を以て、ボリス・グレプ物語の筆致の素朴さについて著者は論じてしまっている。この点は批判されるべき点であろう。

ただ、こうした問題が残されているように思われるが、しかし総じて言うならば、本書で描かれるロシア教会の歴史は、一冊で読むことの出来る利便性を有しながらも、マカーリーやゴルビンスキーのようなロシア革命前の大歴史家たちに系譜を辿ることの出来る本格的な歴史著述であると言えるだろう。本書の読者がロシアへの関心を深めたとするなら、更にこの時期以降の歴史を辿ることを願いたい。本書にはそのための参考文献一覧を付しておいた。特にルーシの洗礼や東西教会の関係といったテーマについては、栗生沢猛夫氏の近著が本書以降の研究をまとめているので、ぜひ参照されたい。

＊　＊　＊　＊

最後になるが、本訳書の出版に当たり、様々な方にお世話になった。まずは本書の刊行の意義を認め、教文館をご紹介下さった立教大学の小澤実さん、ビザンツに関わる訳語をチェックして下さった大阪市立大学のビザンツの専門家草生久嗣さん、また大変苦しい時期に本書全てに目を通して多くの適切なアドバイスを下さった奥野新さん、そして大変朗らかで、海外研修中の訳者にゲラなどを送って下さり、大変ご苦労をおかけした教文館の倉澤智子さんに深くお礼を申し上げたい。

また、本書の刊行に当たっては、訳者の勤務先、岐阜聖徳学園大学後援会より出版助成を頂いた。これにもお礼申し上げたい。

二〇一六年初冬のリヴィウにて、訳者記す。

参考文献

Acta patriarchatus Constantinopolitani (*APC*), ed. F. Miklosich and I. Müller, 2 vols (Vienna, 1860–62).

Akty feodal′nogo zemlevladeniya i khozyaystva XIV–XVI vekov, vol. 1, (*AFZ*) ed. L. V. Cherepnin (Moscow, 1951).

Akty istoricheskie, vol. 1 (*AI*) (St Petersburg, 1841).

Akty, otnosyashchiesya k istorii Zapadnoy Rossii, vol. 1 (St Petersburg, 1846).

Alef, G., 'Muscovy and the Council of Florence', *Slavic Review*, vol. 20 (Seattle, 1961), pp. 389– 401; repr. in *Rulers and Nobles in Fifteenth-Century Muscovy* (London, 1983), No. III.

Alekseev, M. P., 'Anglo-saksonskaya parallel′ k Poucheniyu Vladimira Monomakha', *TODRL*, vol. 2 (Moscow-Leningrad, 1935), pp. 39–80.

Die altrussischen hagiographischen Erzählungen und liturgischen Dichtungen über die heiligen Boris und Gleb, Nach der Ausgabe von Abramovič (*AHE*), ed. L. Müller, Slavische Propyläen, vol. 14 (Munich, 1967).

Angold, M. J., *The Byzantine Empire, 1025–1204: A Political History* (London, 1984).

Annales de Saint-Bertin (*Annales Bertiniani*), ed. F. Grat, J. Vieillard, S. Clémencet and L. Levillain, Publications de la Société de l'Histoire de France, vol. 131 (Paris, 1964).

Antifeodal′nye ereticheskie dvizheniya (*AED*), ed. N. A. Kazakova and Ya. S. Lur′e (Moscow-Leningrad, 1955).

Arrignon, J.-P., 'A propos de la lettre du pape Grégoire VII au prince de Kiev Izjaslav', *Russia Mediaevalis*, vol. 3 (Munich, 1977), pp. 5–18.

Arrignon, J.-P., 'La Rus′ entre la Bulgarie et l'empire byzantin de la fin du Xe au début du XIIe siècle', in: *Proceedings*, pp. 702–13.

Arrignon, J.-P., 'La Création des diocèses russes des origines au milieu du XIIe siècle', *Mille ans de christianisme russe, 988–1988* (Paris, 1989), pp. 27–49.

Auty, R. and Obolensky, D. (eds.), *An Introduction to Russian History*, Companion to Russian Studies, vol. 1 (Cambridge, 1976).

Barrick, C. L., 'Andrey Yur′evich Bogoljubsky, a Study of Sources', unpublished D.Phil,

thesis (Oxford, 1984).
Belyakova, E. V., 'K istorii uchrezhdeniya avtokefalii russkoy tserkvi', in: *Rossiya na putyakh tsentralizatsii* [in honour of A. A. Zimin] (Moscow, 1982), pp. 152–6.
Bernadsky, V. N., *Novgorod i Novgorodskaya zemlya v XV veke* (Moscow-Leningrad, 1961).
Borisov, N. S., *Russkaya tserkov′ v politicheskoy bor′be XIV–XV vekov* (Moscow, 1986).
Borisov, N. S., *Tserkovnye deyateli srednevekovoy Rusi XIII–XVII vv*. (Moscow, 1988).
Borisov, N. S., *I svecha by ne ugasla . . .* (Moscow, 1990).

Cherepnin, L. V., *Russkie feodal′nye arkhivy XIV–XV vekov*, vol. 1 (*RFA*) (Moscow-Leningrad, 1948).
Chichurov, I. S., ' "Khozhdenie Apostola Andreya" v vizantiyskoy i drevnerusskoy tserkovno-ideologicheskoy traditsii', in: *Tserkov′*, pp. 7–23.
Codex diplomatics nec non epistolaris Silesiae (*CD*), vol. 1 (Wrocław, 1951).
Constantine Porphyrogenitus, *De caeremoniis aulae byzantinae*, vol. 1, *CSHB* (Bonn, 1829).
Constantine Porphyrogenitus, *De administrando imperio*, ed. Gy. Moravcsik, transl. R. J. H. Jenkins, Corpus fontium historiae byzantinae, vol. 1 (Washington, DC, 1967).
Corpus scriptorum historiae byzantinae (*CSHB*) (Bonn).
The Council of Constance, the Unification of the Church, transl. L. R. Loomis, ed. J. H. Mundy and K. M. Woody, Records of Civilization, Sources and Studies, LXIII (New York-London, 1961).
Crummey, R. O., *The Formation of Muscovy, 1304–1613*, Longman History of Russia, vol. 3 (London-New York, 1987).

Długosz, J. [Ioannis Dlugossii], *Annales seu Cronicae Incliti Regni Poloniae*, ed. J. Dabrowski, vols 5–6 (Warsaw, 1973).
Dmitriev, L. A., 'Rol′ i znachenie mitropolita Kipriana v istorii drevnerusskoy literatury (k russko-bolgarskim literaturnym svyazyam XIV–XV vv.)', *TODRL*, vol. 19 (Moscow-Leningrad, 1963), pp. 215–54.
Dubler, C. E., *Abū Hāmid el Granadino y su relatión de viaje por tierras eurasiáticas* (Madrid, 1953).
Dukhovnye i dogovornye gramoty velikikh i udel′nykh knyazey XIV–XVI vv. (*DDG*), ed. L. V. Cherepnin (Moscow-Leningrad, 1950).

El′yashevich, V. B., *Istoriya prava pozemel′noy sobstvennosti v Rossii*, vol. 1, *Yuridicheskiy*

stroy pozemel'nykh otnosheniy v XIII–XVI vv. (Paris, 1948).

Eremin, I. P., 'Literaturnoe nasledie Feodosiya Pecherskogo', *TODRL*, vol. 5 (Moscow-Leningrad, 1947), pp. 159–84.

Eremin, I. P., 'Literaturnoe nasledie Kirilla Turovskogo', *TODRL*, vol. 11 (Moscow-Leningrad, 1955), pp. 342–67; vol. 12 (1956), pp. 340–61; vol. 13 (1957), pp. 409–25; vol. 15 (1958), pp. 331–48.

Eremin, I. P., '"Povest′ vremennykh let" kak pamyatnik literatury', in: idem, *Literatura Drevney Rusi* (Moscow-Leningrad, 1966), pp. 42–97.

Featherstone, J., 'Olga's Visit to Constantinople', *Harvard Ukrainian Studies*, vol. 14 (Cambridge, Mass., 1990), pp. 293–312.

Fedotov, G. P., *Svyatye Drevney Rusi* (*X–XVII st.)* 2nd edn (New York, 1959).

Fennell, J. L. I., 'The Tver′ Uprising of 1327: A Study of the Sources', *Jahrbücher für Geschichte Osteuropas*, NS, vol. 15 (Wiesbaden, 1967), pp. 161–79.

Fennell, J. L. I., *The Emergence of Moscow 1304–1359* (London, 1968).

Fennell, J. L. I., 'The Ermolinskij Chronicle and the Literary Prelude to "Tale of the Murder of Mixail of Tver"', in: *Studies in Slavic Linguistics and Poetics in Honor of B. O. Unbegaun* (New York-London, 1968), pp. 33–8.

Fennell, J. L. I., 'K voprosu ob istochnikakh tret′ey chasti Moskovskoy Akademicheskoy letopisi', in: *Problemy izucheniya kul'turnogo nslediya* [in honour of D. S. Likhachev] (Moscow, 1985), pp. 140–8.

Fennell, J. L. I., 'Princely Executions in the Horde 1308–1339', *Forschungen zur osteuropäischen Geschichte*, vol. 38 (Berlin, 1986), pp. 9–19.

Fennell, J. L. I., 'The Canonization of Saint Vladimir', in: *Tausend Jahre Christentum in Russland, Zum Millenium der Taufe der Kiever Rus′* (Göttingen, 1988), pp. 299–304.

Fennell, J. L. I., *The Crisis of Medieval Russia 1200–1304*, Longman History of Russia, vol. 2 (London-New York, 1983); Russian translation: Fennel (*sic*), *Krizis srednevekovoy Rusi, 1200–1304*, ed. A. L. Khoroshkevich and A. I. Pliguzov (Moscow, 1989).

Fennell, J. L. L, 'When was Olga Canonized?', in: *Christianity and the Eastern Slavs*, vol. 1, *Slavic Cultures in the Middle Ages*, ed. B. Gasparov and O. Raevsky-Hughes, California Slavic Studies, 16 (Berkeley-Los Angeles-Oxford, 1993), pp. 77–82.

Fennell, J. L. I. and Stokes, A., *Early Russian Literature* (London, 1974).

Froyanov, I. Ya., 'Nachalo khristianstva na Rusi′, in: G. L. Kurbatov, E. D. Frolov and I. Ya. Froyanov, *Khristianstvo: Antichnost′, Vizantiya, Drevnyaya Rus′* (Leningrad, 1988), pp. 189–329.

Giedroyć, M., 'The Arrival of Christianity in Lithuania: Between Rome and Byzantium (1281–1304)', *Oxford Slavonic Papers*, NS, vol. 20 (Oxford, 1987), pp. 1–33.

GillJ., *The Council of Florence* (Cambridge, 1959).

Giraudo, G., 'Voprošanie Kirikovo: remarques sur la vie d'une communauté paroissiale dans la Rus′ kiévienne du XIIe siècle', in: *Proceedings*, pp. 743–60.

Golubinsky, E. E., *Istoriya Russkoy Tserkvi* (*IRTs*), 2 vols in 4 books (Moscow, 1900–11).

Golubinsky, E. E., *Istoriya kanonizatsii svyatykh v russkoy Tserkvi*, 2nd edn (Moscow, 1903).

Graham, H. F., *The Moscovia of Antonio Possevino S.J., with Critical Introduction and Notes*, UCIS Series in Russian and East European Studies, vol. 1 (Pittsburgh, 1977).

Gramoty velikogo Novgoroda i Pskova (*GVNP*), ed. S. N. Valk (Moscow-Leningrad, 1949).

Grekov, I. B., *Vostochnaya Evropa i upadok Zolotoy Ordy* (*na rubezhe XIV–XV vv.*) (Moscow, 1975).

Halecki, O., 'From Florence to Brest (1439–1596)', in *Sacrum Poloniae Millenium* (Rome, 1958), pp. 13–444.

Hannick, C, 'Kirchenrechtliche Aspekte des Verhältnisses zwischen Metropoliten und Fürsten in der Kiever Rus″', in: *Proceedings*, pp. 727–41.

Honigmann, E., 'Studies in Slavic Church History. A: The Foundation of the Russian Metropolitan Church according to Greek Sources', *Byzantion*, vol. 17 (Brussels, 1945), pp. 128–62.

Hurwitz, E. S., *Prince Andrej Bogoljubskij: The Man and the Myth*, Studia historica et philologica, XII, Sectio Slavica, vol. 4 (Florence, 1980).

Kartashev, A. V., *Ocherki po istorii russkoy Tserkvi*, vol. 1 (Paris, 1959)

Kazakova, N. A., 'Pervonachal′naya redaktsiya "Khozhdeniya na Florentiyskiy sobor"', *TODRL*, vol. 25 (Moscow-Leningrad, 1970), pp. 60–72.

Khoroshkevich, A. L. and Pliguzov, A. I.: Fennell, *The Crisis*を見よ.

Klibanov, A. I., *Reformatsionnye dvizheniya v Rossii pervoy poloviny XVI v.* (Moscow, 1960).

Kloss, B. M., *Nikonovskiy svod i russkie letopisi XVI–XVII vekov* (Moscow, 1980).

Klyuchevsky, V. O., *Drevnerusskie zhitiya svyatykh kak istoricheskiy istochnik* (Moscow, 1871).

Klyuchevsky, V. O., *Sochineniya*, vol. 2 (Moscow, 1957).

Knoll, P. W., *The Rise of the Polish Monarchy, Piast Poland in East-Central Europe 1320–1370* (Chicago-London, 1972).

Kuchkin, V. A., 'Dmitriy Donskoy i Sergiy Radonezhskiy v kanun Kulikovskoy bitvy', in:

Tserkov', pp. 103–26.

Kuchkin, V. A., '"Skazanie o smerti mitropolita Petra"', *TODRL*, vol. 18 (Moscow-Leningrad, 1962), pp. 59–79.

Kuchkin, V. A., *Povesti o Mikhaile Tverskom*, istoriko-tekstologicheskoe issledovanie (Moscow, 1974).

Kuz'min, A. G., '"Kreshchenie Rusi": kontseptsii i problemy', in: *'Kreshchenie Rusi' v trudakh russkikh i sovetskikh istorikov* (Moscow, 1988), pp. 3–56.

Kyyevo-Pechers'kyy pateryk, ed. D. Abramovich, Pam'yatky movy ta pys'menstva davn'oy Ukrayiny, vol. 4 (Kiev, 1931).

Lampert of Hersfeld, *Annales Weissenburgenses*, ed. O. Holder-Egger, *MGH, SSRG* (Hanover-Leipzig, 1894).

Lenhoff, G., *The Martyred Princes Boris and Gleb: A Sociocultural Study of the Cult and the Texts*, UCLA Slavic Studies, vol. 19 (Columbus, Ohio, 1989).

Leo Diaconus, *Historia, CSHB* (Bonn, 1828).

Letopisets Pereyaslavlya-Suzdal'skogo, sostavlennyy v nachale XIII veka (mezhdu 1214 i 1219gg.) (*LPS*), ed. M. A. Obolensky (Moscow, 1851).

Letopisi russkoy literatury i drevnosti (*LRD*), ed. N. Tikhomirov (Moscow, 1859–63).

Lilienfeld, Fairy von (ed. and transl.), *Der Himmel im Herzen, Altrussische Heiligenlegenden* (Freiburg im Breisgau-Basel-Vienna, 1990).

Litavrin, G. G., 'O datirovke posol'stva knyagini Ol'gi v Konstantinopol'', *Istoriya SSSR*, 1981 (Moscow), No. 5, pp. 173–84.

Litavrin, G. G., 'Puteshestvie russkoy knyagini Ol'gi v Konstantinopol', Problema istochnikov', *Vizantiyskiy vremennik*, vol. 42 (Moscow, 1981), pp. 35–8.

Litavrin, G. G., 'K voprosu ob obstoyatel'stvakh, mester i vremeni kreshcheniya knyagini ol'gi', in: *Drevneishie gosudarstva na territorii SSSR. Materialy i issledovaniya 1988g.* (Moscow, 1986), pp.49–57.

Litavrin, G. G. and Florya, B. N., 'Obshchee i osobennoe v protsesse khristianizatsii stran regiona i Drevney Rusi' in: *Prinyatie Khristianstva narodami Tsentral'noy i Yugo-Vostochnoy Evropy i kreshchenie Rusi* (Moscow, 1988).

Liutprand, bishop of Cremona, *Relatio de legatione Constantinopolitana*, in: *Die Werke Liudprands von Cremona*, 3rd edn, *MGH, SSRG* (Hanover-Leipzig, 1915).

Lur'e, Ya. S., *Obshcherusskie letopisi XIV–XVvv.* (Leningrad, 1976).

Lur'e, Ya. S., *Dve istorii Rusi XV veka, Rannie i pozdnie, nezavisimye i ofitsial'nye letopisi ob obrazovanii Moskovskogo gosudarstva* (Moscow-Paris, forthcoming).

Malinin, V., *Starets Eleazarova monastyrya Filofey i ego poslaniya, istoriko-literaturnoe issledovanie* (Kiev, 1901).

Mango, C, *The Homilies of Photius, Patriarch of Constantinople* (Cambridge, Mass., 1958).

Matuzova, V. I., *Angliyskie srednevekovye istochniki IX–XIII vv.*, Drevneyshie istochniki po istorii narodov SSSR (Moscow, 1979).

Meyendorff, J., *Byzantium and the Rise of Russia: A Study of Byzantino-Russian Relations in the Fourteenth Century* (Cambridge, 1981).

Mezentsev, V., 'The Territorial and Demographic Development of Medieval Kiev and other Major Cities of Rus′: A Comparative Analysis based on Recent Archeological Research', *The Russian Review*, vol. 48 (Columbus, Ohio, 1989), pp. 145–70.

Monumenta Germaniae historica, Scriptores rerum germanicarum in usum scholarum (*MGH, SSRG*).

Monumenta Poloniae historica, vol. 1 (Lwów, 1864).

Moshin, V. A., 'Russkie na Afone i russko-vizantiyskie otnosheniya', *Byzantinoslavica*, vol. 9 (Prague, 1947–48), pp. 55–85.

Müller, L., *Zum Problem des hierarchischen Status und der jurisdiktionnellen Abhängigheit der russichen Kirche vor 1039*, Osteuropa und der deutschen Osten, Beiträge aus Forschungsarbeiten und Vorträgen der Hochschulen des Landes Nordrhein-Westfalen, Reihe III, vol. 6 (Cologne-Braunsfeld, 1959).

Müller, L., *Die Legenden des Heiligen Sergij von Radonež, Nachdruck der Ausgabe von Tichonravov*, Slavische Propyläen, vol. 17 (Munich, 1967).

Müller, L., *Die Werke des Metropoliten Ilarion*, Forum Slavicum, vol. 37 (Munich, 1971).

Müller, L., *Des Metropoliten Ilarion Lobrede auf Vladimir den Heiligen und Glaubensbekenntnis, nach der Erstausgabe von 1844 neu hggb* (*MIL*), Slavische Studienbücher, vol. 2 (Wiesbaden, 1982).

Müller, L., *Die Taufe Russlands, die Frühgeschichte des russischen Christentums bis zum jahre 988*, Quellen und Studien zur russischen Geistesgeschichte, vol. 6 (Munich, 1987).

Nazarenko, A. V., 'Kogda zhe knyaginya Ol′ga ezdila v Konstantinopol′?', *Vizantiyskiy vremennik*, vol. 50 (Moscow, 1989), pp. 66–83.

Nazarenko, A. V., 'Rus′ i Germaniya pri Svyatoslave Igoreviche', *Istoriya SSSR*, 1990 (Moscow), No. 2, pp. 60–74.

Novgorodskaya pervaya letopis′ starshego i mladshego izvodov (*NPL*), ed. A. N. Nasonov (Moscow-Leningrad, 1950).

Obolensky, D., 'Byzantium, Kiev and Moscow: A Study in Ecclesiastical Relations', *Dumbarton Oaks Papers*, vol. 11 (Cambridge, Mass., 1957), pp. 21–78; repr. *Byzantium and the Slavs* (London, 1971), No. VI.

Obolensky, D., *The Byzantine Commonwealth, Eastern Europe 500–1453* (London, 1971).

Obolensky, D., 'A *Philorhomaios anthropos*: Metropolitan Cyprian of Kiev and all Russia (1375–1406)', *Dumbarton Oaks Papers*, vol. 32 (Washington, DC, 1978), pp. 79–98; repr. *The Byzantine Inheritance of Eastern Europe* (London, 1982), No. XI.

Obolensky, D., 'A Late Fourteenth-Century Byzantine Diplomat: Michael Archbishop of Bettleem', in: *Byzance et les Slaves: Mélanges I. Dujčev* (Paris, 1979), pp. 299–315; repr. in *The Byzantine Inheritance*, No. XIII.

Obolensky, D., 'The Baptism of Princess Olga of Kiev: The Problem of the Sources', *Byzantina Sorbonensia*, vol. 4 (Paris, 1984), pp. 159–76.

Obolensky, D., *Six Byzantine Portraits* (Oxford, 1988).

Obolensky, D., 'Cherson and the Conversion of Rus′: An Anti-Revisionist View', *Byzantine and Modern Greek Studies*, vol. 13 (Birmingham, 1989), pp. 244–56.

Okhotina, N. A., 'Russkaya Tserkov′ i Mongol′skoe zavoevanie (XIII v.)', in: *Tserkov′*, pp. 67–84.

Ostrowski, D., 'Why did the Metropolitan Move from Kiev to Vladimir in the Thirteenth Century?', in: *Christianity and the Eastern Slavs*, vol. 1, *Slavic Cultures in the Middle Ages*, ed. B. Gasparov and O. Raevsky-Hughes, California Slavic Studies, 16 (Berkeley-Los Angeles-Oxford, 1993), pp. 83–101.

Pamyatniki literatury Drevney Rusi (*PLDR*):

XI–nachalo XII veka (Moscow, 1978).

XII vek (Moscow, 1980).

XIII vek (Moscow, 1981).

XIV–seredina XV veka (Moscow, 1981).

Pamyatniki russkogo prava (*PRP*):

vol. 2: *Pamyatniki prava feodal′no-razdroblennoy Rusi*, ed. A. A. Zitnin (Moscow, 1953).

vol. 3: *Pamyatniki prava perioda obrazovaniya russkogo tsentralizovannogo gosudarstva, XIV–XV vv.*, ed. L. V. Cherepnin (Moscow, 1955).

Paszkiewicz, H., *Jagiellonowie a Moskwa*, vol. 1, *Litwa a Moskwa w XIII–XIV wieku* (Warsaw, 1933).

Pavlov, A. S., *Istoricheskiy ocherk sekulyarizatsii tserkovnykh zemel′ v Rossii*, part 1 (Odessa, 1871).

Photius, ['Encyclical to the Patriarchs of the East'], in: *Patrologiae cursus completus, Series Graeca* (*PG*), vol. 102 (Paris, 1900), cols. 721–42.

Pliguzov, A. I. and Khoroshkevich, A. L., 'Russkaya tserkov′ i antiordynskaya bor′ba v XIII–XV vv. (po materialam kratkogo sobraniya khanskikh yarlykov russkim mitropolitam)', in: *Tserkov′*, pp. 84–102.

Podskalsky, G., *Christentum und theologische Literatur in der Kiever Rus′ (988–1237)* (Munich, 1982).

Podskalsky, G., 'Der hi. Feodosij Pečerskij: historisch und literarisch betrachtet', in: *Proceedings*, pp. 714–26.

Polnoe sobranie russkikh letopisey (*PSRL*):

vol. 1: *Lavrent′evskaya letopis′*, 2nd edn (Leningrad, 1926–28).

vol. 2: *Ipat′evskaya letopis′*, 2nd edn (St Petersburg, 1908).

vol. 4, I: *Novgorodskaya chetvertaya letopis′*, 2nd edn (Petrograd, 1915).

vols 5–6: *Sofiyskie letopisi* (St Petersburg, 1851–53).

vols 9–12: *Nikonovskaya letopis′* (St Petersburg, 1862–1901).

vol. 15: *Tverskaya letopis′* (St Petersburg, 1863).

vol. 15 (2nd edn), I: *Rogozhskiy letopisets* (Petrograd, 1922).

vol. 18: *Simeonovskaya letopis′* (St Petersburg, 1913).

vol. 20, I: *L′vovskaya letopis′*, chast′ *1-aya* (St Petersburg, 1910).

vol. 21, II: *Stepennaya kniga*, chast′ *2-aya* (St Petersburg, 1913).

vol. 23: *Ermolinskaya letopis′* (St Petersburg, 1910).

vol. 25: *Moskovskiy letopisnyy svod kontsa XV veka* (Moscow-Leningrad, 1949).

vol. 26: *Vologodsko-Permskaya letopis′* (Moscow-Leningrad, 1959).

vol. 27: *Nikanorovskaya letopis′, Sokrashchennye letopisnye svody kontsa XV veka* (Moscow-Leningrad, 1962).

vol. 35: *Letopisi Belorussko-litovskie* (Moscow, 1980).

vol. 37: *Ustyuzhskie i Votogodskie letopisi XVI–XVIII vekov* (Leningrad, 1982).

Popov, A. N., *Istoriko-literaturnyy obzor drevnerusskikh polemicheskikh sochineniy protiv Latinyan, XI–XVvv*. (Moscow, 1875).

Poppe, A., 'Le Traité des azymes Λέοντος μητροπολίτου τῆς ἐν Ῥωσίᾳ Πρεσθλάβας: quand, où et par qui il a été écrit?', *Byzantion*, vol. 35 (Brussels, 1965), pp. 504–27; repr. in *The Rise of Christian Russia* (London, 1982), No. VII.

Poppe, A., 'L'Organisation diocésaine de la Russie aux XIe–XIIe siècles', *Byzantion*, vol. 40 (Brussels, 1970), pp. 165–217; repr. in *The Rise*, No. VIII.

Poppe, A., 'La Tentative de réforme ecclésiastique en Russie au milieu du XIe siècle', *Acta Poloniae Historica*, vol. 25 (Warsaw, 1972), pp. 5–31; repr. in *The Rise*, No. V.

Poppe, A., 'The Political Background to the Baptism of Rus′: Byzantine-Russian Relations

between 986–989', *Dumbarton Oaks Papers*, vol. 30 (Washington, DC, 1976), pp. 197–244; repr. in *The Rise*, No. II.

Poppe, A., 'The Building of the Church of St Sophia in Kiev', *Journal of Medieval History*, vol. 7 (Amsterdam, 1981), pp. 15–66; repr. in *The Rise*, No. IV.

Poppe, A., 'How the Conversion of Rus′ Was Understood in the Eleventh Century', *Harvard Ukrainian Studies*, vol. 11 (Cambridge, Mass., 1987), pp. 287–302.

Poppe, A., 'Two Concepts of the Conversion of Rus′ in Kievan Writings', in: *Proceedings*, pp. 488–504.

Poslaniya Iosifa Volotskogo, ed. A. A. Zimin and Ya. S. Lur′e (Moscow-Leningrad, 1959).

Povest′ vremennykh let (*PVL*), ed. D. S. Likhachev and B. A. Romanov, 2 vols (Moscow-Leningrad, 1950).

Presnyakov, A. E., *Obrazovanie velikorusskogo gosudarstva, ocherki po istorii XIII–XV stoletiy* (Petrograd, 1918).

Pritsak, O., 'At the Dawn of Christianity in Rus′: East Meets West', in: *Proceedings*, pp. 87–113.

Proceedings of the International Congress Commemorating the Millennium of Christianity in Rus′-Ukraine (*Proceedings*), Harvard Ukrainian Studies, vol. 12/13 (Cambridge, Mass., 1988/1989).

Prokhorov, G. M., *Povest′ o Mityae, Rus′ i Vizantiya v epokhu Kulikovskoy bitvy* (Leningrad, 1978).

Prosvirin, A., 'Afon i russkaya Tserkov″' [first part], *Zhurnal Moskovskoy Patriarkhii*, 1974 (Moscow), No. 3, pp. 2–25.

Pskovskie letopisi (*PL*), ed, A. N. Nasonov, vol. 1 (Moscow-Leningrad, 1941), vol. 2 (Moscow, 1955).

Ramm, B. Ya, *Papstvo i Rus′ v X–XV vv.* (Moscow-Leningrad, 1959).

Rapov, O. M., 'O date prinyatiya khristianstva knyazem Vladimirom', *Voprosy istorii*, 1984 (Moscow), No. 6, pp. 34–47.

Regino of Prüm, *Chronicon cum Continuatione Treverensi*, ed. F. Kurze, *MGH*, *SSRG* (Hanover, 1890).

Runciman, S., *The Kingdom of Acre and the Later Crusades*, A History of the Crusades, z(Cambridge, 1954).

Runciman, S., *The Eastern Schism: A Study of the Papacy and the Eastern Churches during the XIth and XIIth Centuries* (Oxford, 1955).

Runciman, S., *The Fall of Constantinople, 1453* (Cambridge, 1965).

The Russian Primary Chronicle, ed. and transl. S. H. Cross and O. P. Sherbowitz-Wetzor, The

Mediaeval Academy of America Publications, vol. 60 (Cambridge, Mass., 1953).

Russkaya istoricheskaya Biblioteka (*RIB*), vol. 6: *Pamyatniki drevnerusskogo kanonicheskogo prava*, ed. V. N. Beneshevich, part 1, 2nd edn (St Petersburg, 1908); vol. 36: part 2, I (Petrograd, 1920).

Rybakov, B. A., *Russkie letopistsy i avtor 'Slova opolku Igoreve'* (Moscow, 1972).

Rybakov, B. A., *Yazychestvo Drevney Rusi* (Moscow, 1987).

Sapunov, B. V., 'Nekotorye soobrazheniya o drevnerusskoy knizhnosti XI–XIII vekov', *TODRL*, vol. 11 (Moscow-Leningrad, 1955), pp. 314–32.

Sbornik XII veka Moskovskogo Uspenskogo sobora, vol. 1, ed. A. A. Shakhmatov and P. A. Lavrov (Moscow, 1899).

Shchapov, Ya. N., *Knyazheskie ustavy i Tserkov′ v Drevney Russi XI–XIV vv.* (Moscow, 1972).

Shchapov, Ya. N., *Vizantiyskoe i yuzhnoslavyanskoe pravovoe nasledie na Rusi v XI–XIIIvv.* (Moscow, 1978).

Shchapov, Ya. N., *Gosudarstvo i Tserkov′ Drevney Rusi X–XIII vv.* (Moscow, 1989).

Shepard, J., 'Some Remarks on the Sources for the Conversion of Rus″', in: *Le Origini e lo sviluppo della Cristianità slavo-bizantina*, Istituto storico Italiano per il Medio Evo, Nuovi Studi storici, vol. 17 (Rome, 1992), pp. 59–95.

Sinitsyna, N. V., 'Avtokefaliya russkoy Tserkvi i uchrezhdenie Moskovskogo patriarkhata (1448–1589 gg.)' in: *Tserkov′*, pp. 126–51.

Skazaniya i povesti o Kulikovskoy bitve, ed. L. A. Dmitriev and O. P. Likhacheva (Leningrad, 1982).

Skrynnikov, R. G., *Gosudarstvo i Tserkov′ na Rusi XIV–XVI vv.* (Novosibirsk, 1991).

Slovar′ knizhnikov i knizhnosti Drevney Rusi, vol. 2, *Vtoraya polovina XIV– XVI v.*, 2 books (Leningrad, 1988–9).

Slovo o polku Igoreve, ed. V. P. Adrianova-Peretts (Moscow-Leningrad, 1950).

Smirnov, S., *Materialy dlya istorii drevne-russkoy pokayannoy distsipliny (teksty i zametki)* (Moscow, 1912).

Southern, R. W., *Western Society and the Church in the Middle Ages*, Pelican History of the Church, vol. 2 (London, 1971).

Spuler, B., *Die Goldene Horde: Die Mongolen in Russland 1223–1502*, 2nd edn (Wiesbaden, 1965).

Stokes, A., 'The Status of the Russian Church 988–1037', *Slavonic and East European Review*, vol. 37 (London, 1959), pp. 430–42.

Stökl, G., 'Kanzler und Metropolis, *Wiener Archiv für Geschichte des Slawentums und Osteuropas*, vol. 5 (Vienna, 1966), pp. 150–75; repr. in idem, *Die Russische Staat in*

Mittelalter und früher Neuzeit, Quellen und Studien zur Geschichte des östlichen Europa, vol.13 (Wiesbaden, 1981), pp. 98–123.

Tachiaos, A. E., 'The Greek Metropolitans of Kievan Rus′: An Evaluation of their Spiritual and Cultural Activity', in: *Proceedings*, pp. 430–45.

Tatishchev, V. N., *Istoriya Rossiyskaya*, vol. 2 (Moscow-Leningrad, 1963).

Theophanes continuatus, *CSHB* (Bonn, 1838).

Thietmar of Merseburg, *Die Chronik des Bischofs Thietmars von Merseburg und ihre Korveier Uberarbeitung*, ed. R. Holtzmann, *MGH*, *SSRG*, NS, vol. 9 (Berlin, 1935).

Thomson, F. J., 'The Nature of the Reception of Christian Byzantine Culture in Russia in the Tenth to Thirteenth Centuries and its Implications for Russian Culture', *Slavica Gandensia*, vol. 5 (Ghent, 1978), pp. 107–39.

Thomson, F. J., 'The Ascription of the Penitential *Zapovedi svyatykh otets′ k ispovedayushchemsya synom i d″shcherem* to Metropolitan George of Kiev', *Russia Mediaevalis*, vol. 4 (Munich, 1979), pp. 5–15.

Thomson, F. J., 'Quotations of Patristic and Byzantine Works by Early Russian authors as an Indication of the Cultural Level of Kievan Russia', *Slavica Gandensia*, vol. 10 (Ghent, 1983), pp. 65–102.

Tikhomirov, M. N., *Drevnerusskie goroda*, 2nd edn (Moscow, 1956).

Tinnefeld, F., 'Die russische Fürstin Olga bei Konstantin VII. und das Problem der "purpurgeborenen Kinder"', *Russia Mediaevalis*, vol. 6, I (Munich, 1987), pp. 30–7.

Troitskaya letopis′ (*TL*), ed. M. D. Priselkov (Moscow-Leningrad, 1950).

Trudy Otdela drevnerusskoy literatury (*TODRL*).

Tserkov′, obshchestvo i gosudarstvo v Feodal′noy Rossii (Moscow, 1990).

Udal′tsova, Z. V., Shchapov, Ya. N., Gutnova, E. V. and Novosel′tsev, A. P., 'Drevnyaya Rus′— zona vstrechi tsivilizatsiy', *Voprosy istorii*, 1980 (Moscow), No. 7, pp. 44–60.

Vasil′evsky, V. G., *Trudy*, vol. 3 (Petrograd, 1915).

Vernadsky, G., *Ancient Russia* (New Haven-London, 1943).

Vernadsky, G., *Kievan Russia* (New Haven-London, 1948).

Vernadsky, G., *The Mongols and Russia* (New Haven-London, 1953).

Veselovsky, S. B., *Feodal′noe zemlevladenie v Severo-vostochnoy Rusi*, vol. 1, *Chastnoe zemlevladenie, zemlevladenie mitropolich′ego doma* (Moscow-Leningrad, 1947).

Vlasto, A. P., *The Entry of the Slavs into Christendom: An Introduction to the Medieval History of the Slavs* (Cambridge, 1970).

Vodoff, V., 'A propos des "achats" (*kupli*) d'Ivan Ier de Moscou', *Journal des Savants*, 1974 (Paris), pp. 95–127; repr. in *Princes et principautés russes, Xe–XVIIe siècles* (London, 1989), No. XIII.

Vodoff, V., *Naissance de la Chrétiente russe, la conversion du prince Vladimir de Kiev (988) et ses conséquences (XIe–XIIIe siècles)* (Paris, 1988).

Vodoff, V., 'Pourquoi le prince Vladimir Svjatoslavič n'a-t-il pas été canonisé?', in: *Proceedings*, pp. 446–66.

Vodoff, V., 'Aspects et limites de la notion d'universalité dans l'ecclésiologie de la Russie ancienne', in: *Il Battesimo delle Terre russe, Bilancio dx un Millenio*, Civiltà Veneziana Studi, vol. 43 (Florence, 1991), 143–65.

Ware, T. [Bishop Callistos of Diokleia], *The Orthodox Church* (Harmonds worth, 1963).

Yahia of Antioch, *Histoire*, fasc. 2, ed and transl. I. Kratchkovsky and A. Vasiliev, *Patrologia orientalis*, vol. 23, III (Paris, 1932).

Zimin, A. A., 'Pamyat′ i pokhvala Yakova Mnikha i zhitie knyazya Vladimira po drevneyshemu spisku', *Kratkie soobshcheniya Instituta slavyanovedeniya*, vol. 37 (Moscow, 1963), pp. 66–75.

Zimin, A. A., *Krupnaya feodal′naya votchina i sotsial′no-politicheskaya bor′ba v Rossii* (konets XV–XVI v.) (Moscow, 1977).

Zimin, A. A., *Vityaz′ na rasput′e, Feodal′naya voyna v Rossii* (Moscow, 1991).

日本語で読める文献一覧

井上浩一・栗生沢猛夫『世界の歴史〈11〉ビザンツとスラヴ』（中公文庫）2009 年
ヴェルナツキー，G.（松木栄三訳）『東西ロシアの黎明――モスクワ公国とリトアニア公国』風行社，1999 年
川又一英『ビザンティン・ロシア　思索の旅』山川出版社，2002 年
國本哲男『ロシア国家の起源』ミネルヴァ書房，1976 年
國本哲男・中条直樹・山口巖（訳者代表）「『ロシア原初年代記』名古屋大学出版会，1987 年
栗生沢猛夫『タタールのくびき――ロシア史におけるモンゴル支配の研究』東京大学出版会，2007 年
栗生沢猛夫『『ロシア原初年代記』を読む――キエフ・ルーシとヨーロッパ，あるいは「ロシアとヨーロッパについての覚書」』成文社，2015 年
クリメント北原史門『正教会の祭と暦』群像社，2015 年
ゼルノーフ，N.（宮本憲訳）『ロシア正教会の歴史』日本基督教団出版局，1991 年
高橋保行『ロシア精神の源――よみがえる「聖なるロシア」』中公新書，1989 年
田中陽兒・倉持俊一・和田春樹（編）『世界歴史大系　ロシア史〈1〉』山川出版社，1995 年
中沢敦夫・宮崎衣澄『暮らしの中のロシア・イコン』東洋書店，2012 年
中村喜和『ロシア中世物語集』筑摩書房，1970 年
廣岡正久『キリスト教史 3　東方正教会・東方諸教会』山川出版社，2013 年
廣岡正久『ロシア正教の千年――聖と俗のはざまで』（NHK ブックス），1993 年
細川滋『16 世紀ロシアの修道院と人々』信山社，2002 年
細川滋『東欧世界の成立』山川出版社，1997 年
松木栄三『ロシア中世都市の政治世界――都市国家ノヴゴロドの群像』彩流社，2002 年
三浦清美『ロシアの源流―中心なき森と草原から第三のローマへ』講談社，1993 年
メドヴェドコヴァ，O.『ロシア正教のイコン』創元社，2011 年
森安達也『キリスト教史 3　東方キリスト教』山川出版社，1978 年
森安達也『東方キリスト教の世界』山川出版社，1991 年
森安達也『スラヴ民族と東欧ロシア』山川出版社，1986 年
ヤーニン，V. L.（松木栄三・三浦清美訳）『白樺の手紙を送りました』山川出版社，2001 年
和田春樹（編）『世界各国史 22　ロシア史』山川出版社，2002 年

キエフと全ルーシの府主教一覧

＊順番及び在位期間については著者の意見を尊重した。

フェオフィラクト（988年頃–?）
ヨアン1世（1018年以前–30年代半ば）
フェオペムプト（1034年頃–?）
イラリオン（1051–54年?）
エフレム（1054/55–65年頃）
ゲオルギー（1065–78年）
ヨアン2世（1076/77–89年）
ヨアン3世（1090年）
ニコライ（1092–1104年）
ニキフォル1世（1104–21年）
ニキータ（1122–26年）
ミハイル1世（1130–45年）
クリム（クリメント）（1147–55年）
コンスタンチン1世（1155–59年頃）
フェオドル（1160–63年）
ヨアン4世（1164–66年）
コンスタンチン2世（1167–70年以前）
ミハイル2世（1170年代–74年以降）
ニキフォル2世（1183以前–1202年以降）
マトフェイ（1210以前–20年）
キリル1世（1224–33年）
ヨシフ（1223/24年或いは35/36–?年）
キリル2世（1250頃–81年）
マクシム（1283–1305年）
フェオグノスト（1328–53年）
アレクシー（1354–78年）
キプリアン（1380–1406年）
ピーメン（1380–89年）
フォーチー（1409–31年）
イシドール（1437–41年）
ヨナ（1448–61年）

索　引

ア行

アイルランドの修道士　144
アヴラーミー（Avraamy, スズダリ主教）　246–248, 261, 266註58
アキム（Akim, ノヴゴロド主教，10世紀）　→ヨアキム（アキム）
悪魔の誘惑　98, 121, 283
アスコリド（Askol′d）　19, 41–43
アソギク（Asoghik, アルメニアの歴史家）　61, 63, 66
アゾフ海（Azov, Sea of）　21, 32
アタナシオス1世（Athanasius I, 総主教）　190
アダルベルト（Adalbert, マグデブルクの大主教）　47, 50–51
アトス山（Mount Athos）　97, 101, 295
アドリアノープル（Adrianopolis）　23, 250
アナテマ（anathema）　236, 237, 303, 307, 312, 323
アビュドスの戦い（battle of Abydus）　63
アブ・ハミド・アル・ガルナティ（Abu Hamid al–Gharnati）　121
アファナシー（Afanasy, 修道院長）　218
アファナシー（Afanasy, 府主教イシドールの弟子）　254
アリウス派　→アレイオス派
アルカジー（Arkady, ノヴゴロド主教）　81
アルギルダス（Ol′gerd［Algirdas］，リトアニア大公）　181–184, 195–198, 200–203, 216, 220, 222, 251, 319, 322–324
アルコール　70註6, 294
アルセニー（Arseny, プスコフ主教候補者）　314
アルハンゲリスキー年代記（*Arkhangel′skiy Chronicle*）　57註25
アルメニア（Armenia）　66
アレイオス派　254
アレクサンドル・ヴァシリエヴィチ（Aleksandr Vasil′evich, スズダリ，ゴロジェツ，ニジニ・ノヴゴロド公）　319
アレクサンドル・ウラジミロヴィチ（Aleksandr Vladimirovich, キエフ公）　243, 264註32, 266註61
アレクサンドル・オシェヴェンスキー（Aleksandr Oshevenskiy, オシェヴェンスキー修道院の開基者）　295
アレクサンドル・ミハイロヴィチ（Aleksandr Mikhaylovich, トヴェリ公，ウラジーミル大公）　179, 196, 282–284, 311–312, 314–315, 320–321
アレクサンドル・ヤロスラヴィチ・ネフスキー（Aleksandr Yaroslavich Nevskiy, ウラジーミル大公）　173–178, 188, 279–282
アレクサンドロス大王（Alexander the Great）　153
アレクシー（Aleksiy, スズダリ主教）　320
アレクシー（Aleksiy, ノヴゴロド大主教）　201
アレクシー（Aleksiy, 府主教）　192, 197–203, 211–214, 216, 274, 293, 299–300, 315, 318–324, 328
　—と小ロシア　200–203, 317–318
　—とトヴェリ　198–199, 320–323
　—とニジニ・ノヴゴロド　318–320, 328

—とリトアニア　323–324
—の列聖　211
アレクシオス1世コムネノス（Alexius I Comnenus, 皇帝）　139
アレクシン（Aleksin）　299–300
アレクセイ・ヴャコント（クリャジマ河畔のウラジーミル主教）→アレクシー（府主教）
アングル人（Angles）　17
アンデレ（Andrew, 使徒）　39–40
アントニー（Antony, ガリチア［小ロシア］府主教）　201–203, 223, 227註28, 318
アントニー（Antony, チェルニゴフ主教）　78
アントニー, 洞窟修道院（キエフ）の（Antony of the Monastery of the Caves［Kiev］）　97–98, 100–101, 105, 107註9, 158–159
アントニオ・ボヌブレ（Antonio Bonumbre, 枢機卿）　252
アントニオス（Antonius, 総主教）　221, 223, 228註50, 229註55, 註56
アントニオス（Antonius, ヘラクレア府主教）　247–248
アンドレイ（Andrey, トヴェリ主教）　191, 310
アンドレイ・アレクサンドロヴィチ（Andrey Aleksandrovich, ゴロジェツ公，ウラジーミル大公）　177–178, 279–280, 309
アンドレイ・ウラジミロヴィチ・ドブルィ（Andrey Vladimirovich Dobryy）　56註4
アンドレイ・オリゲルドヴィチ（Andrey Ol′gerdovich, ポロツク公）　216
アンドレイ・ドミトリエヴィチ（Andrey Dmitrievich, モジャイスク公）　303, 326
アンドレイ・ヤロスラヴィチ（Andrey Yaroslavich, スズダリ，ニジニ・ノヴゴロド，ゴロジェツ公，ウラジーミル大公）171, 174–176, 188, 318
アンドレイ・ユリエヴィチ・ボゴリュプスキー（Andrey Yur′evich Bogolyubskiy, ウラジーミル公）　29–30, 56註4, 83, 146
アンドロニコス2世パレオロゴス（Andronicus II Palaeologus, 皇帝）　190
アンドロニコス4世（Andronicus IV, 皇帝）　213–214
アンナ（Anna, 皇帝バシレイオス2世の姉妹，ウラジーミル1世の妃）　61–64
アンナ，サヴォワの（Ann of Savoy）　194
アンナ・フセヴォロドヴナ（Anna Vsevolodovna, ウラジーミル・モノマフの姉妹）　77
イーゴリ・リューリコヴィチ（Igor′ Ryurikovich, キエフ公）　19–20, 43–45, 47, 57註25
『イーゴリ軍記』（*Tale of Igor′s Campaign*）　128, 131註44
イヴァン1世ダニロヴィチ・カリタ（Ivan I Danilovich Kalita, モスクワ公，ウラジーミル大公）　180–181, 191–192, 197, 283, 298, 311–316, 319
イヴァン2世イヴァノヴィチ（Ivan II Ivanovich, モスクワ公，ウラジーミル大公）　181, 199, 318–321
イヴァン3世ヴァシリエヴィチ（Ivan III Vasil′evich, モスクワ大公）　252, 257, 296, 303
イヴァン4世ヴァシリエヴィチ雷帝（Ivan IV Vasil′evich Groznyy, ロシアのツァーリ）　20, 40, 272
イヴァン・アンドレーエヴィチ（Ivan Andreevich, モジャイスク公）　261
イヴァン・ヴァシリエヴィチ（Ivan Vasil′evich, ヤロスラヴリ公）　334註51
イヴァン・ウラジミロヴィチ（Ivan Vladimirovich, ドミトリー・ドンスコイの甥）　217

イヴァン・ペトロフスキー　→ヨアン(掌院)
異教　39, 41, 46, 51, 53–55, 62, 64, 67–68, 87, 109, 112, 114–128
生け贄　54–55, 115–116, 119, 127
占い　118–119
神々　53–55, 67, 112, 115–116, 120, 124–126, 128
集団遊戯　114–115, 124, 126
祝祭　55, 123, 126, 128
葬儀　51, 114
イグナティオス（Ignatius, 総主教）　42
生け贄　54–55, 115–116, 119, 127
イシドール（Isidor, 府主教, 枢機卿）　242–248, 250–256, 302, xiv
—とヴァシーリー2世　253–256
と教会合同　244–246
—と教皇エウゲニウス4世　248
—の任命　242
イジャスラフ・ムスチスラヴィチ（Izyaslav Mstislavich, キエフ公）　75–76
イジャスラフ・ヤロスラヴィチ（Izyaslav Yaroslavich, キエフ公）　27–28, 82, 98–100, 103, 105, 124, 142–143, 145, 235
イズボルスク（Izborsk）　17
イスラーム　134, 269, 273–274, 285
イタリア（Italy）　40, 134, 244–245
異端　84–85, 127, 135, 139, 152, 154, 220, 245, 249, 252–254, 272, 302
イパーチー年代記（*Ipat'evskiy Chronicle*）　57註25, 75, 79, 90註9, 146
イブン・ハウカル（Ibn Hauqal, アラブの歴史家）　36註11
イラリオン（Ilarion, 府主教）　74, 88, 97, 109, 141, 152, 160, xiv
イリヤ(「白い聖職者」)　→『キリクの質問状』
イリヤ（Il'ya, ノヴゴロド大主教）　81–82, 113, 132註53
聖イリヤ教会, 修道院（Church and Monastery of St Irina, キエフ）　45, 49
医療　120, 123, 292
イルデイ（Ildey, ペチェネグのハン）　24
インギゲルド（Ingigerd, ヤロスラフ1世の妃）　107註19
ヴァイキング　→ヴァリャーグ人
ヴァシーリー（Vasily, トヴェリ主教）　321
ヴァシーリー（Vasily, ノヴゴロド大主教）　193–194, 313–314, 316–317
ヴァシーリー1世ドミトリエヴィチ（Vasily I Dmitrievich, モスクワとウラジーミルの大公）　183–184, 221–222, 231, 239, 276, 290註51, 300–301, 325–326
ヴァシーリー2世ヴァシリエヴィチ盲目公（Vasily II Vasil′evich Slepoy, モスクワとウラジーミルの大公）　184–185, 231, 239, 242–246, 252–261, 265註34, 301, 303, 325–327
ヴァシーリー・アレクサンドロヴィチ（Vasily Aleksandrovich, ノヴゴロド公）　175–176
ヴァシーリー・ミハイロヴィチ（Vasily Mikhaylovich, カシン公）　199, 315, 320–321
ヴァシーリー・ヤロスラヴィチ（Vasily Yaroslavich, コストロマ公, ウラジーミル大公）　177
ヴァシーリー・ロマノヴィチ（Vasily Romanovich, ブリャンスク公）　277–278, 309
ヴァシリエフ（Vasil′ev, キエフ南方の町）69
ヴァシリコ・ロスチスラヴィチ（Vasil′ko Rostislavich, ガーリチ公）　163, 165註4
ヴァラーム修道院（Valaam Monastery［ラドガ湖］）　295
ヴァリャーグ人（Varangians）　16–19, 23–25, 41, 53, 88,145
—のキリスト教徒　43, 45, 51, 54, 88

「―の司祭」(‘Varangian priests’) 112, 125
ヴァルサノフィー（Varsanofy, トヴェリ主教） 191–192, 309
ヴァルナの戦い（battle of Varna） 249
ヴァルラーム（Varlaam, コロムナ主教） 261, 266註58
ヴァルラーム（Varlaam, 洞窟修道院［キエフ］の院長） 98, 100, 103
ヴィタウタス(ヴィトルド)(Vitautas［Vitovt］, リトアニア大公） 184, 222–223, 231–239, 243–244, 325–326
ヴィテプスク（Vitebsk） 243
ヴィリニュス（Vil′na, リトアニア） 144, 223, 239, 250–251
ヴェセロフスキー（Veselovsky, S. B.） 206註14, 298–299, 301, 304註6, 305註8, 註11, 註12, 註18, 註20, xi
ヴェルナツキー（Vernadsky, G.） 36註4, 56註7, 註12, 143, 149註19, 註27, 286註1, xi, xiii
ヴォジャ川の戦い（battle of Vozha river） 182, 216, 330
ヴォドフ（Vodoff, V.） 57註19, 註23, 71註13, 93註54, 148註1, 149註15, 註21, 185註7, xii
ヴォルィニ（Volynia） 29–32, 105, 171, 178–179, 188–190, 193–194, 196, 198, 200–201, 204, 223, 237, 251
ヴォルガ川（Volga） 16, 21, 25, 30, 62, 119, 170, 179, 184, 217, 267註66, 294, 310, 326
ヴォルホフ川（Volkhov） 118
ヴォログダ（Vologda） 256, 295
ヴォロス（Volos, 異教の家畜の神） 43, 54
ウグリチ（Uglich） 34, 256, 258–261
ウグロフスク主教区（diocese of Ugrovsk） 92註24
ウズベク（Uzbeg, ハン） 180–181, 199, 270, 272, 273表, 274–276, 282–285, 311–312, 319
ヴャコント，セミョン　→府主教アレクシー
ヴャコント家（Byakont, family） 318
ヴャチチ（Vyatichi） 24, 114
ウラクチ（Ulagchi, ハン） 273表, 287註2
ウラジーミル，ヴォルィニの（Vladimir-in-Volynia） 34, 91註21, 193, 200, 223, 239
―主教区 81, 190, 194, 201, 204
ウラジーミル，クリャジマ河畔の（Vladimir-on-the-Klyaz'ma） 30–31, 34, 83, 92註24, 174–175, 177, 179–180, 188, 198, 218, 298–299
―主教区 92註24, 298
―における反モンゴル蜂起 175
―の修道院と女子修道院 103
―の府主教の館（所領） 300
―への府主教座の移転 189
ウラジーミル1世スヴャトスラヴィチ（Vladimir I Svyatoslavich, ノヴゴロドとキエフの公） 23–26, 28, 51–55, 60–70, 73, 84, 87–90, 95–97, 141–142, 151, 155
教会建設 68–69, 84, 96
キリスト教への改宗 51–52, 60–66, 73
―と異教 53–55, 67–68, 115
―とローマ 141
―の教会規定 84–86, 110
―の列聖 88–90, 189
ウラジーミル・オリゲルドヴィチ（Vladimir Ol′gerdovich, キエフ公） 220, 227註36
ウラジーミル・フセヴォロドヴィチ・モノマフ（Vladimir Vsevolodovich Monomakh, キエフ公） 28–31, 40, 75–77, 103, 142, 144–145, 154–155, 162–164
ウラジーミル・リューリコヴィチ（Vladimir Ryurikovich, スモレンスクとキエフの

公）　144, 164
『ウラジーミルへの追憶と頌詞』(*Memory and Eulogy of Vladimir*)　46, 57註24, 61
ヴラスト（Vlasto, A. P.）　57註25, 58註41, 71註22, 149註27, xii
占い師（*volkhvy*）　112, 117–124, 130註35, 131註43, 註44
ウルグ・ムハンマド（Ulug-Mehmet）　253, 256
ウルバヌス２世（Urban II, 教皇）　139
ウワディスワフ２世ヤゲウォ　→ヤゲウォ
エウゲニウス４世（Eugene IV, 教皇）　247– 249, 252, 254
エストニア　→チュジ
エディゲ（Edigey, ハン）　183–184, 276, 286
『エディゲの侵略の話』(*Tale of the Invasion of Edigey*)　286
エピファニー，至賢なる(Epifany Premudryy)　330
エフドキヤ・ドミトリエヴナ（Evdokia Dmitrievna, ドミトリー・ドンスコイの妃）　333註30
エフフィミー（Evfimy, トゥーロフ主教）　240註5
エフフィミー（Evfimy, トヴェリ主教）　222
エフフィミー２世（Evfimy II, ノヴゴロド大主教）　243, 260, 266註63
エフプラクシヤ（Evpraksia, 後のアデルハイド，ヤロスラフ１世の孫娘，神聖ローマ皇帝ハインリヒ４世の妃）　142
エフレム（Efrem,［南の］ペレヤスラヴリ府主教）　83, 100
エフレム（Efrem, 府主教）　91註13, xiv
エフレム（Efrem, ロストフ大主教）　261, 266註58
エフロシニヤ，ポロツクの（Evfrosynya of Polotsk）　88
エリザヴェータ（Elizaveta Yaroslavna, 1. ノルウェー王の妃，2. デンマーク王の妃）　141
エリョーミン（Eremin, I. P.）　130註28, 131註47, 150註35, 註36, 註37, 281, 289註32, iii
オークの木　115, 119
オカ川（Oka）　21, 25, 30, 122, 179, 184, 299–300, 310
オクシニヤ（クセニヤ）(Oksinia［Ksenia］, ヤロスラフ・ヤロスラヴィチの寡婦）　309
贈り物　→賄賂
オシェヴェンスキー修道院（Oshevenskiy Monastery）　295
オスレビャチェフ（Oslebyatev, Akinf）　326
オセット人（Ossetians）　21–22
オットー１世大帝（Otto I, the Great, 皇帝）　50, 52
溺れる人形，溺れた老女　116, 122
オボレンスキー（Obolensky, D.）　35註2, 37註28, 57註22, 註23, 58註26, 71註13, 註14, 90註1, 註2, 209註57, 227註36, 229註56, i, v, vii
オリガ（Ol′ga, キエフ公妃，イーゴリ・リューリコヴィチの妃）45–53, 55, 64, 87–90
　—とオットー１世　50
　—とコンスタンティノス７世　47–48
　—とスヴャトスラフ・イーゴレヴィチ　45–47
　—とドレヴリャネ　20, 47
　—の列聖　88–89, 189
オリマ（Ol″ma）　42
オレーグ（Oleg, キエフ公）　19–20, 42–43, 123
オレーグ・イヴァノヴィチ（Oleg Ivanovich, リャザン大公）　183, 216, 328–329
オレーグ・スヴャトスラヴィチ（Oleg

Svyatoslavich, クルスク公）　164
オレーグ・スヴャトスラヴィチ（Oleg Svyatoslavich, ドレヴリャネ公）　23–24, 52–53, 75
オレーグ一門（Ol′govichi, チェルニゴフのオレーグ・スヴャトスラヴィチの子孫）　75, 164

カ行

『階梯書』（*Stepennaya kniga*）　267註74
カウガーディ（Kavgady）　284
ガヴリル（Gavriil, ノヴゴロド大主教）　81
カシアン（Kassian, スパソ・カメンヌィ修道院院長）　294–295
カジミェシ3世（Casimir III, ポーランド王）　196, 200–202, 223, 318
カシン（Kashin）　313, 321
カスピ海（Caspian Sea）　21
家族法　80, 84–87
カトリック教会と修道院　201
カフカス（Caucasus）　21
カラコルム（Karakorum）　172–173
カラシ・スヴャトスラヴリ（Karash Svyatoslavl'）　300
ガラタ地区（Galata）　214
カランタイ（Kalantay）　275
カリストゥス（Callistus, 総主教）　197–199, 318
（西）ガーリチ（Galich, Western）　34
ガリチア（Galicia）　30, 31, 146, 171, 179, 188–190, 193–194, 196, 200–201, 221, 223, 233, 237–238, 243, 250–251
カルカ川の戦い（battle of river Kalka）　32, 280–281
『カルカ川の戦いの話』（*Tale of the Battle of the River Kalka*）　280
カルケドン（Chalcedon）　221
カルタショフ（Kartashev, A. V.）　56註7, 註9, 58註30, 72註34, 93註49, 149註29, 209註57, 227註36, iv
カルパチア山脈（Carpathian mountains）　16
ギエドロイチ（Giedroyć, M.）　206註23, iv
キエフ（Kiev）　19–20, 27–31, 42–45, 53, 68, 72註35, 143–144, 189, 232–233
キエフ・ルーシ（Kievan Rus', キエフ，チェルニゴフ，ペレヤスラヴリ，スモレンスク，トゥーロフ，ヴォルィニ）　29
儀式の書（コンスタンティノス・ポルフュロゲネトス著）（*Book of Ceremonies* [by Constantine Porphyrogenitus]）　46–47, 49
偽造文書（forgeries）　209註59, 215, 220, 272
ギタ（Gita, イングランド王ハロルドの娘，ウラジーミル・モノマフの妃）　142
キプチャク・ハン国（Kipchak Horde）　38註34, 170, 218, 269, 273, 274
キプチャク人　→ポロヴェツ人
キプリアン（Kiprian, 府主教）　192, 203–205, 212–214, 216–224, 231–232, 234, 239, 263註9, 276, 300, 322, 324–325, 330, xiv
　「キエフ，ルーシ，リトアニア人」の府主教としての—　203–204
　総主教使節としての—　203
　—とドミトリー・ドンスコイ　203–204
　—とノヴゴロド　324–325
　—とリトアニア人，ポーランド人　204, 325
救貧院　85, 98, 102, 159
教育と訓練　68, 95
教会
　聖アンデレ教会（St Andrew, キエフ）　40
　聖アンデレ教会（St Andrew, ペレヤスラヴリ，南の）　55註3
　聖イリヤ教会（St Elias, コンスタンティ

ノープル）　44
聖イリヤ教会（St Elias, キエフ）　45, 49
聖ヴァシーリー教会（St Basil, キエフ）　68
ウスペンスキー教会（the Dormition, キエフ洞窟修道院）　88–89
ウスペンスキー教会（the Dormition, クリャジマ河畔のウラジーミル）　279–280
聖ウラジーミル教会（St Vladimir, ノヴゴロド）　94註56
神の聖母教会（the Holy Mother of God, キエフ）　53, 68, 84
神の聖母教会（the Holy Mother of God, スモレンスク）　85
顕栄教会（the Transfiguration, ヴァシリエフ）　69
十字架挙栄教会（Elevation of the Cross, ペレヤスラヴリ）　69
十分の一教会（キエフ）→神の聖母教会（キエフ）
聖ソフィヤ教会（St Sophia, スロシ）　41
聖ニコラ教会（St Nicholas, キエフ）　42
聖ペトロ・パウロ教会（Peter and St Paul キエフ）　69
教会会議（Church Councils, Synod）
1273 年（キエフ）　189
1274 年（ウラジーミル）　131註52
1284 年（キエフ）　89, 189
1310 年或いは 11 年（ペレヤスラヴリ）　191, 310
1327 年（ウラジーミル）　192, 311
1382 年（ペレヤスラヴリ・ザレスキー）　219
教会規定（church statutes）
ウラジーミルの―　84, 85, 110
ヤロスラフの―　84, 85, 110
教会スラヴ語　51, 145
教会の収入　83–85, 87, 296–298
教皇の首位権　135, 137–138, 251, 253
教皇の無謬性　138–139
共住制（*obshchezhitie*）　102, 104, 160, 215, 293–295
強制的な改宗
カトリックへの―　201–202, 237–238
イスラムへの―　285
キリク（修道士）→『キリクの質問状』
『キリクの質問状』（*Questions of Kirik*）　110-113, 121, 133
ギリシア（Greece）　118
ギリシア人（Greeks）　18–19, 23–24, 26, 37 註25, 39, 43–44, 47–48, 54, 60–62, 64–65, 68–69, 74, 76, 79, 81, 87–88, 134, 136–140, 144–145, 148, 165, 189, 192, 198, 220–222, 231, 244, 246–249, 251, 300
キリル（Kirill, キリロ・ベロオーゼロ修道院の開基者）　294–295, 303
キリル（Kirill, トゥーロフ主教）　109, 115–116
キリル 1 世（Kirill I, 府主教）　79, 147, 164, xiv
キリル 2 世（Kirill II, 府主教）　126, 187–189, 273, 281, 298, 308, xiv
―とアレクサンドル・ネフスキー　188
―と異教　126
―とノヴゴロド　308
―とモンゴル人　281
キリロ・ベロオーゼロ修道院（Kirillo-Belozerskiy Monastery）　256, 294–295, 303
ギル（Gill , J.）　249, 264註21, 註23, 註25, 註26, iv
金印（chrysobull）　194
金角湾（Golden Horn）　214
クヴェトリンブルク（Quedlingburg）　52
薬　112, 120–121, 123
クチキン（Kuchkin, V. A.）　206註15, 288

註23, 331註3, 註5, 335註63, iv–v
クトゥーゾフ（Kutuzov, Vasily Fedorovich, ヴァシーリー2世のボヤーレ）　267註74
クバニ半島（Kuban′ peninsula）　19
クベンスコエ湖（Kubena）　295
クマン人　→ポロヴェツ人
クラコフ（Cracow）　25
—大司教　202
クリコヴォ原の戦い（battle of Kulikovo pole）　170, 183, 216, 218, 286, 325, 328–330
グリゴリー（Grigory, キエフの司祭[10世紀]）　48–49
グリゴリー（Grigory, 合同派のキエフ府主教）　252, 254, 264註20
グリゴリー（Gregory, 聖アンデレ修道院［キエフ］の院長）　162–163
グリゴリー・ツァムブラク（Grigory Tsamblak, キエフとリトアニアの府主教）　234–238
クリミア（Crimea）　21–22, 39–41, 61
クリム（クリメント・スモリャチチ）（Klim［Kliment Smolyatich］, 府主教）　74–76, 78, 81, 188, 235, xiv
クリメント（Kliment, ノヴゴロド大主教）　189
クリャジマ川（Klyaz′ma）　30, 33, 83, 104, 179, 184, 188–189, 197–198, 218, 298–299, 320
クリュソポリスの戦い（battle of Chrysopolis）　63
クリュチェフスキー（Klyuchevsky, V. O.）　294, 304註2, 註3, 304註7, iv
グルジア（Georgia）　29
グルシツァ川（Glushitsa）　295
クレヴォにおける交渉（Krewo, negotiations）　184, 228註42
グレコフ（Grekov, I. B.）　218, iv
グレゴリオス3世マンマス（Gregory III Mammas, 合同派総主教）　248, 264註20, 255–256
グレゴリウス7世（Gregory VII, 教皇）　139, 143
グレゴリウス11世（Gregory XI, 教皇）　202
グレプ・ウラジミロヴィチ（Gleb Vladimirovich, ウラジーミル1世の殉教した息子）　26, 83, 98, 155–156
グレプ・スヴャトスラヴィチ（Gleb Svyatoslavich, ブリャンスク公）　278, 311
クレメンス3世（Clement III, 対立教皇）　145
クレメンス5世（Clement V, 教皇）　191
「黒い聖職者」（‘black clergy’）　86, 93註38
クロス（Cross, S. H.）　131註44, ix
黒ルーシ（Black Russia）　195, 198
ゲオルギー（Georgy, 府主教）　83, 95, 101, 140, xiv
ゲオルギー（Georgy, ボリス・ウラジーミロヴィチの従者）　88, 155–156
ゲオルギオス・スコラリオス　→ゲンナディオス
ゲオルギオス・ハマルトロス（George Hamartolus, ビザンツの歴史家）　153
ゲディミナス（ゲディミン）（Gediminas［Gedimin］, リトアニア大公）　180–181, 194, 200, 313–314, 317
ゲラシム（Gerasim, コロムナ主教）　330
ゲラシム（Gerasim, 府主教）　243–244
ゲラシム（Gerasim, ペルミ主教）　266註58
ケルソネス（Cherson）　25, 39, 49, 61–65, 67, 69
ケルチ海峡（Kerch）　21, 65
ゲルトルダ（Gertrude, ボレスワス1世の娘, イジャスラフ・ヤロスラヴィチの妃）　142–143

ゲルマノス２世（Germanus II, 総主教）　79
ゲロンチー（Geronty, 修道院長）　190–191
原初年代記（*Primary Chronicle*）　17–18, 22, 26–27, 36註11, 37註18, 39, 41, 44, 46–47, 52, 54, 57註25, 58註36, 60–62, 65, 67–68, 74, 77, 84, 88, 97–98, 101, 104, 114, 121–122, 143, 151–152, 160, 163, xiii
ゲンナディオス（ゲオルギオス・スコラリオス）（Gennadius [George Scholarius], 総主教）　247–250
交易　→商業
公会議，全地公会議（Councils, Oecumenical Counsil）
　カルケドン（451年）　73, 74
　コンスタンツ（1414–18年）　237–238
　コンスタンティノープル（381年）　136, 138
　コンスタンティノープル（1380年）　215
　ニカイア（325年）　136
　バーゼル（1433年）　244
　フェラーラ・フィレンツェ（1438–9年）　139, 244–247, 252, 262註1
　リヨン（1245年）　205註1
　リヨン（1274年）　139
合同派総主教　→グレゴリオス３世
合同派のキエフ府主教　→イシドール，グリゴリー
公の相続　25–30, 172, 179–180, 184–185
傲慢　86, 91註13
黒死病　→ペスト
コストロマ（Kostroma）　172, 177, 217, 295, 301, 326
告解　110–111, 113, 123, 140
黒海（Black Sea）　16, 19, 22, 39, 41, 68
ゴトランド（Gotland, Gotlanders）　17
ゴルビンスキー（Golubinsky, E. E.）　56註7, 57註19, 89, 90註1, 92註32, 104, 106註2, 108註23, 148註1, 150註31, 206註21, 209註57, 224註1, 227註36, 228註50, 241註17, 252, 263註10, 264註32, 287註11, 304註6, 333註35, 註44, iv
ゴロジェツ（Gorodets）　219, 299
コロムナ（Kolomna）　199, 217, 261, 293, 301, 329
コロンブス，クリストファー（Columbus, Christopher）　30
コンスタンチン２世（Konstantin II, 府主教）　78–79, xiv
コンスタンチン・ヴァシリエヴィチ（Konstantin Vasil′evich, ニジニ・ノヴゴロド大公）　319
コンスタンチン・ドミトリエヴィチ Konstantin Dmitrievich, 公）　326
コンスタンチン・ボリソヴィチ（Konstantin Borisovich, ロストフとウスチューグの公）　305註9
コンスタンチン・ミハイロヴィチ（Konstantin Mikhaylovich, トヴェリ公）　314–315
コンスタンティヌス１世（Constantine I, 大帝）　88
コンスタンティノス７世ポルフィロゲニトス（Constantine VII Porphyrogenitus, 皇帝）　35註3, 42, 47, 48, 115, ii
コンスタンティノス８世（Constantine VIII, 皇帝）　63
コンスタンティノス９世モノマコス（Constantine IX Monomachus, 皇帝）　28, 135
コンスタンティノス11世ドラガセス，パレオロゴス　（Constantine XI Dragazes Palaeologus, 皇帝）　243, 249, 262註2
コンスタンティノープル（Constantinople）　19, 41–51, 62–63, 75–77, 134–140, 146–147, 197–198, 212–213, 222, 248

サ行

サヴァ（Sava, ルツク主教）　229註56
サヴァ（Savva, サライ主教）　219
サヴァ（「白い」司祭）→『キリクの質問状』
サヴァ・アヴラミエフ（Savva Avramiev）　234
サヴァチー（Savvaty, ソロフキ修道院の開基者）　295
サプノフ（Sapunov, B. V.）　72註35, 註36, 96–97, 106註1, 註3, x
サライ（Saray）　170–174, 183, 199, 217, 269, 273–275, 282, 309, 319
サルタク（Sartak, ハン）　273表, 287註2
『サン・ベルタン年代記』（*Annales Bertiniani*）　36 註 3
シヴィトリガイラ（Svidrigaylo, リトアニア大公）　243–244
ジェノア（Genoese）　214
シェパード（Shepard, J.）　70註1, 註3, 註4, 71註18, x
塩貿易　25
ジギマンタス（Sigismund, ヴィタウタスの兄弟）　244
ジグモンド（Sigismund, ハンガリー王）　222
慈善福祉　101-102
シチ川の戦い（battle of river Sit′）　34
シチャーポフ（Shchapov, Ya. N.）　71註18, 72註31, 註33, 註34, 91註12, 92註25, 註34, 93註39, 註45, 註47, 107註14, 註16, 107註20, 108註30, 166註6, 205註6, x, xi
市長（ノヴゴロド市長）（*posadnik*）　35, 82, 176, 317
シニツィナ（Sinitsyna, N. V.）　262註2, x
シネウス（Sineus）　17, 19
シマリグル（Simargl′, 異教の種と実の神）　53–54
ジミーン（Zimin, A. A.）　57註24, 58註36, 71註11, 註18, 93註40, 94註57, 241註24, 263註9, 265註43, 267註64, 註65, 註74, 334註52, ix, xii
シメオノフ年代記（*Simeonovskiy Chronicle*）　263註9
シメオン（Simeon, ブルガリア皇帝）　23
シメオン（Simeon, ペレヤスラヴリ主教）　83
シメオン（Simeon, ロストフ主教）　305註9, 310
シメオン，スズダリの（Simeon, of Suzdal′, 15 世紀の修道士にして論争者）　244, 246–248, 250–253, 266註63
絞め殺された動物の肉　140, 145
シモニア　→聖職売買
シーモノフ修道院（Simonov Monastery）294
写字室　151
邪術，邪な術を使う者（sorcery, sorcerer）　84–85, 112, 116–117, 119–123
ジャニベク（Jani-Beg, ハン）　181, 273表, 274–275, 320
従士（*druzhina*）　45
十字軍　134, 139, 146–147, 249
修道院
　聖イリーナ修道院（St Irina, キエフ）　97, 103
　聖キリル修道院（St Kirill, キエフ近郊）　103
　聖ゲオルギー修道院（St George, キエフ）　97, 103
　聖シメオン修道院（St Simeon, キエフ）　103
　洞窟修道院（the Caves, キエフ）　78–79, 88, 95, 97–105, 125, 145, 158, 162, 291, 328
　洞窟修道院（the Caves, ニジニ・ノヴゴロド）　262註1

聖ドミトリー修道院（St Dmitry）　98, 103
聖ミハイル修道院（St Mikhail, ヴィドビチ, キエフ近郊）　103
十分の一税（tithes）　84, 204, 297
主教区の創設　69, 77, 80–81
呪術，呪術師（magic, magician）　87, 112, 116–124
巡礼　97, 112, 146, 158, 256
商業，商業路，貿易，交易　21, 25, 34, 49, 179
小ロシア（Little Russia, ガリチアとヴォルィニ）　188–190, 192–194, 196, 198–203, 207註31, 221–224, 237, 239, 262, 311, 315–316, 318
植民　30, 34, 39
植民する修道院　294–295
女性　86–87, 111–113, 119–122, 128
「所有派」（'Possessors'）　291, 302
ジル（Dir）　19, 41–43
シルウェステル2世（Sylvester II, 教皇）　141
シルカシア人（Circassians）　21, 22
「白い聖職者」（'white clergy'）　83, 86, 92註38, 95, 110, 129註19, 136
人口調査　171–172, 176, 177
信仰を貶める者　271
スヴァログ（Svarog, 異教の火の神）　54
スヴィドリガイロ　→シヴィトリガイラ
スウェーデン，スウェーデン人　（Sweden, Swedens）　17, 19, 36註3, 173–175, 188
スヴェン（Sweyn, デンマーク王）　142
スヴャトスラフ・イヴァノヴィチ（Svyatoslav Ivanovich, スモレンスク公）　323
スヴャトスラフ・イーゴレヴィチ（Svyatoslav Igorevich）　20–23, 45–47, 49–53, 57註25, 64, 70
スヴャトスラフ・ウラジミロヴィチ（Svyatoslav Vladimirovich, ウラジーミル1世の息子）　26
スヴャトスラフ・オリゴヴィチ（Svyatoslav Ol′govich, チェルニゴフとノヴゴロド・セーヴェルスキーの公）　84–85, 164
―の規定文書　84–85
スヴャトスラフ・グレボヴィチ（Svyatoslav Glebovich, ブリャンスク公）　277–278, 309
スヴャトスラフ・フセヴォロドヴィチ（Svyatoslav Vsevolodovich, ウラジーミル大公）　174
スヴャトスラフ・フセヴォロドヴィチ（Svyatoslav Vsevolodovich, チェルニゴフとキエフの公）　78–79
スヴャトスラフ・ヤロスラヴィチ（Svyatoslav Yaroslavich, チェルニゴフとキエフの公）　27, 70註8, 82, 99–100, 103, 142–143
スヴャトポルク,「呪われた」（Svyatopolk 'the Accursed', ウラジーミル1世の子，或いはヤロポルク・スヴャトスラヴィチの子，キエフ公）　26, 141
スヴャトポルク・イジャスラヴィチ（Svyatopolk Izyaslavich, トゥーロフとキエフの公）　103, 145, 163
スカンディナヴィア，スカンディナヴィア人　16–19, 24, 39, 53
過ぎし年月の年代記（物語）　→原初年代記
スクタリ　→クリュソポリス
スジスラフ・ウラジミロヴィチ（Sudislav Vladimirovich, ウラジーミル1世の子）　26
スズダリ（Suzdal′）　30–31, 105, 117, 122, 171–172, 175, 256, 299, 318
―の戦い　256
―の占い師　117–118, 123
スズダリ地方（Suzdalia, ロストフ, スズダリ, クリャジマ河畔のウラジーミル，モスク

ワ，ペレヤスヴリ・ザレスキー）　30–31, 33, 105, 174–175, 178–181, 189, 196, 217, 273, 280–281, 308
ステファノス（Stephen, スロシ大主教）　40–41
ステファノス，タロンの　→アソギク
ステファン（Stefan, ペルミ主教）　219, 302
ストゥディオスの修道規則（Studite Rule）　95, 101–102, 104
ストークス（Stokes, A. D.）　35註2, 92註32, 128註1, 161註8, 註13, 205註5, 289註29, iii, x
ストリゴーリニキ（*Strigol'niki*）　220, 302
ストリボグ（Stribog, 空と風を司る異教の神）　53–55
ストレヴァ川の戦い（battle of Strawa）　196
スパソ・カメンヌィ修道院（Spaso-Kamennyy Monastery）　295
スヒマ（*skhima*, 最上位の剃髪）287註10, 293
スペイン　136
スモレンスク（Smolensk）　29–30, 32–33, 84–85, 106, 115, 144, 171, 184, 195, 222–223, 239, 243, 278
　—主教区　85, 92註24
スロシ（スダク）（Surozh［Sudak］, クリミア）　40–41
聖職者
　黒い—　86, 92註38
　白い—　92 註 38, 83, 86, 95, 110, 136
　—の叙任　73–76, 78–81, 213–214, 234–235
　—の地位剥奪　86
　—の独身制　86, 92註38, 136, 145, 253
　—の貪欲　105, 297–298
聖職売買（simony, シモニア）　79, 136, 191, 302, 309–310
聖堂
　聖ソフィア聖堂（St Sophia, コンスタンティノープル）　44, 49, 75, 135, 147, 324
　聖ソフィヤ聖堂（St Sophia, キエフ）　49, 68, 74, 152, 189, 194, 253
　ウスペンスキー聖堂（the Dormition, モスクワ）　192, 239, 252
『聖なる受難者ボリスとグレプの物語と受難と頌詞』（*Narrative and Passion and Encomium of the Holy Martyrs Boris and Gleb/Tale of the Passion and Encomium of the Holy Martyrs Boris and Gleb*）　26, 83, 155–157
『聖なる父たちの戒律』（*The Commandments of the Holy Fathers*）　140, 144
聖霊の発出（Procession of the Holy Spirit）　137, 247–248　→フィリオクェ
セヴァスチヤン（Sevastian, スモレンスク主教）　240註5
セヴェリャネ（Severyane）　114
世襲領地（patrimony, *otchina*）　27, 30, 172, 177, 183–184, 282, 301, 315, 319, 321, 326
セバステ（Sebaste）　66
セミョン・イヴァノヴィチ傲岸公（Semen Ivanovich the Proud, モスクワ公，ウラジーミル大公）　181, 192, 194, 196–197, 274, 278, 282, 311, 315–317, 320
セミョン・コンスタンチノヴィチ（Semen Konstantinovich, ドロゴブシ公）　321
セラピオン（Serapion, ウラジーミル主教）　131註52, 189
セルギー，ラドネシの（Sergy of Radonezh, トロイツキー修道院の開基者，修道院長）　209註62, 212, 214–215, 217–220, 292–294, 320, 328–331, 333註47
セルビア，セルビア人（Serbia, Serbians）　170, 235
宣教師　60, 65, 302
全国会議（*zemskiy sobor*）　262註2

宣誓（oath-taking） 44, 54, 163, 165, 307, 322
全地公会議 →公会議
総主教座会議（patriarchal synod） 74, 193, 201, 203, 213, 215, 221
続テオファネス年代記（*Theophanes Continuatus*）56註10, xi
ゾシマ（Zosima, ソロフキ修道院の開基者） 295
ゾシマ（Zosima, ムスリムに「背教した」修道士） 273
ソフィヤ，パレオロゴス家の（Sofia Palaeologa, イヴァン3世の妃） 252
ソフィヤ・ヴィトウトヴナ（Sofia Vitovtovna, ヴァシーリー1世の妃） 222, 262註2, 325–326
ソフィヤ・ドミトリエヴナ（Sofia Dmitrievna, リャザン公フョードル・オリゴヴィチの妃） 329
ソフィヤ第一年代記（*Sofiyskiy First Chronicle*） 226註24, 289註42
ソロフキ（Solovki） 298
ソロモン（Solomon） 54, 153

タ行

ダーダルネス海峡（Dardanelles） 65
『大公ミハイル・ヤロスラヴィチの殺害』（*Ubienie velikago knyazya Mikhaila Yaroslavicha*） 289註34
タイドゥラ（Taydula, ウズベクの寡婦） 199, 274–275
大ヤサ，法（Great Yasa, laws） 269,
ダヴィド（David, ノヴゴロド大主教） 191, 311
ダヴィド・イーゴレヴィチ（David Igorevich, ヴォルィニ公） 163
ダジボグ（Dazhd′bog, 異教の太陽の神） 53–55
タタール →モンゴル
タチーシチェフ（Tatishchev, V. N.） 70註8, xi
ダニール（Daniil, 修道院長） 146
ダニール（Daniil, スズダリ大主教） 206註26
ダニール・アレクサンドロヴィチ（Daniil Aleksandrovich, モスクワ公） 179, 318
ダニール・ロマノヴィチ（Daniil Romanovich, ガーリチとヴォルィニ公） 32, 164, 171, 174, 177, 188, 189
種なしパン（unleavened bread） 82, 135, 137, 140, 145–146, 251, 253
「魂のための」遺贈（bequests ‘for the soul’） 296, 302
タラシー（Tarasy, ロストフ主教） 305註9
タルノヴォのブルガリア総主教（Patriarch of Trnovo） 196
ダロギ（*darog*, モンゴルの上級財務役人） 271
断食 78, 112
チェザリーニ（Cesarini, 枢機卿） 246
チェルヴェニ（Cherven′） 25
チェルニゴフ（Chernigov） 27, 29–35, 69, 75, 78, 80, 82, 83, 97, 146, 162, 163, 164, 171, 173, 178, 195, 197
　—主教区 69, 80
チュードフ修道院（Chudov Monastery） 252, 254
チュートン騎士団（Teutonic Knights） 148, 173–174, 196, 314
チュジ（Chud′, エストニア，エストニア人） 120
チョル・ハン（Chol-Khan） 284–285, 311–312
チンギス・ハン（Chinghis Khan） 32, 269
　—の大ヤサ（Great Yasa［laws］） 269
追悼会 →トリズナ

ディオニシー（Dionisy, スズダリ，ニジニ・ノヴゴロド，ゴロジェツ大主教）　214–215, 219–220
ディオニシー（Dionisy, スパソ・カメンヌィ修道院長）　295
ディオニシー・グルシツキー（Dionisy Glushitskiy）　295
ディオニュソス（Dionysus）　127
泥酔　86
ティトマル（Thietmar, メルセブルク司教）　59註49, 72註35, xi
ティムール（Tamerlane）183–184, 276, 286
ティンネフェルト（Tinnefeld, F.）　57註23, xi
テオファネス（Theophanes, ニカイア府主教）　216
デュデンの侵寇（Dyuden's campaign）　279
疫病　247, 256, 286, 292, 327
天罰，神による罰（divine retribution）　124, 280, 281, 285, 286
デンマーク，デーン人（Denmark, Danes）　19, 142
　—王　141, 142
ドイツ，ドイツ人（Germans, Germany）　50, 61–62, 142, 146, 250
（北）ドヴィナ川（Dvina, Western）　31, 84, 317
（西）ドヴィナ川（Dvina, Northern）　16
ドゥーカス（Ducas, ビザンツの歴史家）　249
トゥーロフ（Turov）　29, 32, 81, 116, 178, 190, 194–195, 198, 201, 223
　—主教区　81, 190, 198, 201
　—における異教　116
トヴェリ（Tver′）　172, 177, 179–182, 184, 191–192, 198–200, 209註58, 218, 222, 246, 250, 254–255, 282, 284–285, 299, 309–312, 314–316, 318, 320–323
トヴェリ（ロゴシ）年代記（*Tver′*［*Rogozhskiy*］*Chronicle*）198, 207註37, 225註7, 228註46, 265註37, 266註52, 註62, 283, 288註17, 322, 331註13, 332註21, 334註57
トヴェリ・オトロチ修道院（Tver′ Otroch′ Monastery）　332註19
トヴェルツァ川（Tvertsa）　179
洞窟修道院（Pechersky Monastery, ニジニ・ノヴゴロド）　262註1
洞窟修道院聖者列伝（Paterikon of the Monastery of the Caves）　107 註 17, 145
同性愛　112–113
盗用　154–155
トゥラク（Tyulak, ハン）　270, 276, 287註12
トクタ（Tokhta, ハン）　270–271, 273表, 274, 277
トクタミシュ（Tokhtamysh, ハン）　183, 211, 217–218, 227註29, 276, 286, 290註51
ドシテオス（Dositheus, モネンバシア府主教）　247
土地所有（landownership）
　教会による—　80, 85, 87, 102, 105–106, 231, 234, 271–272
　修道院による—　291–295
　府主教による—　298–302
　—の拡大　291
ドナウ川（Danube）　19, 22, 46
ドニエストル川（Dnestr）　16
ドニエプル川（Dnepr）　16, 19, 21, 23, 32–33, 39, 41, 63, 67–68, 97, 114–115, 118
ドミトリー・アレクサンドロヴィチ（Dmitry Aleksandrovich, ペレヤスラヴリ公，ウラジーミル大公）　177–178, 279–280
ドミトリー・イヴァノヴィチ・ドンスコイ（Dmitry Ivanovich Donskoy, モスクワ公，ウラジーミル大公）　181–184, 199–204, 211–221, 295, 299, 318–320, 323,

325–326, 328–330
ドミトリー・オリゲルドヴィチ（Dmitry Ol′gerdovich, トルブチェフスク公） 216
ドミトリー・コンスタンチノヴィチ（Dmitry Konstantinovich, スズダリとニジニ・ノヴゴロド公，ウラジーミル大公） 319, 328
ドミトリー・ミハイロヴィチ（Dmitry Mikhaylovich, トヴェリ公，ウラジーミル大公） 179, 191, 282, 310
ドミトリー・ユリエヴィチ，美麗公（Dmitry Yur′evich the Fair） 253
ドミトリー・ユリエヴィチ・シェミャカ（Dmitry Yur′evich Shemyaka，モスクワ大公） 256–258, 260
ドミトリー・ロマノヴィチ（Dmitry Romanovich, ブリャンスク公） 278, 311
ドミトリエフ（Dmitriev, L. A.） 226註25, 227註36, ii, x
ドミニコ会修道士 144
トムソン（Thomson, F. J.） 149註12, 161註3, 註4, xi
トムタラカニ（Tmutarakan′） 19, 65
トリズナ，追悼会（*trizna*, 異教の故人追悼の催し） 51, 114
トルヴォル（Truvor） 17, 19
トルコ，トルコ人（Turks） 221, 222, 246, 250
ドレヴリャネ（*Drevlyane*） 20, 23, 47, 114
トロイツカヤ年代記（*Trinity Chronicle*） 197, 228註46, 229註56, 279, 322, 332註21, 333註37, 334註57
トロイツキー修道院（Trinity Monastery） 212, 224註2, 256–257, 265註34, 292–295, 298, 320, 328–330
ドロゴブシ（Dorogobuzh） 321
ドロテオス (Dorotheus, トレビゾンド府主教) 248
ドン川（Don） 21, 32, 183, 330
貪欲（*Styazhatel'stvo*） 105, 292

ナ行

ナザレンコ（Nazarenko, A. V.） 37註18, 52, 57註23, 58註37, vi
ナスタシヤ・ヤロポルコヴナ（Nastasia Yaropolkovna） 105
ナファナイル（Nafanail, スズダリ，ニジニ・ノヴゴロド，ゴロジェツの主教） 319
ナリマンタス・ゲジミノヴィチ（Narimunt Gediminovich） 313, 317
ニカイア（Nicaea） 76, 136, 139, 147–148, 188, 205註1, 216, 247
ニカイア信条（Nicene Creed） 136
ニキフォル１世（Nikifor I, 府主教） 144, xiv
ニキフォル２世（Nikifor II, 府主教） 78–79, 82, 91註20, 147, xiv
ニケタス・コニアテス（Nicetas Choniates, ビザンツの歴史家） 147
ニケフォロス２世フォーカス（Nicephorus II Phocas, 皇帝） 22
ニケフォロス・カリストゥス（Nicephorus Callistus） 66
ニケフォロス・グレゴラス（Nicephorus Gregoras, ビザンツの歴史家） 192–193
ニコライ（Nikolay, 府主教） 163, 165註4, xiv
ニコライ（Nikolay, ロストフ主教） 78–79, 91註20
ニコラウス１世（Nicholas I, 教皇） 138
ニコン年代記（*Nikon Chronicle*） 24, 52, 72註35, 74, 89, 91註15, 註21, 140, 205註8, 207註41, 208註44, 210註65, 214, 226註22, 232, 234, 237, 240註7, 註12, 243, 254, 275, 283, 288註17, 註20, 289註41, 300,

302, 305註9, 328, 333註31, 334註57, 註58
ニジニ・ノヴゴロド（Nizhniy Novgorod）　182, 184, 191, 200, 214, 219, 256, 262, 276, 299, 310, 318–320, 326, 328
二重信仰（*dvoeverie*）　112, 125–127
ニフォント（Nifont, ガーリチ府主教）　190
ニフォント（Nifont, ノヴゴロド主教）　110–114, 120–121, 125–127, 133, 142
ネイロス（Neilus, 総主教）　215, 219–221, 229註53
ネヴァ川の戦い（battle of Neva）　94註56, 173
ネヴィンスキー・ヴヴェデンスキー修道院（Nevinskiy Vvedenskiy Monastery）　302
ネオフィト（Neofit, チェルニゴフ府主教）　83
ネストリオス派（Nestorianism）　254, 269
ネストル（Nestor, 修道士, 年代記作者）　55註2, 92註33, 98–99, 102, 104, 117, 121, 143, 155, 157–160
ネマン川（Neman）　25, 195
年代記執筆　101, 104
ノヴゴルデク　→ノヴゴロドク
ノヴゴロド（Novgorod）　17, 19, 27, 34–35, 80–82, 84–85, 177–178, 180–181, 324–325
　—主教区　69, 81–82, 313–314, 324–325
　—とアレクサンドル・ネフスキー　175–176
　—とセミョン傲岸公　316–317
　—とヤロスラフ・ヤロスラヴィチ　308
　—における異教　118, 120, 122
　—における外国人　144
　—における修道院　106
ノヴゴロドク（Novgorodok）　195, 204, 207註39, 235, 239, 254
ノヴゴロド第一年代記（*Novgorod First Chronicle*）　120, 147, 204, 263註9, 275, 283, 308, 313–314, 331註13
ノヴゴロド第四年代記（*Novgorod Fourth Chronicle*）　207註31, 275, 287註17, 313, 330
ノガイ（Nogay, ハン）　270
ノガイ・ハン国（Nogay Horde）　274
ノルウェー, ノルウェー人（Norway, Norwegians）　17
　—の王　141
ノルマン人（Normans）　17, 134
ノルマン論争（Normanist controversy）　17

ハ行

ハインリヒ２世（Henry II, 皇帝）　141
ハインリヒ４世（Henry IV, 皇帝）　142–143
パヴェル・オブノルスキー（Pavel Obnorskiy, パヴロ・オブノラ修道院の開基者）　295
ハガルの息子たち　→ムスリム
ハザール・ハン国, ハザール人（Khazar Kaganate, Khazars）　21–22, 45, 62
バシレイオス１世（Basil I the Macedonian, 皇帝, マケドニア朝創始者）　42
バシレイオス２世（Basil II Bulgaroctonus, 皇帝, ブルガリア人殺し）　61–64, 66, 71註10, 註18
バスカク（*baskak*, モンゴルの上級役人）　172, 271
白海（White Sea）　295
バトゥ（Baty, ハン）　33, 170, 171, 273, 273表, 281, 282, 287註2
パニヒダ（*panikhida*, 故人への祈禱）　296, 302
パフヌーチー（Pafnuty, 聖母生誕修道院［ボロフスク］院長）　260
パホミー・セルブ（パホミー・ロゴフェト）（Pakhomy the Serb［Pakhomy Logofet］）　294, 330
破門　80, 87, 135, 139, 201, 206註28, 212,

220, 221, 235–237, 259, 307–308, 312, 323–325, 327
バルカン半島（Balkans）　22, 70
バルダス・フォーカス（Bardas Phocas）　62–64
バルト海（Baltic Sea）　17, 25
バルト諸族，バルト人（Baltic tribes, Balts）　16, 25, 173
パレスチナ（Palestine）　146
ハンガリー丘（Hungarian Hill, キエフ）　42
ハンガリー人，ハンガリー（Hungarians, Hungary）　29, 32, 34, 141, 155, 250
　―王　141, 222
パン種論争　→種なしパン
パンテオン（キエフ）（Kiev pantheon）　53–55, 67–68
パンテレイモン修道院（Panteleymonov Monastery ノヴゴロド）　106
ピーメン（Pimen, キエフと大ルーシの府主教）　215–221, xiv
　偽造文書による任命　215
　廃位　221
　破門　220–221
　―とドミトリー・ドンスコイ　215–218
　―への反対　217, 219
ピクト人（Picts）　18
髭　136, 145
ビザンツ帝国（Byzantine Empire）　16, 19–23, 42, 44, 46, 48, 64, 65, 70, 194
ビザンティウム　→コンスタンティノープル
ビザンティン・コモンウェルス（Byzantine commonwealth）　64
「非所有派」（'Non-Possessors'）　291
ピチリム（Pitirim, ペルミ主教）　261
ピヤナ川の戦い（battle of River P′yana）　182, 286
病院　85, 101–102
ピョートル（Petr, 府主教）　190–193, 195, 271–272, 274, 277–278, 299–300, 309–311
　シモニアでの告発　191, 309–310
　―とブリャンスク　277–278, 309
　―とトヴェリ　309–311
　―に発行されたヤルルィク　274
　―の列聖　192, 277, 311
ピョートル（Petr,「ルーシの大主教」）　205註1
ピョートル・ドミトリエヴィチ（Petr Dmitrievich, ウグリチ公）　326
『フィジオロゴス』（*Physiologus*）　153
ブイツィ（Buytsi）　106
フィラレート（Philaret, スロシ［スダク］大主教）　41
フィリオクェ（*filioque*）　136–138, 145, 246–248, 253
『フィレンツェ会議への旅』（*Journey to the Council of Florence*）　246, 250
『フィレンツェ第八会議の話』（*Tale of the Eighth Council of Florence*）　263註11, 266註63
フィロテオス（Philotheus, 総主教）　197, 199, 201–204, 212–213, 216, 293, 318, 322–324
フィンランド，フィン人（Finland, Finns）　26, 34
フェオグノスト（Feognost, 府主教）　192–197, 274–275, 278, 299, 311–318, xiv
　―とガーリチ府主教区　193–194
　―とキエフ府主教区　195
　―とトヴェリ　311, 315
　―とノヴゴロド　316–317
　―とノヴゴロドク府主教区　195
　―とプスコフ　311–314
　―とブリャンスク　278
　―とモンゴル人　274–275
　―に対する不満　206註26

フェオグノスト（Feognost, ペレヤスラヴリ［南］とサライの主教）　189, 287註10
フェオドシー（Feodosy, 洞窟修道院［キエフ］院長）　98–102, 104–105, 125, 128註1, 145, 157–160, 162, 293, 328
—とカトリック　145
—とストゥディオスの修道院規則　101, 104
—と彼の母親　98, 157–159
—と社会福祉　101–103
フェオドシー（Feodosy, ポロツク主教）　232
フェオドリト（Feodorit, キエフ府主教）　195–196
フェオドル（Feodor, キエフ府主教）　76, 164, xiv
フェオフィラクト（Feofilakt, 府主教）　66, 69, 73, xiv
フェオフィラクトス（Theophylactus, セバステ府主教）　195
フェオフィル（Feofil, ノヴゴロドクとリトアニアの府主教）　195
フェザーストン（Featherstone, J.）　57註23, 58註28, iii
フェドルチュク（Fedorchuk, タタールの将軍）　312
フェラーラ（Ferrara）　244, 246, 250, 256
フェラポント（Ferapont, フェラポントフ修道院の開基者）　294
フェラポントフ修道院（Ferapontov Monastery）　294–295
フォーチー（Foty, 府主教）　185, 231–239, 242–243, 245, 300–302, 324–328, xiv
—と府主教の館　300–302
—とユーリー・シェミャカ　326–327
—とリトアニア　231–239
—に対する非難　234–235
フォティオス（Photius, 総主教）　41–42, 138, viii
フォマ（Foma, フィレンツェ会議へ派遣されたトヴェリ大公の使節）　250
フォルモスス（Formosus, 教皇）　266註56
(西)ブク川（Bug, Western）　16, 25
府主教（Metropolitanates）
ウラジーミル（クリャジマ河畔）の—　83
ガーリチ（小ロシア）の—　189–190, 193–196, 199, 201–203, 223–224, 231, 313
キエフの—　65, 73, 76–77, 190, 193–194, 221, 232–233, 316
チェルニゴフの—　82–83
ノヴゴロドク（リトアニア，黒ルーシ）の—　195, 198, 207註39, 223, 311, 325
ペレヤスラヴリの—　82–83
リトアニアとガーリチの—　223, 231–234, 238, 244
「府主教の館」（府主教所領）（*mitropolichiy dom*）　231, 298–302
『府主教ピョートルの死の物語』（*Narration of the Death of Metropolitan Petr*）　277
プスコフ（Pskov）　89–90, 115, 171, 176, 180–181, 184, 189, 193, 219–220, 246, 254, 312–314
プスコフ第一年代記（*Pskov First Chronicle*）　263註9
フセヴォロド３世（Vsevolod III Yur′evich, ウラジーミル大公）　29, 31–33, 78–79, 91註20, 173
フセヴォロド・アレクサンドロヴィチ（Vsevolod Aleksandrovich, ホルム公，トヴェリ大公）　199, 315, 320–321
フセヴォロド・オリゴヴィチ（Vsevolod Ol′govich, チェルニゴフとキエフの公）　103, 162
フセヴォロド・スヴャトスラヴィチ赤公

(Vsevolod Svyatoslavich Chermnyy, チェルニゴフとキエフの公)　32–33
フセヴォロド・ムスチスラヴィチ（Vsevolod Mstislavich, 大ムスチスラフの子）　104, 106
フセヴォロド・ヤロスラヴィチ（Vsevolod Yaroslavich, ヤロスラフ1世の子，ペレヤスラヴリとキエフの公）　27, 40, 70註8, 77, 92註36, 99–100, 103, 124, 142, 172
フセスラフ・ブリャチェスラヴィチ（Vseslav Bryacheslavich, ポロツク公）　99, 123
プセロス，ミカエル（Psellus, Michael, ビザンツの歴史家）　61
仏教　269
フトィニ修道院（Khutynskiy Monastery, ノヴゴロド）　106
フョードル（善良な）(Fedor, the Good, トヴェリ主教）　193, 198–199, 315
フョードル（Fedor, ウラジーミル主教）　189
フョードル（Fedor, ガーリチの主教，或いは府主教）　193–194
フョードル（シーモノフ修道院院長，ドミトリー・ドンスコイの聴罪士）→フョードル，ロストフ大主教
フョードル（Fedor, トヴェリ主教［1342年死去］）　315
フョードル（Fedor, ルツク主教）　229註56
フョードル（Feodor, ロストフ大主教）　212, 217, 219–221, 268註79
フョードル・アレクサンドロヴィチ（Fedor Aleksandrovich, トヴェリ公アレクサンドル・ミハイロヴィチの息子）　282
フョードル・イヴァノヴィチ（Fedor Ivanovich, 皇帝）　180
フョードル・オリゴヴィチ（Fedor Ol′govich, リャザン公）　329
ブラヴリン（Bravlin, 公）　39–41
ブラク・テミル（Bulak Temir, ハン）　286
プラハ（Prague）　5
フランク人（the French）　147
フランクフルト・アム・マイン（Frankfurt-am-Main）　50
フリードリヒ1世バルバロッサ（Frederick I Barbarossa, 神聖ローマ皇帝）　146
ブリャンスク（Bryansk）　191, 193, 207註41, 277–278, 309, 311
ブルーノ（Bruno, クエルフルト司教）　141
ブルガール人，ブルガール（Bulgars, Bulgary, ヴォルガ）　19, 21–22, 25, 30, 62, 146
ブルガリア，ブルガリア人（Bulgaria, Bulgarians）　22–23, 42, 46, 50, 52, 65, 66, 69–70, 70註8, 95, 170, 235
ブルガリア教会（Bulgarian Church）　49, 134, 135
プレスラフ（Preslav, ブルガリア）　22–23
風呂小屋　40
プロシチェンニク（*proshcheniki*, 教会に付与された農民）　85
プロホル（Prokhor, ロストフ主教）　191–192, 310–311
プロホロフ（Prokhorov, G. M.）　209註57, 註62, 210註64, 註65, 224註2, 225註3, 註4, 註5, 註12, 227註28, 註32, 註34, 註36, 註39, 228註41, 註42, ix
文学（literature）　23, 109, 146, 152–154, 157, 160, 171, 279, 281
フンベルトゥス（Humbert, 枢機卿）　135, 138
ペイプス湖の戦い（battle of Lake Peypus）　174
ベーダ・ヴェネラビリス（Bede, Venerable）　18
『ヘクサメロン』(*Hexaèmera*)　153

ヘシュカスム（静寂主義）運動（hesychastic movement）　215–216
ペチェネグ人（Pechenegs）　22–24, 26–27, 141
別居制（*osobnozhitie* , 修道士が分かれて居住）　104
ベッサリオン（Bessarion, 枢機卿，ニカイア府主教）　247, 248
ベツレヘム大主教（archbishop of Bethlehem）　224
ベルケ（Berke, ハン）　175, 269, 273, 273表, 287註2
ベルゴロド主教区（Belgorod, bishopric）　69, 80, 81
ベルズ（Bel′z）　200, 251
ベルゼブブ（Beelzebub）　100
ベルディベク（Berdibeg, ハン）　287註12, 288註19
聖ベルナルドゥス，クレルヴォーの（St Bernard of Clairvaux）　133
ペルン（Perun, 異教の雷と稲妻の神，戦士の守り神）　43, 44, 53–54, 67–68
ヘレナ（Elena, コンスタンティノス 7 世の妃）　48
ペレプルト（Pereplut, 異教の多産の神）　54
ペレムィシリ（Peremyshl′）　25, 92註24, 190, 193–194, 200–202
ペレヤスラヴェツ（Pereyaslavets, 小プレスラフ，ブルガリア）　22, 46
ペレヤスラヴリ（Pereyaslavl′）　27, 29, 32, 34, 69, 81–83, 100, 144, 171–172, 174, 176–178, 189, 215, 309–310
ペレヤスラヴリ・ザレスキー（Pereyaslavl′ Zalesskiy）30, 219, 258, 298
ベロオーゼロ（Beloozero）　17, 119, 122, 294
ヘンギストとホルサ（Hengist and Horsa）　18
蜂起　118, 308
　教会に対する―　118, 123
　公に対する―　28, 277
　モンゴルに対する―　175, 273, 284, 311
貿易　→商業
冒瀆　85
ボードゥアン 1 世（Baldwin I, イェルサレム王）　146
ポーランド，ポーランド人（Poland, Poles）　26, 32, 34, 142–144, 148, 200, 222–224, 239
　―王　141
ボゴヤヴレンスキー修道院（Bogoyavlenskiy ［Epiphany］ Monastery, モスクワ）　197
ボゴリュボヴォ（Bogolyubovo）　30
ボスポラス，川（Bosporus, river）　63, 221
ポッセヴィーノ，アントニオ（Possevino, Antonio）　40
ポッペ（Poppe, A.）　56註5, 63, 70註4, 註5, 註7, 註10, 71註12, 註13, 註17, 72註26, 註33, 註34, 79, 90註1, 註4, 92註23, 註32, 149註17, 註27, 150註33, viii–ix
北方人　→ヴァリャーグ人
ホニグマン（Honigmann, E.）　71註16, iv
ボヘミア（Bohemia）　25
ポリカルプ（Polikarp, 洞窟修道院［キエフ］の院長，掌院）　107註16
ボリス・アレクサンドロヴィチ（Boris Aleksandrovich, トヴェリ大公）　253–255, 257
ボリス・ウラジミロヴィチ（Boris Vladimirovich, ウラジーミル 1 世の殉教した子）　26, 83, 88, 98, 155–156, 340
ボリス・コンスタンチノヴィチ（Boris Konstantinovich, スズダリ，ニジニ・ノヴゴロド公）　200, 319–320, 328
ボリソフ（Borisov, N. S.）　208註44, 304註3, 331註7, 335註63, ii

ポリャーネ（*Polyane*）　19, 114
ホルス（Khors, 異教の太陽神）　53–54
ホルツィツァ島（Khortitsa, island）　115
ポルフィリー（Porfiry, チェルニゴフ主教）　164
ホルム（Kholm）　190, 193–194, 200–202, 251
ボレスワフ1世（Bolesław I, ポーランド王）　142
ボレスワフ2世（Bolesław II, ポーランド王）　142–143
ボレスワフ・ユーリー2世（Bolesław-Yury II, ゲディミンの娘婿，ガーリチ，ヴォルィニ公）　193, 206註17
ポロヴェツ人（クマン人，キプチャク人）（Polovtsians［Cumans, Kipchaks］）　27–29, 32–33, 99, 124, 163, 214, 270, 280
ポロツク（Polotsk）　53, 69, 80, 144, 178, 195, 198, 207註39, 232, 243, 313–314
ボロトヴォ協定（Bolotovo Treaty, 1348）　181
翻訳文学，翻訳文献　151–153

マ行

マカーリー（Makary, モスクワ府主教）　87, 272
マカリオス（Macarius, 総主教）　212–213, 215
マクシム（Maksim, キエフ府主教）　89, 189–190, 298, 308–309
マコシ（女神）　→モコシ
マチュー（Mathew, クラコフ司教）　133
マトフェイ（Matfey, 府主教）　147, xiv
マニ教（Manicheism）　269
マヌイル（Manuil, スモレンスク主教）　85
マヌエル1世コムネノス（Manuel I Comnenus, 皇帝）　146
マヌエル2世パレオロゴス（Manuel II Palaeologus, 皇帝）　238
ママイ（Mamay, アミール）　182–183, 211, 214, 216–217, 325, 328, 330
『ママイとの戦いの話』（*Tale of the Battle with Mamay*）　330
マリヤ・アレクサンドロヴィナ（Maria Aleksandrovna, セミョン傲慢公の妃）　315
マリヤ・ゴレニナ（Maria Golenina）　296
マリヤ・ドミトリエヴナ（Maria Dmitrievna, ルグヴェニ・セミョン・オリゲルドヴィチの妃）　228註46
マルコス（Mark, エフェソス府主教）　247–249
マルティニアン（Martinian, 修道院長）　294
マルティヌス5世（Martin V, 教皇）　238
ミカエル7世ドゥーカス（Michael VII Ducas, 皇帝）　70註8
ミカエル・アウトリアノス（Michael Autoreanus, ニカイア総主教）　147
ミカエル・ケルラリオス（Michael Cerularius, 総主教）　134–135
ミサイル（Misail, スモレンスク主教）　244
ミシニチ，ルカ・ヴェルフォロメエヴィチ（Mishinich, Luka Varfolomeevich）　317
水　116, 118, 122
ミチャイ　→ミハイル・ミチャイ
『ミチャイの話』（*Tale of Mityay*）　226註27
『蜜蜂』（*Pchela*, 翻訳論文集）　153
ミトロファン（Mitrofan, ペレヤスラヴリ［南の］とサライの主教）　273
ミハイル（Mikhail, スモレンスク主教）　219
ミハイル（Mikhail, 大主教）　229註56
ミハイル（Mikhail, 府主教）　75, 164, xiv
ミハイル・アレクサンドロヴィチ（Mikhail Aleksandrovich, ミクリンとドロゴブシの公，トヴェリ大公）　183–184, 200, 222, 321–323
ミハイル・フセヴォロドヴィチ（Mikhail

Vsevolodovich, チェルニゴフとキエフの公）　33, 164, 173
ミハイル・ヤロスラヴィチ（Mikhail Yaroslavich, トヴェリ公，ウラジーミル大公）　179, 190–191, 283, 289註34, 309–311
ミハイル・ミチャイ（Mikhail-Mityay, 府主教）　212–216, 219, 276
ミュラー（Müller, L.）　58註27, 註29, 註33, 71註15, 93註52, 107註4, 149註17, 註18, i, vi
ミリュブラ（ミロリュバ）（Milyubra［Milolyuba］）　223
民会（都市集会）（*veche*）
キエフの―　28
ノヴゴロドの―　35, 82
ブリャンスクの―　278
モスクワの―　217
ロストフの―　79
ムーロム（Murom）　242, 256–258
ムスチスラフ・ウラジミロヴィチ,「大」（Mstislav Vladimirovich 'the Great', キエフ公）　29–31, 103–104, 106, 162–163
ムスリム（Moslems）　21, 60–61, 86, 146, 273, 286
ムラト（Murad, スルタン）　249
メイエンドルフ（Meyendorff, J.）　196, 205註11, 206註18, 註21, 註22, 註27, 207註37, 註39, 註41, 208註46, 註50, 註53, 註54, 209註55, 註57, 註59, 註60, 註62, 註64, 216, 224註2, 225註3, 註4, 註6, 註7, 226註16, 註18, 227註29, 註34, 註36, 註39, 228註40, 註41, 註47, 註50, 229註53, 註56, 325, 333註39, 註40, 註41, 註45, 註47, 334註48, vi
メトロファネス2世（Metrophanes II, 合同派総主教）　245, 248, 254–256, 262註4
メルキゼデク（Melchizidek）　150註39
モイセイ（Moisey, ノヴゴロド大主教）　191, 206註26, 312–313
モーリス（Maurice, アイルランドの修道士）　144
モコシ（Mokosh′, 異教の豊穣の神或いは女神）　53–54
モスクワ（Moscow）　30, 40, 172, 179–181, 183, 217–218
モスクワ川（Moskva river）　179
『モスクワの府主教ピョートル伝』（*Life of Metropolitan Petr of Moscow*）　192, 213, 217
モノマフ一門（Monomashichi, ウラジーミル・フセヴォロドヴィチ・モノマフの子孫）　35, 75, 163–164
モルダヴィア教会（Moldavian Church）　209註57, 224, 229註56
モンケ・テミュル（Mangu Temir, ハン）　270–271, 273, 273表
モンゴル，モンゴル人（Mongols）　32, 170–172, 174–180, 182–185, 217–218, 269–286

ヤ行

ヤゲウォ（Jagiełło, リトアニア大公，ポーランド王）　182–183, 216, 222–224, 237, 239, 243
ヤコフ（Iakov, 11世紀の修道士）　46, 57註24, 58註26, 註36, 61, 71註18, 88, 90
ヤコフ・ヴォローニン（Yakov Voronin）　298
ヤトヴァギ（Yatvingians）　25–26
ヤドヴィガ（Jadwiga, ハンガリー王ラヨシュの娘，ヤゲウォの妃）　228註42, 334註48
ヤフヤー・イブン・サイード，アンティオキアの（Yahia ibn Said of Antioch）　61, 71註18, xii
ヤム（*yam*, モンゴルの駅伝制の維持費用）

271
ヤルルィク（*yarlyk*, ロシア諸公や府主教へモンゴルのハンにより発行される勅許状）　172, 218, 270–272, 274–276, 319, 327
ヤロスラヴリ（Yaroslavl′）　175, 299, 326
　—の占い師（*volkhvy*）　119, 123
ヤロスラフ1世ウラジミロヴィチ，賢公（Yaroslav I Vladimirovich ‘the Wise’, ノヴゴロドとキエフの公）　25–29, 53, 65, 74, 76, 82, 97–98, 103–104, 118, 141, 151–152
　—の教会規定　84–86, 110
ヤロスラフ・スヴャトスラヴィチ（Yaroslav Svyatoslavich, チェルニゴフとムーロム・リャザンの公）　163
ヤロスラフ・フセヴォロドヴィチ（Yaroslav Vsevolodovich, ウラジーミル大公）　164, 172–175
ヤロスラフ・ヤロスラヴィチ（Yaroslav Yaroslavich, トヴェリ公，ウラジーミル大公）　174–178, 308
ヤロスラフ・ヤロポルチチ（Yaroslav Yaropolchich, 公）　165註4
ヤロポルク・イジャスラヴィチ（Yaropolk Izyaslavich, トゥーロフ公）　103, 105, 143
ヤロポルク・スヴャトスラヴィチ（Yaropolk Svyatoslavich, キエフ公）　23–24, 26, 51–53
ヤン・ヴィシャチチ（Yan Vyshatych）　119
ユーリー1世リヴォヴィチ（Yury I L′vovich, ガーリチ公）　189–190, 193
ユーリー・ヴァシリエヴィチ（Yury Vasil′evich, ヴァシーリー2世の子）　257
ユーリー・ウラジミロヴィチ・ドルゴルーキー（Yury Vladimirovich Dolgorukiy, スズダリとキエフの公）　29–30
ユーリー・セミョノヴィチ・ルグヴェニエヴィチ（Yury Semenovich-Lugvenevich, スモレンスク公）　251
ユーリー・ダニロヴィチ（Yury Danilovich, モスクワ公，ウラジーミル大公）　179–180, 191–192, 270, 282, 284, 308–310
ユーリー・ドミトリエヴィチ（Yury Dmitrievich, ガーリチとズヴェニゴロド公）　184–185, 231, 242, 326–327
ユーリー・フセヴォロドヴィチ（Yury Vsevolodovich, フセヴォロド3世の子，ウラジーミル大公）　32, 34, 164, 173
ユーリエフ修道院（Yur′ev Monastery, ノヴゴロド）　104, 106
ユダヤ人（Jews）　62, 86
ユリアニヤ・アレクサンドロヴナ（Iuliania Aleksandrovna, リトアニア大公アルギルダスの妃）　196–197
ヨアキム（アキム）（Ioakim［Akim］, ノヴゴロド主教）　69, 80
ヨアン（Ioann, 掌院）　215
ヨアン（Ioann, ノヴゴロド大主教）204, 325
ヨアン（Ioann, ルツク主教）→ヨアン・ババ
ヨアン2世（Ioann II, 府主教）　76, 93註46, 116–117, 140–141, 144–145, xiv
ヨアン3世（Ioann III, 府主教）　76, xiv
ヨアン4世（Ioann IV, 府主教）　76, 81, xiv
ヨアン・ババ（Ioann Baba, ガーリチ府主教）　223–224
ヨガイラ（Yogylo, リトアニア公）　→ヤゲウォ
邪な術を使う者　→邪術
ヨシフ（Iosif, ヴォロコラムスク修道院院長）　296, 305註24, 註25
ヨシフ（Iosif, 府主教）　147, xiv
ヨシフ・ヴォロツキーの書簡（*Poslaniya Iosifa Volotskogo*）　267註74, ix

ヨセフ2世（Joseph II, 総主教）　236–237, 243–244, 247–248, 250, 262註2
ヨセフス，フラウィウス（Josephus, Flavius, ローマの歴史家）　153
ヨナ（Iona, 府主教）　211, 242–245, 256–261, xiv
—とコンスタンティノープル　185, 242, 245
—とドミトリー・シェミャカ　257–261
—と府主教イシドール　243–244, 254, 256, 264註20
—の任命　185, 242, 256, 261, 302, 339
—の列聖　268註74
ヨハネス（John, トラーニ主教）　134
ヨハネス・カレカス（John Calecas, 総主教）　194
ヨハネス・スキュリツェス（John Scylitzes, ビザンツの歴史家）　46, 58註26
ヨハネス・マララス（John Malalas, ビザンツの歴史家）　153
ヨハネス1世ツィミスケス（John I Tzimisces, 皇帝）　20, 23
ヨハネス5世パレオロゴス（John V Palaeologus, 皇帝）　197, 213, 221
ヨハネス6世カンタクゼノス（John VI Cantacuzenus, 皇帝）　194, 197
ヨハネス8世パレオロゴス（John VIII Palaeologus, 皇帝）　243, 247, 249, 256, 262註2
ヨハネス10世カマテロス（John X Camaterus, 総主教）　147
ヨフ（Iov, サライ主教）　266註58

ラ行

ラヴレンチー年代記（*Lavrent′evskiy Chronicle*）　79
ラジミチ（Radimichi）　24, 114
ラダ（Lada, 異教の豊穣神）　54
ラテン語　46, 51–52, 139
ラドガ（Ladoga）　144, 176, 313
ラドガ湖（Lake Ladoga）　295
ラドネシ（Radonezh）　293
ラポフ（Rapov, O. M.）　71註13, ix
ランペルト，ヘルスフェルトの（Lampert of Hersfeld）　52, 58註32, 142–143, v
リヴォフ（L′vov）　200–201, 239, 251
リヴォフ年代記（*L′vov Chronicle*）　226註24, 267註66
リウトプラント（Liutprand, クレモナ司教）　36註3, v
離婚　80, 85–87
リタヴリン（Litavrin, G. G.）　56註9, 57註23, v
リトアニア，リトアニア人（Lithuania, Lithuanians）　26, 148, 173–175, 178, 180–184, 193, 195–201, 203–204, 211–212, 216–217, 222–224, 231–239, 243, 248, 250–251, 254, 262, 277–278, 301, 309, 311–323, 325, 330
リトアニアの殉教者（Lithuanian martyrs）　201, 323–324
リハチョフ（Likhachev, D. S.）　59註45, x, ix
リベルティウス（Libertius,「ロシア人の司教」　50
リャザン（Ryazan′）　33, 92註24, 171, 179, 183–184, 286, 299, 329
リャポロフスキー（Ryapolovsky, 貴族の家門）　257
リューリク（Ryurik）　18–20
リューリク・ロスチスラヴィチ（Ryurik Rostislavich, ガーリチ公）　31–32
リュバルタス・ドミトリー（Lyubart-Dmitry, ゲディミナスの息子，ガーリチとヴォルィニの公）　194, 196
ルィバコフ（Rybakov, B. A.）　55, 58

註30, 59註45, 註46, 註50, 116, 128, 129註23, 註26, 130註31, 131註46, 150註40, x
『ルースカヤ・プラウダ』(*Russkaya pravda*) 110
ルートヴィヒ1世敬虔帝(Louis I, the Pious) 36註3
ルカ(Luka, ノヴゴロド主教) 91註13, 109, 152
ルカ(Luka, ロストフ主教) 79
ルカス・ノタラス(Luke Notaras, 大元帥) 249–250
ルグヴェニ・セミョン・オリゲルドヴィチ(Lugveny-Semen Ol′gerdovich) 228註46
ルサリィ(*rusalii*, 死者や祖先の供養のための異教の祝祭) 124, 128
「ルーシ人の女王」(オリガ)(‘Regina Rugorum’[Ol′ga]) 50
ルリエー(Lur′e, Ya. S.) 261, 262註1, 註4, 263註9, 265註48, 266註63, 267註68, 290註56, i, v, ix
レオ(Leo, ブルガリア大主教) 134–135
レオ9世(Leo IX, 教皇) 135, 138
レオン(レオ)(Leon「Lev」, ペレヤスラヴリ主教) 82
レオン6世(Leo VI, 皇帝, 賢帝) 43
レオン・ディアコノス(Leo the Deacon, ビザンツの歴史家) 20, 61, 71註13, v
聖レオンチー, ロストフの(St Leonty of Rostov) 305註25
レギノ(Regino, プリュムの修道院長) 46, 58註30, 註32, ix
レーゲンスブルク(Regensburg) 144
列聖 26, 51, 65, 87–90, 98, 173, 189, 192, 201, 211, 277, 294, 295, 311, 324
レリャ(Lelya, 異教の豊穣神) 54
煉獄 246, 253
ロード(Rod, 異教の肥沃の神) 54, 112, 125–126
ローマ(Rome) 134, 136–141, 237–238
ローマとの合同 191, 222, 242, 244–248
ログヴォロド, ポロツクの(Rogvolod of Polotsk) 53
ログネダ(Rogneda, ウラジーミル1世の妃) 53
ロシアにおける西欧人 144
ロシ川(Ros′) 81
ロジャニツァ(Rozhanitsy, 異教の多産の女神) 54, 112, 126
ロスチスラフ・ムスチスラヴィチ(Rostislav Mstislavich, スモレンスクとキエフの公) 76, 84–85, 164
一の教会規定 84–85
ロスチスラフ一門(Rostislavichi, スモレンスクとキエフの公ロスチスラフ・ムスチスラヴィチの子孫) 32, 35
ロストフ(Rostov) 30, 81, 119, 122, 175, 191, 299–300
一主教区 81, 299
ロマネッツ(Romanets) 284
ロマン(Roman,「リトアニアと小ロシアの府主教」) 197–199, 277, 315, 318
ロマン・ムスチスラヴィチ(Roman Mstislavich, ガーリチとヴォルィニの公) 31–32, 200
ロリク, ユトランドの(Rorik of Jutland) 36註4

ワ行

賄賂, 贈り物(bribery) 22, 76, 143, 176, 232, 275, 316

欧文

Alef, G. 263註9, i
Alekseev, M. P. 149註20, 註30, i
Angold, M. J. 148註10, i

Arrignon, J.-P.　72註34, 註37, 92註22, 註25, 149註27, i
Auty, R.　35註2, i

Barrick, C. L.　92註37, i
Belyakova, E. V.　266註61, ii
Bernadsky, V. N.　332註26, ii

Cherepnin, L. V.　265註43, 268註75, 334註48, i, ii, vii
Chichurov, I. S.　56註5, ii
Crummey, R. O.　185註7, 註11, 267註65, ii

Długosz, J.　150註31, ii
Dubler, C. E.　131註42, ii

El′yashevich, V. B.　304註7, ii

Fedotov, G. P.　304註3, 334註56, iii
Fennell, J. L. I.　38註32, 註35, 93註55, 94註 56, 128註1, 161註8, 註13, 166註7, 註9, 185註1–3, 185註5, 註7, 186 註 8, 205註5, 註11, 註13, 206註16, 註18, 226註25, 287註8–9, 註13, 288註26, 289註29, 註37–38, 註42, 290註48, 331註9, 332註15–16, 註18, 註20, 註23–24, 333註32, iii
Florya, B. N.　56註9, v
Froyanov, I. Ya.　106註2, 130註26, iii

Giraudo, G.　129註2, iv
Graham, H. F.　56註5, iv
Gutnova, E. V.　xi

Halecki, O.　228註50, 241註18, iv
Hannick, C.　90註8, iv
Hurwitz, E. S.　150註40, iv

Kazakova, N. A.　264註18, i, iv
Khoroshkevich, A. L.　38註34, 185註2, 287註2, 註13, 註14, 288註21, 註22, iii, iv, viii
Klibanov, A. I.　305註21, 332註19, iv
Kloss, B. M.　240註8, iv
Knoll, P. W.　207註31, 208註47, 註52, iv
Kuz′min, A. G.　70註8, v

Lenhoff, G.　161 註 8, v
Lilienfeld, F. von,　93註50, 161註9, v

Malinin, V.　305註24, vi
Mango, C.　56註8, vi
Matthew of Paris　205註1
Matuzova, V. I.　205註1, vi
Mezentsev, V.　71註21, vi
Moshin, V. A.　107註7, vi

Novosel′tsev, A. P.　xi

Okhotina, N. A.　286註1, vii
Ostrowski, D.　205註9, vii

Paszkiewicz, H.　205註12, vii
Pavlov, A. S.　304註6, vii
Pliguzov, A. I.　38註34, 185註2, 287註2, 註13, 註14, 288註21, iii, iv, viii
Podskalsky, G.　91註17, 108註23, 128註1, 150註32, 註33, 205註3, 註7, viii
Popov, A. N.　263註11, 註16, 264註22, 註24, 註29, 265註33, 註35, 註37, 註40, viii
Presnyakov, A. E.　38註29, 332註29, 333註31, ix
Pritsak, O.　56註7, ix
Prosvirin, A.　107註7, ix

Ramm, B. Ya.　149註26, 註27, ix
Runciman, S.　148註3, 註4, 註6, 150註43, 264註28, ix

Skrynnikov, R. G.　208註44, 334註47, 335註63, x
Smirnov, S.　130註40, 149註12, x
Southern, R. W.　148註3, x
Spuler, B.　288註18, x
Stökl, G.　205註1, 註2, x

Tachiaos, A. E.　107註17, xi
Tikhomirov, M. N.　107註15, v, xi

Udal′tsova, Z. V.　149註29, xi

Vasil′evsky, V. G.　56註7, xi

Ware, T.　148註3, 註5, xii

著者紹介

ジョン・フェンネル（John Lister Illingworth Fennell）

1918年英国生まれ。ロシア中世史（専門はイヴァン3世と15世紀ロシア），ロシア文学（叙事詩・年代記）研究者。東洋研究の盛んなケンブリッジ，ノッティンガム大学を経て1956年から85年までオクスフォード大学で教える。オクスフォード大学ニューカレッジ名誉教授。1992年死去。

著書　*Ivan the Great of Moscow*（Macmillan, 1959），*The Emergence of Moscow, 1304–1359*（University of California Press,1968），*The Crisis of Medieval Russia, 1200–1304*（Longman, 1983）ほか。

訳者紹介

宮野　裕（みやの・ゆたか）

1972年東京生まれ。1995年筑波大学第一学群・人文学類卒業。1999年北海道大学大学院文学研究科博士後期課程西洋史学専攻退学。2006年北海道大学より博士（文学）を取得。1999–2009年北海道大学大学院文学研究科歴史地域文化学専攻（西洋史学）助手ならびに助教を経て，2010年より岐阜聖徳学園大学教育学部准教授，現在に至る。

単著　『「ノヴゴロドの異端者」事件の研究――ロシア統一国家の形成と「正統と異端」の相克』（風行社，2009年）。

共著　ロシア史研究会編『ロシア史研究案内』（彩流社，2012年），深沢克己編『ユーラシア諸宗教の関係史論――他者の受容,他者の排除』(勉誠出版，2010年)，千葉恵編『老い翔る――めざせ，人生の達人』（北海道大学出版会，2010年）。

ロシア中世教会史

2017年3月25日　初版発行

訳　者　宮野　裕
発行者　渡部　満
発行所　株式会社　教文館
〒104–0061　東京都中央区銀座4–5–1
電話 03(3561)5549　FAX 03(5250)5107
URL http://www.kyobunkwan.co.jp/publishing/

装　幀　熊谷博人
印刷所　モリモト印刷株式会社

配給元　日キ販　〒162-0814 東京都新宿区新小川町9番1号
電話 03(3260)5670　FAX 03(3260)5637
ISBN 978–4–7642–7412–9　Printed in Japan